난 생 처 음

데이터 분석 with 파이썬

김규석, 김주희, 이준 지음

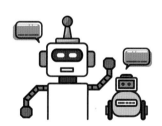

한빛아카데미
Hanbit Academy, Inc.

지은이 **김규석** kyuseokkim@kopo.ac.kr

한국항공대학교에서 정보통신공학 학사와 아주대학교에서 정보통신공학 석사 과정을 거쳐 서울대학교에서 도시계획학 박사 과정을 수료했다. LG전자와 LG유플러스 연구소의 근거리 무선 통신 및 홈 미디어 서비스 분야에서 근무했으며, 2020년부터는 한국폴리텍대학 데이터융합SW과의 조교수로 재직 중이다. 현재는 사랑하는 아내, 딸과 함께 살아갈 도시, 환경 등의 사회과학 분야 빅데이터를 실증 분석하고 인공지능을 통해 예측하는 연구와 강의를 진행하고 있으며, 유튜브 채널 '김규석의 빅데이터 카페'에도 짧은 강의를 업로드하고 있다. 저서로는 『나도 하는 파이썬 데이터 분석』(한빛미디어, 2023)이 있다.

지은이 **김주희** juhkim@kopo.ac.kr

계명대학교에서 컴퓨터공학 박사 과정을 수료했고, 1993년부터 한국폴리텍대학 대전캠퍼스 스마트소프트웨어과 교수로 재직 중이다. 조달청 평가위원과 지방장애인기능경기대회 심사장을 역임했으며 한국산업단지공단, 한국연구재단 등의 기관에서 파이썬, 데이터베이스, 빅데이터, 인공지능 강의를 진행했다.

지은이 **이준** jun.lee@kisti.re.kr

한국항공대학교에서 박사 학위를 취득했고, 일본산업기술종합연구소에서 데이터 마이닝, 지식 추출, 특징 분석, 자연어 처리 연구를 수행했다. 2020년부터 한국과학기술정보연구원(KISTI) 과학기술보안연구센터 융합보안연구팀장으로 재직하며 인공지능과 빅데이터 기술을 정보보안과 융합하여 국가 과학기술 유출을 방지하는 연구개발을 수행하고 있다.

난생처음 데이터 분석 with 파이썬

구글 Colab과 공공 데이터로 실습하는 데이터 과학의 기초

초판발행 2023년 7월 24일
2쇄발행 2024년 1월 12일

지은이 김규석, 김주희, 이준 / **펴낸이** 전태호
펴낸곳 한빛아카데미(주) / **주소** 서울시 서대문구 연희로2길 62 한빛아카데미(주) 2층
전화 02-336-7112 / **팩스** 02-336-7199
등록 2013년 1월 14일 제2017-000063호 / **ISBN** 979-11-5664-672-3 93000

총괄 박현진 / **책임편집** 김성무 / **편집** 안비단 / **교정** 권수연 / **진행** 안비단
디자인 이아란 / **전산편집** 이소연 / **삽화** 임의영 / **제작** 박성우, 김정우
영업 김태진, 김성삼, 이정훈, 임현기, 이성훈, 김주성 / **마케팅** 길진철, 김호철, 심지연

이 책에 대한 의견이나 오탈자 및 잘못된 내용에 대한 수정 정보는 아래 이메일로 알려주십시오.
잘못된 책은 구입하신 서점에서 교환해 드립니다. 책값은 뒤표지에 표시되어 있습니다.

홈페이지 www.hanbit.co.kr / **이메일** question@hanbit.co.kr

지금 하지 않으면 할 수 없는 일이 있습니다.
책으로 펴내고 싶은 아이디어나 원고를 메일(**writer@hanbit.co.kr**)로 보내주세요.
한빛아카데미(주)는 여러분의 소중한 경험과 지식을 기다리고 있습니다.

구글 Colab과 공공 데이터를 이용하여 파이썬 데이터 분석의 기본 역량을 기른다!

4차 산업혁명 시대에 정보통신기술의 핵심 키워드로 빅데이터와 인공지능을 빼놓을 수 없습니다. 데이터 분석과 인공지능은 어떤 질문에 대한 자료를 수집하고 분석하고 예측하는 데 유용한 도구입니다. 따라서 이러한 기술은 광범위한 산업 분야에 활용되고 있습니다. 그런데 데이터를 분석한다고 하면 어디서부터 어떻게 공부해야 할지 고민될 것입니다. 그래서 이 책은 입문자가 쉽게 데이터 과학을 배울 수 있는 교재를 지향하며 집필하였습니다.

이 책에서는 파이썬 프로그래밍의 기초와 다양한 데이터 분석 방법을 다룹니다. IT 관련 전공자가 아니더라도 어렵지 않게 이해할 수 있도록 본문에 실생활과 가까운 예제를 수록했으며, 누구나 접근하기 쉬운 실제 공공데이터를 활용했습니다.

이 책은 다음과 같이 총 4부로 구성되어 있습니다.
- PART 01 **데이터 분석의 개요**
- PART 02 **데이터 수집과 데이터베이스**
- PART 03 **데이터 분석을 위한 라이브러리**
- PART 04 **빅데이터 분석과 인공지능 예측**

이 책을 통해 파이썬 프로그래밍과 데이터 분석을 경험하고 나아가 각자의 전공 분야와 일상생활에 활용할 여러분을 기대하겠습니다. 끝으로 이 책이 완성되기까지 많은 도움을 주신 한빛아카데미 직원 여러분과 적극적으로 검토를 도와준 안비단 님께 깊은 감사의 마음을 전합니다.

저자 **김규석, 김주희, 이준**

『난생처음 데이터 분석 with 파이썬』 8단계 길잡이

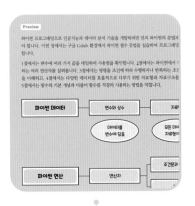

코드

소스 코드를 통해 직접 데이터 분석
을 실습할 수 있습니다. 구글 Colab
환경에서 실습을 진행합니다.

말풍선

지나치기 쉬운 내용이나 기억해
두어야 할 내용을 짚어줍니다.

1 **2** **3** **4**

Preview

해당 장에서 배울 내용을 간략
하게 정리하며, 로드맵을 통해
주제 및 주요 개념을 큰 맥락에
서 볼 수 있도록 도와줍니다.

하나 더 알기

본문과 관련된 도움말이나 참고
로 알아두면 좋은 내용을 담고 있
습니다.

컴퓨터 프로그래밍을 처음 접하는 분들은
퓨터가 이해할 수 있는 올바른 단어와 규
는 한국어나 영어 등 사람이 사용하는 언

인간이 다양한 언어를 사용하듯이 컴퓨터 프로그
에서도 파이썬(Python)은 빅데이터 분석과 인공
입니다. 파이썬은 컴퓨터의 운영체제나 하드웨어
에 속하기 때문에 익히고 사용하기 쉬워서 프로그

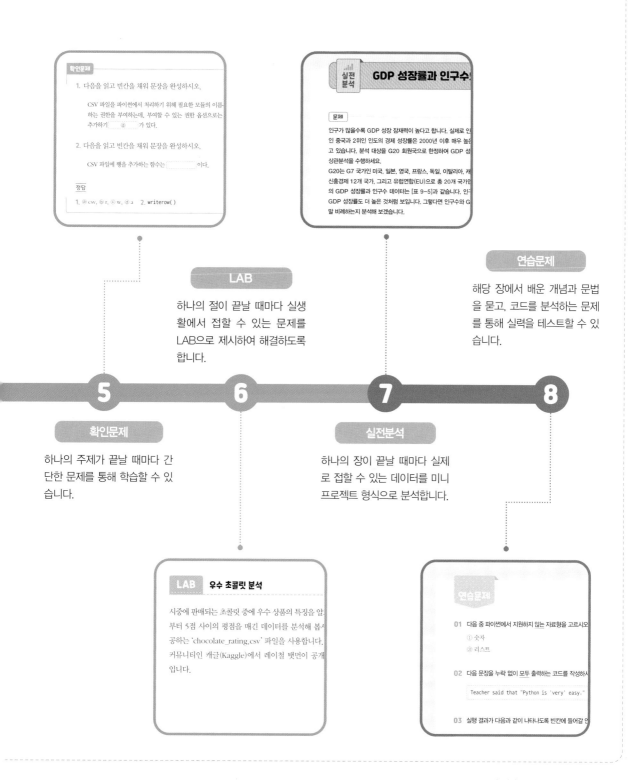

확인문제

1. 다음을 읽고 빈칸을 채워 문장을 완성하시오.

   CSV 파일을 파이썬에서 처리하기 위해 필요한 모듈의 이름
   하는 권한을 부여하는데, 부여할 수 있는 권한 옵션으로는
   추가하기 ⓓ 가 있다.

2. 다음을 읽고 빈칸을 채워 문장을 완성하시오.

   CSV 파일에 행을 추가하는 함수는 이다.

정답

1. ⓐ csv, ⓑ r, ⓒ w, ⓓ a   2. writerow( )

📊 **실전분석** GDP 성장률과 인구수

문제

인구가 많을수록 GDP 성장 잠재력이 높다고 합니다. 실제로 인
인 중국과 2위인 인도의 경제 성장률은 2000년 이후 매우 높
고 있습니다. 분석 대상을 G20 회원국으로 한정하여 GDP 성
상관분석을 수행하세요.

G20는 G7 국가인 미국, 일본, 영국, 프랑스, 독일, 이탈리아, 캐
신흥경제 12개 국가, 그리고 유럽연합(EU)으로 총 20개 국가입
의 GDP 성장률과 인구수 데이터는 [표 9–5]과 같습니다. 인
GDP 성장률도 더 높은 것처럼 보입니다. 그렇다면 인구수와 G
말 비례하는지 분석해 보겠습니다.

LAB

하나의 절이 끝날 때마다 실생
활에서 접할 수 있는 문제를
LAB으로 제시하여 해결하도록
합니다.

연습문제

해당 장에서 배운 개념과 문법
을 묻고, 코드를 분석하는 문제
를 통해 실력을 테스트할 수 있
습니다.

5   **6**   **7**   **8**

확인문제

하나의 주제가 끝날 때마다 간
단한 문제를 통해 학습할 수 있
습니다.

실전분석

하나의 장이 끝날 때마다 실제
로 접할 수 있는 데이터를 미니
프로젝트 형식으로 분석합니다.

LAB **우수 초콜릿 분석**

시중에 판매되는 초콜릿 중에 우수 상품의 특징을 알
부터 5점 사이의 평점을 매긴 데이터를 분석해 봄
공하는 'chocolate_rating.csv' 파일을 사용합니다.
커뮤니티인 캐글(Kaggle)에서 레이철 탯먼이 공개
입니다.

연습문제

01 다음 중 파이썬에서 지원하지 않는 자료형을 고르시오

   ① 숫자
   ③ 리스트

02 다음 문장을 누락 없이 모두 출력하는 코드를 작성하시

   Teacher said that "Python is 'very' easy."

03 실행 결과가 다음과 같이 나타나도록 빈칸에 들어갈 안

학습 로드맵

Go!

1-2장

데이터 분석이란 무엇이며 인공지능과 빅데이터는 어떤 관계인지 알아보고, 파이썬의 기초 문법을 빠르게 배웁니다.

01

데이터 분석의 개요

데이터 과학 이해하기

데이터 시각화

넘파이와 판다스

데이터 전처리

9-13장

기초적인 데이터 통계 분석 기법과 함께 인공지능을 활용하는 분석 기법을 살펴봅니다. 기준금리와 부동산 매매가격의 상관관계, 타이타닉호 탑승자의 생존 여부, 와인 분류, 주가 예측 등 생생한 데이터를 바탕으로 분석을 수행합니다.

04

빅데이터 분석과
인공지능 예측

상관관계 분석

회귀분석

3-5장

파일에서 정형 데이터를 수집하는 과정과 웹에서 비정형 데이터를 수집하는 과정을 알아봅니다. 또한 데이터베이스를 통해 수집한 데이터를 다루는 방법을 살펴봅니다.

02

데이터 분석을 위한
파이썬 기초

데이터 수집과
데이터베이스

파일 입출력

6-8장

데이터 분석에 유용한 파이썬 라이브러리의 활용법을 알아봅니다. 분석 결과를 알아보기 쉽게 그래프로 표현하는 방법을 살펴보고, 데이터를 분석에 적합한 형태로 가공하는 몇 가지 기법에 대해 학습합니다.

웹 크롤링

03

데이터 분석을 위한
라이브러리

데이터베이스

Goal!

인공지능 분석

시계열 예측

데이터 분석 프로젝트

이 책의 사용 설명서

• **실습 자료**

실습에 필요한 자료와 소스 코드는 아래 주소에서 내려받을 수 있습니다.

http://www.hanbit.co.kr/src/4672

• **실습 환경**

이 책의 실습 환경은 다음과 같습니다.
- **운영체제** Windows 10(Windows 7 이후라면 모두 사용 가능)
- **실습도구** 구글 Colab(구글 Chrome 웹 브라우저에서 접속)
- **추가 프로그램** MySQL 워크벤치 8.0

• **강의 보조 자료**

한빛아카데미 홈페이지에서 '교수회원'으로 가입하신 분은 인증 후 교수용 강의 보조 자료를 제공받을 수 있습니다. 한빛아카데미 홈페이지 상단의 〈교수전용공간〉 메뉴를 클릭하세요.

http://www.hanbit.co.kr/academy

• **연습문제 해답 안내**

이 책은 대학 강의용 교재로 개발되었으므로 연습문제 해답을 제공하지 않습니다.

• **학습 보조 웹사이트**

이 책의 저자인 김규석 교수가 운영하는 데이터 분석 관련 유튜브 주소는 다음과 같습니다.

http://www.youtube.com/@kyuseokworld

목차

PART 01 데이터 분석의 개요

CHAPTER 01 데이터 과학 이해하기

01 인공지능과 빅데이터 · 020
  1 인공지능과 빅데이터의 시대 · 020
  2 인공지능과 빅데이터의 관계 · 024

02 빅데이터 분석을 위한 파이썬 · 027
  1 파이썬 소개 · 027
  2 파이썬으로 컴퓨터와 대화하기 · 030

03 구글 Colab 파이썬 개발 환경 · 035
  1 구글 Colab으로 파이썬 사용하기 · 035

요약 · 041
연습문제 · 042

CHAPTER 02 데이터 분석을 위한 파이썬 기초

01 변수와 상수 · 046
  1 변수 · 046
  2 파이썬의 상수 · 050

02 연산자 · 051
  1 산술 연산자 · 051
  2 관계 연산자 · 053
  3 논리 연산자 · 054
  4 멤버 연산자 · 055
  LAB 파이썬의 연산자 사용 · 057

03 조건문과 반복문 · 058
  1 조건문 · 058
  2 반복문 · 062
  LAB 음료 자판기 · 064

04 자료형 · 067
  1 숫자와 문자열 · 067
  2 콜렉션 자료형 · 070
  LAB 식재료 관리 프로그램 · 077

05 함수 · 080
  1 함수 · 080
  LAB 소수 판별기 · 083

실전분석 예금 이자 계산기 • 085
요약 • 086
연습문제 • 087

PART 02 데이터 수집과 데이터베이스

CHAPTER 03 파일 입출력

01 CSV 파일 • 094
　1 CSV 파일 이해하기 • 094
　2 파이썬으로 CSV 파일 다루기 • 098
　LAB 기상 데이터 수집 • 104

02 엑셀 파일 • 106
　1 워크시트와 워크북 • 106
　2 파이썬으로 엑셀 파일 읽기 • 107
　3 파이썬으로 엑셀 파일 작성하기 • 109

실전분석 교통 혼잡도 데이터 수집 • 116
요약 • 119
연습문제 • 120

CHAPTER 04 웹 크롤링

01 셀레니움 • 124
　1 자동화 툴 이해하기 • 124
　2 셀레니움 기본 사용법 • 125

02 셀레니움 웹 크롤링 • 131
　1 셀레니움 설치와 실행 • 131
　2 셀레니움 웹 크롤링 • 133

실전분석 코로나 발생현황 데이터 수집 • 142
요약 • 144
연습문제 • 145

CHAPTER 05 **데이터베이스**

01 데이터베이스 기본 · 150
　1 데이터베이스 이해하기 · 150

02 데이터베이스 관리 시스템 · 153
　1 MySQL 설치 · 153

03 데이터베이스 사용 · 169
　1 데이터 입력 · 169
　2 데이터 조회 · 173
　3 데이터 갱신 · 181
　4 데이터 삭제 · 182
　LAB 수강신청 내역 분석 · 185

실전분석 마을도서관 도서대출 데이터 분석 · 186
요약 · 188
연습문제 · 189

PART 03　**데이터 분석을 위한 라이브러리**

CHAPTER 06 **넘파이와 판다스**

01 넘파이와 판다스 라이브러리 · 196
　1 넘파이의 배열 · 196
　2 판다스의 시리즈와 데이터프레임 · 200
　3 넘파이와 판다스 비교 · 201

02 넘파이 활용 · 204
　1 넘파이 배열 생성 · 204
　2 넘파이 배열 다루기 · 212
　LAB 우수 초콜릿 분석 · 218

03 판다스 활용 · 221
　1 시리즈와 데이터프레임 생성 · 221
　2 데이터프레임 데이터 분석 · 227
　LAB 강의 시간표 분석 · 237

요약 · 239
연습문제 · 240

목차

| CHAPTER 07 | 데이터 시각화 |

01 데이터 시각화 라이브러리 · 246
　1 맷플롯립 · 246
　2 그래프 유형 · 246
　3 워드클라우드 · 258
　4 네트워크X · 259

02 맷플롯립 활용 · 266
　1 기온 CSV 데이터 시각화 · 266
　LAB 내가 태어난 달의 기온 그래프 · 274

03 워드클라우드 활용 · 276
　1 헌법 워드클라우드 · 276
　LAB 애국가 워드클라우드 · 280

04 네트워크X 활용 · 282
　1 튀르키예 뉴스 시각화 · 282
　LAB 우크라이나 뉴스 네트워크 그래프 · 291

요약 · 294
연습문제 · 295

| CHAPTER 08 | 데이터 전처리 |

01 데이터 전처리 기본 · 300
　1 결측치 처리 · 300
　2 이상치 · 306
　3 표준화와 정규화 · 309

02 데이터 전처리 활용 · 313
　1 지하수 데이터 수집 · 313
　2 이상치 확인 및 제거 · 321
　3 표준화와 정규화 · 331

실전분석 타이타닉호 탑승자 데이터 전처리 · 337
요약 · 339
연습문제 · 340

PART 04 빅데이터 분석과 인공지능 예측

CHAPTER 09 상관관계 분석

01 상관관계 분석의 개념 · 346
  1 상관관계 분석과 상관계수 · 346
  2 상관관계 분석의 세 가지 방법 · 348

02 상관관계 분석의 활용 · 356
  1 기준금리와 부동산 매매가격 · 356
  2 영어 성적과 수학 성적 · 360

실전분석 GDP 성장률과 인구수의 상관관계 분석 · 362
요약 · 365
연습문제 · 366

CHAPTER 10 회귀분석

01 선형 회귀분석의 개념 · 370
  1 선형 회귀분석의 모형 · 370
  2 선형 회귀분석의 해석 · 374

02 선형 회귀분석의 활용 · 376
  1 연봉과 직장 만족도 · 376
  2 직장 만족도의 요인 분석 · 379

03 로지스틱 회귀분석의 개념 · 381
  1 로지스틱 회귀모형 · 381
  2 로지스틱 회귀분석의 해석 · 382

04 로지스틱 회귀분석의 활용 · 385
  1 타이타닉 탑승자 생존여부 예측 · 385

실전분석 아파트 매매가격의 요인 분석 · 389
요약 · 392
연습문제 · 393

CHAPTER 11 　인공지능 분석

01 인공지능을 활용한 데이터 분석 · 398
　1 데이터의 특성과 인공지능 학습 · 398
　2 분류 문제와 예측 문제 · 401

02 인공지능과 분류 · 405
　1 와인 경작자 분류 · 405
　2 화이트와인과 레드와인 분류 · 412
　LAB 심장질환 학습 데이터 구성 · 419

03 인공지능과 예측 · 423
　1 와인 등급 예측 · 423
　2 심화분석: 인공신경망을 활용한 와인 등급 예측 · 429
　LAB 심장질환 분류 · 435

요약 · 437
연습문제 · 438

CHAPTER 12 　시계열 예측

01 시계열 데이터 · 442
　1 시계열 예측과 정상성 · 442
　2 통계적 정상성 검증 · 446

02 시계열 데이터의 정상성 확보 · 452
　1 비정상성 시계열 데이터 준비 · 452
　2 데이터 정상성 확보 · 456

03 인공지능 시계열 예측 · 464
　1 통계 기반 예측 · 464
　2 심화분석: 인공신경망을 활용한 주가 예측 · 472

요약 · 478
연습문제 · 479

CHAPTER 13 데이터 분석 프로젝트

01 많이 본 뉴스 분석 · 484
    1 많이 본 뉴스 데이터 수집 · 484
    2 많이 본 뉴스 워드클라우드 · 492

02 지역별 인구 증감률 분석 · 495
    1 인구 증감률 분석 · 495
    2 지역별 증감 인구수 그래프 · 502

찾아보기 · 506

데이터 분석의 개요

CONTENTS

CHAPTER 01 데이터 과학 이해하기

CHAPTER 02 데이터 분석을 위한 파이썬 기초

CHAPTER 01

데이터 과학 이해하기

01 인공지능과 빅데이터

02 빅데이터 분석을 위한 파이썬

03 구글 Colab 파이썬 개발 환경

요약

연습문제

학습목표

• 인공지능과 빅데이터 분석의 관계를 이해합니다.

• 데이터 분석 도구이자 프로그래밍 언어인 파이썬의 기본 개념을 알아봅니다.

• 데이터 분석을 위한 개발 환경을 준비합니다.

4차 산업혁명의 핵심인 인공지능과 빅데이터 활용에 대한 관심이 높아지고 있습니다. 이번 장에서는 파이썬, 인공지능, 빅데이터 기술의 관계를 간략히 살펴보고 프로그래밍 실습 도구인 구글 Colab 사용법을 학습합니다.

1절에서는 인공지능과 빅데이터 기술의 개념과 관계를 살펴보고 두 기술의 활용 방안을 학습합니다. 2절에서는 인공지능과 빅데이터 기술 개발에 필수적인 파이썬의 특징을 알아보고 파이썬 대화형 인터프리터를 설치해 봅니다. 3절에서는 쉽고 빠른 프로그래밍을 위한 개발 환경인 구글 Colab의 기본 사용법을 익힙니다.

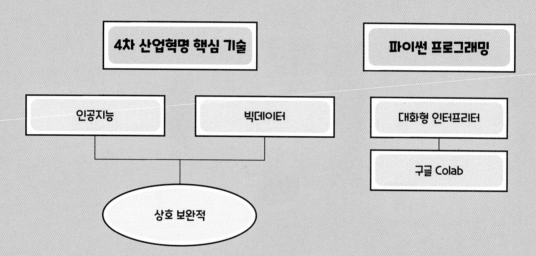

인공지능과 빅데이터

1️⃣ 인공지능과 빅데이터의 시대

인공지능(Artificial Intelligence)과 빅데이터(Big data) 기술은 더 이상 설명이 필요하지 않을 정도로 일상생활에 다가와 있습니다. 우리는 한시도 빠짐없이 네이버나 구글 같은 인터넷 검색엔진에 접속하고, 카카오톡이나 인스타그램 같은 소셜미디어를 통해 다른 사람과 소통합니다. 여가를 보낼 때 사용하는 유튜브나 넷플릭스 등 스트리밍 서비스는 물론이고 자동차, 인공위성에 이르기까지 인공지능과 빅데이터 기술을 활용하지 않는 분야를 찾기 어려울 정도입니다.

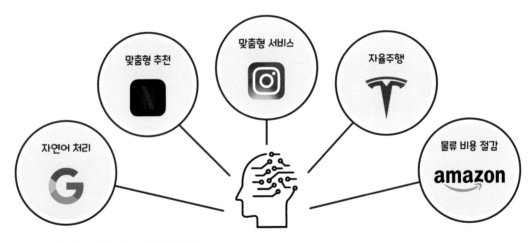

그림 1-1 **인공지능과 빅데이터 기술의 활용 분야**

예를 들어 검색엔진은 엄청나게 많은 양의 웹페이지(Web page)를 실시간으로 수집하며 분석하는 데에 빅데이터 기술을 활용합니다. 그리고 사용자가 입력한 검색어, 이전 검색 기록, 사용자의 취향 등의 정보를 인공지능 기술로 종합하여 최적화된 검색 결과를 제공합니다.

이 과정에서 데이터 과학자(Data scientist)는 웹페이지에서 유용한 정보를 추출하거나 사용자가 입력한 자연어를 컴퓨터가 이해할 수 있도록 가공하는 등 새로운 가치를 발견하는 데 중요한 역할을 수행합니다.

Q 자연어란 무엇인가요?

'자연어(Natural Language)'는 인간이 사용하는 언어를 말합니다. 한국어, 영어, 프랑스어처럼 일정한 문법을 가지고 실생활에서 사용하는 글(Text)과 말(Speech) 등을 모두 포함합니다. 추가적으로 '기계어'는 일반적으로 컴퓨터(Machine, 기계)가 사용하는 언어를 말합니다.

빅데이터 기술은 다양한 유형(Variety)을 망라하는 대량(Volume)의 데이터를 빠르게(Velocity) 처리하여 활용하는 기술입니다. 즉 ❶ 텍스트, 그림, 영상 등 형식을 막론하고 정형 데이터 및 비정형 데이터를 ❷ 대량 수집하고 ❸ 빠르게 처리하여 ❹ 컴퓨터나 인간이 활용할 수 있도록 가치 있는 정보를 추출하고 분석하는 기술입니다. 일반적으로 빅데이터 기술은 빅데이터 자체와 이를 처리하기 위한 기술을 함께 의미합니다.

Q 정형 데이터, 비정형 데이터란 무엇인가요?

정형 데이터(Structured Data)는 사전에 정의된 방식으로 구성되어 값의 의미를 파악하기 수월하며 컴퓨터가 활용하기 쉬운 데이터입니다. '몸무게: 65kg', '기온: 35℃' 등이 정형 데이터의 예시입니다.

비정형 데이터(Unstructured Data)는 정의된 규칙이나 구조 없이 저장된 정보로, 소셜미디어의 텍스트, 사진, 보고서, 이메일 본문 등의 데이터입니다.

인공지능의 발전 과정

인공지능이 최근에 갑자기 나타난 기술은 아닙니다. 컴퓨터 하드웨어 기술이 급속하게 발전하면서 과거에 비하여 인공지능 기술에 많은 진전이 이루어진 점은 사실이지만, 인공지능의 역사는 1950년대까지 거슬러 올라갑니다.

18세기에 제2차 산업혁명으로 자동화된 기계가 개발된 이후 산업 분야 전반에서 사람의 노동이 기계로 대체되었습니다. 이후 수작업과 비교할 수 없을 정도로 효율적으로 제품을 생산할 뿐 아니라, 사람의 노동력을 보다 창의적이고 생산적인 작업에 사용할 수 있게 되었습니다. 그러나 당시의 기계로는 복잡하고 정교한 작업까지 수행하기 어려웠습니다. 자연스럽게 연구자들은 인간처럼 생각하고 행동할 수 있는 기계, 즉 인공지능에 대하여 고민하기 시작했습니다.

1950년에 수학자 앨런 튜링이 인간처럼 학습하는 기계의 개념을 처음으로 제안했습니다. 그는 기계가 인간처럼 생각하는지 시험하는 방법을 고안했습니다. 신경과학자 워렌 맥컬록과 수학자 월터 피츠는 인간 두뇌의 신경 작용을 기계적으로 해석했습니다. 이들은 이진법 논리 모형을 제안하여 인공지능의 기반을 마련했습니다. 이후 1956년에 컴퓨터 과학자 존 매카시가 기존에 논의된 개념들을 종합하여 인공지능이라는 용어를 처음 제안했습니다.

하나 더 알기 ∨   **이진법**

이진법은 0과 1 두 숫자만으로 수를 나타내는 방법입니다. 인간은 손가락 개수가 10개이기 때문에 자연스럽게 숫자 0부터 9까지 사용하는 셈법인 10진법을 사용합니다. 반면 전자기기는 전자 신호의 입력 여부에 따라 숫자를 인식합니다. 예를 들어 전구에 전원을 입력하여 불이 켜진 상태를 1로, 전원을 차단하여 불이 꺼진 상태를 0으로 정의할 수 있습니다. 또한 1을 참(True)에 대응시키고 0을 거짓(False)에 대응시켜 논리 연산을 수행할 수 있습니다.

그림 1-2 **이진법**

1950년을 기점으로 인공지능 연구가 활발하게 이루어졌으며, 그 결과 인공지능의 수학적 모형이 등장했습니다. [그림 1-3]은 퍼셉트론(Perceptron)이라는 모형으로, 인간 뇌의 신경을 모사한 인공신경 모형입니다. 그러나 당시 컴퓨터는 단순한 논리 연산까지만 할 수 있었고 인간 두뇌처럼 정보를 처리하지 못했습니다. 따라서 인공지능 모형을 실제로 구현하고 검증할 수 없었습니다. 이 시기에 대규모 연구사업과 각종 지원이 중단되어 인공지능 연구가 긴 암흑기에 접어들었습니다.

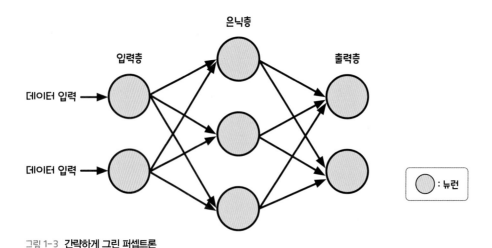

그림 1-3 **간략하게 그린 퍼셉트론**

1980년대에 인공지능 연구가 본격적으로 다시 확산합니다. 여기에는 두 가지 배경이 있었습니다. 현재와 비슷한 모습의 컴퓨터가 개발되었으며, 산업계에 전문가 시스템이 도입되었습니다. 전문가 시스템(Expert System)이란 특정 분야 전문가의 지식을 논리적으로 구성하여 컴퓨터 시스템에 입력한 후 비전문가의 업무 수행을 지원하는 시스템입니다. 전문가 시스템을 구축하려면 먼저 전문 지식을 컴퓨터가 이해할 수 있도록 논리적으로 구성해야 합니다. 그리고 컴퓨터는 입력 받은 지식을 활용하여 스스로 판단할 수 있어야 합니다. 두 조건은 인간의 사고 과정을 재현하는 인공지능을 만드는 조건과 비슷합니다.

이때 전통적 확률 이론을 벗어나 베이즈(Bayes) 확률론을 이용하는 접근법이 등장했습니다. 특히 퍼지(Fuzzy) 이론을 기반으로 이진 논리 연산에서 벗어나 0과 1 사이의 값을 이용하는 다중값 논리방법이 폭넓게 활용되었습니다.

2000년대에 이르러서는 과거에 제안된 인공지능 모형을 구현하고 검증할 수 있게 되었습니다. 인공지능은 지속적인 이론 발전과 CPU 및 GPU의 연산 기능 향상, 데이터 양의 증가가 뒷받침되어 폭넓게 발전했고, 실생활에서 활용되고 있습니다. 안면인식과 홍채인증에 이미지 분석 인공지능이 사용되며 번역기와 챗봇에 자연어 처리 인공지능이 사용됩니다.

특히 제프리 힌튼 교수가 제안한 심층신뢰신경망(Deep Belief Network)은 인간 두뇌를 모사한 심층신경망(Deep Neural Network)인데, 이는 딥러닝(Deep Learning)이 확산되는 계기가 되었습니다. 2017년에 딥마인드에서 개발한 바둑 인공지능 알파고를 통해 인공지능의 위력이 전 세계에 알려졌고 글로벌 IT 기업들이 실용적인 기술을 경쟁적으로 개발하고 있습니다.

그림 1-4 **구글 딥마인드의 알파고와 이세돌의 대국**

❷ 인공지능과 빅데이터의 관계

인공지능은 그 사례를 하나하나 거론하기 어려울 정도로 폭넓게 활용되고 있습니다. 대표적인 IT 기업인 구글과 메타는 딥러닝을 적용한 얼굴인식 기술에서 99%에 가까운 정확도를 확보하였습니다. 물류 기업인 아마존은 거래부터 배송까지 거의 모든 과정을 인공지능으로 처리하고 있습니다. 또한 엔지니어링 회사인 지멘스의 스마트 팩토리는 제조공정의 75% 이상을 자동화하여 사람의 개입을 최소화하였습니다. 미국 임상종양학회에 따르면 인공지능 IBM왓슨의 대장암 및 직장암 진단 정확도는 90% 이상입니다.

이처럼 특정 분야에서 인간 수준의 성능을 보이는 좁은 인공지능(Artificial Narrow Intelligence)은 이미 완성 단계에 와 있습니다. 한편 영화《A.I.》에 등장하는 인공지능은 분야에 관계없이 인간처럼 사고하고 행동하는 일반 인공지능(Artificial General Intelligence)입니다. 영화《터미네이터》의 인공지능은 인간보다도 높은 지적 능력을 가진 슈퍼 인공지능(Artificial Super Intelligence)이라고 할 수 있습니다. 아직 일반 인공지능이나 슈퍼 인공지능 같은 고성능 인공지능을 구현하려면 더 많은 연구가 필요합니다.

인공지능을 위한 빅데이터 기술

연구자들은 최대한 인간을 똑같이 따라하려고 시도하였고 인간 두뇌를 모사하는 심층신경망을 고안하여 기술적으로 큰 진전을 이루었습니다. 그러나 인공 두뇌만으로는 인간처럼 생각하고 행동하는 인공지능을 완성할 수 없습니다. 인공지능 기술 발전의 해답은 빅데이터에 있습니다.

왜냐하면 마치 인간이 태어나서 걷고 먹고 말하는 방법을 수 년 동안 학습(Learning)하는 것처럼 인공 두뇌에도 학습이 필요하기 때문입니다. 인간은 부모님이나 선생님에게 듣고 보고 배운 것을 이해하며 지식을 습득하지만, 인공지능은 인간의 방식 그대로 학습시킬 수 없습니다. 즉, 컴퓨터로 구현한 인공지능이 듣고 보고 이해하기에 충분히 많은 양이면서 유형이 다양하고 가치 있는 학습 데이터(Training Data)가 필요합니다. 이 학습 데이터를 확보하기 위해 바로 빅데이터 기술이 꼭 필요하며, 적절한 인공지능 구축을 위해서 아주 중요한 역할을 수행합니다.

2020년에 통신사 LG 유플러스에서 인공지능 실험을 진행했습니다. 먼저 대화형 인공지능을 복제하여 5살 어린이 두 명을 구현했습니다. 다음으로 한 명에게는 동화 구연 콘텐츠를 학습시키고 다른 한 명에게는 유튜브에서 무작위 영상 콘텐츠를 학습시켰습니다. 그 결과 동화를 학습한 인공지능은 창의적이고 올바른 언어를 사용했지만 무작위 영상을 학습한 인공지능은 비속어나 폭력적인 언어를 사용했습니다. 초깃값은 같았으나 학습 데이터 내용에 따라 다른 지각과 사고가 만들어진 사례입니다.

한국정보화진흥원에 따르면 인공지능을 활용하는 기업은 학습 데이터 구축을 위한 데이터 수집과 가공에 평균 75%의 비용과 80%의 시간을 사용합니다. 빅데이터는 인공지능 구축의 필수 원료이며, 빅데이터 기술은 토양의 양분을 나무에 공급하는 것과 같이 핵심 정보를 골라내 줍니다.

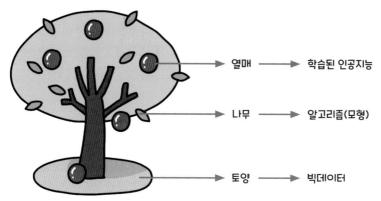

그림 1-5 인공지능의 필수 원료인 빅데이터

인공지능과 빅데이터 기술의 상호 보완

빅데이터 기술은 인공지능 개발 이전에도 이미 폭넓게 활용되어 데이터에서 유용하고 가치 있는 정보를 찾았습니다. 1990년대에 인터넷이 전세계로 확산되며 이전보다 빠르게 다량의 데이터가 만들어지기 시작했습니다. 특히 2000년대에는 스마트폰이 탄생하고 실시간 정보제공서비스, 소셜미디어가 활성화되어 정보 홍수 또는 정보 폭발 개념이 등장했습니다. 또한 하드웨어 기술이 발달하여 데이터 저장장치(HDD, SSD, RAM 등)의 비용이 감소했고 클라우드 컴퓨팅 기술, 분산처리시스템 등이 개발되면서 빅데이터 기술이 여러 분야로 확산되었습니다.

사람들은 폭발적으로 증가한 데이터를 활용하여 새로운 가치를 만들어내는 데에도 관심을 가지기 시작했습니다. 마치 원유를 정제하여 플라스틱이나 섬유를 얻는 것처럼 데이터 상태에서 발견할 수 없었던 가치를 빅데이터 기술로 찾을 수 있게 되었습니다. 데이터는 디지털 정보를 넘어선 자산이자 자본이 되었습니다. 데이터 과학자들은 빅데이터 기술을 활용하여 데이터를 관리하고 분석하면서 이윤을 창출하고, 사회문제를 해결하고 있습니다.

역설적으로 인공지능이 빅데이터 기술의 구성요소로 활용됩니다. 예를 들어 온라인 금융거래 업체인 페이팔(Paypal)에서는 온라인 쇼핑 사기 예방을 위하여 인공지능을 도입했습니다. 인공지능에 사기방지 전문가가 제공하는 사기 과정과 탐지 방법 데이터를 학습시켰으며 온라인 결제에서 발견한 수만 가지 잠재적 특징을 특정 사기유형과 비교하거나 사기방식을 탐지하고 있습니다. 또한 미국 메이저리그에서는 2015년부터 선수들의 동작을 수집하여 투구와 타구의 궤적을 추적했습니다.

인공지능은 이 데이터를 학습하여 안타 확률, 수비수들의 이동 경로, 투수의 다음 공이 직구일지 변화구일지 등 관객들의 흥미를 끄는 새로운 정보를 제공했습니다. 메이저리그에서는 이 정보를 중계에 활용하여 야구팬을 유인하고 게임과 교육에도 적용하여 추가적인 이윤을 창출했습니다.

빅데이터 기술은 데이터와 특정 분야 지식을 기반으로 인공지능을 활용하여 가치 있는 정보를 찾고 의사결정을 지원합니다. 인공지능은 빅데이터 기술로 추출한 가치 있는 정보를 학습 데이터로 하여 고성능 모형을 생성해 냅니다. 이처럼 상호 보완적인 인공지능과 빅데이터 기술은 데이터 과학자의 필수 역량입니다.

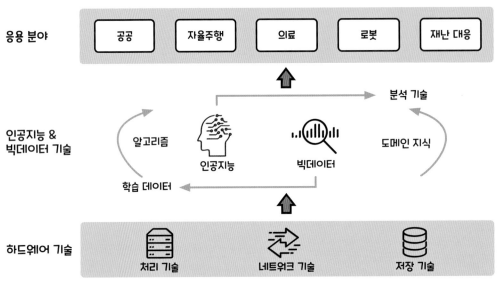

그림 1-6 **인공지능과 빅데이터 기술**

확인문제

다음을 읽고 빈칸에 들어갈 적절한 말을 채우시오.

인공지능 기술의 최종 목표는 [ⓐ]처럼 생각하고 행동할 수 있는 기계를 만드는 것이다. [ⓑ] 기술은 다양한 유형의 많은 양의 데이터를 적절하고 빠르게 처리하여 활용하기 위한 기술이다. 인공지능과 빅데이터 기술은 서로 요소기술로 활용될 수 있는 [ⓒ]적인 관계이다.

정답

ⓐ 인간, ⓑ 빅데이터, ⓒ 상호 보완

빅데이터 분석을 위한 파이썬

① 파이썬 소개

파이썬은 프로그래밍 언어의 한 종류입니다. 프로그래밍이란 무엇이고 데이터 분석에서 파이썬이 왜 중요한지 알아봅시다.

프로그래밍 언어와 코딩

빅데이터 분석을 수행하거나 인공지능을 구현할 때 고성능 정보처리시스템인 컴퓨터에 작업을 지시합니다. 컴퓨터가 수행할 동작의 내용, 방법, 순서를 정해 놓은 것을 프로그램(Program)이라고 합니다. 예를 들어 웹 브라우저, 음악 플레이어, 메신저는 각각 프로그램입니다. 그런데 컴퓨터는 인간의 언어를 알아들을 수 없기 때문에 컴퓨터가 이해할 수 있는 언어를 사용해야만 합니다. 프로그래밍 언어(Programming Language)는 컴퓨터에 어떤 동작을 수행하도록 지시하는 언어입니다. 프로그래밍 언어를 사용하여 프로그램을 논리적으로 작성하는 작업을 코딩(Coding)이라고 합니다.

컴퓨터 프로그래밍을 처음 접하는 분들은 코딩에 막연한 어려움을 느끼는 경우가 많습니다. 하지만 컴퓨터가 이해할 수 있는 올바른 단어와 규칙(문법)을 학습한다고 생각하면 쉽습니다. 다행히도 컴퓨터는 한국어나 영어 등 사람이 사용하는 언어에 비하여 사용하는 단어와 규칙이 훨씬 적습니다.

인간이 다양한 언어를 사용하듯이 컴퓨터 프로그래밍 언어도 여러가지 종류가 존재합니다. 그 중에서도 파이썬(Python)은 빅데이터 분석과 인공지능 분야에서 가장 널리 쓰이는 프로그래밍 언어입니다. 파이썬은 컴퓨터의 운영체제나 하드웨어의 종류에 관계없이 사용 가능하고, 고급 언어에 속하기 때문에 익히고 사용하기 쉬워서 프로그래밍을 처음 접하는 사람이 배우기 적합합니다.

파이썬은 문법이 쉽고, 코드가 짧으며, 다른 언어와 결합하기 쉽고, 다른 사용자들이 개발한 기능을 편리하게 활용할 수도 있습니다.

❶ **문법이 쉬움:** 파이썬의 문법은 아주 쉽습니다. 파이썬 이전의 프로그래밍 언어는 코딩할 때 컴퓨터 하드웨어의 특성을 고려해야 하는 경우가 많았습니다. 예를 들어 C 언어로 파일 크기가 100KB인 문서를 이용하는 프로그램을 만들 때 컴퓨터에 정확히 100KB만큼 메모리를 확보하도록 요청하지 않으면 프로그램에 오류가 발생합니다. 그러나 파이썬에는 아주 똑똑한 해석기, 즉 인터프리터(Interpreter)가 내장되어 있어서 코드를 적절히 해석하여 컴퓨터에 전달합니다. 따라서 인간이 하드웨어의 특성을 고려하지 않고 편리하게 코딩할 수 있습니다.

❷ **코드가 짧음:** 파이썬 문법이 간결하기 때문에 파이썬 프로그램은 같은 프로그램을 다른 언어로 만들었을 때보다 코드 길이가 짧습니다. 즉, 더 짧은 말로 동일한 작업을 명령할 수 있습니다. 다음은 각각 자바와 파이썬으로 1부터 10까지 수의 합을 구하는 프로그램입니다. 자바 프로그램은 총 9줄을 쓴 반면에 파이썬 프로그램은 단 4줄로 목적을 달성합니다. 코드가 짧으면 프로그램 작성 과정은 물론 실행 과정까지 간결해져서 생산성을 높일 수 있습니다. 갑자기 프로그래밍 언어가 나왔지만 당황하지 않아도 됩니다. 앞으로 파이썬 기초 문법을 다양한 예제로 실습하며 익히고 이해할 수 있을 것입니다.

```
#자바 프로그램
public class Sum {
  public static void main(String[] args) {
    int total = 0;
    for (int i = 1; i <= 10; i++) {
        total += i;
      }
    System.out.println(total);
  }
}
```

```
#파이썬 프로그램
sum = 0
for i in range(1,11):
    sum += i
print(sum)
```

❸ **다른 언어와 결합하기 쉬움**: 파이썬은 다른 언어와 결합하기 편리하여 기존에 다른 언어로 개발된 프로그램과의 호환성이 높습니다. 예를 들어 C 언어로 만들어진 프로그램에 파이썬으로 기능을 추가할 수 있습니다. 이러한 특성을 활용하면 인공지능이나 빅데이터 기술 등 복잡한 프로그램을 개발할 때 유용합니다. 하드웨어 제어가 필요한 부분은 저급 언어로 구현하고, 데이터 분석이나 인공지능 모형 학습 부분을 파이썬으로 개발한 다음 통합하여 전체 프로그램을 완성할 수 있습니다.

❹ **다른 사용자들이 개발한 기능을 활용하기 편리함**: 파이썬의 가장 큰 강점은 많은 사용자를 확보하고 있다는 점입니다. [그림 1-7]은 세계 최대의 프로그래밍 커뮤니티인 스택오버플로우에 등록된 질의응답을 프로그래밍 언어별로 분류하여 그 비율을 나타낸 그래프입니다. 인공지능과 빅데이터 기술이 본격적으로 확산한 2016년 이후 파이썬 비율이 압도적으로 상승하였습니다.

파이썬을 사용하는 개발자들은 자신이 개발한 특정 기능을 마치 기계의 부품처럼 모듈화하여 다른 사람들도 사용하도록 공개합니다. 이렇게 공개된 라이브러리 중에는 단순한 수학적 계산 기능부터 아주 복잡한 학습을 수행하는 인공지능 모형까지 있어서 파이썬 프로그램 제작 기간을 획기적으로 단축할 수 있습니다. 공개된 라이브러리의 코드 일부를 용도에 맞게 수정하여 사용할 수도 있어 매우 유연하게 코딩할 수 있습니다. 이러한 장점 때문에 오늘날 인공지능과 빅데이터 분석 모형을 대부분 파이썬으로 구현합니다.

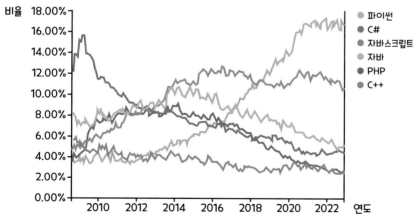

그림 1-7 **프로그래밍 언어별 스택오버플로우 질의응답 비율**

인공지능과 빅데이터 개발을 위한 라이브러리

인공지능 및 빅데이터 관련 파이썬 라이브러리로는 수치해석을 지원하는 넘파이(NumPy)와 싸이파이(SciPy), 다양한 유형의 데이터를 쉽게 다룰 수 있도록 지원하는 판다스(Pandas), 자연어 처리 및 문서 분석을 위한 NLTK, 데이터 시각화를 지원하는 맷플롯립(Matplotlib) 등이 있습니다. 라이브러리를 적절히 이용하여 원하는 목적의 인공지능 또는 빅데이터 분석 모형을 쉽고 빠르게 구현할 수 있습니다. 앞으로 이 책에서 흥미로운 예제를 풀며 여러 라이브러리를 사용할 것입니다.

확인문제

다음을 읽고 빈칸에 들어갈 적절한 말을 채우시오.

컴퓨터에게 인간이 원하는 동작, 즉 [ⓐ]을 수행하도록 지시하는 언어를 프로그래밍 언어라고 한다. 그 중 [ⓑ]은 최근 가장 널리 사용되는 고급 프로그래밍 언어이며 초보자도 쉽게 익힐 수 있다. 특히 다양한 [ⓒ]가 배포되어 있어 인공지능을 쉽고 빠르게 구현할 수 있다.

정답

ⓐ 프로그램, ⓑ 파이썬, ⓒ 라이브러리

---

2 파이썬으로 컴퓨터와 대화하기

파이썬으로 코딩하고 컴퓨터에 작업을 지시하려면 먼저 파이썬 인터프리터를 설치해야 합니다. 파이썬은 공개된 프로그래밍 언어로, 누구나 무료로 인터프리터를 다운로드하고 설치할 수 있습니다. 이제 파이썬을 설치하고 컴퓨터와 대화해 봅시다.

파이썬 설치

웹 브라우저를 열고, 파이썬 공식 홈페이지의 다운로드 페이지(http://www.python.org/downloads)에 접속합니다. 다음으로 윈도우용 파이썬 패키지를 다운로드합니다. 파이썬 버전은 업데이트될 수 있습니다. 책에서는 3.11.1 버전을 사용하나, 최신 버전의 파이썬 패키지를 다운로드하면 됩니다. 참고로 2장부터는 파이썬 인터프리터를 사용하지 않으니 직접 설치하지 않고 책에 있는 그림만 확인해도 좋습니다.

그림 1-8 **파이썬 홈페이지에서 다운로드**

다운로드가 완료된 후 설치 파일을 실행하면 파이썬을 설치하는 인스톨러가 나타납니다. 컴퓨터의 어느 파일 경로에서든 파이썬을 실행할 수 있도록 [Add Python.exe to PATH] 옵션을 선택합니다. 옵션 선택을 마치면 [Install Now]를 클릭하여 파이썬 설치를 시작합니다.

그림 1-9 **파이썬 인스톨러**

설치가 완료되면 윈도우 [시작] 메뉴-[모든 프로그램]에 [Python 3.11] 폴더가 생성됩니다.

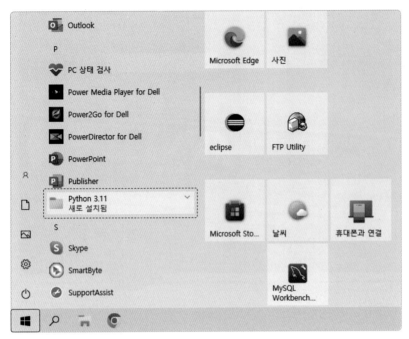

그림 1-10 **[시작] 메뉴의 파이썬 프로그램**

대화형 인터프리터 실행

이제 파이썬 설치가 완료되었습니다. 이제 컴퓨터와 대화하기 위해 파이썬 대화형 인터프리터 (Interactive Interpreter)를 실행합니다. 대화형 인터프리터는 말 그대로 파이썬과 사람이 대화하여, 즉 코딩을 통하여 컴퓨터에 작업을 명령하는 인터프리터입니다.

그림 1-11 **파이썬 실행**

[그림 1-12]와 같은 화면이 나타났다면 컴퓨터와 대화할 준비가 완료된 것입니다. 이제 이곳에서 사용자가 코드를 입력할 수 있습니다.

그림 1-12 **파이썬 대화형 인터프리터**

파이썬으로 컴퓨터와 인사를 나눠보겠습니다. 다음 코드를 입력하고 Enter 를 누릅니다.

코드 1-1 **파이썬으로 인사하기**

```
>>> print("Hello Python!")
```

그림 1-13 **파이썬으로 컴퓨터와 인사 나누기**

드디어 컴퓨터와 처음 대화를 나눴습니다. 입력한 코드에 오타가 없다면 [그림 1-13]과 같이 인사 내용을 확인할 수 있을 것입니다.

파이썬 프로그래밍을 수행하는 도구는 대화형 인터프리터 말고도 몇 가지가 더 있습니다. 특히 여러 기능을 수행하는 프로그램은 코드가 길고 복잡하기 때문에 대화형 인터프리터로는 코딩을 진행하기 어려운 경우가 많습니다. 그래서 일반적으로는 파이썬 프로그래밍에 IDE(Integrated Development Environment, 통합개발환경) 소프트웨어를 사용합니다. 파이썬 프로그래밍을 지원하는 IDE로는 마이크로소프트의 비주얼 스튜디오(Visual Studio), 젯브레인즈의 파이참

(PyCharm) 등이 있습니다. IDE는 코드의 오탈자, 잘못된 문법을 발견하여 알려주거나 자동으로 교정하여 코딩을 편리하게 합니다. 마치 워드나 한글 문서편집 프로그램에서 오타 교정이나 단어 추천 등의 기능을 제공하는 것과 비슷합니다.

확인문제

다음을 읽고 빈칸에 들어갈 적절한 단어를 적으시오.

파이썬 언어로 컴퓨터에 작업을 명령하면 인간과 컴퓨터 사이에서 [   ]가 대화, 즉 코드를 해석 하여 전달한다.

정답

(대화형) 인터프리터

구글 Colab
파이썬 개발 환경

◼ 구글 Colab으로 파이썬 사용하기

이번 절에서는 앞으로 이 책에서 사용할 IDE인 구글 Colab에 대하여 알아보고 기본적인 사용방법을 익혀보겠습니다.

인공지능과 빅데이터 분석을 위해서는 여러가지 준비가 필요합니다. 데이터 분석과 인공지능 모형 구축을 위하여 수학 지식과 함께 머신러닝 및 딥러닝 이론을 알아야 하며, 이를 구현할 파이썬 프로그래밍 실력을 갖춰야 합니다. 무엇보다 먼저 프로그래밍을 수행할 컴퓨터 환경이 필요합니다.

이 책에서 다룰 데이터 분석에는 행렬이나 함수 등 고등학교 수준의 수학 지식이면 충분합니다. 또한 우리의 목표는 인공지능 모형을 직접 개발하는 것이 아니고 잘 구축된 모형을 활용하여 데이터에서 가치를 찾아내는 것이므로 높은 수준의 머신러닝이나 딥러닝 이론은 필요하지 않습니다. 그리고 이미 구축된 방대한 공개 라이브러리들을 활용하기 때문에 아주 높은 수준의 파이썬 프로그래밍 능력은 필요하지 않을 것입니다. 파이썬 기본 문법만 가지고도 데이터 분석을 할 수 있다는 것입니다.

이제 남은 것은 파이썬 프로그래밍을 수행할 컴퓨터 환경입니다. 고성능의 하드웨어를 준비하려면 비용이 아주 많이 들 것입니다. 그러나 웹 서핑을 할 정도의 컴퓨터로 빅데이터 분석을 수행할 만한 컴퓨팅 환경을 갖추는 방법이 있습니다.

구글 Colab IDE

구글에서 제공하는 Colab(Colaboratory) 서비스는 하드웨어 비용 문제를 해결해 주는 좋은 대안입니다. Colab은 웹 브라우저에서 파이썬 프로그래밍을 수행하는 일종의 온라인 IDE입니다. 웹 브라우저를 통해 구글의 컴퓨팅 리소스를 빌려 사용하기 때문에, 사용하는 컴퓨터가 오래되었거나 느리더라도 프로그래밍 실습을 쾌적하게 수행할 수 있습니다.

구글 Colab을 사용하려면 구글 계정이 필요합니다. 웹 브라우저에서 구글에 로그인하고 http://colab.research.google.com에 접속합니다. 혹은 인터넷 검색 엔진에서 Google Colab을 검색하여 접속해도 됩니다.

구글 Colab 첫 화면은 [그림 1–14]와 같습니다. 상단에는 Colab 기본 메뉴가 있으며, 왼쪽에는 도구 메뉴와 탐색 창, 오른쪽에는 셀이 있습니다.

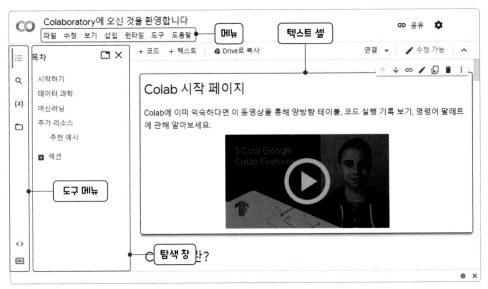

그림 1-14 **구글 Colab 첫 화면 [Colaboratory에 오신 것을 환영합니다]**

Colab에서 텍스트와 파이썬 코드를 자유롭게 작성할 수 있고 작성한 텍스트와 코드 묶음을 파일로 저장하고 불러올 수 있습니다. 여기서 저장된 파일을 노트북(Notebook)이라고 부릅니다. 셀(Cell)은 Colab에서 실행할 수 있는 최소 단위입니다. Colab에서 셀은 일반적인 텍스트를 기록하는 텍스트 셀(Text Cell)과 파이썬 코드를 입력하고 결과를 확인하는 코드 셀(Code Cell)이 있습니다.

텍스트 셀에서는 글꼴 크기, 색 등을 설정하여 텍스트를 강조하여 나타낼 수 있습니다. 코드 셀에서는 파이썬 코드 이외에 주석 처리된 텍스트도 입력할 수 있습니다.

파이썬 프로그램은 코드 셀 단위로 실행됩니다. [그림 1–15]와 같이 실행 결과를 코드 셀 하단에서 확인할 수 있습니다. 코드 셀 아래에 24 * 60 * 60의 계산 결과인 86400이 표시됩니다.

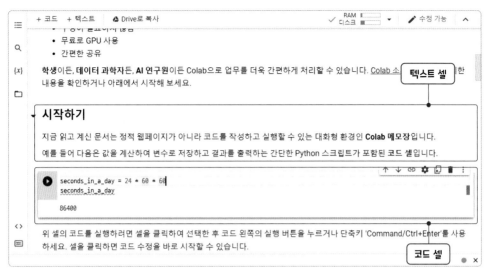

그림 1-15 **텍스트 셀과 코드 셀**

Colab 노트북 사용하기

이렇게 Colab에서 파이썬 코딩 준비가 끝났습니다. 먼저 새로운 노트북을 만들고 저장합니다. [파일]-[새 노트]를 선택하여 새 노트북을 생성합니다.

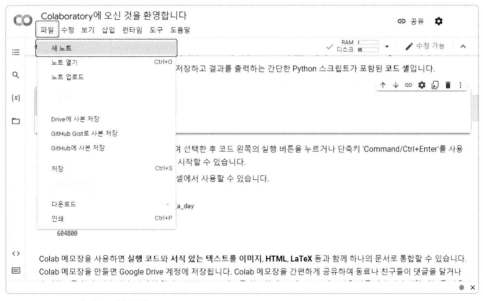

그림 1-16 **Colab에 새 노트북 생성**

새 노트북 화면에서 상단의 노트북 제목 [Untitled0.ipynb]를 클릭하여 제목을 자유롭게 수정할 수 있습니다. 메뉴 아래에는 코드 셀이나 텍스트 셀을 추가하는 버튼이 있습니다. 오른쪽 [연결] 버튼을 클릭합니다.

그림 1-17 **노트북의 초기 화면**

[할당 중], [연결 중], [초기화 중]을 거쳐 런타임에 연결되고 리소스 상태가 표시됩니다. [RAM]과 [디스크]는 Colab에서 사용하는 컴퓨팅 리소스입니다. 구글 클라우드를 활용하여 12GB의 RAM과 100GB의 저장공간을 사용할 수 있습니다. 다만, 무료 버전 사용 시에는 노트북을 최대 5개까지만 동시에 실행할 수 있고, 노트북 하나를 최대 12시간까지만 연속으로 연결합니다.

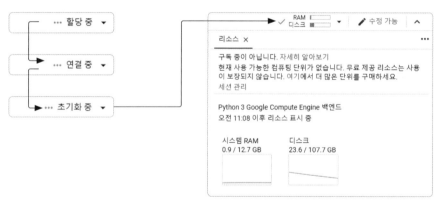

그림 1-18 **런타임 연결 과정과 리소스**

생성된 노트북은 구글 드라이브에 자동 저장됩니다. 경로는 [내 드라이브]−[Colab Notebooks] 폴더입니다. 또한 저장된 노트북을 Colab으로 불러와서 다시 사용할 수 있습니다. Colab 화면에서 [파일]−[노트 열기]를 선택하면 최근 사용한 노트북이나 구글 드라이브에 저장된 노트북 파일을 불러올 수 있습니다.

그림 1-19 **최근 사용한 노트북 불러오기**

컴퓨터에 저장된 노트북 파일도 [파일]-[노트 업로드]를 통해 Colab에서 사용할 수 있습니다. 또한 구글 드라이브에서 노트북 파일을 선택하여 Colab에서 노트북을 실행할 수 있습니다.

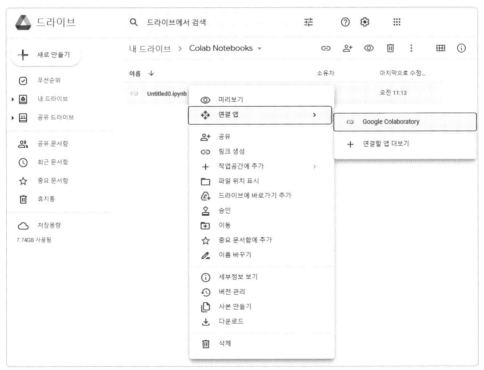

그림 1-20 **구글 드라이브에 있는 노트북 파일을 Colab으로 열기**

이제 파이썬 프로그래밍을 위한 준비를 마쳤습니다. 그리고 데이터 과학자가 될 준비도 끝났습니다. 앞으로 이 책의 모든 예제와 실습은 Colab에서 수행하며, 이 장에서 소개하지 않은 Colab 기능은 각 챕터에서 상세하게 설명하겠습니다.

확인문제

1. Colab 노트북 '01-확인문제.ipynb'를 생성하고 빈 코드 셀에 print("Hello Python!")을 입력한 후 셀 왼쪽 끝 [▶ 실행] 버튼을 눌러 실행 결과를 확인하시오.

2. Ctrl + M + B 를 눌러 빈 코드 셀을 추가한 후 셀에 5*3-1이라고 입력하고 Ctrl + Enter 를 눌러 실행 결과를 확인하시오.

정답

1. Hello Python!　　2. 14

---

01 인공지능과 빅데이터 기술이 일상생활에 폭넓게 활용되고 있습니다.

02 빅데이터 기술은 다양한 유형의 대량 데이터를 빠르게 처리하고 활용하는 기술입니다. 일반적으로 빅데이터 기술은 빅데이터 자체와 이를 처리하기 위한 기술을 함께 의미합니다.

03 인공지능 기술의 최종 목표는 인간처럼 생각하고 행동하는 기계를 만드는 것입니다.

04 인공지능은 데이터를 학습하여 구현됩니다. 인공지능이 학습하려면 충분히 많은 양의 잘 구성된 학습 데이터가 필요합니다.

05 인공지능과 빅데이터 기술은 서로 요소기술로 활용되는 상호 보완적 관계입니다.

06 파이썬은 고급 언어이며 문법이 쉽고 간결하여 프로그래밍을 수행하기 매우 쉽습니다. 파이썬은 다른 언어와 함께 사용하기 용이하며, 방대한 라이브러리가 구축되어 있어 인공지능과 빅데이터 기술을 개발하기 적합합니다.

07 구글 Colab은 컴퓨터 성능에 관계없이 웹 브라우저를 실행할 정도의 성능으로 인공지능과 빅데이터 기술 프로그래밍이 가능한 환경입니다.

01 인공지능에 대한 설명 중 **틀린** 것을 고르시오.

① 인공지능은 인간처럼 생각하고 행동할 수 있는 기계이다.

② 딥러닝은 인공지능을 개발하기 위한 기술이다.

③ 인공지능 연구는 1990년대에 하드웨어 기술 발전 이후에 시작되었다.

④ 분야를 막론한 여러 기업에서 인공지능 기술을 도입 중이다.

02 빅데이터 기술에 대한 설명 중 **틀린** 것을 고르시오.

① 빅데이터 기술은 빅데이터 자체와 이것을 분석하기 위한 기술을 통칭한다.

② 빅데이터 기술은 인공지능을 개발하기 위한 기반 기술로만 사용한다.

③ 빅데이터 기술로 이전에는 발견하지 못했던 지식이나 가치를 발굴한다.

④ 빅데이터 기술을 활용하여 정형 데이터 및 비정형 데이터를 분석할 수 있다.

03 다음 중 데이터 과학자에게 필요한 기술과 거리가 **먼** 것을 고르시오.

① 통계 기반 데이터 분석 기술

② 인공지능 활용 기술

③ 비정형 데이터 수집 및 가공 기술

④ GPU 가속 기술

04 인공지능과 빅데이터 기술의 관계에 대한 설명으로 옳은 것을 고르시오.

① 인공지능과 빅데이터 기술은 별개의 기술이라서 서로 상관이 없다.

② 빅데이터 분석을 위하여 인공지능 기술이나 모형을 활용하지 않는다.

③ 인공지능 학습 데이터를 만들기 위해 빅데이터 기술을 활용한다.

④ 데이터 과학자는 빅데이터 기술만을 활용한다.

05 인간 뇌의 신경을 모사한 초기 인공신경 모형을 고르시오.

① 클로바

② 퍼셉트론

③ 랜덤 포레스트

④ 베이즈 이론

06 다음 중 파이썬의 특징이 <u>아닌</u> 것을 고르시오.

① 문법이 아주 쉽다.

② 컴퓨터 중심 언어이다.

③ 다른 언어와 쉽게 결합 가능하다.

④ 다양한 공개 라이브러리가 있다.

07 파이썬에 대한 내용 중 <u>틀린</u> 것을 고르시오.

① 파이썬은 고급 언어에 속한다.

② 파이썬으로만 인공지능을 개발할 수 있다.

③ 파이썬은 대화형 인터프리터를 제공한다.

④ 파이썬 프로그래밍을 위한 다양한 IDE가 있다.

08 이진법에 대한 설명 중에 옳은 것을 고르시오.

① 이진법은 한 자리에 두 가지 상태를 표현할 수 있다.

② 이진법은 숫자 1, 2만 사용한다.

③ 이진법 수를 십진법으로 변환할 수 없다.

④ 이진법은 두 자리 이상인 수의 사칙연산이 불가능하다.

09 다음 중 구글 Colab에 대한 내용으로 <u>틀린</u> 것을 고르시오.

① 구글 Colab은 유료 서비스이기 때문에 비용을 지불해야 사용할 수 있다.

② 구글 Colab에서 파이썬 프로그래밍이 가능하다.

③ 구글 Colab의 파일 단위는 노트북이다.

④ 구글 Colab에서는 파이썬 코드와 일반 텍스트를 모두 입력할 수 있다.

10 다음 중 구글 Colab을 사용할 때 필요한 것으로 거리가 가장 <u>먼</u> 것을 고르시오.

① 인터넷이 가능한 PC   ② 구글 계정

③ 웹 브라우저   ④ GPU

CHAPTER 02

데이터 분석을 위한 파이썬 기초

01 변수와 상수

02 연산자

03 조건문과 반복문

04 자료형

05 함수

실전분석

요약

연습문제

학습목표

- 파이썬의 상수와 변수를 비교하여 이해합니다.

- 데이터 연산에 사용할 수 있는 연산자의 유형을 알아봅니다.

- 파이썬으로 조건에 따라 명령을 수행하거나 반복적인 작업을 수행할 수 있습니다.

- 파이썬에서 지원하는 자료형을 알아보고 활용할 수 있습니다.

- 프로그램 기능의 최소 단위인 함수의 개념을 이해합니다.

Preview

파이썬 프로그래밍으로 인공지능과 데이터 분석 기술을 개발하려면 먼저 파이썬의 문법과 기능을 익혀야 합니다. 이번 장에서는 구글 Colab 환경에서 파이썬 필수 문법을 실습하여 프로그래밍 학습을 시작합니다.

1절에서는 변수에 여러 가지 값을 대입하여 사용법을 확인합니다. 2절에서는 파이썬에서 기본으로 제공하는 여러 연산자를 살펴봅니다. 3절에서는 명령을 조건에 따라 수행하거나 반복하는 조건문과 반복문을 이해하고, 4절에서는 다양한 데이터를 효율적으로 다루기 위한 자료형과 자료구조를 학습합니다. 5절에서는 함수의 기본 개념과 더불어 함수를 적절히 사용하는 방법을 익힙니다.

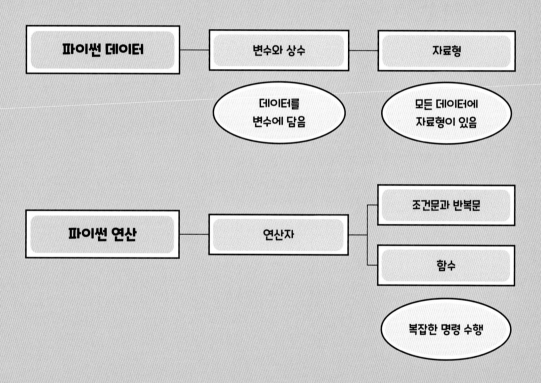

Section 01 변수와 상수

파이썬을 비롯한 모든 프로그래밍 언어에서 변수와 상수는 가장 기본 개념입니다. 변수와 상수는 사용자가 입력하는 정보를 담는 저장단위로, 간단한 개념이지만 잘못 사용하면 프로그램에 치명적인 오류를 발생시킵니다. 이번 장에서 변수와 상수의 개념을 알아보고 활용해 봅시다.

1 변수

프로그래밍에서 변수(Variable)는 데이터(Data, 값)를 저장하는 그릇입니다. 컴퓨터가 프로그램을 수행할 때 연산을 하는데, 그러면서 계속 연산 결과 데이터가 발생합니다. 이때 변수를 활용하면 데이터를 보관하고 사용하기 편리합니다. 그릇에 어떤 음식이든지 담을 수 있듯이 변수에 숫자와 문자를 제한 없이 담을 수 있습니다. 물론 나중에 학습할 리스트, 튜플, 딕셔너리도 변수에 할당할 수 있습니다.

파이썬에서 변수에 값을 담을 때 대입 연산자(=)를 사용합니다. 대입 연산자는 우변의 값을 좌변에 담으라는 의미입니다. 수학에서 등호(=)는 일반적으로 좌변의 식을 계산하여 결과를 우변에 나타낼 때 사용합니다. 파이썬에서 대입 연산자(=)는 수학에서와 다르게 사용하니 혼동하지 않기 바랍니다.

구글 Colab에서 새 노트북 '02 데이터 분석을 위한 파이썬 기초-1.ipynb'를 생성하고 [코드 2-1]을 작성하여 실행합니다.

코드 2-1 변수에 값 담기

```
#변수에 '철수'를 담기
name = '철수'
print(name)

#변수에 '영희'를 담기
name = '영희'
print(name)
```

```
철수
영희
```

파이썬에서 해시 문자(#)는 주석을 나타냅니다. 프로그램 안에서 코드가 아닌 텍스트로 코드의 기능을 설명하거나 알아두어야 할 사항을 기록할 때 사용합니다. 파이썬 인터프리터는 주석을 실행하지 않습니다.

변수 name에 '철수'라는 값을 담습니다.

변수에 있는 값을 사용자가 확인하려면 출력해야 합니다. print()의 괄호 안에 변수 이름인 name을 입력하여 '철수'를 셀 아래 결과 화면에 나타냅니다.

이번에는 변수 name에 '영희'라는 값을 담습니다. 원래 변수 name에 있던 값 '철수'는 지워지고 새로 입력한 '영희'만 남습니다.

print()의 괄호 안에 변수 이름인 name을 입력하여 현재 값 '영희'를 결과 화면에 나타냅니다.

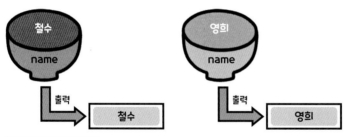

그림 2-1 변수와 데이터

print()는 값을 출력하는 파이썬 내장함수입니다. 파이썬에는 자주 사용하는 기능을 미리 정의한 내장함수가 70여 가지나 있습니다. 내장함수의 종류와 상세한 내용은 파이썬 홈페이지의 도움말 (http://docs.python.org/ko/3/library/functions.html)에서 확인할 수 있습니다.

변수 사용 규칙

파이썬에서는 변수를 사용할 때 몇 가지 규칙을 지켜야 합니다.

❶ 새로운 변수를 정의할 때 반드시 변수에 값을 대입해야 합니다. 값을 할당하지 않고 새로운 변수 이름만 입력하면 오류가 발생합니다.

코드 2-2 값을 할당하지 않고 변수 정의

```
score
```

```
┌╴ --------------------------------------------------------------------
   NameError                                Traceback (most recent call last)
   <ipython-input-2-d2d780e36333> in <module>
   ----> 1 score

   NameError: name 'score' is not defined
```

❷ 변수의 이름에서 첫 글자는 문자 또는 밑줄 문자(_)여야 합니다. 첫 글자를 제외하면 변수명에 숫자를 사용할 수 있습니다.

코드 2-3 숫자로 시작하는 변수명

```
▶ 2_name = '철수, 영희'
```

```
┌╴ File "<ipython-input-3-42583fbcf0dc>", line 1
       2_name = '철수, 영희'
          ^
   SyntaxError: invalid syntax
```

❸ 변수명에 길이 제한은 없습니다. 다만, 변수에 담을 데이터를 고려하여 알아보기 쉬운 이름으로 정의해야 편리합니다.

컴퓨터의 동작 원리와 변수

컴퓨터가 프로그램을 수행하려면 사용자가 지시한 작업에 대한 정보를 기록하여 저장한 후 필요할 때 불러내어 활용합니다. 조금 더 구체적으로 살펴보면 컴퓨터는 사용자가 입력한 데이터를 주기억장치(RAM) 또는 보조기억장치(HDD)에 저장합니다. 그리고 처리가 필요한 데이터는 주기억장치로 옮긴 후 중앙처리장치(CPU)가 내용을 읽어서 연산을 수행하도록 합니다. 데이터를 주기억장치와 보조기억장치 중 어디에 저장할지는 운영체제가 알아서 결정하므로 사용자는 신경 쓰지 않아도 됩니다.

주기억장치에는 저장공간마다 주소가 지정되어 있습니다. 마치 주택이 하나씩 번지수에 할당되는 것처럼 데이터가 주기억장치의 주소에 할당됩니다. 예를 들어 [그림 2-2]에서 주기억장치의 3번지에 Hello라는 문자열이 저장되어 있고, N번지에 10이라는 숫자가 저장되어 있습니다.

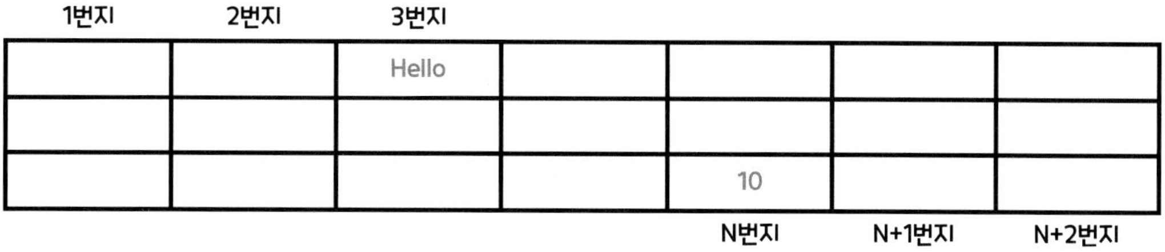

1번지	2번지	3번지					
		Hello					
				10			
				N번지	N+1번지	N+2번지	

그림 2-2 **주기억장치의 데이터 저장**

일반적으로 사용자는 "3번지의 단어를 N번지에 저장된 수만큼 반복하여 말하시오."와 같이 프로그램을 작성합니다. 이때 사용자가 몇 번지에 어떤 데이터가 저장되어 있는지 전부 알아야 명령할 수 있습니다.

하지만 주기억장치의 모든 주소를 파악하기는 현실적으로 어렵습니다. 그래서 주소록에 영희네 집이나 철수네 집이라고 별명을 붙이듯이 주기억장치의 번지수에 변수명을 붙여 사용합니다. [그림 2-2]의 3번지에 '인사', N번지에 '반복 횟수'라고 이름 붙였다면 사용자는 다음과 같이 프로그램을 작성하면 됩니다.

'인사'의 값을 '반복 횟수'만큼 반복하여 말하시오.

참고로 파이썬은 프로그래밍 언어 중 객체지향(Object-oriented) 언어이기 때문에 파이썬에서 정의하는 모든 변수와 함수를 독립된 객체로 취급합니다. 그리고 각 객체는 클래스라는 카테고리에 속합니다. 객체나 클래스는 조금 더 설명이 필요한 개념이지만 파이썬에서 한번 정의한 객체를 여러 곳에서 사용할 수 있다는 정도만 알아두세요.

확인문제

주소를 저장할 변수 Addr에 '서울특별시 중구'를 할당하고 print( ) 함수로 출력하시오.

정답

```
Addr = '서울특별시 중구'
print(Addr)
```

```
서울특별시 중구
```

② 파이썬의 상수

상수(Constant)는 변하지 않고 항상 일정한 값인 수입니다. C 언어나 자바에서 상수는 사용자나 시스템이 미리 정해놓은 수입니다. 원주율이나 중력가속도처럼 복잡한 수나 불변하는 값에 별명을 붙일 때 상수를 활용합니다.

그러나 파이썬에서는 상수를 사용하지 않습니다. 불가피하게 상수가 필요한 경우 클래스를 만들어 변수를 상수처럼 사용할 수는 있습니다. 이때 상수처럼 사용하는 변수에 다른 값을 담는 일이 없도록 주의해야 합니다. 그래서 상수처럼 사용할 변수를 정의할 때 이 변수에는 본래 값 이외의 값을 할당하지 말라는 뜻으로 변수 이름에 대문자와 밑줄 문자(_)만 사용합니다. 이것은 프로그램을 효율적으로 작성하고 읽기 위한 약속이므로 변수 사용 규칙과 함께 기억해 두기 바랍니다.

코드 2-4 상수처럼 사용하는 변수

```
PI = 3.1415
GRAVITY = 9.8
```

값 3.1415를 변수 PI에 담습니다. 앞으로 이 변수에 담은 값을 변경하지 않겠다는 의미로 변수 이름을 대문자 알파벳만으로 지었습니다. 또한 변수 이름이 PI이므로 원주율(π) 값을 담았다는 것을 쉽게 알아볼 수 있습니다.

값 9.8을 변수 GRAVITY에 담습니다. 이 변수에 담은 값을 변경하지 않겠다는 의미로 변수 이름을 대문자 알파벳만으로 지었습니다. 또한 변수 이름이 GRAVITY이므로 중력가속도 값을 담았다는 것을 쉽게 알아볼 수 있습니다.

Section

02

연산자

파이썬에는 연산자(Operator)가 정의되어 있습니다. 대입 연산자도 연산자의 한 종류입니다. 이번 절에서는 사칙연산을 지원하는 산술 연산자, 값끼리 비교하는 관계 연산자, 집합 계산과 같은 논리적 연산을 지원하는 논리 연산자, 값 사이의 포함 관계에 대한 참, 거짓을 판별할 때 사용하는 멤버 연산자에 대하여 알아봅니다.

1 산술 연산자

산술 연산자는 숫자인 값을 연산합니다. 덧셈, 뺄셈, 곱셈, 나눗셈의 사칙연산을 포함하여 정수 몫, 나머지, 거듭제곱 연산자가 있습니다.

표 2-1 **산술 연산자의 종류**

연산자	연산
+	덧셈
−	뺄셈
*	곱셈
/	나눗셈
//	정수 몫
%	나머지
**	거듭제곱

새 노트북 '02 데이터 분석을 위한 파이썬 기초-2.ipynb'를 생성하고 파이썬에서 산술 연산자를 어떻게 사용하는지 다음 페이지의 [코드 2-5]를 통해 확인해 봅시다.

코드 2-5 산술 연산자

```
a = 11
b = 4

print('덧셈 결과', a + b)
print('뺄셈 결과', a - b)
print('곱셈 결과', a * b)
print('나눗셈 결과', a / b)
print('나눗셈 정수 몫', a // b)
print('나눗셈 나머지', a % b)
print('거듭제곱 결과', a ** b)
```

```
덧셈 결과 15
뺄셈 결과 7
곱셈 결과 44
나눗셈 결과 2.75
나눗셈 정수 몫 2
나눗셈 나머지 3
거듭제곱 결과 14641
```

print( ) 함수 괄호 안에 큰따옴표 또는 작은따옴표를 입력하면 문자를 그대로 출력할 수 있습니다. 괄호 안에 연산 내용을 입력하면 결과가 출력됩니다.

산술 연산에는 우선순위가 있으며 수학에서의 연산 우선순위와 같습니다. 괄호가 없다면 거듭제곱을 가장 먼저 연산하고 다음으로 곱셈과 나눗셈, 마지막에 덧셈과 뺄셈을 연산합니다. 우선순위가 같은 산술 연산은 왼쪽부터 처리합니다.

확인문제

산술 연산자의 우선순위에 따라 다음 수식에서 ①, ②, ③, ④의 계산 순서와 전체 연산 결과를 쓰시오.

정답

②, ③, ④, ①, 11

② 관계 연산자

관계 연산자는 두 값의 대소관계 또는 상등관계를 계산하는 연산자입니다. 연산 결과는 참(True)과 거짓(False)의 논리값(Boolean value)으로 나타납니다. 관계 연산자를 가운데 두고 연산자 왼쪽의 값을 연산자 오른쪽 값과 비교합니다. 두 값이 같은지 비교하는 연산자는 대입 연산자(=)와 기호가 중복되므로 대신 상등 연산자(==)를 사용합니다. 또한 같지 않다는 뜻의 기호인 ≠는 키보드로 입력하기 어려우므로 대신 !=를 사용합니다.

표 2-2 관계 연산자의 종류

연산자	연산
>	왼쪽 값이 오른쪽 값보다 큰지 비교
>=	왼쪽 값이 오른쪽 값보다 크거나 같은지 비교
<	왼쪽 값이 오른쪽 값보다 작은지 비교
<=	왼쪽 값이 오른쪽 값보다 작거나 같은지 비교
==	왼쪽 값이 오른쪽 값과 같은지 비교
!=	왼쪽 값이 오른쪽 값과 같지 않은지 비교

코드 2-6 관계 연산자

```
a = 11
b = 4

print(a > b)
print(a >= b)
print(a < b)
print(a <= b)
```

```
True
True
False
False
```

a와 b를 비교한 관계 연산 결과가 논리값으로 나타납니다. a > b를 연산하면 연산자 왼쪽의 a가 연산자 오른쪽의 b보다 커서 결과가 True입니다.

비교 연산자는 산술 연산자와 달리 연산자의 우선순위가 없습니다. 또한 파이썬을 포함한 모든 프로그래밍 언어에서 느낌표(!)는 논리 연산에서 NOT(부정)의 의미입니다. 참 앞에 !를 붙이면 거짓이 되고, 거짓 앞에 !를 붙이면 참이 됩니다. 앞으로 다양한 방식으로 사용되니 꼭 기억하기 바랍니다.

확인문제

a가 10이고 b가 5일 때 다음 관계 연산의 결과를 구하시오.

1. a == b   **2.** a != b

정답

1. False   **2.** True

---

3 논리 연산자

논리 연산자는 논리값 참(True)과 거짓(False)을 연산합니다. 논리 연산자의 종류는 and, or, not 3가지이며 연산 결과도 논리값으로 나타납니다.

표 2-3 **논리 연산자의 종류**

연산자	연산
and	논리곱(conjunction)
or	논리합(disjunction)
not	논리 부정

진리표(Truth Table)는 논리 연산의 결과를 정리한 표입니다. and 연산의 결과는 A와 B가 모두 참일 때만 참이고 or 연산의 결과는 A와 B 둘 중 하나라도 참이면 참입니다.

표 2-4 **논리 연산의 결과 진리표**

A	B	A and B	A or B	not a
True	True	True	True	False
True	False	False	True	False
False	True	False	True	True
False	False	False	False	True

논리 연산자를 파이썬에서 어떻게 사용하는지 [코드 2-7]을 통해 알아봅시다.

코드 2-7 논리 연산자

```
a = True
b = False

print(a and b)
print(a or b)
```

```
False
True
```

[코드 2-7]은 [표 2-4]에 있는 진리표의 두 번째 행과 동일한 연산을 수행했습니다.

직접 코드를 실행했다면 논리값과 논리 연산자의 특이한 점을 눈치챘나요? Colab에서 True, False, 논리 연산자의 색은 파란색입니다. 논리 연산자는 영문 알파벳 소문자로 이루어져 있기 때문에 사용자가 변수나 코드로 잘못 읽을 수 있습니다. 그래서 파이썬에서는 논리 연산지를 포함한 몇 가지 명령어가 사전 정의된 명령어로 저장되어 있습니다. 사전 정의된 명령어가 일반 코드와 구분되도록 IDE에서 다른 색으로 표시합니다. 또한 사전 정의된 명령어를 사용할 때 대소문자 구분에 유의하여야 합니다.

확인문제

a와 b가 각각 논리값 True와 False이다. 다음 비교 연산의 결과를 구하시오.

1. not a   **2.** not b

정답

1. False   **2.** True

4 멤버 연산자

멤버 연산자는 집합 연산에 사용하는 연산자로, 어떤 집합(객체)에 연산 대상의 포함 여부를 판단합니다. 멤버 연산자의 종류는 포함한다(in)와 포함하지 않는다(not in) 두 가지뿐입니다.

표 2-5 멤버 연산자의 종류

연산자	연산
in	왼쪽 값이 오른쪽 집합(객체) 안에 포함되었는지 판단
not in	왼쪽 값이 오른쪽 집합(객체) 안에 포함되지 않았는지 판단

멤버 연산 결과는 논리값 True 또는 False입니다. in은 대상이 집합에 포함되어 있을 때 True, 포함되지 않을 때 False를 반환합니다. 반면 not in은 연산자의 대상이 집합에 포함되지 않을 때 True, 포함되어 있을 때 False를 반환합니다.

Colab에서 [코드 2-8]과 같이 파이썬 멤버 연산자를 사용하고 결과를 확인해 봅시다.

코드 2-8 멤버 연산자

```
a = 3
B = [1, 3, 5, 7, 9]

print(a in B)
print(a not in B)
```

```
True
False
```

변수 B는 10 이하인 홀수의 집합이며 대괄호([ ])를 사용하는 리스트 자료형입니다. 리스트는 이번 장 후반부에서 자세히 알아보겠습니다. 여기서는 여러 값을 함께 담는 주머니라고 생각하면 됩니다.

집합 B 안에 3이 존재하므로 in 연산 결과는 참입니다. 반면 not in 연산은 거짓입니다.

하나 더 알기 ∨ 연산자 우선순위

산술 연산자끼리 우선순위가 있는 것처럼, 서로 다른 연산자 사이에도 우선순위가 있습니다. 지금까지 살펴본 연산자는 산술 연산자 ➜ 관계 연산자와 멤버 연산자 ➜ 논리 연산자 순으로 계산됩니다. 파이썬에는 비트 연산자, 복합 대입 연산자, 삼항 연산자, 아이디 연산자 등 더 많은 연산자가 있습니다.

변수 A, B에 각각 A = "엄마", B = ["아빠", "엄마", "딸"]이라고 값을 대입했을 때, 다음 멤버 연산의 결과를 구하시오.

1. A in B   **2.** A not in B

정답

1. True   **2.** False

LAB 파이썬의 연산자 사용

변수와 상수, 파이썬의 다양한 연산자를 이용하여 원의 면적 구하기, 두 삼각형의 크기 비교, 성적 구하기와 같은 산수 문제를 나타내 봅시다.

1. 반지름이 5.5인 원의 면적을 계산합니다. 원주율은 3.14를 변수에 저장하여 사용합니다.

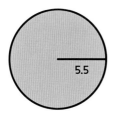

```
PI = 3.14
5.5 * 5.5 * PI
```

94.985

2. 그림의 두 삼각형 A와 B의 면적이 같은지 판단하여 참 또는 거짓으로 출력합니다.

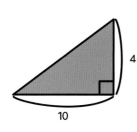
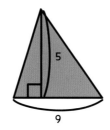

```
A = 10 * 4 * (1/2)
B = 9 * 5 * (1/2)
print(A == B)
```

False

3. 철수는 중간고사에서 국어 95점, 수학 88점, 영어 90점을 받았고, 과학 점수는 잊어버렸지만 네 과목 평균 점수는 92점이었습니다. 철수의 과학 점수는 몇 점일까요?

```
92 * 4 - 95 - 88 - 90
```

95

Section 03 조건문과 반복문

파이썬에는 조건문과 반복문을 사용하여 프로그램을 작성할 수 있습니다. 조건문은 컴퓨터가 원하는 동작을 조건에 따라 수행하도록 명령합니다. 반복문은 반복되거나 연속으로 수행해야 하는 작업을 간단하게 지시합니다. 조건문과 반복문을 적절히 활용하면 조건에 따라 자동으로 선택하는 동작을 수행시키고 반복적인 코드를 줄일 수 있습니다. 이번 절에서는 조건문과 반복문의 문법과 활용을 알아보겠습니다.

① 조건문

사람은 물건을 사거나, 점심 메뉴를 정하는 등 결정이 필요한 순간에 경험과 지식, 현재 상태를 고려하여 최적의 결정을 합니다. 하지만 컴퓨터는 스스로 결정하는 능력이 없으므로 선택이 필요한 경우 사용자가 조건문에서 조건을 정의합니다.

파이썬에서 조건문은 [표 2-6]과 같이 3가지 형태로 사용됩니다.

표 2-6 **조건문의 종류**

조건문	동작
if	조건이 참이면 실행
if ~ else	조건이 참이면 if 이후만 실행하고 거짓이면 else 이후만 실행
if ~ elif ~ else	여러 조건을 if 와 elif에 각각 할당하여 조건이 참인 부분만 실행하고 만약 모두 거짓이면 else 이후만 실행

if 조건문

if 조건문은 조건식이 참이면 명령을 실행합니다. 조건식이 거짓이면 조건식 이후의 명령을 실행하지 않습니다.

새 노트북 '02 데이터 분석을 위한 파이썬 기초-3.ipynb'를 생성하고 [코드 2-9]를 작성합니다.

```
a = 5

if a == 5:
  print('Right!')
  print('a is 5')
if a == 3:
  print('Right!')
  print('a is 3')
if a != 3:
  print('Right!')
  print('a is not 3')
```

```
Right!
a is 5
Right!
a is not 3
```

첫 번째 if 조건절은 사전에 정의된 명령어 if와 조건식 a == 5로 구성되었습니다. 먼저 상등 연산자(==)로 변수 a의 값이 5라는 조건이 참인지 판별합니다. 조건식 뒤에는 콜론(:)이 붙은 것을 확인하세요. 조건식이 참이면 콜론 이후의 코드를 실행하라는 의미입니다. 변수 a에는 값 5가 할당되어 있으므로 첫 번째 조건은 참입니다.

print( ) 함수는 첫 번째 if문에 속한다는 뜻으로 들여쓰기되어 있습니다. 조건이 참이므로 'Right!' 출력을 수행합니다. 다음 행의 print( ) 함수도 들여쓰기되어 있으니 첫 번째 if문에 속합니다. 조건이 참이므로 'a is 5' 출력까지 수행합니다. 여기까지 print( )문 두 행이 첫 번째 if 조건문의 실행문 블록입니다.

두 번째 if 조건절은 변수 a의 값이 3이라는 조건이 참이면 실행하라는 뜻입니다. 따라서 조건이 거짓이므로 콜론 이후 코드가 실행되지 않습니다.

세 번째 if 조건절은 변수 a의 값이 3이 아니라는 조건을 판별하므로 조건이 참이어서 콜론 이후 코드를 실행합니다.

if 조건절과 들여쓰기한 코드를 하나의 실행 블록(Block)으로 이해하면 좋습니다. 만약 실행문에 들여쓰기가 되어 있지 않으면 조건문에 속하지 않는 코드로 해석하여 조건과 관계없이 항상 실행되니 주의하기 바랍니다. 들여쓰기는 띄어쓰기 2칸 또는 4칸을 입력하는데, Colab과 같은 IDE

에서는 조건절을 입력하면 실행문에 자동으로 들여쓰기가 적용됩니다. 구글 Colab 메뉴에서 [도구]-[설정]-[편집기]-[들여쓰기 너비(공백 개수)]에서 자동 들여쓰기 너비를 설정할 수 있습니다.

다중 조건문

다중 조건문인 if ~ else 조건문은 하나의 조건식을 판별하여 두 블록 중 하나를 실행합니다. 조건식이 참이면 if절 다음의 실행문 블록을 실행하고 조건문을 종료하며 조건식이 거짓이면 else 이후의 코드를 실행합니다.

코드 2-10 if else 조건문

```
a = 5

if a == 5:
  print('Right!')
  print('a is 5')
else :
  print('a is not 5')

a = 3

if a == 5:
  print('Right!')
  print('a is 5')
else
  print('a is not 5')
```

```
Right!
a is 5
a is not 5
```

첫 번째 if 조건절에서 변수 a의 값은 5이므로 조건이 참이 되어 print() 함수 두 개를 실행합니다.

두 번째 if 조건절에서 변수 a의 값이 3이기 때문에 조건이 거짓입니다. 따라서 실행문을 건너뛰고 바로 else절로 이동하여 'a is not 5'를 출력합니다.

다중 조건문인 if ~ elif ~ else 조건문은 여러 조건을 정의하고 어떤 조건이 참인지에 따라 다른 동작을 실행할 때 사용합니다. 서로 다른 조건을 if절과 elif절에 제시하여 차례로 판별할 수 있습니다. 다중 조건문을 정의할 때 추가 조건인 elif절의 개수 제한은 없습니다. 다만 모든 if절과 elif절의 조건이 거짓이면 if else문과 마찬가지로 else절의 코드가 실행되고 다중 조건문이 종료됩니다.

코드 2-11 if ~ elif ~ else 조건문

```
a = 5

if a < 5:
  print('a is smaller than 5')
elif a > 5:
  print('a is larger than 5')
else:
  print('a is 5')
```

```
a is 5
```

변수 a의 초깃값은 5로 할당되어 있으므로 if절의 조건은 거짓이 되어 실행문을 실행하지 않고 넘어갑니다. elif절 역시 조건이 거짓이므로 실행문을 실행하지 않습니다. 모든 조건이 거짓이므로 else절의 실행문이 실행되고 다중 조건문이 종료됩니다.

복잡한 조건이 있는 문제를 해결할 때 조건문 안에 다시 조건문을 삽입하여 활용하는 중첩 조건문 방식을 활용할 수 있습니다. 파이썬에서는 각 조건문에서 실행문을 들여쓰기만으로 구분하므로 조건문 사용 시 들여쓰기에 주의해야 합니다.

확인문제

a가 19이고 b가 12일 때, a×b×3이 짝수이면 "짝수"를 출력하고, 홀수이면 "홀수"를 출력하는 조건문을 작성하시오.

정답

```
a = 19
b = 12
c = a * b * 3

if c % 2 == 0:
  print('짝수')
else:
  print('홀수')
```

```
짝수
```

2 반복문

컴퓨터에게 작업을 지시하는 가장 큰 이유는 노동력을 절감하고, 사람보다 빠르게 반복 작업을 처리할 수 있기 때문입니다. 따라서 반복문은 프로그래밍에서 매우 중요한 문법입니다. 반복문을 적절히 사용하여 코드의 양을 획기적으로 줄이고 작업 속도를 향상할 수 있습니다. 파이썬에서는 while 반복문과 for 반복문을 사용할 수 있습니다.

표 2-7 **반복문의 종류**

반복문	동작
while	조건이 참인 동안 반복 실행
for	집합에서 하나씩 세서 하나도 남지 않을 때까지 반복 실행

while 반복문

while 반복문은 조건이 참인 동안 실행문을 반복 실행합니다. while절에도 반복을 유지할지 판별할 조건이 필요합니다. 조건이 참이면 들여쓰기로 구분된 코드를 모두 실행하고 다시 조건을 검사합니다. [코드 2-12]를 작성하고 실행해 봅니다.

코드 2-12 **while 반복문으로 구구단 5단 출력**

```
a = 5
i = 1

#9번 반복하기
while i <= 9:
  print(str(a) + ' X ' + str(i) + ' = ' + str(i*a))
  i += 1
print('파이썬으로 구구단 5단을 계산할 수 있다!')
```

```
5 X 1 = 5
5 X 2 = 10
5 X 3 = 15
5 X 4 = 20
5 X 5 = 25
5 X 6 = 30
5 X 7 = 35
5 X 8 = 40
5 X 9 = 45
파이썬으로 구구단 5단을 계산할 수 있다!
```

while문의 조건을 설정합니다. 변수 i의 초깃값은 1로, i가 9보다 작거나 같다는 조건이 참이 되어 들여쓰기한 코드를 실행합니다.

print( ) 함수에 사용한 str( )은 괄호 속 변수의 값을 강제로 문자열로 변환합니다. 자료형과 문자열에 대해서는 다음 절에서 상세히 다룹니다.

연산자 +=은 할당 연산자입니다. 좌변의 원래 값에 우변을 더해서 다시 좌변에 할당하라는 의미입니다. 그러므로 i += 1은 i = i +1과 같은 뜻입니다. 따라서 한 번 반복할 때마다 변수 i의 값이 1씩 커집니다. i의 값이 10이 되었을 때 조건이 거짓이므로 실행문을 실행하지 않고 조건문을 종료합니다.

for 반복문

for 반복문은 마치 주머니에서 동전을 하나씩 꺼내는 동작을 동전이 하나도 남지 않을 때까지 반복하는 것처럼 조건을 설정합니다. 데이터의 집합을 나타내는 자료형을 이용하면 해당 집합에 원소가 하나도 없을 때까지 반복 실행할 수 있습니다.

그림 2-3 **동전을 하나씩 반복하여 꺼내기**

[코드 2-12]의 구구단 5단을 for 반복문으로 바꾸어 구현하겠습니다. for 반복문과 while 반복문은 조건문과 마찬가지로 중첩하여 사용할 수 있습니다. [코드 2-13]을 따라 한 다음에는 구구단 전체를 출력하는 프로그램도 작성해 보기 바랍니다.

코드 2-13 **for 반복문으로 구구단 5단 출력**

```
a = 5

for i in range(1,10):
    print(str(a) + ' X ' + str(i) + ' = ' + str(i*a))
print('while 조건문을 for 조건문으로 바꾸어 사용할 수 있다!')
```

```
⌐→ 5 X 1 = 5
   5 X 2 = 10
   5 X 3 = 15
   5 X 4 = 20
   5 X 5 = 25
   5 X 6 = 30
   5 X 7 = 35
   5 X 8 = 40
   5 X 9 = 45
   while 조건문을 for 조건문으로 바꾸어 사용할 수 있다!
```

for 반복문의 조건절에서 i에 1부터 9까지 숫자를 연속 할당합니다. 1부터 9까지 아홉 번 반복하겠다는 의미입니다. 동전이 9개 든 주머니에서 동전이 하나도 남지 않을 때까지 동전을 하나씩 꺼낸다고 생각하면 쉽습니다. range( ) 함수는 특정 범위의 수를 변수에 저장합니다.

들여쓰기한 실행문은 [코드 2-12]에서와 같습니다.

확인문제

다음 코드와 결과를 보고 빈칸을 채워 for 반복문을 완성하시오.

```
sum = 0
for i in          :
  if i % 2 == 0:
    sum += i
print(sum)
```

```
30
```

정답

```
range(0:11)
```

LAB 음료 자판기

조건문과 반복문을 활용하여 음료 자판기 프로그램을 만들어 봅시다. 자판기는 다음 설명서와 같이 작동합니다.

- 자판기는 반복하여 동작합니다.
- 오렌지주스, 커피, 콜라를 각각 100원, 200원, 300원에 판매합니다.
- 구매자에게 동전 액수와 주문번호(1.오렌지주스, 2.커피, 3.콜라)를 입력 받습니다.
- 입력 받은 액수보다 메뉴가 비싸면 "잔액이 부족합니다."라고 출력합니다.
- 메뉴가 잘못 입력되면 "없는 메뉴입니다. 다시 입력해 주세요."라고 출력하고 처음부터 다시 입력 받습니다.
- 자판기는 주문과 동시에 잔액을 알려주고 반환합니다.

1. 반복하여 동작하는 자판기를 while 반복문으로 정의합니다.

```
while True:
```

2. 사용자에게 메뉴를 알려주고 동전 액수와 메뉴를 입력 받습니다. 사용자에게 직접 문자를 입력 받는 input( ) 함수를 이용합니다. 여기서부터 while 반복문에 종속되는 실행문이므로 들여쓰기 해야 합니다.

```
print('음료목록 1.오렌지주스(100원), 2.커피(200원), 3.콜라(300원)')
coin = int(input('동전을 넣으세요.'))
drink = int(input('음료를 고르세요.\n'))
```

3. if 조건문으로 오렌지주스를 선택했을 때의 동작을 정의합니다. 입력 받은 동전 액수와 메뉴 금액을 비교하고, 동전 액수가 더 작은 경우 잔액 부족 안내문을 출력합니다.

```
if drink == 1:
  #오렌지주스 100원
  if coin >= 100:
    remain = coin - 100
    print('오렌지주스가 곧 제공됩니다.')
    print('거스름돈은 {}원입니다.'.format(remain))
  else:
    print('잔액이 부족합니다.')
```

4. elif문으로 커피를 선택했을 때와 콜라를 선택했을 때의 동작을 정의합니다. 마찬가지로 동전 액수가 모자라면 잔액 부족 안내문을 출력합니다.

```
elif drink == 2:
  #커피 200원
  if coin >= 200:
```

```
        remain = coin - 200
        print('커피가 곧 제공됩니다.')
        print('거스름돈은 {}원입니다.'.format(remain))
    else:
        print('잔액이 부족합니다.')

elif drink == 3:
    #콜라 300원
    if coin >= 300:
        remain = coin - 300
        print('콜라가 곧 제공됩니다.')
        print('거스름돈은 {}원입니다.'.format(remain))
    else:
        print('잔액이 부족합니다.')
```

5. 잘못된 번호를 입력했을 때의 동작을 정의합니다.

```
else:
    #없는 번호
    print('없는 메뉴입니다. 다시 입력해 주세요.')
```

6. 주문이 끝나면 거스름돈을 반환하고 자판기 잔액을 초기화합니다.

```
coin = 0
```

자료형

파이썬에서 모든 데이터에는 유형이 정해집니다. 데이터 '3'과 '월'을 사용할 때 사람은 숫자 '3'과 문자 '월'을 직관적으로 구분하지만 컴퓨터는 구분할 수 없습니다.

자료형은 변수가 할당될 메모리의 크기를 결정하는 중요한 정보입니다. C 언어나 자바와 달리 파이썬에서는 인터프리터가 데이터를 보고 알아서 자료형을 지정해 줍니다. 그러나 서로 다른 자료형의 데이터를 연산할 수 없는 경우가 있어 사용자는 자료형에 주의해야 합니다. 필요하다면 사용자가 직접 자료형을 변환하거나 정의할 수 있습니다.

이번 절에서는 파이썬에서 사용되는 기본적인 자료형인 숫자와 문자열, 값의 모음을 저장하는 콜렉션 자료형인 튜플, 세트, 리스트, 딕셔너리의 특징과 활용법을 알아보겠습니다.

1 숫자와 문자열

숫자(Numeric) 자료형은 말 그대로 숫자로 이루어진 자료형입니다. 파이썬에서 다룰 수 있는 숫자는 정수형(Integer), 실수형(Floating), 복소수형(Complex) 3종류가 있지만, 이 책에서는 주로 사용되는 정수형과 실수형만 다룹니다.

정수형과 실수형

파이썬에서 정수형은 수학에서의 정수와 동일하게 소수점 아래 값이 없는 숫자입니다. 파이썬에서 정수형 값의 크기에는 제한이 없습니다. 실수형은 간단히 말해서 소수점이 포함된 숫자입니다. 참고로 파이썬에서 실수를 소수점 아래 15자리까지 정확하게 나타낼 수 있는 것으로 알려져 있습니다.

[코드 2-14]에서 정수와 실수를 변수에 할당하고 값과 자료형을 확인해 봅시다.

코드 2-14 숫자형 데이터

```
integer_1 = 3214
integer_2 = -128109
float_1 = -1.986214
float_2 = 123.e2

print(integer_1, type(integer_1))
print(integer_2, type(integer_2))
print(float_1, type(float_1))
print(float_2, type(float_2))

print(integer_1 / integer_2, type(integer_1 / integer_2))
```

```
3214 <class 'int'>
-128109 <class 'int'>
-1.986214 <class 'float'>
12300.0 <class 'float'>
-0.025088010990640782 <class 'float'>
```

type()은 변수의 자료형을 나타내는 내장함수입니다. 변수 integer_1의 3214와 변수 integer_2의 −128109는 정수형 〈class 'int'〉로 지정됩니다.

변수 float_1과 float_2에 각각 −1.986214와 123.e2를 할당했을 때 자료형이 실수형 〈class 'float'〉로 지정됩니다. 123.e2는 지수 표현으로 e2는 10의 제곱을 뜻합니다. 파이썬에서는 십진수 표기뿐 아니라 이진수(Binary), 십육진수(Hex), 지수(e) 표현법 등 변수에 값을 할당할 때 여러 표기 방식을 사용할 수 있습니다.

정수 간 나눗셈 연산 integer_1 / integer_2의 결과는 실수형이라서 〈class 'float'〉라고 표시되었습니다.

문자열

문자열(String)은 문자(Character)의 집합인 자료형입니다. 파이썬에서는 문자열을 작은따옴표(‘’) 또는 큰따옴표(“”)로 묶어서 변수에 할당합니다. “5”와 같이 숫자를 따옴표로 묶어서 변수에 저장하면 숫자 5가 아니라 문자열 5로 할당됩니다. 파이썬에서 숫자 5와 문자 “5”는 다른 값이라는 점을 주의하세요.

코드 2-15 문자열 데이터

```
strings_1 = 'This is String!'
strings_2 = "This is String!"
strings_3 = '''This is String!'''
strings_4 = """This is String!"""

print(strings_1)
print(strings_2)
print(strings_3)
print(strings_4)
```

```
This is String!
This is String!
This is String!
This is String!
```

변수 strings_1부터 strings_4까지 저장된 문자열이 모두 동일한 문자열입니다.

행(line) 단위로 실행되는 파이썬에서 장문의 문자열을 변수에 할당할 때 strings_3과 string_4처럼 따옴표를 3개 연달아 쓰는 방법을 사용합니다. 또한 문자열 안에 큰따옴표나 작은따옴표를 문자로서 포함시키고 싶을 때 서로 활용할 수 있습니다.

파이썬에서는 사전에 정의된 명령어나 따옴표와 같은 특수문자를 문자열로 사용하기 위해 확장 문자(Escape sequence)라고 부르는 역슬래시 기호(\)를 사용합니다. [코드 2-16]을 작성하여 실행해 봅니다.

코드 2-16 확장 문자

```
string_5 = "This is String! \"따옴표\" 기호:!@#$%^"
print(string_5)
```

```
This is String! "따옴표" 기호:!@#$%^
```

다음 명령문을 실행했을 때 출력되는 값은 무엇인가?

```
number_1 = 0
number_2 = 0.0
string_1 = "Python! " * 3
print(type(number_1))  ──❶
print(type(number_2))  ──❷
print(string_1)  ──────❸
```

정답

❶ <class 'int'>   ❷ <class 'float'>   ❸ Python! Python! Python!

2 콜렉션 자료형

콜렉션 자료형은 데이터를 효율적으로 처리하기 위한 일종의 자료구조입니다. 어떤 프로그래밍 언어는 자료구조를 직접 구현하여 사용해야 하지만 파이썬에서는 자주 쓰이는 자료구조를 자료형으로 제공합니다.

튜플

튜플(Tuple)은 순서가 있는 데이터의 목록으로 이해하면 됩니다. [코드 2-17]과 같이 다양한 방법으로 튜플을 생성하고 데이터를 확인해 봅시다.

코드 2-17 튜플

```
▶ tuple_1 = 1, 2, 3, 4, 5
  tuple_2 = ('가', '나', '다', '라', '마')
  tuple_3 = '파이썬', 10000, False
  tuple_4 = '파이썬', (10000, '만큼','어려워'), False

  print(tuple_1, type(tuple_1))
  print(tuple_2, type(tuple_2))
  print(tuple_3, type(tuple_3))
  print(tuple_4, type(tuple_4))
```

```
(1, 2, 3, 4, 5) <class 'tuple'>
('가', '나', '다', '라', '마') <class 'tuple'>
('파이썬', 10000, False) <class 'tuple'>
('파이썬', (10000, '만큼', '어려워'), False) <class 'tuple'>
```

tuple_1에는 1부터 5까지 숫자를 담고, tuple_2에는 문자열 '가'부터 '마'까지 할당했습니다.

튜플에 입력하는 각 데이터는 콤마(,)로 구분합니다. tuple_3처럼 서로 다른 자료형의 데이터를 한 튜플로 구성할 수 있으며, tuple_4처럼 괄호(( ))를 이용하여 튜플 속에 튜플을 할당할 수도 있습니다.

튜플을 한번 할당하면 값을 변경하거나 삭제할 수 없으므로 주의합니다. [코드 2-18]을 통해 튜플을 변경하면 어떻게 되는지 확인해 봅니다.

코드 2-18 튜플 변경 및 삭제

```
tuple_1 = 1, 2, 3, 4, 5
tuple_1[2] = 100
print(tuple_1)
```

```
-------------------------------------------------------------------
TypeError                                 Traceback (most recent call last)
<ipython-input-5-cb3969b988fd> in <module>
      1 tuple_1 = 1, 2, 3, 4, 5
----> 2 tuple_1[2] = 100
      3 print(tuple_1)

TypeError: 'tuple' object does not support item assignment
```

순서가 있는 컬렉션 자료형은 인덱스로 편리하게 활용할 수 있습니다. 인덱스(Index)는 리스트 요소의 순서에 따라 0부터 붙인 번호입니다. 인덱스는 대괄호([ ]) 안에 정수로 표현합니다. tuple_1[2]는 0번부터 세서 2번 요소이므로 정수 값 3을 의미합니다.

튜플을 활용할 때 튜플의 크기를 알고 있으면 편리합니다. [코드 2-19]에서와 같이 사전에 정의된 함수인 len( )은 자료구조의 길이(크기)를 사용자에게 알려줍니다.

len() 함수

```
tuple_1 = 1, 2, 3, 4, 5
print(len(tuple_1))
```

```
5
```

세트

세트(Set)는 데이터 중복을 허용하지 않으며 데이터 입력 순서는 중요하지 않습니다. 따라서 세트에 포함된 데이터는 모두 유일한 값입니다. 세트에 데이터를 삽입하거나 삭제할 수 있습니다.

세트 생성

```
set_1 = {1, 2, 3, '가', '나', '다', 1, 2}
set_2 = set({1, 2, 3, '가', '나', '다', 1, 2})
set_3 = set([1, 2, 3, '가', '나', '다', 3])

print(set_1)
print(set_2)
print(set_3)
```

```
{1, 2, 3, '가', '나', '다'}
{1, 2, 3, '가', '다', '나'}
{1, 2, 3, '가', '나', '다'}
```

여러 방법으로 세트를 생성할 수 있습니다. set_1은 중괄호({})에 데이터를 콤마로 구분하여 할당하였고, set_2는 세트 생성자인 set()를 사용하여 중괄호 안에 데이터를 입력하여 할당하였습니다. set_3은 set_2와 동일하지만 대괄호([])를 사용하였습니다.

실행 결과 set_1과 set_2에서 중복 입력된 1과 2, set_3에서 중복 입력된 3은 제거되었습니다.

세트의 데이터는 유일하기 때문에 순서는 중요하지 않습니다. 따라서 데이터의 순서가 예시와 다르게 출력될 수 있습니다.

세트 변경 및 복제

```
set_1 = {1, 2, 3, '가', '나', '다'}

set_1.add('추가')
print(set_1)
```

```
set_1.remove('가')
print(set_1)
set_copy_1 = set_1.copy()
print(set_copy_1)
set_copy_1.clear()
print(set_copy_1)
```

```
{1, 2, 3, '나', '다', '가', '추가'}
{1, 2, 3, '나', '다', '추가'}
{1, 2, 3, '나', '추가', '다'}
set()
```

세트로 정의된 변수 뒤에 명령어 add()를 붙여 사용하면 어떤 자료형의 데이터든지 추가할 수 있습니다.

remove() 명령어로 세트에 포함된 특정 데이터를 삭제할 수 있습니다. 데이터가 유일하기 때문에 이러한 명령이 가능합니다.

copy() 명령어로 세트를 복제할 수 있습니다. 복제된 세트 set_copy_1을 출력했을 때 데이터 순서가 달라도 값이 같은 세트입니다.

clear() 명령어로 변수 그릇을 유지하면서 안에 있는 데이터를 한번에 삭제할 수 있습니다.

리스트

리스트(List)는 데이터를 다루기 편리하여 파이썬에서 매우 자주 활용되는 콜렉션 자료형입니다. 파이썬의 내장함수로 리스트 데이터를 추가(Append), 삽입(Insert), 삭제(Remove), 정렬(Sort)할 수 있습니다. 또한 세트와 달리 입력 순서를 유지하기 때문에 중복 값 입력도 가능합니다.

코드 2-22 리스트

```
#리스트 생성하기
list_1 = [1, 2, 3, 4, 5, 1, 3]
list_2 = []
print(list_1)
print(list_2)
print(len(list_1))

#리스트 변경하기
list_1[3] = 9999
```

```
print(list_1)
list_1.append(100)
print(list_1)
list_1.remove(9999)
print(list_1)
list_1.insert(0,777)
print(list_1)

#리스트 복제하기
list_2 = list_1.copy()
print(list_2)
```

```
[1, 2, 3, 4, 5, 1, 3]
[]
7
[1, 2, 3, 9999, 5, 1, 3]
[1, 2, 3, 9999, 5, 1, 3, 100]
[1, 2, 3, 5, 1, 3, 100]
[777, 1, 2, 3, 5, 1, 3, 100]
[777, 1, 2, 3, 5, 1, 3, 100]
```

리스트의 생성은 세트 생성과 비슷하지만 대괄호([ ])를 사용합니다. list_2와 같이 빈 리스트를 생성할 수 있습니다.

입력 데이터의 순서가 유지되기 때문에 list_1[3]처럼 인덱스로 리스트의 특정 위치에 접근하여 데이터를 삭제하거나 추가, 변경할 수 있습니다. 추가 명령어 append()로 리스트의 맨 뒤에 괄호 안 데이터를 추가합니다. 삽입 명령어는 insert(위치, 데이터)의 형식으로, 데이터를 삽입할 위치를 지정해야 합니다.

튜플이나 리스트처럼 순서가 있는 콜렉션 자료형은 인덱싱하거나 슬라이싱할 수 있습니다. 인덱싱과 슬라이싱은 파이썬에서 매우 자주 활용하는 개념이므로 꼭 기억해 두기 바랍니다.

인덱싱(Indexing)은 리스트 요소 값에 인덱스로 접근하는 것입니다. 예를 들어 리스트 a = [2, 3, 4, 5, 6, 7]의 a[3]이라고 하면 인덱스 0번부터 세서 3번인 요소, 즉 네 번째 요소 5를 말합니다.

슬라이싱(Slicing)은 리스트의 연속한 요소 일부를 잘라 사용하는 것입니다. 앞의 리스트 a에서 a[2:4]는 인덱스 2부터 인덱스 4 직전인 3까지의 요소이므로 리스트 [4, 5]와 같습니다.

파이썬에는 리스트에 저장된 데이터를 정렬하는 기능도 사전 정의되어 있어 편리합니다. 반면 C 언어는 데이터를 정렬하는 기능을 지원하지 않아 퀵, 삽입, 버블 정렬과 같은 알고리즘을 직접 구현해야 합니다.

코드 2-23 리스트 데이터 정렬

```python
list_1 = [897, 2, 1, 4, 99, 5.24, 17]
print(list_1)

#뒤집기
list_1.reverse()
print(list_1)

#오름차순 정렬하기
list_1.sort()
print(list_1)

#내림차순 정렬하기
list_1.sort(reverse=True)
print(list_1)
```

```
[897, 2, 1, 4, 99, 5.24, 17]
[17, 5.24, 99, 4, 1, 2, 897]
[1, 2, 4, 5.24, 17, 99, 897]
[897, 99, 17, 5.24, 4, 2, 1]
```

reverse( ) 명령어로 현재 입력된 데이터 순서를 정반대로 뒤집어서 정렬합니다. sort( ) 명령어로 오름차순 정렬을 하고 sort(reverse=True)로 내림차순 정렬을 할 수 있습니다.

딕셔너리

딕셔너리(Dictionary)는 단어 그대로 사전과 같은 자료형으로, 값(value)과 키(key)가 한 쌍을 이루어 요소가 되는 자료구조입니다. 키를 이용하여 쌍을 이루는 값에 접근할 수 있으므로 신속하게 값을 찾아내야 할 때 딕셔너리를 사용합니다. 딕셔너리를 생성할 때는 튜플과 마찬가지로 중괄호 ({})를 사용합니다. 한번 지정한 키의 이름은 변경할 수 없으며 키를 변경하려면 {키, 값} 쌍을 한꺼번에 삭제하고 새로 추가해야 합니다. 딕셔너리도 리스트와 같이 추가, 수정, 삭제 등 사전 정의된 기능을 활용할 수 있습니다.

코드 2-24 딕셔너리

```
#딕셔너리 생성하기
dict_1 = {'name': '홍길동', 'birth': 1990, 'addr': 'KR'}
print(dict_1)
print(dict_1['birth'])

#키와 값 추가하기
dict_1['weight'] = 60.5
dict_1['family'] = ['아빠', '엄마', '여동생']
print(dict_1)

#여러 키와 값을 동시에 추가하기
dict_1.update({'weight':67.8,'hobby': ['게임', '독서']})
print(dict_1)

#딕셔너리 값 변경하기
dict_1['hobby'] = ['축구','등산']
print(dict_1)

#데이터 삭제하기
del dict_1['weight']
del dict_1['birth']
del dict_1['addr']
print(dict_1)
```

```
{'name': '홍길동', 'birth': 1990, 'addr': 'KR'}
1990
{'name': '홍길동', 'birth': 1990, 'addr': 'KR', 'weight': 60.5, 'family': ['아빠', '엄
마', '여동생']}
{'name': '홍길동', 'birth': 1990, 'addr': 'KR', 'weight': 67.8, 'family': ['아빠', '엄
마', '여동생'], 'hobby': ['게임', '독서']}
{'name': '홍길동', 'birth': 1990, 'addr': 'KR', 'weight': 67.8, 'family': ['아빠', '엄
마', '여동생'], 'hobby': ['축구', '등산']}
{'name': '홍길동', 'family': ['아빠', '엄마', '여동생'], 'hobby': ['축구', '등산']}
```

키 name, birth, addr을 갖는 딕셔너리 dict_1을 생성합니다.

값에 접근할 때 dict_1['birth']와 같이 키를 입력하면 키 'birth'에 할당된 값 '1990'을 출력합니다.

데이터를 추가할 때는 {키, 값}을 쌍으로 입력합니다. dict_1['family'] = ['아빠', '엄마', '여동생']과 같이 하나의 키에 여러 값을 할당할 수 있습니다.

키에 연결된 값을 수정할 때에도 dict_1['hobby'] = ['축구', '등산']과 같이 키로 값에 접근합니다. 딕셔너리 요소를 삭제하려면 del dict_1['weight']와 같이 del 명령어로 키를 삭제하여 값까지 함께 삭제합니다.

LAB **식재료 관리 프로그램**

리스트를 활용하여 냉장고에 보관 중인 식재료의 관리 프로그램을 만들어 봅시다. 프로그램은 다음 설명서와 같이 동작합니다.

설명서
- '보관 식재료 출력' 메뉴를 선택하면 현재 냉장고에 보관 중인 식재료 목록을 출력합니다.
- '식재료 추가' 메뉴를 선택하면 "추가할 식재료 이름을 입력하시오"라고 출력하고 입력 받은 이름을 식재료 목록에 추가합니다.
- '식재료 삭제' 메뉴를 선택하면 "삭제할 식재료를 입력하시오"라고 출력하고 입력 받은 식재료가 냉장고에 있으면 삭제합니다. 없으면 "식재료 재고 없음"이라고 출력합니다.
- '식재료 변경' 메뉴를 선택하면 "교환할 식재료를 입력하시오"라고 출력하고, 입력 받은 식재료가 냉장고에 있으면 식재료를 하나 더 입력 받아서 변경합니다. 없으면 "식재료 재고 없음"이라고 출력합니다.
- '종료' 메뉴를 선택하면 프로그램을 종료합니다.

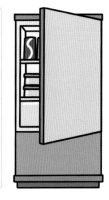

1. 식재료 목록을 리스트형으로 정의합니다. 처음에는 빈 리스트를 생성하고, '종료'를 선택할 때까지 반복하여 메뉴를 선택하도록 반복문을 사용합니다.

```
menu = 0
food = []

while menu != 5:
  print('-'*10)
  print('''1.보관 식재료 출력
  2.식재료 추가
  3.식재료 삭제
  4.식재료 변경
  5.종료''')
  print('-'*10)
```

2. input() 명령어로 메뉴를 선택하라고 안내합니다. "관리 메뉴를 선택하시오: "라는 문구가 나타나고 사용자는 키보드로 메뉴 번호를 입력할 것입니다.

```
menu = int(input('관리 메뉴를 선택하시오: '))
```

3. 메뉴 번호가 1이면 식재료 리스트를 출력합니다. 그런데 입력 받았던 번호는 숫자가 아니라 문자열입니다. 변수 menu에 할당할 때 int() 명령어로 문자열 번호를 정수형으로 변환했기 때문에 조건식에서 정수 1과 비교할 수 있습니다.

```
if menu == 1:
  print(food)
```

4. 메뉴 번호가 2이면 리스트에 원소를 추가하는 input() 명령어를 작성합니다.

```
elif menu == 2:
  name = input('추가할 식재료를 입력하시오: ')
  food.append(name)
  print(food)
```

5. 리스트에서 원소를 삭제하는 remove( ) 명령어를 작성합니다. 만약 삭제할 식재료가 없으면 '식재료 재고 없음'을 출력합니다.

```
elif menu == 3:
  eli_name = input('삭제할 식재료를 입력하시오: ')
  if eli_name in food:
    food.remove(eli_name)
  else:
    print('식재료 재고 없음')
```

6. 교환할 식재료 이름 문자열을 입력 받아 변수 exch_name에 할당합니다. 식재료 목록에 exch_name과 일치하는 요소가 있으면 인덱스를 변수 idx에 할당합니다. idx 인덱스로 요소에 접근해서 새로 식재료로 변경합니다. 식재료 목록에 exch_name과 일치하는 요소가 없으면 '식재료 재고 없음'을 출력합니다.

```
elif menu == 4:
  exch_name = input('교환할 식재료를 입력하시오: ')
  if exch_name in food:
    idx = food.index(exch_name)
    new_name = input('새로운 식재료를 입력하시오: ')
    food[idx] = new_name
  else:
    print('식재료 재고 없음')
```

7. 메뉴 번호가 5이면 프로그램을 종료합니다.

```
elif menu == 5:
  break
```

함수

1 함수

프로그래밍에서 함수(Function)는 기능을 정의한 가장 작은 단위입니다. 지금까지는 코드를 한 줄씩 입력하면서 결과를 확인하였지만 빅데이터 분석이나 인공지능 모형 학습처럼 복잡한 명령을 한 줄씩 입력하여 진행하기는 어려울 것입니다. 앞으로는 함수에 기능을 정의하고, 그 기능이 필요한 부분에서 함수를 불러와 사용하는 객체지향식 프로그래밍을 수행할 것입니다.

파이썬에서 함수는 수학에서의 함수와 비슷합니다. 수학에서 함수는 어떤 집합의 원소(입력)를 다른 어떤 집합의 원소(출력)에 대응시킨 관계입니다. 파이썬에서 함수는 어떤 입력(Input)에 대하여 계산한 결과를 내보내는(Output) 기능을 하는 모듈입니다.

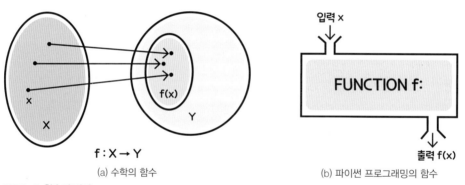

(a) 수학의 함수   (b) 파이썬 프로그래밍의 함수

그림 2-4 **함수의 정의**

파이썬에서 처음부터 제공하는 기본 정의 함수도 있고, 사용자가 직접 정의해서 사용하는 함수도 있습니다. 라이브러리에서 다양한 함수를 찾아 사용하거나, 공개된 라이브러리를 수정하여 사용할 수도 있습니다.

사실 지금까지 예제에서 다양한 기본 정의 함수를 사용해 왔습니다. 값을 출력하는 print( ), 리스트의 길이를 계산할 때 썼던 len( ), 변수의 자료형을 알려주는 type( ), 딕셔너리에 키와 값을 추가하는 update( )가 모두 함수입니다.

코드 2-25 len( ) 함수

```
list_1 = [1, 2, 3, 4, 5, 1, 3, 13, 41, 51]
length = len(list_1)
print(length)
```

```
10
```

len( ) 함수의 괄호 안에는 길이를 계산하고자 하는 리스트나 튜플을 입력합니다. 괄호 안에 들어가는 데이터를 함수의 입력(Input)이라고 부릅니다. 함수에 입력한 데이터에 따라 사전에 정의된 기능이 실행됩니다. 이 함수가 정상적으로 실행되었다면 출력(Output)이 생성됩니다. print( )의 출력과 달리 함수의 출력은 셀의 실행 결과에 나타나지 않을 수 있습니다.

함수의 출력을 변수 length에 할당합니다.

그림 2-5 len( ) 함수

다음으로 리스트에 포함된 모든 수를 더하고 결과를 출력하는 간단한 함수를 만들어 보겠습니다. 새로운 함수를 정의할 때 def 뒤에 함수명으로 사용할 이름을 적고 괄호 안에 입력으로 사용할 데이터의 가상 이름을 작성합니다. 괄호 안 입력은 매개변수(parameter 또는 argument)라고 부릅니다. [코드 2-26]을 작성하고 실행합니다.

```
def 함수명(입력):
    함수 내용
```

코드 2-26 합을 출력하는 함수 정의

```
def sum_list(a):
    j = 0
    for i in a:
        j = j + i
    print(j)
```

리스트에 저장된 모든 수를 합하는 함수를 만들 예정이므로 함수명을 sum_list로 정하고, 함수 안에서 사용될 입력의 이름은 a라고 설정했습니다.

함수의 기능은 들여쓰기를 이용해 블록 안에 작성합니다. 반복문을 활용하여 리스트 a에서 데이터 (i)를 1개씩 꺼내고, 꺼낸 데이터를 변수 j에 합산합니다.

더이상 리스트에 데이터가 남아있지 않을 때까지 반복합니다. 반복문 수행이 끝나면 합산 결과인 j 를 출력합니다.

코드 2-27 합을 출력하는 함수 호출

```
list_a = [1, 2, 3, 4, 5, 6, 7, 8, 9, 10]
sum_list(list_a)
```

```
55
```

1부터 10까지 정수의 리스트 list_a를 정의합니다.

sum_list( ) 함수에 리스트 list_a를 입력하여 함수를 호출합니다. 함수 sum_list( )는 1부터 10까지 정수를 모두 더한 값 55를 출력하고 종료됩니다.

그런데 sum_list( ) 함수에는 한 가지 부족한 점이 있습니다. 함수가 계산 결과를 출력하기만 하고 작업을 종료합니다. 함수가 결과를 반환한다면 결과를 다른 연산에 활용할 수 있어 편리할 것입니다. [코드 2-28]에서 sum_list( ) 함수를 조금 수정하여 함수를 호출한 지점에 계산 결과를 반환하는 sum_list_r( ) 함수를 만들겠습니다.

코드 2-28 합을 반환하는 함수 정의

```
def sum_list_r(a):
    j = 0
    for i in a:
      j = j + i
    return j
```

기존 함수에서 print()로 출력했던 부분만 return 명령어로 수정하면 되므로 아주 간단합니다.

return 명령어는 함수를 호출한 곳에 결과를 인자로 반환하는 기능을 합니다. 함수에서 반환하는 값의 자료형에는 제한이 없습니다. 예제와 같은 숫자형은 물론이고 튜플, 리스트, 딕셔너리 등의 컬렉션 자료형도 반환할 수 있습니다. 경우에 따라서 함수가 함수를 반환할 수도 있습니다.

이제 파이썬을 활용하여 인공지능과 빅데이터 기술을 실습할 준비가 되었습니다. 지금까지 배운 기본 문법으로 충분히 실습할 수 있습니다. 추가로 필요한 문법은 예제에서 간략하게 안내하겠습니다. 파이썬 프로그래밍을 더 연습하고 싶다면 강의를 수강하거나 책을 사서 혼자 공부해도 좋습니다.

확인문제

리스트의 모든 수를 더하고 결과를 반환하는 sum_list_r( ) 함수와 아래 리스트 list_a를 활용하여 1부터 10까지 정수의 합의 10배를 출력하는 프로그램을 작성하시오.

```
list_a = [1, 2, 3, 4, 5, 6, 7, 8, 9, 10]
```

정답

```
list_a = [1, 2, 3, 4, 5, 6, 7, 8, 9, 10]
sum = sum_list_r(list_a)
print(sum)
sum10 = sum * 10
print(sum10)
```

```
550
```

LAB 소수 판별기

사용자에게 숫자를 입력 받고 숫자가 소수(Prime number)인지 판별하는 프로그램을 만들어 봅시다.

소수

- 소수는 1보다 큰 자연수 중에서 1과 자기 자신을 제외한 자연수로 나누어 떨어지지 않는 수입니다.
- 사용자가 입력한 값이 x이면 2부터 x−1까지 모든 자연수로 x를 나눕니다. 나누어 떨어지는 수가 하나라도 있으면 소수가 아니며, 없으면 소수입니다.

1. 소수를 판별할 함수의 이름을 정의합니다.

```
def check_prime_num(x):
```

2. 반복문으로 2부터 입력 받은 수까지 확인하도록 명령합니다. i는 2부터 3, 4, …, x−1까지 1씩 증가합니다.

```
for i in range(2, x):
```

3. 반복문 블록 안에서 입력 받은 수가 i로 나누어 떨어지는지 확인합니다.

```
    if x % i == 0:
      #x가 i로 나누어 떨어지면 실행하기
      return False
    return True
```

4. 사용자에게 숫자를 입력 받는 input() 함수를 호출합니다. 함수를 호출하는 명령을 작성합니다.

```
number = int(input('판별할 자연수를 입력하세요:'))
print(check_prime_num(number))
```

5. 프로그램을 실행하고 자연수를 입력하여 소수 판별 결과를 확인합니다.

```
판별할 자연수를 입력하세요: 131071
True
```

```
판별할 자연수를 입력하세요: 30
False
```

예금 이자 계산기

문제

대학을 졸업하고 취업에 성공한 난생이는 1년 동안 3천만 원을 모았습니다. 난생이는 모은 돈을 고금리 예금에 예치하기로 했습니다. 은행에서 연 5.1% 금리인 3년짜리 예금 상품에 가입했을 때, 함수를 이용하여 만기 시 수령할 원금과 이자를 계산해 봅시다.

해결

1. 예금은 원금에 대해 연간 이자를 적립하고 만기 시에 한꺼번에 지급하는 상품입니다. 그러므로 원금에 연간 이율을 거치연수만큼 곱한 p'가 복리 예금의 원리금입니다.

$$p' = p * (1 + r)^n$$

p': 원리금, p: 거치금액, r: 연간 이율, n: 거치 연수

2. 원리금을 계산하는 interest_year( ) 함수를 정의합니다. 원금 p, 연간 이율 r, 거치 연수 n을 입력 받아 원리금 result를 반환하도록 합니다.

```
def interest_year(p, r, n):
  return p * (1+r)**n
```

3. 난생이가 가입한 예금 상품의 원금, 연간 이율, 거치 연수를 변수에 할당하고 함수의 입력으로 사용합니다.

```
p = 30000000
r = 0.051
n = 3

result = interest_year(p, r, n)
```

4. 원금 p와 이자 result-p를 각각 출력하는 출력문을 작성합니다.

```
print('원금: {0}, 이자: {1}'.format(p, result-p))
```

```
원금: 30000000, 이자: 4828069.529999994
```

01 파이썬에서 변수는 데이터를 저장하는 그릇입니다.

02 파이썬에는 데이터를 연산하는 다양한 연산자가 정의되어 있습니다.

- 산술 연산자는 사칙연산(덧셈, 뺄셈, 곱셈, 나눗셈) 등 기본적인 산술 연산을 지원합니다.
- 관계 연산자는 두 값의 대소관계 또는 상등관계를 계산하는 연산자입니다. 관계 연산의 결과는 참(True)과 거짓(False)의 논리값입니다.
- 논리 연산자는 논리값을 연산하며 and, or, not 연산을 지원합니다.
- 멤버 연산자는 어떤 집합에 대상의 포함 여부를 판단합니다.

03 파이썬에는 조건에 따른 동작 실행을 지원하는 if, if ~ else, if ~ elif ~ else 조건문이 정의되어 있습니다. 조건식이 참이면 콜론 이후의 실행문을 실행합니다.

04 반복적이고 연속적인 작업은 for 또는 while 반복문으로 간단히 프로그래밍할 수 있습니다. 조건이 참인 동안 콜론 이후의 실행문을 반복 실행합니다.

05 파이썬에서 모든 데이터에는 유형이 정해집니다. 대표적인 자료형으로 숫자, 문자열, 튜플, 세트, 리스트, 딕셔너리가 있습니다.

06 함수는 기능을 정의한 가장 작은 단위입니다. 일반적으로 어떤 입력에 대하여 계산한 결과를 출력으로 내보내어 돌려줍니다.

01 다음 중 파이썬에서 지원하지 <u>않는</u> 자료형을 고르시오.

  ① 숫자   ② 문자열

  ③ 리스트   ④ 구조체

02 다음 문장을 누락 없이 <u>모두</u> 출력하는 코드를 작성하시오.

```
Teacher said that "Python is 'very' easy."
```

03 실행 결과가 다음과 같이 나타나도록 빈칸에 들어갈 연산자를 선택하시오.

```
a = 3
b = 8
print(a ☐ b)
```

```
True
```

  ① =   ② ==

  ③ !=   ④ !!

04 실행 결과가 다음과 같이 나타나도록 조건식을 완성하시오.

```
word = 'school'
if ☐ :
  print('high school')
else :
  print('university')
```

```
high school
```

05 반복문의 실행 결과가 다음과 같이 나타나도록 코드를 완성하시오.

```
data = ['kim', 'lee', 'park']
for ┌──────────┐ :
    print(i)
```

```
kim
lee
park
```

06 for 반복문을 작성하여 구구단 6단의 결과를 출력하는 코드를 완성하시오.

```
a = 6
for i in ┌──────────┐ :
    print(a*i)
```

07 실행 결과가 다음과 같이 나타나도록 리스트의 데이터 일부를 삭제하려 한다. 빈칸에 들어갈 명령어를 작성하시오.

```
data = ['kim', 'lee', 'park']
data.┌──────────┐
print(data)
```

```
['kim', 'park']
```

08 if 조건문을 작성하여 리스트에서 가장 큰 값을 반환하는 함수를 정의하는 코드를 완성하시오.

```
def max_list(a):
    j = 0
    for i in a:
        if ┌──ⓐ──┐ :
            ┌──ⓑ──┐
    return j
```

09 다음 딕셔너리에 Key = '가족', Value = ['아빠', '엄마', '동생']을 추가하는 코드를 작성하시오.

```
dict_1 = {'name': '홍길동', 'age': 22}
```

10 리스트 요소의 합을 구하는 함수를 정의하려 한다. 빈칸에 들어갈 명령어를 작성하시오.

```
_____ sum_list(a):
    j = 0
    for i in a:
        j = j + i
    return j
```

데이터 수집과 데이터베이스

CONTENTS -----

CHAPTER 03   파일 입출력

CHAPTER 04   웹 크롤링

CHAPTER 05   데이터베이스

CHAPTER 03

파일 입출력

01 CSV 파일

02 엑셀 파일

실전분석

요약

연습문제

학습목표

- CSV 파일이 필요한 이유를 알아봅니다.
- CSV 파일을 읽고 쓰고 수정하는 방법을 익힙니다.
- 엑셀 파일 처리 방법을 익힙니다.
- 엑셀 파일을 활용하는 방법을 익힙니다.
- 여러 개의 CSV 파일을 병합하여 엑셀 파일로 만드는 방법을 익힙니다.

공공데이터포털에서는 데이터를 자유롭게 다운로드하여 활용할 수 있는데 대부분의 파일이 CSV 형식으로 되어 있습니다. 따라서 CSV와 엑셀 형식의 데이터를 다루는 파이썬 함수에 익숙해져야 합니다. 이는 데이터 분석에서 기본이 되는 내용이므로 잘 이해하고 넘어가기 바랍니다.

이번 장에서는 파일에 들어있는 데이터를 읽어 수정하고 저장하는 방법을 학습합니다. 1절에서는 CSV 파일의 특징을 이해하고 파이썬으로 CSV 파일을 읽거나 데이터를 수정해 봅니다. 2절에서는 엑셀 형식과 CSV 형식의 차이점을 알아봅니다. 파이썬으로 엑셀 파일을 읽고 워크시트 단위로 데이터를 다루는 방법까지 익힙니다.

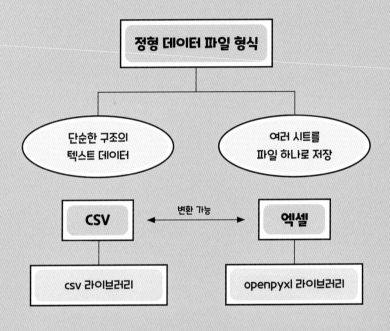

CSV 파일

가계부를 엑셀 프로그램으로 작성한다고 생각해 봅시다. 매일 입출금 데이터가 10건씩 있을 때 1년 동안 데이터가 3,650건 쌓입니다. 이 정도 데이터는 엑셀 프로그램에 내장된 함수를 사용하여 지출 평균 금액, 최소 금액, 최대 금액, 표준편차를 쉽게 구할 수 있습니다. 그런데 하루 평균 누적되는 데이터가 100건이라면, 1년이 아니고 10년치이면서 수백 명의 데이터를 모은다면 어떨까요? 양이 압도적으로 많아질 것입니다. 기업에서 데이터 분석을 할 때에는 기업 규모에 따라 엑셀 프로그램을 사용하기 불편할 만큼 많은 데이터를 다루기도 합니다. 이렇게 데이터 양이 많을 때는 파이썬과 같은 프로그래밍 언어로 데이터를 분석하거나 SPSS 또는 SAS와 같은 통계 도구를 사용하면 편리합니다.

1 CSV 파일 이해하기

공공데이터포털(www.data.go.kr)에서 제공하는 대부분의 공공데이터 파일은 CSV 형식입니다. 이 밖에도 많은 통계 웹사이트에서 데이터셋을 CSV 또는 엑셀 형식으로 제공합니다.

그림 3-1 공공데이터포털에서 제공하는 CSV 데이터셋

CSV(Comma-separated Value) 파일은 데이터를 쉼표(,)로 구분하는 텍스트 데이터 형식입니다. CSV는 역사가 아주 오래되었으면서도 오늘날 가장 흔하게 사용됩니다. 구조가 단순하고, 손쉽게 생성할 수 있으며, 수많은 데이터베이스와 도구들이 CSV 형식을 지원하기 때문입니다. CSV 외의 텍스트 데이터 형식으로는 공백으로 데이터를 구분하는 SSV(Space-separated Value), 탭으로 데이터를 구분하는 TSV(Tab-separated Value)가 있습니다.

윈도우의 메모장 프로그램을 사용하여 CSV 파일을 간편하게 생성할 수 있습니다. 메모장을 실행하고 첫 번째 행에는 **이름,국어,영어,수학**, 두 번째 행에는 **철수,100,90,80**, 세 번째 행에는 **영수,90,95,75**를 입력합니다. 그런 다음 파일을 저장하는데 파일 이름을 'score.csv'로 입력하고 파일 형식은 [모든 파일]을 선택합니다. 확장자를 txt가 아닌 csv로 저장하는 점에 주의합니다.

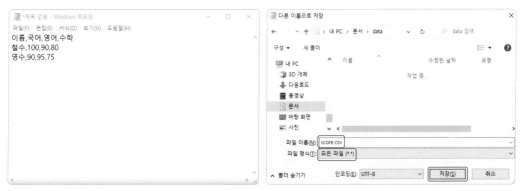

그림 3-2 **메모장으로 CSV 파일 생성**

PC에 엑셀 프로그램이 설치되어 있다면 'score.csv' 파일이 탐색기에서 엑셀 파일(xlsx) 아이콘과 비슷한 모양으로 나타날 것입니다.

그림 3-3 **CSV 파일과 엑셀 파일**

파일을 엑셀 프로그램으로 열었을 때에도 엑셀 프로그램으로 작성한 엑셀 파일과 비슷하게 보입니다. 엑셀 프로그램으로도 CSV 파일을 생성할 수 있습니다.

데이터에 한글이 포함된 CSV 파일

그런데 엑셀 프로그램으로 'score.csv' 파일을 열고 내용을 확인해 보면 [그림 3-4]와 같이 한글이 깨져 보일 것입니다. 이는 인코딩 문제입니다. 인코딩(Encoding)이란 문자 데이터를 컴퓨터에게 전달하는 방식을 의미합니다. 영문 알파벳과 숫자만 사용한다면 인코딩을 걱정할 필요가 없습니다. 그러나 영문 알파벳이 아닌 문자나 특수문자가 포함된 데이터는 적합한 인코딩으로 변환해야 합니다.

	A	B	C	D
1	?대쫫	援?뻴	?곡뻴	?섐빌
2	泥좑닔	100	90	80
3	?곡닔	90	95	75

그림 3-4 엑셀로 CSV 파일 열기(1)

이번에는 같은 데이터를 한글을 지원하는 인코딩으로 저장하겠습니다. 메모장으로 'score.csv' 파일을 열고 단축키 Ctrl + Shift + S 를 눌러 [다른 이름으로 저장] 대화상자를 엽니다. 인코딩을 [ANSI]로 변경하고 'score_a.csv' 파일로 저장합니다.

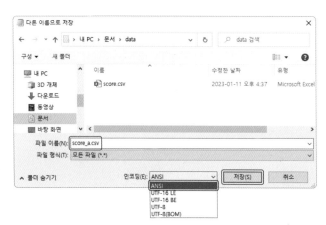

그림 3-5 메모장에서 인코딩 변경하기

새로 저장한 'score_a.csv' 파일을 엑셀 프로그램으로 다시 열어보면 [그림 3-6]과 같이 한글이 깨지지 않고 제대로 보입니다.

	A	B	C	D
1	이름	국어	영어	수학
2	철수	100	90	80
3	영수	90	95	75

그림 3-6 엑셀로 CSV 파일 열기(2)

데이터에 쉼표가 포함된 CSV 파일

CSV 파일에서 유의해야 할 점이 한 가지 더 있습니다. 데이터에 쉼표(,)가 포함된 경우입니다. [표 3-1]의 내용을 메모장으로 작성하여 CSV 파일로 저장해 보겠습니다.

표 3-1 **쉼표가 포함된 데이터**

품목	가격
딸기사과	1,000
수박	5,000

메모장에서 다음과 같이 작성하여 'fruits.csv'로 저장합니다.

```
품목,가격
딸기,사과,1,000
수박,5,000
```

'fruits.csv' 파일을 엑셀로 열면 [그림 3-7]처럼 보입니다. 같은 셀에 있어야 할 딸기와 사과가 쉼표 때문에 다른 셀에 나타나며 숫자들도 천 단위로 쉼표가 있어 분리됩니다.

◢	A	B	C	D
1	품목	가격		
2	딸기	사과	1	0
3	수박		5	0

그림 3-7 **쉼표가 포함된 데이터(1)**

메모장으로 'fruits.csv' 파일을 열어 수정하겠습니다. 같은 셀에 넣을 데이터에 쉼표가 포함된 경우에는 따옴표로 묶어서 작성합니다. **딸기,사과**를 같은 셀에 넣기 위해 큰따옴표("")로 묶고 숫자들도 모두 쉼표가 포함되어 있으니 큰따옴표로 묶습니다.

```
품목,가격
"딸기,사과","1,000"
수박,"5,000"
```

단축키 Ctrl + Shift + S 를 눌러 [다른 이름으로 저장] 대화상자를 열고 'fruits_q.csv' 파일로 저장합니다. 이 파일을 엑셀 프로그램으로 열면 [그림 3-8]과 같이 셀에 쉼표까지 표시됩니다.

◢	A	B
1	품목	가격
2	딸기,사과	1,000
3	수박	5,000

그림 3-8 **쉼표가 포함된 데이터(2)**

확인문제

1. 다음을 읽고 '○'/'×'를 판단하시오.

CSV 파일은 엑셀뿐만 아니라 메모장으로도 파일을 열어 수정할 수 있다.

2. 다음을 읽고 빈칸을 채워 문장을 완성하시오.

CSV 파일에 한글이 포함된 경우, [　　　　　　] 방식을 변경하면 정상적으로 읽을 수 있다.

정답

1. ○　　2. 인코딩(Encoding)

② 파이썬으로 CSV 파일 다루기

이번에는 구글 Colab에서 파이썬으로 CSV 파일을 다뤄보겠습니다. 파이썬으로 CSV 파일을 열어
데이터를 작성하거나 수정하고 데이터를 삭제하는 등 여러 작업을 수행할 수 있습니다. 파이썬으
로 파일을 읽으려면 라이브러리를 불러와야 합니다. 라이브러리는 여러 종류가 있지만 이 챕터에
서는 파이썬에서 기본 제공하는 CSV 모듈을 사용하겠습니다.

메모장을 열고 다음과 같은 내용으로 CSV 파일을 작성하여 'characters.csv' 파일로 저장합니다.

```
ID,이름,상징색,취미,특징
001,뽀로로,파랑색,낚시,펭귄
002,에디,주황색,과학실험,사막여우
003,크롱,초록색,눈싸움,공룡
004,루피,분홍색,요리,비버
005,패티,보라색,운동,펭귄
```

구글 Colab에 파일을 업로드하려면 먼저 import 명령어로 files 라이브러리를 로드해야 합니다.

코드 3-1 files 라이브러리

```
from google.colab import files

#파일 업로드 함수 호출하기
f = files.upload()
```

구글 Colab에서 [코드 3-1]을 실행하면 PC에 저장된 로컬 파일을 업로드하는 [파일 선택] 버튼이 나타납니다. 버튼을 누르고 파일을 업로드하면 파일이 변수 f에 담깁니다.

그림 3-9 **파일 업로드**

csv 라이브러리

업로드한 CSV 파일은 csv 라이브러리를 이용하여 다룰 수 있습니다.

코드 3-2 CSV 파일 불러오기

```
f = open('characters.csv', 'r', encoding = 'cp949')
```

open() 함수를 호출하여 로컬에서 업로드한 파일을 불러와 f 변수에 담습니다. 이 함수의 첫 번째 인자는 불러올 파일 이름, 두 번째 인자는 읽기(r), 쓰기(w), 추가하기(a) 권한을 부여하는 옵션, 세 번째 인자는 인코딩 옵션입니다. CSV 파일을 윈도우 운영체제에서 만들었다면 cp949를 입력합니다. 맥 OS나 리눅스에서 만든 파일일 때는 utf-8을 입력해야 오류 없이 읽습니다.

코드 3-3 CSV 파일 읽기

```
import csv

rdr = csv.reader(f)

#반복문으로 한 행씩 출력하기
for line in rdr:
  print(line)
```

```
['ID', '이름', '상징색', '취미', '특징']
['001', '뽀로로', '파랑색', '낚시', '펭귄']
['002', '에디', '주황색', '과학실험', '사막여우']
['003', '크롱', '초록색', '눈싸움', '공룡']
['004', '루피', '분홍색', '요리', '비버']
['005', '패티', '보라색', '운동', '펭귄']
```

import 명령어로 csv 라이브러리를 가져옵니다.

[코드 3-2]에서 불러온 파일을 csv의 reader( ) 함수로 읽고, 읽은 내용을 변수 rdr에 대입합니다.

읽어온 CSV 데이터를 for 반복문으로 한 행씩 출력합니다.

CSV와 리스트

[코드 3-3]에서 열고 출력한 CSV 데이터를 살펴보면 각 행의 데이터가 대괄호([ ])로 묶여 있습니다. 이렇게 대괄호로 묶인 데이터는 리스트 데이터입니다. 따라서 리스트의 특성을 활용해 인덱싱과 슬라이싱을 할 수 있습니다. 2장에서 배웠던 리스트의 인덱싱과 슬라이싱을 떠올려 봅시다.

인덱스를 이용하여 'characters.csv' 파일의 데이터 중 두 번째 열의 이름만 출력해 보겠습니다.

표 3-2 'characters.csv' 파일의 데이터

ID	이름	상징색	취미	특징
001	뽀로로	파랑색	낚시	펭귄
002	에디	주황색	과학실험	사막여우
003	크롱	초록색	눈싸움	공룡
004	루피	분홍색	요리	비버
005	패티	보라색	운동	펭귄

코드 3-4 특정 열 출력

```
f = open('characters.csv', 'r', encoding = 'cp949')
rdr = csv.reader(f)

#두 번째 열을 반복문으로 한 행씩 출력하기
for line in rdr:
  print(line[1])
```

```
이름
뽀로로
에디
크롱
루피
패티
```

파이썬 프로그래밍에서 인덱스는 항상 0부터 시작하는 것에 익숙해졌나요? 두 번째 열의 인덱스는
1이므로, line[2]가 아니라 line[1]을 출력합니다.

코드 3-5 자원 반환

```
f.close()
```

읽기가 끝났어도 변수 f에는 파일을 읽어온 내용이 남아있습니다. 다 사용하고 난 후에는 close()
함수를 호출하여 자원을 반환해야 합니다. 지금처럼 프로그램이 작을 때는 반환하지 않아도 큰 문
제가 생기지 않습니다. 그러나 코드가 많아질수록 변수에 남아있는 파일이 실행 효율에 영향을 미
치기 때문에 사용한 자원을 반환하는 습관이 매우 중요합니다.

파이썬으로 CSV 파일 작성하기

이번에는 CSV 파일을 구글 Colab에서 작성해 봅시다. 파이썬의 csv 모듈(또는 라이브러리)에 포
함된 writer()라는 함수를 사용합니다. 파일을 작성하려면 먼저 빈 파일을 불러옵니다. 업로드한
파일을 불러올 때와 같이 open() 함수를 사용하지만 두 번째 인자를 수정해야 합니다. 파일을 불
러올 때는 두 번째 인자로 r(읽기)을 입력하였으나 이번에는 데이터를 쓰는 것이므로 w(쓰기)를 입
력합니다. 데이터를 새로운 파일에 작성하는 것이 아니라 기존 파일에 이어서 쓰고 싶으면 a(추가
하기) 옵션을 입력합니다. 그리고 네 번째 인자는 newline 옵션입니다. 새 파일에 데이터를 쓰거나
기존 파일에 데이터를 추가할 때 이 옵션을 입력하지 않으면 한 행을 입력할 때마다 자동으로 줄바
꿈하여 데이터 사이에 빈 행이 만들어지는 문제가 생깁니다.

코드 3-6 CSV 파일 작성

```
#csv 라이브러리 가져오기
import csv

#CSV 파일 불러오기
f = open('write.csv', 'w', encoding='cp949', newline='')

#CSV 파일 작성할 준비하기
wr = csv.writer(f)

#데이터를 한 행씩 작성하기
wr.writerow(['ID', '이름', '상징색', '취미', '특징'])
wr.writerow(['001', '뽀로로', '파랑색', '낚시', '펭귄'])
wr.writerow(['002', '에디', '주황색', '과학실험', '사막여우'])
wr.writerow(['003', '크롱', '초록색', '눈싸움', '공룡'])
wr.writerow(['004', '루피', '분홍색', '요리', '비버'])
wr.writerow(['005', '패티', '보라색', '운동', '펭귄'])

#f 변수의 자원 반환하기
f.close()
```

open( ) 함수로 빈 파일을 불러옵니다. 두 번째 인자인 w는 쓰기 권한 옵션입니다. 네 번째 인자인 newline = ' '은 데이터를 쓸 때 임의로 행을 바꾸지 않게 하는 옵션입니다.

csv.writer( ) 함수를 호출하여 wr 변수에 CSV 파일을 작성할 준비를 한 다음 writerow( ) 함수를 호출하여 행별로 데이터를 작성합니다. 마지막으로 f.close( )를 호출하여 자원을 반환합니다.

[코드 3-6]을 실행하면 왼쪽 Colab 탐색 창의 디렉토리에 'write.csv' 파일이 생성됩니다.

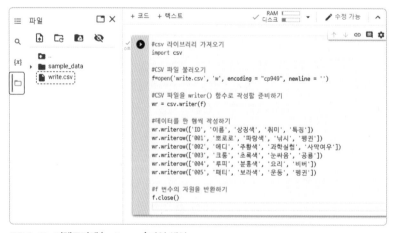

그림 3-10 **디렉토리에 'write.csv' 파일 생성**

데이터 추가하기

이번에는 기존의 CSV 파일에 데이터를 추가합니다. 마지막 행 아래에 한 행을 추가하여 새 캐릭터 데이터를 입력하겠습니다.

표 3-3 **캐릭터 추가**

ID	이름	상징색	취미	특징
001	뽀로로	파랑색	낚시	펭귄
002	에디	주황색	과학실험	사막여우
003	크롱	초록색	눈싸움	공룡
004	루피	분홍색	요리	비버
005	패티	보라색	운동	펭귄
006	포비	흰색	춤	북극곰

코드 3-7 CSV 파일에 데이터 추가

```
f = open('write.csv', 'a', encoding='cp949', newline='')
wr = csv.writer(f)

wr.writerow(['006', '포비', '흰색', '춤', '북극곰'])

#f 변수의 자원 반환하기
f.close()
```

open() 함수의 두 번째 인자로 a(추가하기)를 사용합니다. writerow() 함수로 내용을 작성하면 wr의 맨 끝에 추가됩니다. 데이터를 추가하는 동작이 끝나면 close() 함수를 호출하여 객체의 자원을 반환합니다.

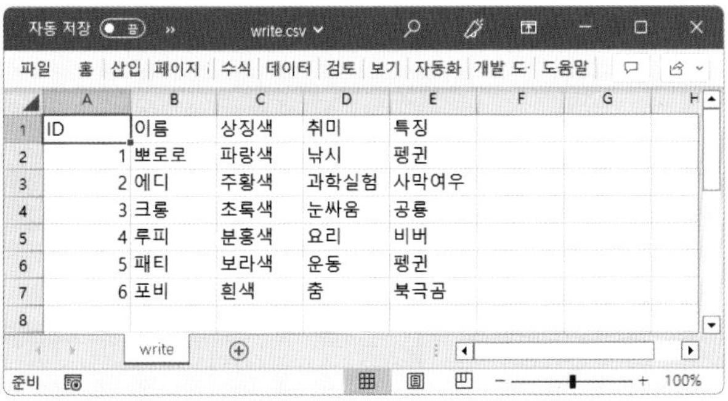

그림 3-11 **추가된 데이터 확인**

디렉토리에서 'write.csv' 파일을 다운로드하여 엑셀 프로그램으로 내용을 확인해 보면 데이터가 추가되어 있습니다.

확인문제

1. 다음을 읽고 빈칸을 채워 문장을 완성하시오.

CSV 파일을 파이썬에서 처리하기 위해 필요한 모듈의 이름은 [　ⓐ　]이다. CSV 파일을 처리하는 권한을 부여하는데, 부여할 수 있는 권한 옵션으로는 읽기 [　ⓑ　], 쓰기 [　ⓒ　], 추가하기 [　ⓓ　]가 있다.

2. 다음을 읽고 빈칸을 채워 문장을 완성하시오.

CSV 파일에 행을 추가하는 함수는 [　　　　　]이다.

정답

1. ⓐ csv, ⓑ r, ⓒ w, ⓓ a　　2. writerow( )

LAB　**기상 데이터 수집**

다음 표의 데이터를 구글 Colab에서 CSV 파일로 작성하여 'weather.csv' 파일로 저장하세요.

날짜	요일	날씨	최저기온	최고기온	강수량
20230101	월	맑음	-4.3	3.8	0
20230102	화	맑음	-7.4	0.4	0
20230103	수	맑음	-9.0	0.6	0

1. import 키워드로 csv 라이브러리를 가져옵니다.

```
import csv
```

2. CSV 파일을 불러옵니다. 함수 writer()로 데이터를 작성할 준비를 합니다.

```
f = open('weather.csv','w', newline='')
wr = csv.writer(f)
```

3. 함수 writerow()로 데이터를 한 행씩 추가합니다.

```
wr.writerow(['날짜', '요일', '날씨', '최저기온', '최고기온', '강수량'])
wr.writerow(['20230101', '월', '맑음', -4.3, 3.8, 0])
wr.writerow(['20230102', '화', '맑음', -7.4, 0.4, 0])
wr.writerow(['20230103', '수', '맑음', -9.0, 0.6, 0])
```

4. 객체의 자원을 반환합니다.

```
f.close()
```

Section 02 엑셀 파일

1 워크시트와 워크북

이번 절에서는 파이썬으로 엑셀(Excel) 파일을 열고 새 엑셀 파일을 생성해 봅니다. CSV 파일은 텍스트 기반 파일이기 때문에 엑셀 프로그램 또는 메모장으로 읽을 수 있었습니다. 반면 엑셀 파일은 확장자가 xls 또는 xlsx인 파일이며 엑셀 프로그램을 통해서만 열 수 있습니다. 또한 CSV 파일에는 단 하나의 시트만 있지만 엑셀 파일에는 하나 이상의 시트에 데이터를 저장할 수 있습니다. 엑셀 프로그램으로 그래프 또는 수식을 작성했을 때, CSV 파일로 저장하면 원본 데이터를 제외한 내용이 모두 사라지지만 엑셀 파일로 저장하면 그래프나 수식까지 보존됩니다. 이렇듯 엑셀은 CSV보다 많은 기능을 제공하는 데이터 형식입니다.

엑셀 파일에서 각 칸을 셀(Cell)이라고 부릅니다. 셀들이 모여 이루는 한 화면은 워크시트(Worksheet)입니다. 워크시트가 모여 워크북(Workbook)이 되며, 워크북 단위로 엑셀 파일을 저장할 수 있습니다.

[그림 3-12]에서 하단에 워크시트가 탭으로 표시되어 있습니다. 상단에 표시된 'school.xlsx'는 네 개의 워크시트를 포함하는 워크북입니다. 'school.xlsx'는 이 엑셀 파일의 이름이기도 합니다.

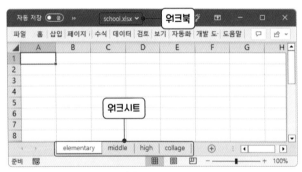

그림 3-12 **워크시트와 워크북(1)**

워크시트와 워크북의 관계는 파일 박스와 문서의 관계에 비유할 수 있습니다. 일반적으로 파일 박스에는 같은 종류의 책이나 문서들을 보관합니다. 여러 종류의 도서나 문서가 있을 때는 여러 개의 파일 박스를 두고 문서를 분류하여 보관합니다. 워크시트가 파일 박스 안에 담긴 내용물이라면 도서나 문서를 담은 파일 박스를 워크북이라고 할 수 있습니다. 한 가지 큰 차이점은 내용물이 없는 빈 파일 박스는 존재할 수 있으나 엑셀 파일에는 반드시 하나 이상의 워크시트가 있어야 한다는 점입니다.

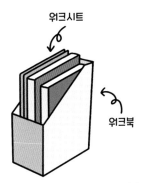

그림 3-13 **워크시트와 워크북(2)**

엑셀에서 [그림 3-14]의 데이터를 작성하고 'characters.xlsx'로 저장한 다음 실습을 진행합니다.

	A	B	C	D	E	F	G	H
1	ID	이름	상징색	취미	특징			
2	1	뽀로로	파랑색	낚시	펭귄			
3	2	에디	주황색	과학실험	사막여우			
4	3	크롱	초록색	눈싸움	공룡			
5	4	루피	분홍색	요리	비버			
6	5	패티	보라색	운동	펭귄			
7								
8								

그림 3-14 **데이터를 'characters.xlsx'로 저장**

② 파이썬으로 엑셀 파일 읽기

파이썬에서 엑셀 파일을 다루는 라이브러리로 openpyxl이나 xlrd 등이 있습니다. 이 책에서는 openpyxl 라이브러리를 활용하겠습니다. openpyxl을 활용하여 셀 번호를 지정하여 이미지나 문자열을 입력할 수 있고, 엑셀 시트에서 데이터를 복사해 다른 시트에 붙여넣을 수 있습니다. 또한, 시트를 추가하거나 삭제할 수도 있습니다.

코드 3-8 엑셀 파일 업로드

```
from google.colab import files
f = files.upload()
```

엑셀 파일을 구글 Colab에 업로드하는 부분은 이제 익숙해졌을 것입니다. [코드 3-8]의 실행 결과에서 [파일 선택] 버튼을 클릭하여 'characters.xlsx' 파일을 업로드합니다.

코드 3-9 엑셀 파일 불러오기

```
#openpyxl 라이브러리 설치하기
!pip install openpyxl
#openpyxl 라이브러리 가져오기
import openpyxl

wb = openpyxl.load_workbook('characters.xlsx')
```

파이썬 패키지를 설치하는 명령어인 pip로 openpyxl 라이브러리를 설치합니다.

설치한 라이브러리를 import 명령어로 지금 사용할 수 있도록 가져옵니다.

openpyxl 라이브러리의 load_workbook() 함수를 사용하여 파일을 불러옵니다. 그리고 변수 wb에 이 엑셀 파일 전체를 담습니다.

엑셀 데이터는 워크북에서 특정 워크시트의 특정 셀에 행렬 형태로 저장되어 있습니다. 그래서 openpyxl 명령어를 작성할 때 접근할 데이터의 위치를 정확하게 지정해야 오류가 발생하지 않습니다.

코드 3-10 워크시트 목록 확인

```
print(wb.sheetnames)
```

```
['Sheet1']
```

sheetnames 속성으로 wb 변수에 담긴 엑셀 파일의 모든 워크시트 이름을 출력합니다. 이 파일은 Sheet1이라는 이름의 워크시트 하나로 구성된 것을 알 수 있습니다.

코드 3-11 특정 위치의 데이터 읽기

```
sheet1 = wb['Sheet1']
print(sheet1['A1'].value)
```

```
[→ ID
```

Sheet1 워크시트를 변수 sheet1에 따로 담습니다. 워크시트와 구분되도록 소문자로 시작하는 이름을 사용합니다.

변수 sheet1에 담긴 워크시트의 A1 셀에 저장된 값을 불러와 print() 함수로 출력합니다.

확인문제

변수 wb에 워크북을 지정했으며 wb 객체 하위에 워크시트 Sheet1이 있다. 다음 중 오류가 발생하지 <u>않는</u> 명령어를 고르시오.

① wb('Sheet1')   ② wb.get_sheet('Sheet1')

③ wb['Sheet1']   ④ wb.get('Sheet1')

정답

③

③ 파이썬으로 엑셀 파일 작성하기

엑셀 파일의 다양한 조작 방법을 살펴보겠습니다. openpyxl 라이브러리를 활용하면 CSV 파일과 마찬가지로 데이터를 추가하거나 수정할 수 있으며, 이에 더하여 워크시트 단위로 조작 및 활용할 수 있습니다.

워크북과 워크시트 생성하기

openpyxl의 Workbook() 함수로 워크북을 생성할 수 있습니다. 새 워크북을 생성했을 때 워크시트가 하나뿐이기 때문에 자동으로 첫 번째 워크시트가 활성화됩니다. 활성화된 워크시트를 변수에 할당하여 데이터를 추가하거나 수정할 수 있습니다.

코드 3-12 새 워크북 생성

```
▶ wb = openpyxl.Workbook()
```

워크북 객체 wb가 생성됩니다. 엑셀 파일에는 최소 1개의 워크시트가 존재해야 하므로 wb 안에 워크시트 Sheet가 자동 생성됩니다.

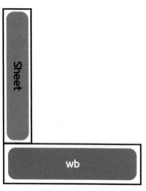

그림 3-15 **워크북 생성**

코드 3-13 **새 워크시트 생성**

```
#새 워크시트 생성하기
wb.create_sheet('Sheet2')
#시트 이름 출력하기
print(wb.sheetnames)
```

```
['Sheet', 'Sheet2']
```

함수 create_sheet( )를 사용하여 워크북 wb에 새 워크시트 Sheet2를 생성합니다.

객체 wb의 sheetnames 속성을 출력하여 현재 워크시트 목록을 확인합니다. [코드 3-12]에서 워크북을 생성하면서 만들어진 기본 워크시트 Sheet와 새로 생성된 워크시트 Sheet2가 함께 출력됩니다.

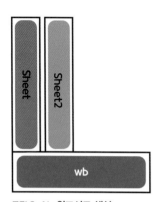

그림 3-16 **워크시트 생성**

워크시트 이름 변경하기

내용을 알아보기 쉽게 워크시트의 이름을 변경하겠습니다.

코드 3-14 워크시트 이름 변경

```
sheet1 = wb['Sheet']
sheet2 = wb['Sheet2']

sheet1.title = '캐릭터 명단'
sheet2.title = '인기도 조사'

print(wb.sheetnames)
```

> ['캐릭터 명단', '인기도 조사']

두 워크시트 Sheet와 Sheet2를 각각 변수 sheet1과 sheet2에 담습니다. 워크시트 이름은 대문자로 시작하고 변수 이름은 소문자로 시작합니다.

각 워크시트를 담은 변수에 접근하여 title 속성을 변경한 다음 현재 워크시트 목록을 출력하여 변경된 워크시트 이름을 확인합니다.

그림 3-17 **워크시트 이름 변경**

워크시트에 데이터 입력하기

다음 페이지의 [코드 3-15]에서 워크시트의 내용을 수정해 봅시다. 데이터를 입력할 때도 워크시트와 셀 위치를 정확히 지정해야 합니다.

코드 3-15 워크시트에 데이터 입력

```
sheet2['B1'] = '인기도 조사결과'
print(sheet2['B1'].value)
```

```
인기도 조사결과
```

변수 sheet2에 담긴 워크시트 Sheet2의 B1 셀에 값을 입력합니다.

워크시트 복제하기

인기도 조사 워크시트를 복제해 봅시다. 이때 변수 이름과 워크시트 이름을 잘 구분해야 합니다.

코드 3-16 워크시트 복제

```
copysheet = wb.copy_worksheet(sheet2)
print(wb.sheetnames)

#복제 시트의 이름 변경하기
copysheet.title = 'copy'

print(wb.sheetnames)
print(copysheet['B1'].value)
```

```
['캐릭터 명단', '인기도 조사', '인기도 조사 Copy']
['캐릭터 명단', '인기도 조사', 'copy']
인기도 조사결과
```

copy_worksheet( ) 함수는 워크시트를 복제하여 반환합니다. 변수 sheet2를 이 함수의 인자로 넣고 함수가 반환하는 워크시트는 변수 copysheet에 담습니다.

시트 이름을 출력하여 확인해 봅니다. 변수 copysheet에 담긴 워크시트의 이름은 '인기도 조사 Copy'입니다. 한 워크북 안에서 같은 워크시트 이름을 사용할 수 없어 시트 이름 뒤에 Copy라고 저절로 붙었습니다.

변수 copysheet에 담긴 워크시트의 title 속성을 copy로 변경합니다.

다시 시트 이름을 출력해 보면 변수 copysheet에 담긴 워크시트 이름이 copy가 되었습니다. 워크시트 내용까지 복제되었는지 확인하기 위하여 value 함수로 B1 셀의 값을 출력합니다. sheet2를 복사했으므로 문자열 '인기도 조사결과'가 출력됩니다.

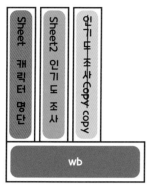

그림 3-18 워크시트 복사

그림 3-19 워크시트 복사

워크시트 삭제하기

워크시트를 삭제할 수도 있습니다. 워크시트를 지우는 코드는 del wb['시트 이름']입니다.

코드 3-17 워크시트 삭제

```
del wb['인기도 조사']
print(wb.sheetnames)
```

```
['캐릭터 명단', 'copy']
```

인기도 조사 워크시트를 삭제합니다.

시트 이름을 출력하여 결과를 확인합니다. 워크북 안에 워크시트가 두 개로 줄었고 변수 sheet2는 빈 그릇으로 남습니다.

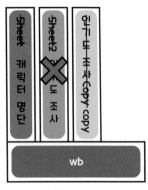

그림 3-20 **워크시트 삭제**

그림 3-21 **워크시트 삭제**

엑셀 파일 저장하기

모든 수정이 완료되었으면 엑셀 파일을 저장합니다. 파일을 저장할 때는 save( ) 함수를 사용합니다. 파일명은 완료를 뜻하는 complete로 하겠습니다.

코드 3-18 **엑셀 파일 저장**

```
wb.save('complete.xlsx')
```

구글 Colab 탐색 창의 디렉토리에 'complete.xlsx' 파일이 생성됩니다.

그림 3-22 **디렉토리에 'complete.xlsx' 파일 생성**

다음을 읽고 맞으면 '◯', 틀리면 '✕'로 답하시오.

워크시트는 워크북에 하나 이상 존재할 수 있다.

정답

◯

교통 혼잡도 데이터 수집

문제

공공데이터포털(www.data.go.kr)에 접속하고 검색어로 혼잡도를 입력하여 데이터를 조회합니다. 경기도 의정부 시와 대전교통공사, 서울교통공사에서 경전철 및 지하철 혼잡도 데이터를 CSV 파일로 제공합니다. 세 도시의 혼잡 도 데이터를 파일 하나에 정리하면 분석할 때 편리할 것입니다.

그림 3-23 **공공데이터포털**

해결

1. 공공데이터포털에서 파일을 다운로드하고 차례로 'data1.csv', 'data2.csv', 'data3.csv'로 저장합니다. 이를 다시 구글 Colab 디렉토리에 업로드합니다.

```
from google.colab import files

f = files.upload()
```

> 파일 선택 파일 3개
> - **data3.csv**(text/csv) - 337792 bytes, last modified: 2022. 12. 17. - 100% done
> - **data2.csv**(text/csv) - 1824 bytes, last modified: 2022. 12. 17. - 100% done
> - **data1.csv**(text/csv) - 8196 bytes, last modified: 2022. 12. 17. - 100% done
> Saving data3.csv to data3.csv
> Saving data2.csv to data2.csv
> Saving data1.csv to data1.csv

2. CSV 파일들을 워크시트로 만든 다음 워크북 하나로 묶을 것입니다. 먼저, 빈 워크북을 만들어 wb 변수에 담습니다. 처음 워크북을 생성하면 기본 워크시트가 하나 만들어집니다. 이 활성화된 워크시트를 ws라고 지정해 줍니다.

```
import openpyxl

wb = openpyxl.Workbook()
ws = wb.active
```

3. csv 라이브러리의 reader( ) 함수로 'data1.csv' 파일의 내용을 읽습니다. 읽은 내용을 변수 reader에 담습니다. for 반복문으로 변수 reader의 행을 하나씩 워크시트 ws에 추가합니다.

```
import csv

with open('data1.csv', encoding ='cp949') as f:
  reader = csv.reader(f)
  for row in reader:
    ws.append(row)
```

4. openpyxl 라이브러리의 create_sheet( ) 함수로 워크북 wb에 두 번째 워크시트 ws2를 생성합니다. ws2에 'data2.csv'의 내용을 작성합니다.

```
ws2 = wb.create_sheet('Sheet2')

with open('data2.csv', encoding ='cp949') as f:
  reader = csv.reader(f)
  for row in reader:
    ws2.append(row)
```

5. 워크북 wb에 세 번째 워크시트 ws3를 생성하고 'data3.csv'의 내용을 작성합니다. 파일 이름, 워크시트 이름, 워크시트를 담는 변수의 이름은 자유롭게 지어도 됩니다. 다만 누구든 쉽게 코드 내용을 이해할 수 있도록 숫자를 통일하는 등 규칙을 두면 좋습니다.

```
ws3 = wb.create_sheet('Sheet3')

with open('data3.csv', encoding ='cp949') as f:
  reader = csv.reader(f)
  for row in reader:
    ws3.append(row)
```

6. openpyxl 라이브러리의 함수 title을 사용하여 워크시트에 데이터 종류를 알기 쉽게 제목을 붙입니다. 그리고 save( ) 함수를 사용하여 엑셀 파일로 저장합니다.

```
ws.title = '경기도 의정부시_의정부경전철 혼잡도'
ws2.title = '대전교통공사_열차 혼잡도 분석'
ws3.title = '서울특별시_지하철 혼잡도 정보'

wb.save('traffic.xlsx')
```

7. 'traffic.xlsx' 파일을 다운로드하여 엑셀 프로그램으로 열어봅니다. 하단 탭에 워크시트 세 개가 나타납니다.

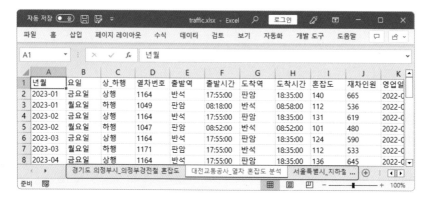

01 저용량의 엑셀, CSV 파일은 엑셀 프로그램으로도 다룰 수 있습니다. 그러나 파일의 용량이 커지면 파이썬과 같은 프로그래밍 언어 또는 SPSS, SAS와 같은 통계 툴을 활용하여 데이터를 다루는 것이 좋습니다.

02 CSV는 'Comma-separated Value'의 약어로, 쉼표(,)로 구분된 데이터 형식입니다. 엑셀 프로그램으로 CSV 파일을 열면 엑셀 파일과 비슷한 형태입니다. 엑셀 파일은 워크시트가 한 개 이상이지만, CSV 파일은 단 하나만 존재합니다.

03 파이썬으로 CSV 파일을 열거나 쓸 때 csv라는 파이썬 라이브러리를 사용합니다.

04 엑셀 워크북 파일은 한 개 이상의 시트로 구성되고, 시트 하나는 여러 개의 셀로 구성됩니다. 엑셀 파일에는 CSV 파일과 달리 그림, 그래프, 수식 등을 저장할 수 있습니다.

05 파이썬으로 엑셀 파일을 열거나 쓸 때 openpyxl이라는 파이썬 라이브러리를 사용합니다.

06 파일을 열거나 쓸 때 모두 open( ) 함수를 사용합니다. 이 함수의 두 번째 인자로 r(읽기), w(쓰기), a(추가하기) 옵션을 입력하여 함수의 권한 범위를 선택합니다.

07 메모리 자원이 유한하기 때문에 파일을 열거나 쓰고 나서 close( ) 함수로 객체의 자원을 반환해야 합니다.

01 다음 중 CSV 데이터를 <u>모두</u> 고르시오.

　① a / b / c / d　　　② a, b, c, d　　　③ a: b: c: d　　　④ 'a', 'b', 'c', 'd'

02 다음 중 파이썬 csv 라이브러리의 함수 open( )의 권한 옵션이 <u>잘못된</u> 것을 고르시오.

　① 읽기 권한: r　　　　　　　　② 수정 권한: w

　③ 추가 권한: a　　　　　　　　④ 저장 권한: s

03 다음 코드를 실행했을 때 변수 result에 저장되는 값을 고르시오.

```
result = sheet1['A1'].value
```

sheet1의 데이터 구조

	A	B	C	D
1	Banana	apple	Tomato	Cherry
2	3.0	11.7	4.2	5.6
3	Yellow	Red	Red	Purple

　① Yellow　　　　② Banana　　　　③ Red　　　　④ Purple

04 문제 **03**의 데이터 구조에서 C1 셀에 위치한 데이터의 값을 알고 싶다. 작성해야 하는 코드를 고르시오.

　① sheet1['C:1']　　　　　　② sheet1['C1']

　③ sheet1['C1']　　　　　　④ sheet1['C', '1']

05 다음 중 파이썬 csv 라이브러리의 함수가 <u>아닌</u> 것을 고르시오.

　① writer　　　　② writerow　　　　③ adder　　　　④ close

06 다음 중 워크북(Workbook)과 워크시트(Worksheet)에 관한 설명으로 옳지 <u>않은</u> 것을 고르시오.

　① 하나의 워크북에 워크시트는 1개 이상 존재해야 한다.

　② 워크북은 엑셀 파일을 의미한다.

　③ 파이썬 함수를 사용하여 워크시트의 이름을 변경할 수 있다.

　④ 워크북을 생성할 때 워크시트 1개를 같이 생성해야 한다.

07 아래와 같은 코드가 기본 선언되어 있을 때, 정상적으로 수행되지 <u>않는</u> 코드를 고르시오.

```
import openpyxl
wb = openpyxl.Workbook()
```

① ws2 = wb.create_sheet('Sheet2')

② del wb['Sheet2']

③ sheet1 = wb['Sheet1']

④ print(wb.sheetnames)

08 파이썬 csv 라이브러리를 사용하여 한글이 포함된 csv 파일을 읽을 때, 인코딩 옵션으로 적절한 것을 고르시오. 단, 파일은 윈도우 운영체제에서 만들어졌다.

① 'cp949'　　　　　　　　　　　　　② 'utf-8'

③ 'html'　　　　　　　　　　　　　④ 'hex'

09 CSV 파일에 대한 설명으로 틀린 것을 고르시오.

① CSV 파일은 메모장과 같은 텍스트 편집기로도 읽을 수 있다.

② CSV 파일은 탭(Tab)으로 구분된 일반 텍스트이다.

③ 셀에 쉼표(Comma)를 포함시키고 싶다면 해당 셀 전체를 큰따옴표(" ")로 묶어야 한다.

④ CSV 파일에는 다수의 워크시트 개념이 없다.

10 CSV 파일과 엑셀 파일에 대한 설명으로 옳은 것을 고르시오.

① 엑셀 파일은 파일 자체에서 수식 저장 등의 기능을 제공한다.

② CSV 파일은 파일 자체에서 수식 저장 등의 기능을 제공한다.

③ 엑셀 파일을 메모장과 같은 텍스트 편집기로도 읽을 수 있다.

④ CSV 파일을 엑셀 프로그램으로 읽을 수 없다.

CHAPTER 04

웹 크롤링

01 셀레니움
02 셀레니움 웹 크롤링
실전분석
요약
연습문제

학습목표

- 셀레니움 사용방법을 익힙니다.
- 셀레니움을 통해 웹에 있는 비정형 데이터를 수집합니다.

3장에서 파일에 있는 데이터를 꺼내 파이썬으로 다뤄보았습니다. 그러나 실제로는 데이터가 파일 형태로 만들어져 있지 않아 직접 수집해야 하는 경우가 많습니다. 이번 장에서는 자동화 툴을 활용하여 웹에서 수시로 내용이 변하는 데이터나 형식이 정해져 있지 않은 데이터를 수집하겠습니다. 자동화 툴은 에그플랜트(Eggplant), 앱피움(Appium) 등 여러 가지가 있지만 이 책에서는 파이썬 기반으로 많이 사용되는 셀레니움으로 실습하겠습니다.

1절에서는 데이터 수집에 자동화 툴이 필요한 이유를 이해하고 셀레니움의 동작 순서를 알아봅니다. 2절에서는 웹페이지에서 조건에 맞는 텍스트 데이터를 가져오는 웹 크롤러를 작성해 봅니다.

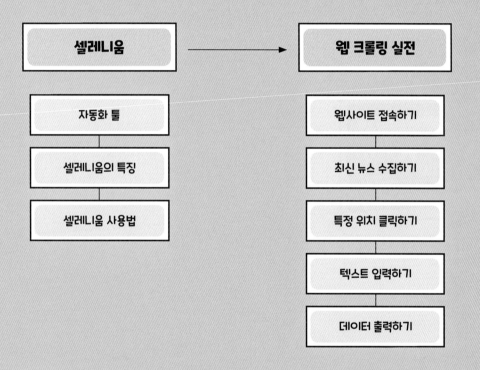

셀레니움

1 자동화 툴 이해하기

자동화 툴은 사람을 대신하여 반복적이고 연속적인 작업을 수행하는 프로그램입니다. 대학에서 교과목 수강신청을 할 때 간혹 "매크로를 만들어 반복적으로 빠르게 클릭해서 수강신청에 성공했다." 라고 말하는 사람이 있습니다. 이는 원하는 과목을 신청하기 위해 자동으로 반복 클릭하는 프로그램을 사용했다는 뜻입니다.

그림 4-1 **자동화 툴**

물론 수강신청에 자동화 툴을 사용해서는 안 됩니다. 자동화 툴을 통해 클릭을 반복하면 네트워크 트래픽과 서버에 부담을 주기 때문에 웹사이트가 마비될 수도 있습니다. 그래서 네이버나 구글과 같이 사용자가 아주 많은 웹사이트에서는 사이트에 접속하는 IP(Internet Protocol) 주소를 주기적으로 모니터링합니다. 과도하게 반복작업을 요청하는 IP의 접속을 차단하거나 자동화 툴을 이용한 접속 자체를 막는 웹사이트도 많이 있습니다. 그래서 자동화 툴은 웹사이트 관리자에게 접속 허가를 받고 합법적인 상황에서만 사용해야 합니다.

반면, 자동화 툴의 긍정적인 활용 사례도 있습니다. 공장에서 제품을 생산할 때 자동화 툴을 이용하면 주기적으로 공정 진행상태에 대한 데이터를 모아 정리할 수 있습니다. 또한 새로 개발하는 웹페이지에서 접속자가 매우 많은 상황을 가정하여 자동화 툴이 여러 동작을 무작위로 빠르게 수행하게 하면 안정성을 검증할 수 있습니다. 이렇게 자동화 툴을 적절한 분야에 활용한다면 사람이 해왔던 일을 더 빠르고 정확하게 수행할 수 있습니다.

셀레니움(Selenium)은 사람을 대신하여 자동으로 웹 브라우저에서 동작을 수행하는 프레임워크입니다. 셀레니움으로 수행할 수 있는 동작은 다양합니다. 우선 웹 브라우저를 통해 웹페이지에 접속할 수 있습니다. 그리고 그림이나 버튼 클릭하기, 화면 스크롤하기, 문자 입력하기 등 사람이 키보드나 마우스로 입력하는 것과 같이 다양한 조작을 할 수 있습니다. 셀레니움은 파이어폭스, 인터넷 익스플로러, 크롬 등 다양한 웹 브라우저를 지원하며 파이썬, 자바, 루비 등 다양한 프로그래밍 언어로 코딩할 수 있습니다. 이 책에서는 파이썬으로 코드를 입력하여 크롬 웹 브라우저를 통해 웹페이지에 접속하겠습니다.

❷ 셀레니움 기본 사용법

셀레니움을 잘 활용하려면 사람이 수행하는 동작을 셀레니움 함수로 변환할 수 있어야 합니다. 지금부터 웹 브라우저에서 셀레니움을 통해 수행할 수 있는 동작들을 알아봅시다.

모두가 볼 수 있도록 공개된 자료라고 해도 무단으로 수집하여 이용하면 저작권 침해 문제가 생길 수 있습니다. 다른 사람의 저작물을 허가 없이 사용하면 처벌받을 수 있으니 주의해야 합니다.

동적인 웹페이지와 셀레니움

웹페이지는 크게 정적인 페이지와 동적인 페이지로 구분됩니다.

정적인 페이지(Static web page)는 서버에 저장된 데이터를 그대로 보여주어 시간이 지나도 모습이 변하지 않습니다. 예를 들어 홈페이지를 소개하는 인사말 페이지는 관리자가 내용을 수정하기 전까지 항상 같은 텍스트와 이미지를 보여줍니다.

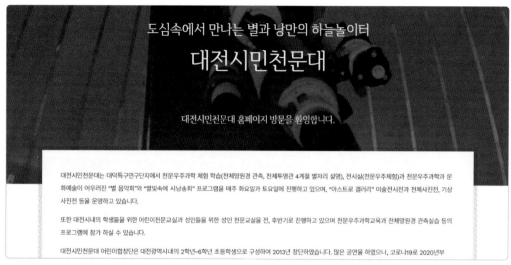

그림 4-2 **정적인 페이지**

반면 동적인 페이지(Dynamic web page)는 사용자가 클릭하거나 텍스트를 입력하여 페이지의 상태를 바꿀 수 있습니다. 그 뿐만 아니라 텍스트나 이미지를 시간에 따라 바꾸어 보여줄 수 있습니다. 예를 들어 기상청 '날씨누리' 웹페이지에서 지역을 클릭하면 해당 지역의 현재 날씨, 예보 등 주기적으로 업데이트되는 값을 보여줍니다.

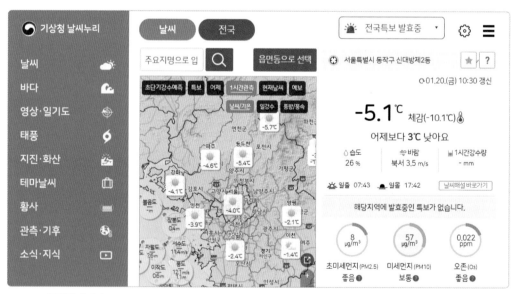

그림 4-3 **동적인 페이지**

정적인 페이지와 동적인 페이지를 구분하는 방법은 아주 간단합니다. 웹 브라우저를 열고 웹사이트에 들어갔는데 페이지에서 클릭하고 입력하는 동작을 할 수 있다면 그 페이지는 동적인 요소를 가진 것입니다. 즉, 사용자의 행동에 따라 화면 구성이 달라지도록 설계된 페이지는 동적인 페이지입니다.

웹페이지에 정적인 요소만 있다면 마우스로 한 번만 복사해서 전체 데이터를 수집할 수 있습니다. 그러나 동적인 페이지에서는 시간에 따라 변하는 데이터를 지속적으로 수집해야 하는 불편함이 있습니다. 이럴 때 셀레니움을 이용하면 동적인 페이지의 데이터를 수집하는 데 시간과 노동력을 절감할 수 있습니다.

셀레니움 명령어

셀레니움으로 "웹페이지에 접속하라.", "특정 위치의 텍스트를 찾아서 수집하라.", "특정 위치에 텍스트를 입력하라."를 명령하는 코드를 익혀보겠습니다.

❶ **웹페이지 접속:** 네이버 홈 화면에 접속할 때를 떠올려 봅시다. [그림 4-4]와 같이 웹 브라우저 주소창에 www.naver.com을 입력하고 `Enter`를 입력할 것입니다.

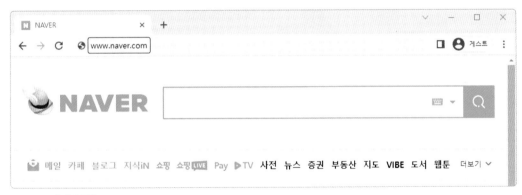

그림 4-4 **네이버 접속**

셀레니움에서는 이 동작을 코드 단 한 줄로 표현할 수 있습니다.

```
driver.get([URL])
```

get() 함수는 특정 웹페이지에 접속하는 함수입니다. 이 함수의 인자로 URL 문자열을 넣으면 URL에 해당하는 페이지에 접속합니다.

그러나 이 코드만 입력하여 실행하면 아직은 동작하지 않습니다. 올바른 URL을 입력했다면 결과물 없이 정상 종료될 것입니다. 실습은 나중에 함께 해볼 테니 1절에서는 각 함수의 역할을 이해해 봅시다.

❷ **특정 위치의 텍스트를 찾아서 수집**: '대한민국 정책브리핑' 페이지에 접속하여 주요 뉴스 제목을 수집한다고 생각해 봅시다. [그림 4-5]에 표시된 것처럼 뉴스 제목이 매일 바뀌지만 위치는 변하지 않습니다. 몇 번 방문하면 그 위치를 알고 있기 때문에 페이지 전체를 읽지 않아도 바로 주요 뉴스 제목을 찾아 복사할 수 있을 것입니다. 이 동작도 코드 한 줄로 표현할 수 있습니다.

그림 4-5 웹페이지에서 뉴스 제목 수집

셀레니움과 같은 자동화 툴을 사용해 데이터를 가져오려면 먼저 해당 객체를 찾아야 합니다. find_element() 함수는 화면 상의 버튼, 텍스트, 리스트 등 객체를 찾는 셀레니움 함수입니다. 찾을 객체인 뉴스 제목은 텍스트이므로 text 속성을 호출하여 객체의 텍스트 데이터를 가져옵니다.

find_element() 함수로 버튼이나 텍스트와 같은 객체를 찾기 위해서는 찾는 기준으로 객체의 속성을 지정해야 합니다. 이 책에서는 XML 기반의 XPath를 기준으로 하겠습니다. XPath를 알아내는 방법은 뒤에서 자세히 설명하겠습니다.

```
driver.find_element('xpath', '[실제 XPath 값]').text
```

find_element() 함수의 첫 번째 인자로 기준 속성인 'xpath', 두 번째 인자로 객체의 실제 XPath 값을 넣었습니다. 코드를 실행하여 객체를 찾고 나면 text를 호출하여 찾은 객체의 텍스트 데이터를 가져옵니다.

❸ **특정 위치 클릭**: 동적인 웹페이지에서 버튼을 클릭하는 동작도 명령할 수 있습니다.

그림 4-6 **동적인 웹페이지에서 버튼 클릭**

```
driver.find_element('xpath', '[실제 XPath 값]').click()
```

이번에도 find_element() 함수를 활용합니다. 그러나 맨 마지막에 text가 아니라 click() 함수를 호출하여 객체를 클릭하는 동작을 명령합니다.

❹ **특정 위치에 텍스트 입력**: [그림 4-7]처럼 검색어 입력란에 커서를 두면 검색어를 입력할 수 있습니다. 셀레니움에서는 이와 같이 텍스트를 입력하는 동작도 명령할 수 있습니다.

그림 4-7 **웹페이지에서 특정 위치에 키 입력**

```
driver.find_element('xpath', '[실제 XPath 값]').send_keys('[텍스트]')
```

객체를 찾는 find_element() 함수로 시작합니다. 다음으로 문자열을 입력해 주는 send_keys() 함수를 호출합니다. send_keys() 함수의 인자로는 입력할 텍스트 문자열을 넣습니다. [그림 4-7]처럼 문자열 **코로나**를 입력한다면 send_keys('코로나')라고 명령합니다.

다음 중 셀레니움에서 키보드의 특정 키를 입력하는 함수를 고르시오.

① click( )　　　　　　　　　② keys( )

③ send_keys( )　　　　　　　④ get( )

정답

③

셀레니움 웹 크롤링

크롤링(Crawling)은 '기다'라는 뜻의 영어 단어 'crawl'의 명사형입니다. 크롤링이란 소프트웨어를 통해 인터넷 웹페이지를 돌아다니며 정보를 수집하는 일을 의미합니다. 그리고 크롤러(Crawler)란 이러한 작업을 수행하는 소프트웨어를 말합니다. 이번 절에서는 지금까지 배운 셀레니움 명령어를 이용하여 웹 크롤러를 구현해 보겠습니다.

그림 4-8 **웹 크롤링**

1 셀레니움 설치와 실행

셀레니움을 실행하려면 셀레니움이 조작할 가상의 웹 브라우저를 연동해야 합니다. 다음 명령어로 구글 Colab에서 셀레니움 및 관련 모듈을 설치합니다. 명령어 내용을 당장 이해할 필요는 없습니다. 참고로 이러한 환경구성 및 설치 명령어는 구글 Colab이 아닌 파이참, 비주얼 스튜디오 등 다른 실행 환경에서 사용할 때 달라집니다.

가장 먼저 구글 Colab에서 셀레니움 모듈을 설치합니다. 가상의 웹 브라우저를 설치하는 부분은 Saikrishna라는 개발자가 공개한 코드를 사용하겠습니다.

코드 4-1 구글 Colab에서 셀레니움 설치

```
import sys


!sudo add-apt-repository ppa:saiarcot895/chromium-beta      #실행 결과에서 [Enter] 입력
!sudo apt remove chromium-browser
!sudo snap remove chromium
!sudo apt install chromium-browser

!pip3 install selenium
!apt-get update
!apt install chromium-chromedriver
!cp /usr/lib/chromium-browser/chromedriver /usr/bin


sys.path.insert(0,'/usr/lib/chromium-browser/chromedriver')
```

3행에서 설치가 중지될 것입니다. 실행 결과 맨 아래의 입력 양식에서 Enter 를 눌러 진행합니다. pip, apt, apt-get은 파이썬에서 모듈을 설치할 때 자주 사용하는 명령어입니다.

코드 4-2 관련 라이브러리 가져오기

```
from selenium import webdriver
from selenium.webdriver.common.keys import Keys
```

import 명령어를 사용하여 모듈을 이 코드에서 사용할 수 있도록 가져옵니다.

코드 4-3 구글 Colab 환경에 맞게 셀레니움 사용 설정

```
options = webdriver.ChromeOptions()
options.add_argument('--headless')              #창이 나타나지 않도록 Headless 설정하기
options.add_argument('--no-sandbox')
options.add_argument('--disable-dev-shm-usage')
driver = webdriver.Chrome('chromedriver', options=options)
```

이대로 설정하여 셀레니움을 사용하면 가상의 브라우저인 크롬 드라이버에서 동작을 수행하기 때문에 버튼을 클릭하거나 텍스트를 입력해도 진행 상황이 눈에 보이지 않습니다. 만약 웹 브라우저의 동작을 눈으로 확인하고 싶다면 [코드 4-3]을 로컬 PC용 IDE인 파이참(PyCharm)에서 실행하되, 3행과 4행의 옵션을 삭제합니다.

마지막 행에서는 가상의 웹 브라우저에서 창을 열고 이 객체를 변수 driver에 할당합니다.

만약 구글 Colab에 재접속했다면 [코드 4-1]부터 [코드 4-3]까지 다시 실행해야 합니다.

② 셀레니움 웹 크롤링

이제부터는 driver 객체를 통해 URL에 접속하여 버튼을 클릭하고 텍스트를 수집하겠습니다.

셀레니움으로 웹페이지에 접속하기

첫 번째로 특정 URL에 접속합니다. 접속할 웹페이지는 [그림 4-9]의 코로나바이러스감염 증-19(이하 코로나) 관련 현황을 제공하는 페이지로 합니다.

그림 4-9 질병관리청 코로나바이러스감염증-19 현황 웹페이지

코드 4-4 변수 url에 웹페이지의 URL 대입

```
url = 'http://ncov.kdca.go.kr/'

driver.get(url)
```

변수 url에 코로나 현황 페이지의 주소를 문자열로 대입합니다.

변수 url을 driver.get( ) 함수의 인자로 넣어 해당 웹페이지에 접속합니다. [코드 4-3]의 Headless 설정 때문에 해당 웹페이지에 접속했는지 눈으로 확인할 수는 없습니다.

최신 뉴스 수집하기

다음으로 [그림 4-10]에 표시된 '보도자료'의 첫 번째 기사 제목을 수집하겠습니다.

특정 위치의 텍스트를 수집할 때 XPath를 사용한다고 했습니다. XPath(XML Path Language)란 웹페이지를 설계할 때 사용한 언어 구조로 위치를 특정하는 방식입니다. 웹페이지 화면에 배치된 많은 개체는 각각 속성을 갖고 있는데, 그 중에서 XPath는 위치 정보를 나타냅니다. 예를 들어 XPath 속성을 통해 웹페이지에서 '두 번째 열의 왼쪽, 텍스트가 있는 자리'를 특정하여 해당 위치에 있는 텍스트를 가져올 수 있습니다.

개체의 XPath를 알아내는 방법은 간단합니다. 원하는 위치의 텍스트를 마우스 오른쪽 버튼으로 클릭합니다. 메뉴가 나타나면 가장 아래에 있는 [검사(Inspect)]를 선택합니다. 그러면 [그림 4-11]과 같이 크롬 브라우저 창이 분할되어 오른쪽에 개발자 도구가 나타납니다. 단축키 F12 로 간단히 개발자 도구를 실행할 수도 있습니다.

그림 4-10 **XPath 알아내기 (1)**

개발자 도구에는 웹페이지를 구성하고 개발할 때 사용한 소스 코드가 나타납니다. 그리고 [그림 4-11]과 같이 선택한 개체에 해당하는 코드가 음영으로 표시됩니다.

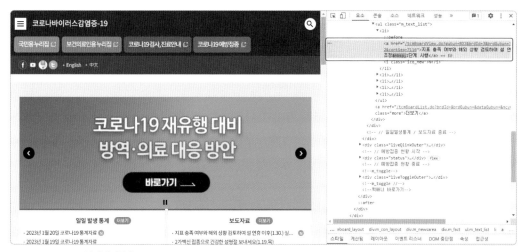

그림 4-11 XPath 알아내기 (2)

음영 표시된 코드를 마우스 오른쪽 버튼으로 클릭하고, 메뉴에서 [복사]를 선택하여 XPath를 복사합니다.

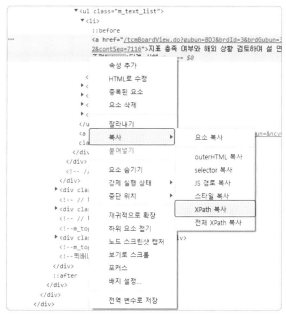

그림 4-12 XPath 알아내기 (3)

메모장에 붙여넣어 확인해 보면 XPath는 다음과 같은 모습입니다.

```
//*[@id="content"]/div/div/div/div[1]/div[2]/div/ul/li[1]/a
```

이 XPath를 해석하자면 content라는 id를 가지고 있는 개체 중 특정 div로 분류된 ul의 첫 번째 li에 위치한 a라는 의미입니다. 사실 XPath의 의미는 이해하지 못해도 괜찮습니다. 셀레니움에서 복사한 XPath를 그대로 입력하기만 하면 해당 위치에 있는 텍스트를 수집할 수 있습니다.

```
driver.find_element('xpath', '[실제 XPath 값]')
```

코드 4-5 **기사 제목 객체**

```
▶ topnews = driver.find_element('xpath','//*[@id="content"]/div/div/div/div[1]/\
                                 div[2]/div/ul/li[1]/a')

  print(topnews.text)
```

> ⤷ 실외 마스크 착용 자율 전환 및 전국단위 코로나19 항체양성률 조사 결과 발표

find_element() 함수가 XPath에 해당하는 객체를 반환하면 객체를 topnews 변수에 넣습니다.

topnews 변수에 담은 객체의 텍스트를 가져오기 위해 text 속성을 호출합니다. 그리고 반환되는 값을 print() 함수로 출력하면 뉴스 제목이 출력됩니다.

코로나 현황 페이지는 동적인 페이지이므로 뉴스 제목 텍스트가 매번 변합니다. 변하는 뉴스 제목을 반복적으로 수집할 때 셀레니움 웹 크롤러가 매우 유용할 것입니다.

여러 개의 최신 뉴스를 한꺼번에 수집하기

예제에서 보도자료의 첫 번째 뉴스 제목만 수집했는데 이번에는 여러 줄을 동시에 수집해 보겠습니다. 여러 개의 객체에 공통 속성이 있다면 한꺼번에 수집할 수 있습니다. 이때는 find_element() 함수가 아니라 뒤에 s가 붙은 find_elements() 함수를 사용합니다.

우선 XPath의 구조를 파악합니다. 다시 [그림 4-9]를 살펴보면 [보도자료] 구역에 뉴스가 총 5개 노출됩니다. 객체 5개의 XPath 값을 각각 복사하고 메모장에 붙여넣어서 특징을 살펴봅시다.

```
//*[@id="content"]/div/div/div/div[1]/div[2]/div/ul/li[1]/a
//*[@id="content"]/div/div/div/div[1]/div[2]/div/ul/li[2]/a
//*[@id="content"]/div/div/div/div[1]/div[2]/div/ul/li[3]/a
//*[@id="content"]/div/div/div/div[1]/div[2]/div/ul/li[4]/a
//*[@id="content"]/div/div/div/div[1]/div[2]/div/ul/li[5]/a
```

ul까지 구문이 모두 일치합니다. 이 점을 이용하면 객체 여러 개의 텍스트를 한꺼번에 수집할 수 있습니다.

코드 4-6 여러 개의 텍스트를 한꺼번에 수집

```
▶ topnews = driver.find_elements('xpath','//*[@id="content"]/div/div/div/div[1]/\
                                 div[2]/div/ul')


#여러 개의 텍스트를 리스트 topnews에 정리하기
topnews = [topnew.text for topnew in topnews]


print(topnews)
```

> ['[카드뉴스] 신속한 치료 지원을 위해 일반병상 지속 확보'\n「실내 마스크 의무 조정 등 향후 코로나19 대응 방향」 관련 전문가 토론회 개최 (12.15.목)\n동절기 접종률 제고를 위한 일선 의료현장 소통 강화(12.15.목)\n코로나19 주간 확진자 전주 대비\n11.2%\n증가(12.14.)\n12월\n12일부터\n12-17세 청소년 대상 동절기 추가접종 시작 ']

먼저 변수 topnews에 공통 XPath 위치에 있는 객체를 담아둡니다. 이 부분은 코드가 길어서 행을 나누고 역슬래시(\)로 연결했습니다.

for문을 이용하여 객체의 요소 5개를 순차적으로 텍스트로 변환하고 topnews 리스트에 담습니다.

마지막으로 topnews 전체를 출력해 수집한 텍스트를 확인합니다.

버튼 클릭하기

주요 뉴스 제목은 웹사이트 첫 페이지에서 바로 가져올 수 있었습니다. 그런데 특정 지역에 대한 뉴스만 모아 보고 싶다면 어떻게 할까요? 사람이 직접 수집한다면 지역 이름을 검색어로 입력하여 검색할 것입니다.

코로나 현황 페이지에서 뉴스를 검색하려면 먼저 돋보기 버튼을 클릭하여 검색어 입력란을 나타내야 합니다.

그림 4-13 **돋보기 버튼**

셀레니움에서도 돋보기 버튼을 찾아 클릭하는 작업을 자동화할 수 있습니다. 개발자 도구에서 돋보기 버튼의 XPath를 복사합니다.

```
//*[@id="header"]/div/div[2]/a[1]
```

코드 4-7 버튼 객체 클릭

```
button = driver.find_element('xpath','//*[@id="header"]/div/div[2]/a[1]')
print(button.text)
button.click()
```

⤷ 통합검색

XPath를 기준으로 찾은 돋보기 버튼 객체를 변수 button에 담습니다.

구글 Colab에서 셀레니움을 실행하면 찾은 객체가 무엇인지 눈으로 확인할 수 없으므로 돋보기 버튼 객체의 텍스트 값을 출력하여 확인합니다.

돋보기 버튼 객체에 click( ) 함수를 덧붙여 객체를 클릭합니다.

텍스트 입력하기

이번에는 검색어 입력란에 검색어를 입력하겠습니다. 코로나 현황 페이지 첫 화면에서 돋보기 버튼을 클릭하면 다음 그림처럼 검색어 입력란과 검색 버튼이 나란히 나타납니다.

그림 4-14 **검색어 입력란과 검색 버튼**

사람이 직접 검색하는 과정을 자세히 떠올려 보세요. 검색어 입력란을 한 번 클릭하여 커서가 깜빡이는 상태로 만든 다음 텍스트를 입력하고 [Enter]를 누르거나 검색 버튼을 클릭할 것입니다.

클릭해야 하는 위치, 즉 검색어 입력란의 XPath를 개발자 모드에서 복사하여 진행합니다.

```
//*[@id="searchTermMobile123"]
```

코드 4-8 **검색어 입력**

```
driver.find_element('xpath','//*[@id="searchTermMobile123"]').click()
driver.find_element('xpath','//*[@id="searchTermMobile123"]').send_keys('서울')

driver.find_element('xpath','//*[@id="searchTermMobile123"]').send_keys(Keys.ENTER)
```

객체에 무언가를 입력할 때는 send_keys() 함수를 사용합니다. '서울'과 같이 텍스트를 인자로 넣으면 객체에 텍스트를 입력하라는 명령이 됩니다.

Keys.ENTER를 send_keys() 함수의 인자로 넣으면 [Enter]를 입력하라는 명령이 됩니다. [Enter] 외에도 다른 키들이 Keys 라이브러리에 정의되어 있습니다. Keys는 키 입력을 정의한 라이브러리입니다. 이 라이브러리에 포함된 send_keys() 함수로 편리하게 키를 입력할 수 있습니다. [코드 4-2]에서 Keys 라이브러리를 가져왔습니다.

정리하면 [코드 4-7]과 [코드 4-8]의 검색 작업은 돋보기 버튼을 클릭하고 검색어 입력란을 클릭한 다음 검색어를 입력하고 [Enter]를 입력하는 네 단계로 구분됩니다. 중간에 출력하여 확인하는 단계를 생략하고 네 단계 동작만을 코드 네 줄로 작성하면 다음과 같습니다.

```
driver.find_element('xpath','//*[@id="header"]/div/div[2]/a[1]').click()
driver.find_element('xpath','//*[@id="searchTermMobile123"]').click()
driver.find_element('xpath','//*[@id="searchTermMobile123"]').send_keys('서울')
driver.find_element('xpath','//*[@id="searchTermMobile123"]').send_keys(Keys.ENTER)
```

코드에서 반복되는 부분을 변수 serch_for에 담으면 코드를 보다 간결하게 줄일 수 있습니다.

```
driver.find_element('xpath','//*[@id="header"]/div/div[2]/a[1]').click()

search_for = driver.find_element('xpath','//*[@id="searchTermMobile123"]')
search_for.click()
search_for.send_keys('서울')
search_for.send_keys(Keys.ENTER)
```

여기까지 실행하면 '서울' 검색 결과 페이지로 이동합니다.

그림 4-15 **검색 결과**

그러나 현재 페이지가 화면에 나타나지 않기 때문에 셀레니움이 명령을 제대로 수행했는지 알 수 없습니다. 이럴 때 page_source 속성을 호출하여 출력해 보면 현재 페이지의 소스 코드를 보고 간접적으로 현재 페이지를 확인할 수 있습니다.

코드 4-9 **페이지 소스 코드 확인**

```
▶ print(driver.page_source)
```

코드의 일부만 실행했을 때 오류가 발생한다면 driver.get( ) 함수를 통해 웹페이지에 접속하는 코드를 실행했는지 확인해 봅니다.

다음은 페이지 조작과 관련된 셀레니움 함수입니다. 본문에서 다룬 클릭이나 키 입력 외에도 사람이 웹 브라우저에서 수행하는 여러 동작을 셀레니움 함수로 변환하여 자동화할 수 있습니다.

기능	형식
뒤로	driver.back( )
앞으로	driver.forward( )
새로고침	driver.refresh( )
탭 닫기	driver.close( )
창 닫기	driver.quit( )
창 최대화	driver.maximize_window( )
창 최소화	driver.minimize_window( )
브라우저 HTML 정보 출력	print(driver.page_source)

확인문제

1. 다음을 읽고 빈칸에 들어갈 적절한 단어를 적으시오.

　　셀레니움을 통해 특정 웹페이지에 접속하려면 driver.〔　　　　　〕을 사용한다.

2. 다음을 읽고 빈칸에 들어갈 적절한 단어를 적으시오.

　　셀레니움을 통해 특정한 XPath 속성을 가진 객체를 찾으려면 driver.〔　　　　　〕을 사용한다.

정답

1. get(〔url〕)　　**2.** find_element('xpath', 〔Xpath 값〕)

코로나 발생현황 데이터 수집

코로나 현황 페이지에는 발생현황이 정리되어 있습니다. 2023년 7월 기준으로 발생현황 데이터는 일주일에 한 번씩 7일간의 일평균이 업데이트됩니다. 확진자 수 데이터만 수집하는 웹 크롤러를 작성해 봅시다.

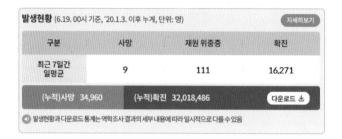

해결

웹에서 수집한 데이터를 양식에 맞게 잘 정리해 두면 분석하여 의미 있는 정보를 도출하기 편할 것입니다. 여기까지가 완결된 데이터 수집 체계입니다. 지금까지 배운 명령어를 활용하여 코로나 현황 페이지에서 데이터를 수집하고, 미리 만들어둔 템플릿에 대입하겠습니다.

```
기준일자 :
일평균 사망자 수 :
일평균 재원 위중증 환자 수 :
일평균 확진자 수 :
```

1. 발생현황 기준일자, 사망자 수, 재원 위중증 환자 수, 확진자 수를 수집할 웹페이지 URL을 입력하여 접속하는 것으로 시작합니다.

```
url = 'https://ncov.kdca.go.kr/'
driver.get(url)
```

2. 객체 4개에 있는 4가지 수를 수집하려면 코드도 4개 필요합니다. 객체의 XPath를 구하여 찾습니다. 찾은 객체에서 얻은 텍스트를 차례로 변수 first_blank, second_blank, third_blank, fourth_blank에 담습니다.

```
#기준일자
first_blank = driver.find_element('xpath','//*[@id= "content"]/div/div/div/\
                        div[3]/div/div[1]/div[1]/h2/span').text
```

```
#일평균 사망자 수
second_blank = driver.find_element('xpath','//*[@id="content"]/div/div/div/\
                                    div[3]/div/div[1]/div[1]/div[1]/table/\
                                    tbody/tr/td[1]/span').text

#일평균 재원 위중증 환자 수
third_blank = driver.find_element('xpath','//*[@id="content"]/div/div/div/\
                                    div[3]/div/div[1]/div[1]/div[1]/table/\
                                    tbody/tr/td[2]/span').text

#일평균 확진자 수
fourth_blank = driver.find_element('xpath','//*[@id="content"]/div/div/div/\
                                    div[3]/div/div[1]/div[1]/div[1]/table/\
                                    tbody/tr/td[3]/span').text
```

3. 변수에 담은 텍스트를 출력하여 확인합니다.

```
print('기준일자: ', first_blank, '\n일평균 사망자 수: ', second_blank,\
    '\n일평균 재원 위중증 환자 수: ', third_blank, '\n일평균 확진자 수: ',\
    fourth_blank)
```

```
기준일자 :  (6.19. 00시 기준, '20.1.3. 이후 누계, 단위: 명)
일평균 사망자 수:  14,284
일평균 재원 위중증 환자 수:  111
일평균 확진자 수:  16,271
```

요약

01 셀레니움은 사람이 하는 것처럼 웹 브라우저를 통하여 웹페이지에 접속해서 일련의 행동을 할 수 있는 자동화 도구입니다.

02 웹에서 데이터를 수집할 때 타인의 자료를 수집하며 저작권을 침해하지 않도록 주의해야 합니다.

03 웹에서 반복적으로 단순한 업무를 수행해야 할 때 사람이 직접 하지 않고 셀레니움을 활용하면 편리합니다. 동작을 명령할 때에는 사람이 실제로 수행하는 절차를 하나씩 짚어보고 그대로 코드로 대입하면 됩니다.

04 크롤링하려면 먼저 객체를 찾아야 합니다. find_element( ) 함수로 버튼이나 텍스트와 같은 객체를 찾기 위해서는 기준으로 사용할 객체의 속성을 지정합니다. 그 중에서 XPath는 웹페이지에서 객체의 위치를 나타냅니다.

05 셀레니움을 이용하면 버튼을 클릭하거나 텍스트를 읽어오는 등 다양한 작업을 할 수 있습니다. 객체에 .click( )을 붙이면 객체를 클릭하고 .text를 붙이면 객체의 텍스트를 읽어옵니다.

06 코드에서 반복되는 부분을 변수에 담아 변수만 적으면 전체 코드를 간결하게 할 수 있습니다.

01 다음 중 셀레니움(Selenium)에 관한 설명으로 **틀린** 것을 고르시오.

① 셀레니움은 코드를 작성하면 웹 브라우저에서 동작을 수행하는 자동화 도구이다.

② 셀레니움은 C#, Java 등의 프로그래밍 언어로는 사용할 수 없고 파이썬으로만 동작한다.

③ 셀레니움은 무료 프레임워크이다.

④ 셀레니움으로 웹에 있는 데이터를 수집할 수 있다.

02 다음 코드로 셀레니움 관련 모듈을 설치했다. 코드와 수행 동작이 바르게 연결되지 **않은** 것을 고르시오.

```python
from selenium import webdriver
from selenium.webdriver.common.keys import Keys

options = webdriver.ChromeOptions()
options.add_argument('--headless')        #Headless 설정하기
options.add_argument('--no-sandbox')
options.add_argument('--disable-dev-shm-usage')
driver = webdriver.Chrome('chromedriver', options=options)

driver.get('https://www.naver.com')
```

① print(driver.page_source): 웹페이지의 소스 코드 출력하기

② driver.find_element('xpath', 'A').click(): A 위치의 객체 클릭하기

③ driver.find_element('xpath', 'B').send_keys('서울'): B 위치의 xpath 객체에 '서울' 입력하기

④ driver.find_element('xpath', 'B').send_keys(ENTER): B 위치의 xpath 객체에 Enter 입력하기

03 셀레니움의 '--headless' 옵션에 대한 설명으로 옳은 것은?

① 웹페이지의 제목을 표시하지 않는다.

② 셀레니움에서 작업하는 웹 브라우저를 보이지 않게 한다.

③ 크롬 브라우저에서는 동작하지 않는 옵션이다.

④ 웹페이지에서 텍스트만 남기고 다른 객체들은 표시하지 않는다.

04~08 다음 코드를 실행하여 셀레니움과 관련 라이브러리를 불러온 상태일 때, 질병관리청 홈페이지에 접속하여 '감기예방'을 검색하는 코드를 차례로 작성하시오.

```python
from selenium import webdriver
from selenium.webdriver.common.keys import Keys

options = webdriver.ChromeOptions()
options.add_argument('--headless')          #Headless 설정하기
options.add_argument('--no-sandbox')
options.add_argument('--disable-dev-shm-usage')
driver = webdriver.Chrome('chromedriver', options=options)
```

04 질병관리청 홈페이지에 접속하는 코드를 작성하시오.

05 검색어 입력란을 선택하는 코드를 작성하시오.

06 검색어를 입력하는 코드를 작성하시오.

07 Enter 를 눌러 입력한 검색어를 검색하는 코드를 작성하시오.

08 페이지의 소스 코드 전체를 출력하는 코드를 작성하시오.

09 객체 여러 개에 공통 속성이 있을 때 find_element( ) 함수가 아닌 A 함수를 활용하면 코드의 양을 줄여 간단히 접근할 수 있다. A 함수로 적절한 것은?

① find_element_all( )

② find_all_elements( )

③ find_elements( )

④ find_all( )

10 다음 명령어에 대한 설명으로 <u>잘못된</u> 것은?

```
!pip install selenium
!apt-get update
!apt install chromium-chromedriver
!cp /usr/lib/chromium-browser/chromedriver /usr/bin
```

① 셀레니움을 구글 Colab에서 활용하기 위하여 관련 라이브러리를 설치하는 명령어이다.

② 위 명령어는 셀레니움을 통해 새로운 웹페이지에 접속하려면 매번 다시 실행해야 한다.

③ 셀레니움과 크롬 브라우저를 연동하기 위한 라이브러리를 설치하는 명령어가 포함되어 있다.

④ 구글 Colab에서는 위 명령어를 실행해야 라이브러리를 가져올 수 있다.

CHAPTER 05

데이터베이스

01 데이터베이스 기본
02 데이터베이스 관리 시스템
03 데이터베이스 사용
실전분석
요약
연습문제

학습목표

- 데이터베이스 개념을 이해합니다.

- 데이터베이스관리시스템(DBMS)인 MySQL을 설치할 수 있습니다.

- 테이블을 만들고 데이터를 입력할 수 있습니다.

- 필요한 데이터를 테이블에서 조회할 수 있습니다.

- 조건을 주고 데이터를 갱신하거나 삭제할 수 있습니다.

데이터를 분석할 때 엑셀 프로그램이나 C, 자바, 파이썬 등 프로그래밍 언어를 사용할 수도 있고 데이터 베이스를 이용할 수도 있습니다. 데이터베이스에 대량의 데이터를 저장하면 분석 목적에 알맞게 데이터를 가공하고 다른 사람과 공유하기 편리합니다. 이번 장에서는 MySQL로 데이터베이스를 활용하는 방법을 익히겠습니다.

1절에서는 데이터베이스의 개념과 기본 용어를 익힙니다. 2절에서는 데이터를 체계적으로 관리하도록 돕는 프로그램인 MySQL을 설치합니다. 3절에서는 데이터베이스에 테이블을 생성하고 데이터를 입력합니다. 그리고 입력한 데이터 중 조건에 맞는 것을 검색하고 데이터를 갱신하는 방법과 데이터를 삭제하는 방법을 알아봅니다.

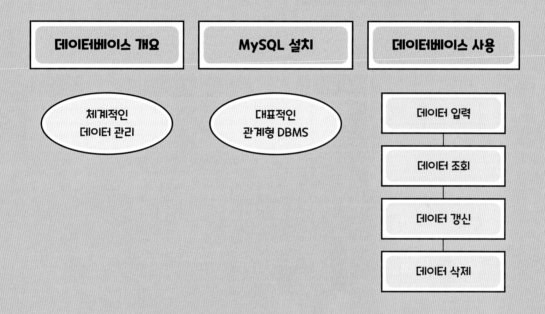

데이터베이스 기본

1 데이터베이스 이해하기

현대 사회에서 정보는 개인이나 조직이 내리는 의사 결정의 기준이 되기 때문에 매우 중요합니다. 여기서 정보란 의사 결정에 활용할 수 있도록 데이터를 처리한 결과물입니다. 예를 들어 한 식당에서 매일 메뉴별 판매 건수를 기록한 것은 데이터이고 월말에 요일별 평균을 내서 다음 달 메뉴 및 식재료 준비에 참고한다면 그것은 정보가 됩니다.

날짜	…	3/12	3/13	3/14	3/15	3/16	3/17	…
볶음밥	…	##	##	##	##	##	0	…
짬뽕	…	##	##	##	##	##	0	…

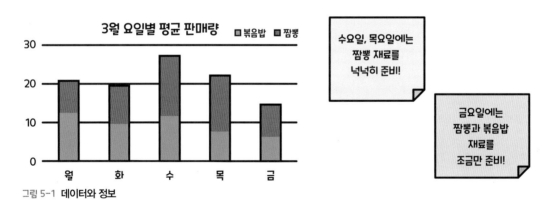

그림 5-1 데이터와 정보

데이터베이스를 이용하면 단순히 데이터를 모아 놓은 파일보다 훨씬 체계적이고 구조적인 방법으로 데이터를 관리할 수 있습니다. 데이터베이스(Database)는 여러 사람이 공동으로 검색하거나 운영할 수 있도록 연관된 데이터들을 구조적으로 통합해서 컴퓨터에 저장한 데이터의 집합입니다. 데이터베이스를 관리하고 운영하는 역할을 하는 소프트웨어, 즉 프로그램을 DBMS(데이터베이스 관리 시스템, Database Management System)라고 합니다.

DBMS는 관계형(Relational), 계층형(Hierarchical), 망형(Network), 객체지향형(Object-oriented), 객체관계형(Object-relational)으로 분류됩니다. 그 중에서도 오늘날 가장 많이 사용되는 유형은 관계형 DBMS입니다. 대표적인 관계형 DBMS로 오라클, DB2, MS SQL, MySQL, SQL Server, 액세스 등이 있습니다. 이 책에서는 무료인 MySQL(마이에스큐엘)을 사용하겠습니다. MySQL은 MySQL AB 사에서 만든 소프트웨어인데 오라클 사에서 인수했습니다. 이번 챕터에서는 MySQL로 데이터를 저장하고, 원하는 조건에 해당하는 데이터를 검색하고, 내용을 갱신하고, 필요 없어지면 삭제하는 방법을 익혀봅시다.

하나 더 알기 ∨ DBMS를 선택하는 기준

DBMS를 선택할 때는 가격 대비 성능과 개발 환경을 고려합니다. 오라클은 각종 기능 및 대용량 처리능력이 좋으나 가격이 비싸고 MS SQL은 조금 비싸지만 친숙한 UI와 빠른 기술지원이 장점입니다. MySQL은 라이선스 조건에 따라 무료로 사용할 수 있는 오픈소스 소프트웨어입니다. 다만 대용량 처리에 취약하다는 단점이 있습니다. MySQL은 무료 에디션(Community)을 사용할 수 있으며 영리를 목적으로 이용하려면 유료 에디션(Standard Edition, Enterprise Edition, Cluster CGE)을 구매해야 합니다.

관계형 DBMS에서 데이터베이스는 테이블(Table)이라는 최소 단위로 구성되며 테이블은 한 개 이상의 열로 이루어집니다. 가로 방향으로 한 줄을 튜플(Tuple) 또는 행(Row)이라고 하고, 세로 방향의 한 줄을 속성(Attribute) 또는 열(Column)이라고 합니다. 튜플 하나를 고유하게 구분하기 위해 사용하는 속성이 기본키(Primary key)입니다. 예를 들어 [그림 5-2]의 학생 테이블에서 각 학생을 구분하기 위해 학번을 사용할 수 있고, 이때 학번이 기본키가 됩니다. 도메인(Domain)은 속성이 가질 수 있는 값의 범위입니다. 학생 테이블에서 학년 속성의 도메인은 숫자 1, 2, 3, 4입니다.

학생 테이블

속성, 열

학번	이름	학년
235001	안세훈	1
221002	김예희	2
212001	배유진	3
203003	오다현	4
211001	이가원	3

튜플, 행

그림 5-2 테이블 구조

SQL(Structured Query Language)은 데이터베이스에서 사용하는 구조화된 질의 언어입니다. 단순한 질의 기능뿐 아니라 데이터 정의, 조작, 제어를 할 수 있습니다. 또한 단말기를 통하여 질문하고 답하듯 대화식으로 사용할 수도 있습니다. [그림 5-2]처럼 테이블 단위로 질의를 처리하고 테이블 형태로 결과를 확인할 수 있습니다. SQL로 작성된 문장을 SQL 쿼리문 또는 SQL 명령문이라고 표현하기도 합니다.

Section 02 데이터베이스 관리 시스템

❶ MySQL 설치

데이터베이스를 만들고 그 안에 테이블을 만든 다음 데이터를 저장하여 원하는 조건에 맞는 데이터를 검색하고 변경하는 실습을 해보겠습니다. 그러기 위해서는 이런 일련의 작업을 처리할 수 있는 소프트웨어인 MySQL을 설치해야 합니다. MySQL 워크벤치(Workbench)는 MySQL에 접속할 때 그래픽 환경에서 작업하도록 도와주는 프로그램입니다. MySQL을 설치하면서 MySQL 서버와 MySQL 워크벤치, 샘플까지 함께 설치하겠습니다. 서버(Server)란 서비스를 제공하는 컴퓨터를 의미합니다.

MySQL을 다운로드하기 전에 컴퓨터에 설치된 운영체제 버전을 확인해야 합니다. 윈도우 기준으로 [내 PC] 앱의 [속성]을 엽니다.

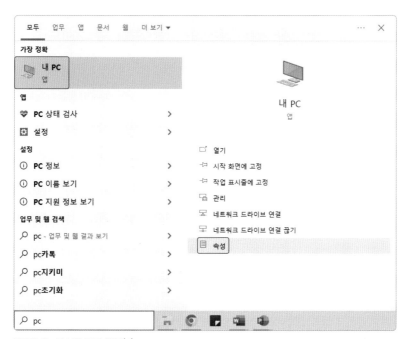

그림 5-3 **시스템 종류 확인(1)**

컴퓨터 장치 사양과 운영체제 등 정보가 나타납니다. [그림 5-4]에는 시스템 종류가 64비트 운영 체제라고 표시되어 있습니다. 윈도우 [설정]에서 [시스템]-[정보]를 클릭해도 같은 화면을 볼 수 있습니다.

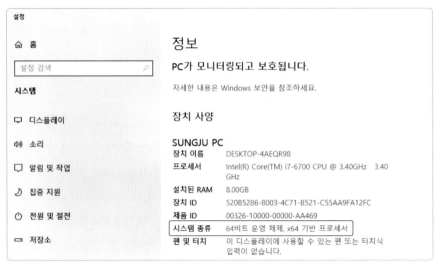

그림 5-4 **시스템 종류 확인(2)**

웹 브라우저에서 http://dev.mysql.com/downloads라는 URL을 직접 입력하거나 MySQL community downloads를 검색하여 MySQL 다운로드 페이지에 접속합니다. 목록에서 1열 4번째 행의 MySQL Community Server를 선택합니다.

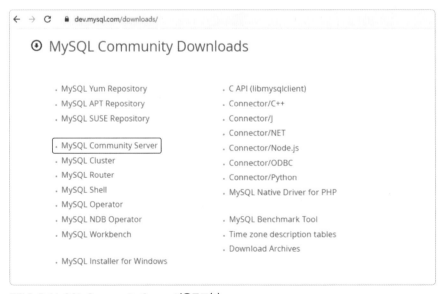

그림 5-5 **MySQL Community Server 다운로드(1)**

화면이 다음과 같이 바뀝니다. 이 책을 쓰는 시점을 기준으로 최신 버전인 8.0.32를 설치하겠습니다. 운영체제 [Microsoft Windows]가 선택된 상태에서 아래 [Go to Download Page] 버튼을 클릭합니다.

그림 5-6 MySQL Community Server 다운로드(2)

사용하는 컴퓨터의 운영체제 버전에 해당하는 인스톨러 옆 [Download] 버튼을 클릭합니다.

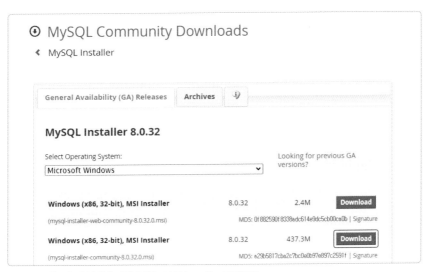

그림 5-7 윈도우 운영체제 버전에 맞는 MSI Installer 다운로드

로그인이나 회원가입은 하지 않아도 됩니다. 아래 [No, thanks, just start my download.]를 클릭하여 다운로드를 시작합니다.

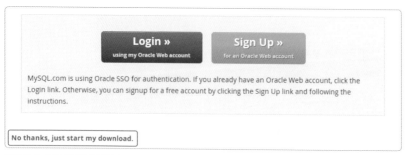

그림 5-8 **로그인 없이 다운로드**

다운로드가 완료되면 msi 설치 파일을 찾아 실행합니다.

MySQL 설치를 도와주는 [MySQL Installer] 창이 나타납니다. MySQL 버전에 따라 제품 카탈로그 업데이트를 받을지 묻는 창이 열릴 수 있습니다. [No] 버튼을 클릭하여 창을 닫습니다.

그림 5-9 **MySQL Installer**

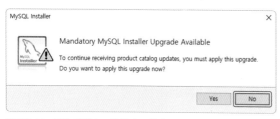

그림 5-10 **제품 카탈로그 업데이트 설정**

설치 유형을 선택하는 창이 열립니다. 사용자가 설치할 항목을 선택할 수 있는 [Custom]을 선택하고 하단에서 [Next] 버튼을 클릭합니다.

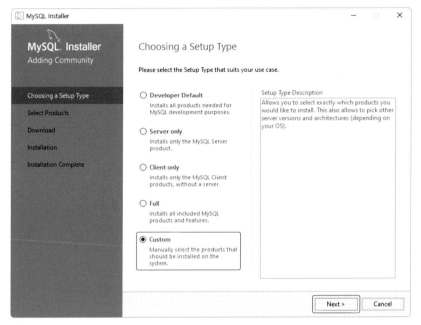

그림 5-11 **설치 유형 선택**

[Select Products] 단계에서 왼쪽의 [MySQL Server] 앞 [+] 버튼을 눌러서 오른쪽 [Products To Be Installed] 목록에 [MySQL Server]를 추가합니다.

그림 5-12 **설치할 제품 선택(1)**

같은 방법으로 [MySQL Workbench]와 [Samples and Examples]를 추가하고 [Next] 버튼을 클릭합니다.

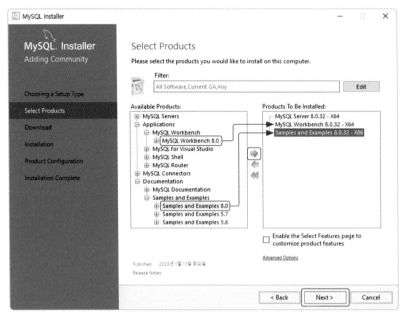

그림 5-13 **설치할 제품 선택(2)**

[Installation] 단계에서 하단 [Execute] 버튼을 클릭하여 선택한 제품들을 설치합니다.

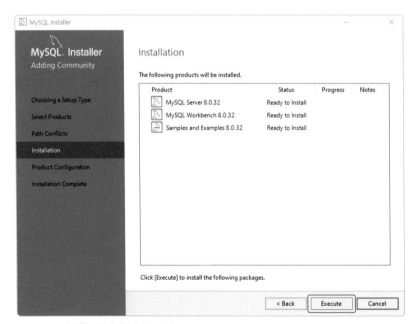

그림 5-14 **선택한 제품을 확인하고 설치**

세 항목이 모두 설치되면 자동으로 활성화된 [Next] 버튼을 클릭합니다.

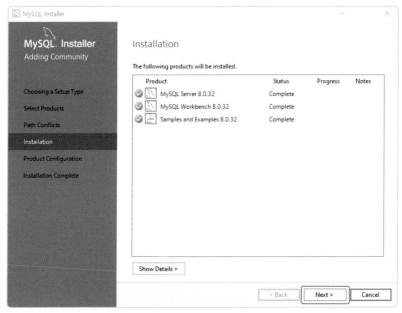

그림 5-15 **선택한 제품 설치 완료**

[Product Configuration] 단계에서 [Next] 버튼을 클릭하여 환경설정을 시작합니다.

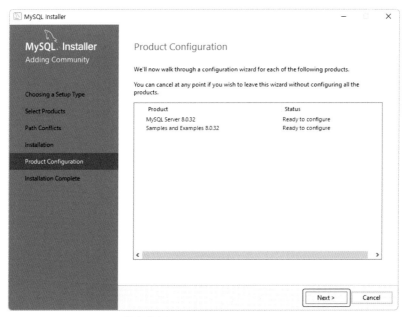

그림 5-16 **MySQL Server 설정 시작**

[Type and Networking] 단계에서는 [Config Type]이 [Development Computer]이며 [TCP/IP] 항목이 체크되어 있고 [Port] 번호가 3306인 것을 확인한 다음 [Next] 버튼을 클릭합니다.

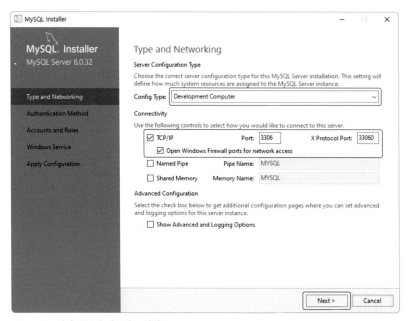

그림 5-17 **서버 종류와 네트워크 설정**

[Authentication Method] 단계에서 기본값인 [Use Strong Password …]가 선택된 것을 확인하고 [Next] 버튼을 클릭합니다.

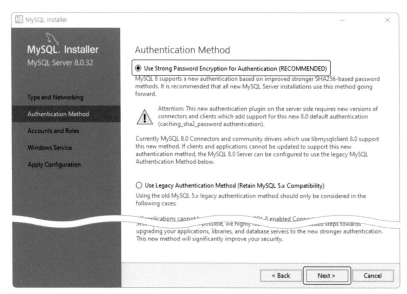

그림 5-18 **인증방식 설정**

[Accounts and Roles] 단계에서 [MySQL Root Password]에 앞으로 사용할 비밀번호를 입력합니다. 기억하기 쉬운 비밀번호 1234를 입력하고 아래에 한 번 더 입력한 다음 [Next] 버튼을 클릭합니다.

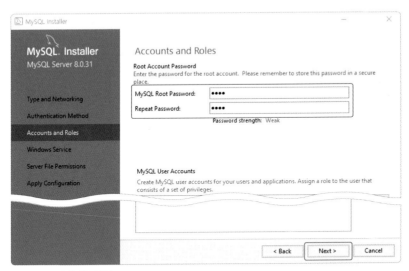

그림 5-19 **비밀번호 설정**

[Windows Service] 단계에서 [Windows Service Name]에 MySQL이라고 작성하고 [Next] 버튼을 클릭합니다.

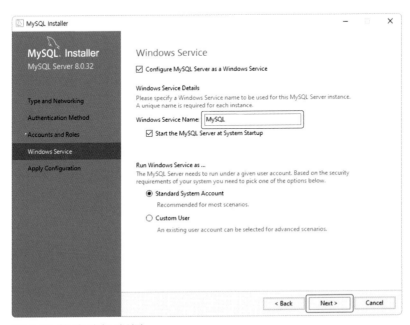

그림 5-20 **윈도우 서비스명 설정**

[Server File Permissions] 단계에서 기본으로 선택된 [Yes, grant full access to the user …]를 확인한 다음 [Next] 버튼을 클릭합니다.

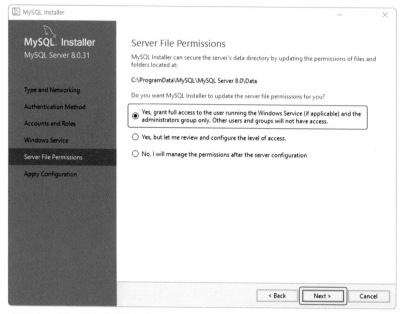

그림 5-21 **서버 파일 접근 권한 설정**

[Apply Configuration] 단계에서 설정한 내용을 적용하기 위해 [Execute] 버튼을 클릭합니다.

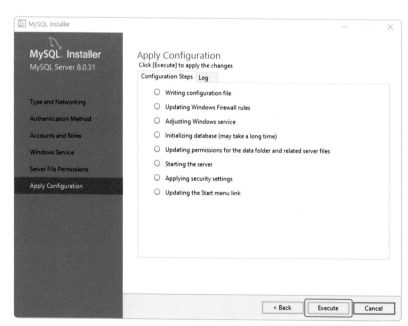

그림 5-22 **설정 적용**

설정한 내용이 적용되면 자동으로 활성화된 [Finish] 버튼을 클릭합니다.

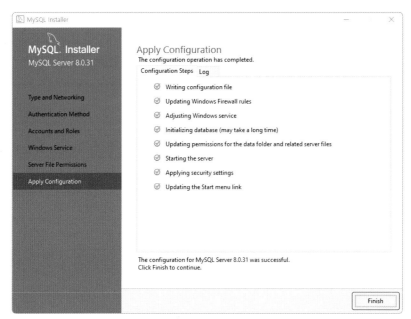

그림 5-23 MySQL Server 설정 완료

[Product Configuration] 단계에서 [Next] 버튼을 클릭하여 샘플 설정을 시작합니다.

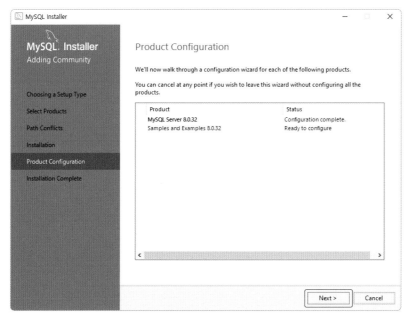

그림 5-24 Samples and Examples 설정 시작

[Connect To Server] 단계에서 [Password]에 [MySQL Root Password]로 설정했던 비밀번호 1234를 입력합니다. 아래 [Check] 버튼을 클릭하고 [Status]에 [Connection succeeded.]라고 나타나면 서버 연결에 성공한 것입니다. [Next] 버튼을 클릭하여 진행합니다.

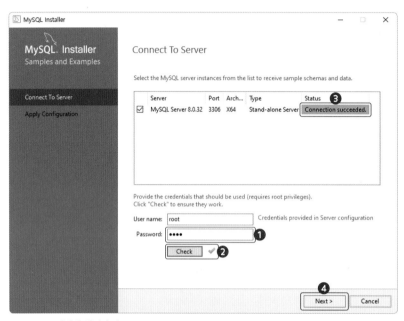

그림 5-25 **서버에 연결하기**

[Execute] 버튼을 클릭하여 변경한 내용을 적용합니다.

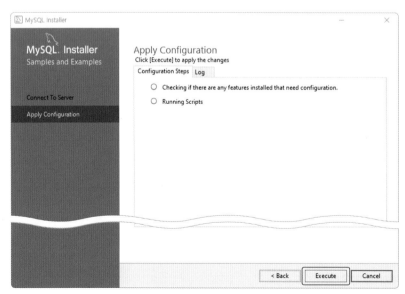

그림 5-26 **제품 설정 적용**

설정 적용이 완료되면 [Finish] 버튼을 클릭합니다.

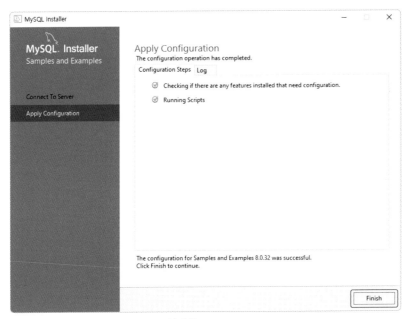

그림 5-27 Samples and Examples 설정 완료

[Product Configuration]에서 [Next] 버튼을 클릭합니다.

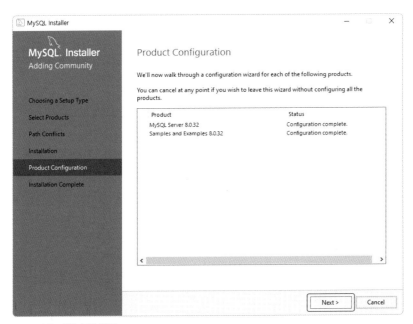

그림 5-28 제품 설정 완료

설치가 완료되었습니다. [Finish] 버튼을 클릭하여 창을 닫습니다.

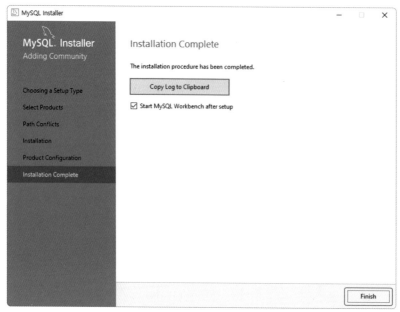

그림 5-29 **설치 완료**

설치된 MySQL을 실행해 봅시다. 윈도우 [시작] 메뉴−[모든 프로그램]에서 [MySQL] 폴더의
[MySQL Workbench 8.0 CE]를 클릭하여 실행합니다.

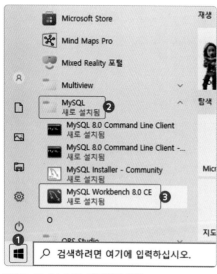

그림 5-30 **MySQL 워크벤치 실행**

[Local instance MySQL]을 클릭하여 SQL 서버에 접속합니다.

그림 5-31 **SQL 서버에 접속**

서버에 접속하기 위해 비밀번호를 입력해야 합니다. [MySQL Root Password]로 설정했던 **1234**를 입력합니다. 다음 접속부터는 비밀번호를 입력하지 않아도 되도록 [Save password in vault] 체크박스를 선택한 후 [OK] 버튼을 클릭하여 접속합니다.

그림 5-32 **서버 접속 비밀번호 입력**

MySQL 워크벤치 창이 열립니다. 화면을 넓게 사용하기 위하여 이번 실습에 사용하지 않을 창은 닫아 두겠습니다. 가장 오른쪽의 [SQL Additions] 창 오른쪽 상단의 파란 아이콘 세 개 중 가장 오른쪽 버튼(▯)을 클릭하여 해제합니다.

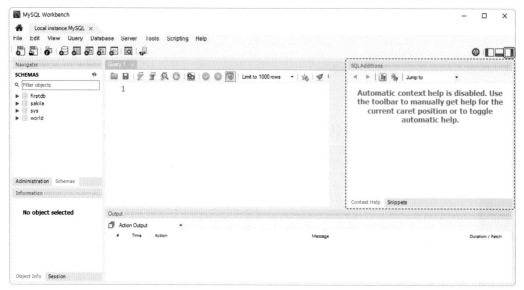

그림 5-33 **MySQL 워크벤치 화면**

워크벤치에서 간단한 쿼리문을 입력하여 MySQL이 정상적으로 동작하는지 확인해 보겠습니다. [Query1] 창에 SELECT VERSION( )이라고 입력한 다음 [그림 5-34]의 ❷ [⚡ 실행] 아이콘을 클릭 합니다. MySQL의 버전을 확인하는 명령문입니다. 하단에 결과로 버전 8.0.32가 출력됩니다. 명령 문을 실행할 때 실행 아이콘을 사용하지 않고 단축키 [Ctrl] + [Enter] 를 눌러도 됩니다.

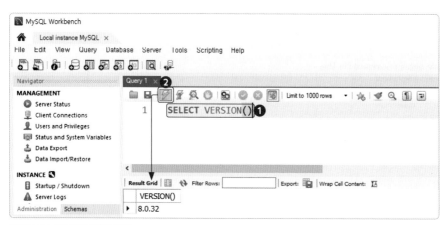

그림 5-34 **간단한 쿼리문 실행**

데이터베이스 사용

이번 절에서는 난생대학교라는 가상 대학의 학생 정보 데이터베이스인 firstDB를 생성합니다. 그 안에 학생 테이블, 과목 테이블, 수강 테이블을 생성하여 실제로 데이터를 입력하고, 조회합니다. 또한 테이블에 들어 있는 값에 접근하여 변경하거나 삭제해 봅니다.

❶ 데이터 입력

다음은 SQL 쿼리문을 작성할 때 유의할 점입니다.

❶ SQL 명령문은 대소문자를 구별하지 않습니다. 다만, 데이터의 값은 대소문자를 구별합니다. 예를 들어 'A'와 'a'는 다른 값으로 처리합니다.

❷ SQL 명령문은 세미콜론(;)으로 끝나야 합니다.

❸ 대부분의 프로그래밍 언어는 변수명으로 한글을 사용할 수 있더라도 영어로 작성하기를 권장합니다. SQL 명령문도 속성명에 한글을 쓸 수 있으나 영어 사용을 권장합니다.

그러나 이 장에서는 여러분의 이해를 돕기 위해 한글 속성명을 사용하겠습니다.

MySQL에서 다루는 데이터의 자료형으로는 정수형, 실수형, 날짜형, 문자형이 있습니다.

• **정수형:** 1, 123, −256처럼 소수점이 없는 수를 저장합니다. INT와 SMALLINT형을 사용할 수 있습니다.

• **실수형:** 소수점이 있는 수를 저장합니다. 예를 들어 1.2, 123.45, −782.4 같은 수가 실수입니다. FLOAT(7, 2)라고 하면 전체 7자리에 소수점 아래 두 자리인 수를 표현할 수 있습니다.

• **날짜형:** 날짜를 표현하는 자료형은 DATE, DATETIME, TIME, YEAR가 있습니다. 날짜를 DATE 형으로 지정한다면 앞뒤에 작은따옴표를 붙여 '2023−12−25'과 같이 '연−월−일' 형식으로 입력합니다.

- **문자형:** 문자는 고정길이인 CHAR와 가변길이인 VARCHAR, 255자 이상 긴 문자열이 가능한 TEXT를 사용할 수 있습니다. VARCHAR형은 가변형 문자열(Variable Character)인데 저장공간을 효율적으로 사용할 수 있다는 장점이 있습니다.

데이터베이스 생성

이번 장의 실습을 위해 데이터베이스 firstDB를 생성하겠습니다. 다음을 작성하고 세미콜론(;)으로 끝나는 명령 하나마다 [🗲 실행] 아이콘을 누르거나 단축키 [Ctrl]+[Enter]를 입력하여 실행합니다.

코드 5-1   데이터베이스 생성

```
CREATE DATABASE IF NOT EXISTS firstDB;
USE firstDB;
```

CREATE 명령어로 데이터베이스 firstDB를 생성합니다.

USE 명령어로 데이터베이스를 사용하라고 명령해야 합니다.

실습 중에 오류가 발생하면 오류 메시지를 그대로 네이버나 구글에서 검색해 보세요. 이미 동일한 오류를 만난 사람들이 올려놓은 자료들을 참고하여 문제를 해결할 수 있습니다.

데이터베이스의 구조를 스키마(Schema)라고 합니다. 학생 정보 데이터베이스인 firstDB의 스키마를 그림으로 표현하면 다음과 같습니다. 학생 테이블의 기본키인 학번과 과목 테이블의 기본키인 과목번호를 짝지어 수강 테이블의 기본키로 사용합니다. 기본키(Primary Key)란 해당 테이블에서 각 행을 유일하게 구분할 수 있는 속성을 의미한다고 했습니다. 수강 테이블의 학번과 과목번호는 외래키입니다. 외래키(Foreign key)는 다른 테이블의 기본키인 속성을 참조하는 키입니다. [그림 5-35]를 잘 기억하시기 바랍니다.

학생(<u>학번</u>, 이름, 주소, 전화번호, 생년월일);

수강(<u>학번</u>, <u>과목번호</u>, 학점);

과목(<u>과목번호</u>, 과목명, 강의실, 시간수);

그림 5-35 **firstDB의 테이블 스키마**

테이블 생성

[그림 5-35]의 스키마를 참고하여 데이터베이스 firstDB 안에 학생 테이블, 과목 테이블, 수강 테이블을 생성합니다.

코드 5-2 학생 테이블 생성

```
CREATE TABLE 학생
(학번 CHAR(2) PRIMARY KEY,
이름 VARCHAR(20) NOT NULL,
주소 VARCHAR(50) NOT NULL UNIQUE,
전화번호 CHAR(13) NOT NULL DEFAULT '해당사항 없음',
생년월일 DATE NULL);
```

학생 테이블에서는 2자리 문자열인 학번을 기본키로 사용합니다.

이름 속성을 가변형 문자열로 생성합니다. NULL(널)이란 해당 사항이 없다는 의미로 0이나 공백과는 다릅니다. 여기서는 이름 속성에 NULL 값은 사용하지 않겠다는 뜻으로 자료형 다음에 NOT NULL을 붙입니다.

주소 속성 역시 필수적으로 유효한 데이터를 입력하라는 뜻으로 NOT NULL을 붙였습니다. UNIQUE는 모든 데이터가 중복되지 않아야 한다는 뜻입니다.

전화번호 속성은 13자리 문자열로 생성합니다. DEFAULT로 데이터를 입력하지 않은 행에 기본값인 '해당사항 없음'을 표시합니다.

생년월일 속성은 날짜형 속성을 사용합니다. 이 속성은 NULL을 허용하므로 생년월일을 비워 두고 싶을 때 데이터 대신 NULL을 입력하면 됩니다.

코드 5-3 과목 테이블 생성

```
CREATE TABLE 과목
(과목번호 CHAR(2) PRIMARY KEY,
과목명 VARCHAR(20) NOT NULL,
강의실 VARCHAR(2) NOT NULL,
시간수 INT NOT NULL);
```

과목 테이블에서는 2자리 문자열인 과목번호를 기본키로 사용합니다.

과목명과 강의실은 가변형 문자열을 사용합니다. 모두 필수 입력 사항입니다.

시간수는 정수형으로 지정합니다.

```
CREATE TABLE 수강
(학번 CHAR(2) NOT NULL,
과목번호 CHAR(2) NOT NULL,
학점 CHAR(1) NULL,
PRIMARY KEY(학번, 과목번호),
FOREIGN KEY(학번) REFERENCES 학생(학번),
FOREIGN KEY(과목번호) REFERENCES 과목(과목번호));
```

수강 테이블에서는 학번과 과목번호를 기본키로 사용합니다. 즉, 학번과 과목번호의 쌍이 유일해야 합니다. 한 학생이 여러 과목을 수강할 수 있으므로 학번만으로는 수강 정보를 구분할 수 없기 때문입니다.

수강 테이블의 학번 속성은 학생 테이블의 학번을 참조하고, 과목번호 속성은 과목 테이블의 과목번호를 참조합니다. 이렇게 외래키를 정의하면 학생 테이블이나 과목 테이블에 있는 값만 사용할 수 있도록 제약을 받습니다. 외래키는 값이 틀리지 않도록 하는 안전 장치와 같아 유용합니다.

테이블에 데이터 입력

INSERT 문을 사용하여 생성된 테이블에 데이터를 입력하겠습니다.

```
INSERT INTO 테이블명[(속성_리스트)] VALUES(속성값_리스트);
```

모든 속성값을 적을 때는 테이블명 다음에 오는 테이블의 [속성_리스트] 부분을 생략할 수 있습니다.

코드 5-5 테이블에 데이터 입력

```
#학생 테이블 데이터 입력하기
INSERT INTO 학생 VALUES('s1', '홍길동', '경기 파주', '010-1111-1111', '2001-01-15');
INSERT INTO 학생 VALUES('s2', '강감찬', '전북 전주','010-2222-2222', '2002-12-25');
INSERT INTO 학생 VALUES('s3', '을지문덕', '서울 강남', '010-3333-3333', '2000-05-05');
INSERT INTO 학생 VALUES('s4', '이순신', '대전 유성', '010-4444-4444', '2002-07-17');
INSERT INTO 학생 VALUES('s5', '김유신', '강원도 원주', DEFAULT, NULL);

#과목 테이블 데이터 입력하기
INSERT INTO 과목 VALUES('c1', '인공지능개론', 'r1', 3);
INSERT INTO 과목 VALUES('c2', '웃음치료', 'r2', 2);
INSERT INTO 과목 VALUES('c3', '경영학', 'r3', 3);
```

```
INSERT INTO 과목 VALUES('c4', '3D 디자인', 'r4', 4);

#수강 테이블 데이터 입력하기
INSERT INTO 수강 VALUES('s1', 'c1', 'A');
INSERT INTO 수강 VALUES('s1', 'c2', 'A');
INSERT INTO 수강 VALUES('s2', 'c2', 'B');
INSERT INTO 수강 VALUES('s2', 'c3', 'D');
INSERT INTO 수강 VALUES('s4', 'c1', 'C');
INSERT INTO 수강 VALUES('s4', 'c3', 'A');
INSERT INTO 수강 VALUES('s5', 'c1', 'B');
```

테이블을 잘못 만들었을 때는 DROP TABLE 명령문을 실행하여 삭제하고 테이블을 다시 생성해도 됩니다. 테이블 내부의 데이터는 물론이고 구조까지 모두 삭제됩니다.

```
DROP TABLE 테이블명;
```

확인문제

SQL 언어에서 데이터를 삽입하기 위한 명령을 보기 중에서 고르시오.

① INSERT ~ INTO 　　　　② UPDATE ~ SET

③ DELETE ~ FROM 　　　　④ CREATE ~ TABLE

정답

①

❷ 데이터 조회

테이블의 데이터를 행 단위로 검색(조회)하는 SELECT문을 살펴보겠습니다. SELECT문은 SELECT 절과 FROM절로 구성됩니다. 여기에 WHERE절을 추가하여 검색 조건을 추가할 수 있습니다.

특정 테이블의 전체 속성을 검색하려면 SELECT 절에 * 기호를 쓰고 FROM 절에 검색할 테이블 이름을 입력합니다.

```
SELECT * FROM [테이블명];
```

학생 테이블 전체 검색

```sql
SELECT * FROM 학생;
```

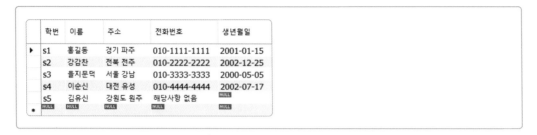

마지막 행인 김유신 학생의 전화번호를 입력하지 않아 기본값이 표시되었습니다. 그리고 김유신 학생의 생년월일은 NULL입니다. [코드 5-5]의 6행에서 생년월일 데이터로 NULL을 입력했기 때문입니다.

속성 검색

테이블에서 특정 속성만 검색하려면 SELECT절에 속성 이름을 나열합니다. 수강 테이블에서 강의를 수강하는 학생들의 학번을 검색하겠습니다.

코드 5-7 수강 테이블의 학번 속성 검색

```sql
SELECT 학번 FROM 수강;
```

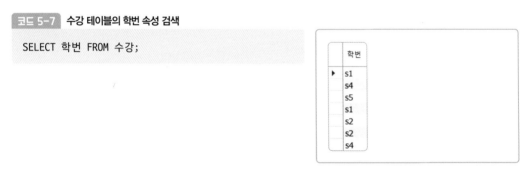

s1, s2, s4 세 학생이 각각 두 과목씩 수강하고 있어서 검색 결과에 중복이 있습니다. 검색 결과를 한 번씩만 나타내고 싶으면 학번 앞에 '별개의'라는 뜻을 가진 DISTINCT를 적습니다.

코드 5-8 수강 테이블의 학번 속성 한 번씩만 나타내기

```sql
SELECT DISTINCT 학번 FROM 수강;
```

DISTINCT를 붙이니 학번이 중복 없이 한 번씩만 출력됩니다. DISTINCT 다음에 속성 여러 개를 리스트로 적으면 DISTINCT는 리스트 전체에 적용되어 동일한 행이 중복으로 나타나지 않습니다.

조건에 맞는 데이터 검색

이제는 원하는 조건에 맞는 데이터를 검색하기 위해 WHERE절을 사용해 보겠습니다.

2장에서 배운 파이썬의 연산자와 마찬가지로 SQL 명령문에도 연산자를 사용할 수 있습니다. 여러 종류의 연산자가 섞여 있을 때 산술 연산자, 비교 연산자, 논리 연산자 순으로 처리됩니다. 특히 논리 연산자 NOT, AND, OR가 섞여 나올 때 우선순위에 주의해야 합니다. 우선순위를 명확히 하기 위해서 먼저 처리할 연산을 괄호로 묶는 것이 좋습니다.

수강 테이블에서 과목번호 'c1'의 성적을 'A' 받은 학생들의 학번을 검색해 보겠습니다.

코드 5-9 수강 테이블에서 조건에 맞는 학번 검색

```
SELECT 학번 FROM 수강 WHERE 과목번호 ='c1' AND 학점 ='A';
```

학번
▶ s1

검색을 할 때 문자를 한 자 모를 경우에는 밑줄 기호(_)를 사용합니다. 문자열의 개수가 0개 이상이어서 그 자리에 문자가 안 올 수도 있고 어떤 문자열이든지 올 수 있다면 퍼센트 기호(%)를 사용합니다. 정확하게 일치하는 것을 찾을 때는 등호(=)로 검색합니다. 다만 검색 조건 중 모르는 것이 있어서 _ 나 %를 사용할 때는 등호가 아닌 LIKE를 사용해야 합니다.

주소가 서울로 시작하거나 대전으로 시작하는 학생들의 이름을 검색해 보겠습니다.

코드 5-10 학생 테이블에서 조건에 맞는 이름 검색

```
SELECT 이름 FROM 학생 WHERE 주소 LIKE '서울%' OR 주소 LIKE '대전%';
```

이름
▶ 이순신
을지문덕

만약 검색할 속성이 가지는 값의 범위가 주어진다면 어떻게 해야 할까요? 영어로 A와 B 사이를 BETWEEN A AND B로 표현하듯이 MySQL에서도 동일하게 사용할 수 있습니다. 과목 테이블에서 시간수가 1시간에서 3시간 사이인 과목번호와 과목명, 시간수를 검색하겠습니다.

과목 테이블에서 속성이 조건 범위를 만족하는 데이터 검색

```
SELECT 과목번호, 과목명, 시간수 FROM 과목 WHERE 시간수 BETWEEN 1 AND 3;
```

별칭

AS는 속성의 이름을 다른 별칭(Aliasing)으로 변경하는 역할을 합니다. AS를 적지 않고 띄어쓰기만 해도 되지만 AS를 적어서 가독성을 높일 수 있습니다. 특히 별칭 중에 띄어쓰기가 들어가는 경우에는 큰따옴표로 감싸면 됩니다. 별칭은 속성명, 테이블명, 부속질의(Subquery), WHERE절에 사용할 수 있습니다.

학생별 수강 과목의 개수를 알아보겠습니다.

수강 테이블에서 조건을 만족하는 튜플의 개수 세기

```
SELECT 학번, COUNT(*) AS "수강 과목의 개수" FROM 수강 GROUP BY 학번;
```

수강 테이블에서 학번별로 GROUP BY를 이용해서 묶어주고 개수를 세기 위해 COUNT( ) 함수를 사용합니다. COUNT(*) 대신 COUNT(s1)이라고 해도 동일한 결과를 얻을 수 있습니다. COUNT(*)는 가로방향의 행 수를 계산하고 COUNT(s1)이라고 지정하면 s1의 값의 개수를 계산합니다.

NULL은 COUNT( ) 함수를 사용해도 개수에 포함되지 않는 점을 주의합니다. 학생 테이블의 전체 학생 수가 5명일 경우 COUNT(*)는 5입니다. 그런데 한 학생의 생년월일이 NULL이라면 COUNT(생년월일)의 값이 4가 됩니다. 합계는 SUM( ), 최댓값은 MAX( ), 최솟값은 MIN( )을 사용할 수 있습니다.

조인

조인은 검색하고 싶은 데이터가 여러 테이블에 나뉘어 있는 경우 테이블 하나로 합하여 출력합니다. 내부조인(INNER JOIN)은 두 테이블의 공통 속성을 이용하여 테이블을 합하는 방법으로 ON 다음에 적은 조건과 일치하는 데이터를 중심으로 결과를 출력합니다. INNER를 생략해도 기본적으로 내부조인입니다. 학생 테이블과 수강 테이블의 전체 내용을 확인하고 싶으면 각 테이블의 학번이 동일한 학생을 기준으로 조인할 수 있습니다.

코드 5-13 학생 테이블과 수강 테이블의 내부조인

```
SELECT * FROM 학생 INNER JOIN 수강 ON 학생.학번 = 수강.학번;
```

학번	이름	주소	전화번호	생년월일	학번	과목번호	학점
s1	홍길동	경기 파주	010-1111...	2001-01-15	s1	c1	A
s1	홍길동	경기 파주	010-1111...	2001-01-15	s1	c2	A
s2	강감찬	전북 전주	010-2222...	2002-12-25	s2	c2	B
s2	강감찬	전북 전주	010-2222...	2002-12-25	s2	c3	D
s4	이순신	대전 유성	010-4444...	2002-07-17	s4	c1	C
s4	이순신	대전 유성	010-4444...	2002-07-17	s4	c3	A
s5	김유신	강원도 원주	해당사항 없음 NULL		s5	c1	B

이때 각 학생이 실제 수강하는 정보를 가로 방향으로 연결해서 출력할 수 있습니다.

여기서 학생.학번은 학생 테이블에 있는 학번을 의미합니다. 학생 테이블과 수강 테이블에 모두 학번이 존재하므로 그냥 학번이라고 하면 어느 테이블에 있는 것인지 구별할 수 없기 때문에 소속을 밝혀주어야 합니다.

다음과 같이 INNER JOIN을 쓰는 대신 ON 다음에 적었던 조건을 WHERE절에 적어도 동일한 결과를 얻습니다.

코드 5-14 내부조인 대신 WHERE절 사용

```
SELECT * FROM 학생, 수강 WHERE 학생.학번 = 수강.학번;
```

3개 이상의 테이블을 조인할 때는 조인을 두 번 써도 되고 WHERE절에 두 테이블의 관계를 각각 적어 AND로 연결해도 됩니다. 학생 데이터, 과목 데이터, 수강 데이터를 조인하여 한꺼번에 출력하겠습니다.

학생, 수강, 과목 테이블의 조인

```
SELECT * FROM 학생, 수강, 과목
  WHERE 학생.학번 = 수강.학번 AND 수강.과목번호 = 과목.과목번호;
```

학번	이름	주소	전화번호	생년월일	학번	과목번호	학점	과목번호	과목명	강의실	시간수
s1	홍길동	경기 파주	010-1111-1111	2001-01-15	s1	c1	A	c1	인공지능개론	r1	3
s4	이순신	대전 유성	010-4444-4444	2002-07-17	s4	c1	C	c1	인공지능개론	r1	3
s5	김유신	강원도 원주	해당사항 없음	NULL	s5	c1	B	c1	인공지능개론	r1	3
s1	홍길동	경기 파주	010-1111-1111	2001-01-15	s1	c2	A	c2	웃음치료	r2	2
s2	강감찬	전북 전주	010-2222-2222	2002-12-25	s2	c2	B	c2	웃음치료	r2	2
s2	강감찬	전북 전주	010-2222-2222	2002-12-25	s2	c3	D	c3	경영학	r3	3
s4	이순신	대전 유성	010-4444-4444	2002-07-17	s4	c3	A	c3	경영학	r3	3

WHERE절을 다음 행에 쓰지만 위의 SELECT문에 속합니다.

내부조인과 달리 두 테이블 사이에 공통 속성이 없을 때 두 테이블을 하나로 합하는 방법이 외부조인입니다. 가장 많이 사용되는 왼쪽 외부조인(LEFT OUTER JOIN)은 왼쪽 테이블을 기준으로 해서 오른쪽 테이블의 해당 속성 값을 NULL로 채워서 결과를 출력합니다. 모든 학생들과 그들의 수강정보를 출력해 보겠습니다.

학생 테이블과 수강 테이블의 외부조인

```
SELECT 수강.학번, 이름, 전화번호, 과목번호, 학점
  FROM 학생 LEFT OUTER JOIN 수강 ON 학생.학번 = 수강.학번;
```

학번	이름	전화번호	과목번호	학점
s1	홍길동	010-1111-1111	c1	A
s1	홍길동	010-1111-1111	c2	A
s2	강감찬	010-2222-2222	c2	B
s2	강감찬	010-2222-2222	c3	D
NULL	을지문덕	010-3333-3333	NULL	NULL
s4	이순신	010-4444-4444	c1	C
s4	이순신	010-4444-4444	c3	A
s5	김유신	해당사항 없음	c1	B

FROM절에서 왼쪽에 위치한 테이블이 기준이 되므로 FROM절 왼쪽 학생 테이블에 있는 정보는 모두 출력됩니다. 따라서 을지문덕 학생이 수강 신청한 것이 없더라도 수강정보 열을 NULL로 채워 출력되는 것을 확인할 수 있습니다.

출력한 검색 결과를 가지고 새로운 테이블을 생성할 수도 있습니다.

```
CREATE TABLE [테이블명] AS [SELECT문]
```

코드 5-17   조인 결과로 새 테이블 생성

```
CREATE TABLE 학생_수강
  AS SELECT 수강.학번, 이름, 전화번호, 과목번호, 학점
  FROM 학생 LEFT OUTER JOIN 수강 ON 학생.학번 = 수강.학번;
```

부속질의

부속질의(Subquery)는 하나의 SQL문 안에 다른 SQL문이 들어있는 것을 뜻합니다. 다른 테이블에서 가져온 데이터로 현재 테이블에 있는 정보를 찾거나 가공할 때 사용합니다. '2002년 5월 1일' 이후에 태어난 학생이 수강하는 과목번호을 찾아보겠습니다.

이 문제를 풀기위해서는 '2002년 5월 1일' 이후 태어난 학생의 학번을 먼저 검색합니다.

코드 5-18   학생 테이블에서 생년월일 범위로 학번 검색

```
SELECT 학번 FROM 학생 WHERE 생년월일 >= '2002-05-01';
```

다음으로 수강 테이블에서 검색 결과인 학번의 학생이 수강하는 과목번호를 검색합니다. 한 개 이상의 값을 찾을 때는 IN을 사용합니다. 's2' 학생과 's4' 학생이 수강하는 과목번호를 검색합니다.

코드 5-19   수강 테이블에서 학번으로 과목번호 검색

```
SELECT 과목번호 FROM 수강 WHERE 학번 IN ('s2', 's4');
```

위의 두 과정을 한 명령어로 작성하면 다음과 같습니다. 괄호 안에 있는 부속질의를 먼저 수행한 후 주질의(Main query)를 수행합니다. IN 앞에 NOT을 붙이면 반대의 뜻으로 처리됩니다.

코드 5-20 부속질의를 활용하여 학생 데이터로 수강 데이터 검색

```
SELECT 과목번호 FROM 수강
  WHERE 학번 IN (SELECT 학번 FROM 학생 WHERE 생년월일 >= '2002-05-01');
```

NULL 검색

생년월일이 없는 학생을 검색하기 위해 NULL을 사용하겠습니다. = NULL 대신 IS NULL을 사용하고 값이 있는 것을 검색하려면 IS NOT NULL을 사용합니다.

코드 5-21 학생 테이블에서 생년월일이 없는 학생 검색

```
SELECT * FROM 학생 WHERE 생년월일 IS NULL;
```

집합 연산자

과목 테이블과 수강 테이블에 있는 과목번호를 합해서 검색하겠습니다. 합집합을 의미하는 UNION은 두 테이블을 수직으로 합하여 출력합니다. 이때 중복되는 값은 한 번씩만 나옵니다. UNION ALL은 중복된 행도 여러 번 표시합니다. INTERSECT는 교집합, EXCEPT는 차집합을 구할 때 사용합니다.

코드 5-22 과목 테이블과 수강 테이블을 수직으로 합하여 출력

```
SELECT 과목번호 FROM 과목 UNION SELECT 과목번호 FROM 수강;
```

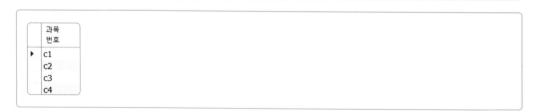

다음은 학생 테이블과 수강 테이블이다. 다음 명령문의 실행 결과를 적으시오.

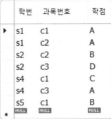

```
SELECT 이름 FROM 학생, 수강
WHERE 학생.학번 = 수강.학번 AND 과목번호 = 'c1' AND 학점 = 'A';
```

정답

홍길동

③ 데이터 갱신

데이터 갱신은 테이블 안의 데이터 값을 변경하는 작업입니다.

```
UPDATE 테이블명 SET 속성명 = 산술식 [WHERE 조건식];
```

데이터를 변경했을 때 기본키로 NULL을 입력할 수 없으며 중복되는 값으로 변경할 수 없습니다. 외래키 속성의 값은 NULL이나 중복 값으로 변경할 수 있으나 참조되는 테이블에 없는 값으로는 변경할 수 없습니다. 이렇게 변경에 제약이 있으니 변경할 행이 정상 선택되는지 먼저 확인한 후에 UPDATE문을 실행하는 것이 안전합니다.

학생 테이블에서 학번이 's1'인 학생의 이름을 '홍길수'로 변경하겠습니다.

코드 5-23 학생 테이블의 데이터 변경(1)

```
UPDATE 학생 SET 이름 = '홍길수' WHERE 학번 = 's1';
```

학생 테이블에서 학번이 's4'인 학생의 생년월일을 '2002-12-25'로, 주소는 '서울 관악'으로 변경합니다.

학생 테이블의 데이터 변경(2)

```
UPDATE 학생 SET 생년월일 = '2002-12-25', 주소 = '서울 관악' WHERE 학번 = 's4';
```

확인문제

수강 테이블에서 's2' 학생의 'c3' 과목 학점을 'D'에서 'C'로 갱신하는 명령을 완성하시오.

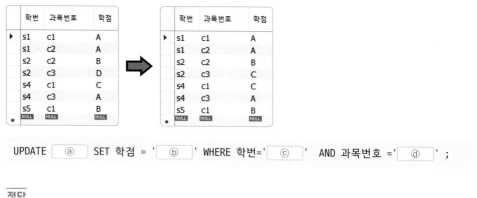

```
UPDATE [ ⓐ ] SET 학점 = '[ ⓑ ]' WHERE 학번='[ ⓒ ]' AND 과목번호 ='[ ⓓ ]';
```

정답

ⓐ 수강, ⓑ C, ⓒ s2, ⓓ c3

4 데이터 삭제

저장된 데이터를 삭제하는 방법도 알아봅시다. 형식은 다음과 같습니다.

```
DELETE FROM 테이블명 WHERE 조건식;
```

조건식에는 부속질의를 사용해도 됩니다.

수강 테이블에서 학번이 's5'인 학생 정보를 삭제하겠습니다.

수강 테이블에서 학생 데이터 삭제(1)

```
DELETE FROM 수강 WHERE 학번 = 's5';
```

Q DELETE문에 WHERE절을 생략하면 어떻게 되나요?

A WHERE절이 없으면 모든 행을 삭제합니다. 마찬가지로 앞의 UPDATE문도 WHERE절이 없으면 모든 행의 데이터가 변경되므로 주의해야 합니다.

이번에는 학생 테이블에서 학번이 's1'인 학생의 데이터를 삭제합니다.

코드 5-26 수강 테이블에서 학생 데이터 삭제(2)

```
DELETE FROM 학생 WHERE 학번 = 's1';
```

```
Error Code: 1451. Cannot delete or update a parent row: a foreign key constraint
```

[코드 5-25]는 잘 실행되었으나 [코드 5-26]은 오류가 발생합니다. 학생 테이블의 학번이 수강 테이블의 학번에 참조되어 사용되기 때문입니다. 즉, 's1' 학생이 수강하고 있는 과목이 있는데 학생을 삭제하려고 해서 오류가 발생한 것입니다. 's1' 학생을 삭제하려면 수강 테이블에 있는 's1' 학생의 수강 데이터부터 삭제한 후에 학생 데이터를 삭제해야 합니다.

코드 5-27 수강 테이블에서 학생 데이터 삭제(3)

```
DELETE FROM 수강 WHERE 학번 = 's1';
DELETE FROM 학생 WHERE 학번 = 's1';
```

이렇게 하면 's1' 학생의 데이터가 말끔히 삭제됩니다.

하나 더 알기 ∨ 데이터베이스의 테이블을 CSV 파일로 변환하기

데이터베이스의 테이블을 CSV 파일로 변환해 두면 넘파이나 판다스와 같은 파이썬 라이브러리에서 사용하기 편리합니다.
MySQL Workbench 왼쪽의 [Navigator] 창에서 [firstdb]-[Tables]-[학생] 테이블을 마우스 오른쪽 버튼으로 클릭합니다. 도구 메뉴에서 [Table Data Export Wizard]를 선택합니다.

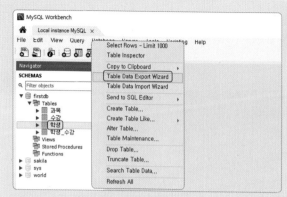

그림 5-36 **테이블 데이터 내보내기(1)**

테이블에서 열을 선택해서 파일로 변환할 수 있습니다. 전체 열의 왼쪽 체크박스를 선택하고 [Next] 버튼을 클릭합니다.

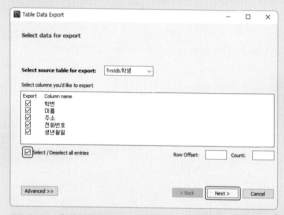

그림 5-37 **테이블 데이터 내보내기(2)**

다음 단계에서 CSV 파일을 저장할 위치와 구분자를 설정하여 변환을 마칩니다.

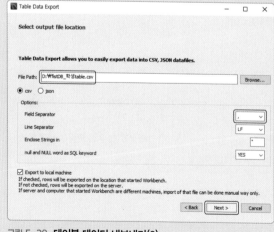

그림 5-38 **테이블 데이터 내보내기(3)**

학번이 's2'인 학생이 수강신청한 내역을 확인하고 싶습니다. 학생의 이름과 그 학생이 신청한 과목명을 검색하세요. 스키마는 다음과 같습니다.

> 학생(<u>학번</u>, 이름, 주소, 전화번호, 생년월일);
>   ↓
> 수강(<u>학번</u>, <u>과목번호</u>, 학점);
>
> 과목(<u>과목번호</u>, 과목명, 강의실, 시간수);

1. 학번 정보는 학생 테이블과 수강 테이블에 있습니다. 학생의 이름은 학생 테이블에, 수강신청 정보는 수강 테이블에, 과목명 정보는 과목 테이블에 있습니다. 따라서 특정 학번의 학생의 이름과 수강신청한 과목명을 검색하려면 테이블 3개를 모두 이용해야 합니다.

2. SELECT절에 검색하고 싶은 열을 적습니다. FROM절에는 검색 대상인 테이블 이름을 적습니다.

```
SELECT 이름, 과목명 FROM 과목, 수강, 학생
```

3. WHERE절에 세 테이블의 관계를 표현합니다.

```
WHERE 과목.과목번호 = 수강.과목번호 AND 학생.학번 = 수강.학번
```

4. WHERE절에는 학번이 's2'라는 조건도 있어야 합니다.

```
WHERE 과목.과목번호 = 수강.과목번호 AND 학생.학번 = 수강.학번
AND 학생.학번 = 's2';
```

5. SELECT문을 완성하면 다음과 같습니다.

```
SELECT 이름, 과목명
FROM 과목, 수강, 학생
WHERE 과목.과목번호 = 수강.과목번호 AND 학생.학번 = 수강.학번
AND 학생.학번 = 's2';
```

이름	과목명
강감찬	웃음치료
강감찬	경영학

마을도서관 도서대출 데이터 분석

문제

난생아파트에는 마을도서관이 있습니다. 마을도서관에 가입한 회원들은 고유한 회원번호를 받았기 때문에 회원번호만 대면 책을 빌려갈 수 있습니다. 회원 테이블과 대출 테이블 내용을 보고 도서대출 데이터를 분석하세요.

	회원번호	이름	동번호
▶	m1	배충성	101
	m2	이소망	102
	m3	오믿음	107
	m4	최사랑	111

(a) 회원 테이블

	회원번호	대출일	도서명	반납여부
▶	m1	2023-01-02	성과를 향한 도전	O
	m1	2023-01-02	취업의 비밀	O
	m3	2023-01-03	부의 추월차선	O
	m3	2023-01-03	면접 평범이 스펙이다	X
	m4	2023-01-04	부의 추월차선	X
	m2	2023-01-05	설득의 심리학	O
	m3	2023-01-13	청소부 밥	X

(b) 대출 테이블

해결

1. 먼저 다음 명령문을 실행하여 테이블을 생성하고 데이터를 입력합니다.

```
CREATE TABLE 회원(회원번호 VARCHAR(5), 이름 VARCHAR(5), 동번호 CHAR(3));
CREATE TABLE 대출(회원번호 VARCHAR(5), 대출일 DATE, 도서명 VARCHAR(20), 반납여부
VARCHAR(2));
INSERT INTO 회원 VALUES('m1', '배충성', '101');
INSERT INTO 회원 VALUES('m2', '이소망', '102');
INSERT INTO 회원 VALUES('m3', '오믿음', '107');
INSERT INTO 회원 VALUES('m4', '최사랑', '111');
INSERT INTO 대출 VALUES('m1', '2023-01-02', '성과를 향한 도전','O');
INSERT INTO 대출 VALUES('m1', '2023-01-02', '취업의 비밀','O');
INSERT INTO 대출 VALUES('m3', '2023-01-03', '부의 추월차선','O');
INSERT INTO 대출 VALUES('m3', '2023-01-03', '면접 평범이 스펙이다','X');
INSERT INTO 대출 VALUES('m4', '2023-01-04', '부의 추월차선','X');
INSERT INTO 대출 VALUES('m2', '2023-01-05', '설득의 심리학','O');
INSERT INTO 대출 VALUES('m3', '2023-01-13', '청소부 밥','X');
```

2. 새 학기를 맞이하여 마을도서관 이용 활성화를 위해 이용자들에게 문화상품권 1만 원권을 선물로 증정하기로
하였습니다. 마을도서관을 이용한 회원명단을 작성해 봅시다.

회원 이름은 회원 테이블에 있고 대출 내역은 대출 테이블에 있습니다. 마을도서관을 이용한 회원들의 이름을
검색하려면 두 테이블을 모두 이용해야 합니다.

SELECT절에는 검색 결과로 나타낼 이름 속성을 적고 FROM절에는 검색 범위인 두 테이블을 적습니다. 검색
대상은 두 테이블에서 회원번호가 일치하는 회원입니다. 따라서 WHERE절에 두 테이블의 회원번호가 같다는
조건을 적습니다. 또한 책을 여러 번 대출한 회원은 한 번만 나타내야 하므로 이름을 출력할 때 DISTINCT를 앞
에 붙여서 중복을 제거합니다.

```
SELECT DISTINCT 이름 FROM 회원, 대출 WHERE 회원.회원번호 = 대출.회원번호;
```

3. 한 회원이 찾아와서 《부의 추월차선》을 대출하고 싶다고 하는데 책이 보이지 않습니다. 누가 언제 대출했는지 확
인해 봅시다.

이름 속성은 회원 테이블에 있고 도서명 속성은 대출 테이블에 있습니다. 특정 도서를 대출한 회원의 이름을 검
색하려면 테이블을 2개 모두 이용해야 합니다.

WHERE절에는 두 테이블 사이에 회원번호가 같다는 조건을 적습니다. 추가로 도서제목이 '부의 추월차선'이라
는 조건과 반납여부가 'X'인 조건을 검색하면 됩니다. SELECT문에는 검색 결과로 나타낼 열인 이름과 대출일
을 적습니다.

```
SELECT 이름, 대출일
FROM 회원, 대출
WHERE 회원.회원번호 = 대출.회원번호 AND 도서명 = '부의 추월차선' AND 반납여부 = 'X';
```

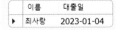

01 데이터베이스는 여러 사람이 사용할 목적으로 연관된 데이터들을 구조적으로 모아 컴퓨터에 저장한 데이터의 집합입니다.

02 데이터베이스를 관리하고 운영하는 소프트웨어를 DBMS라고 합니다. MySQL도 DBMS의 일종입니다.

03 SQL에서 명령어는 대소문자를 구별하지 않습니다. 다만 데이터의 대소문자는 구분합니다. 명령문의 마지막 부분은 세미콜론(;)으로 끝냅니다.

04 SELECT문에서 SELECT절에 검색하고 싶은 열 이름을 적습니다. FROM절에는 테이블 이름을 적습니다. SELECT절과 FROM절은 필수 항목이고 추가할 조건은 WHERE절에 적습니다.

05 그룹으로 모아서 개수나 합계, 평균, 최댓값, 최솟값을 구할 때 GROUP BY를 사용할 수 있습니다.

06 조인으로 테이블을 합합니다.
- 내부조인(INNER JOIN)은 두 테이블의 공통 필드값을 이용하여 테이블을 합합니다. 조건(WHRER)과 일치하는 데이터를 중심으로 결과를 출력합니다.
- 외부조인(OUTER JOIN)은 공통 필드값이 없어도 NULL로 대체하여 두 테이블을 하나로 합합니다. 왼쪽 외부조인, 오른쪽 외부조인, 완전 외부조인이 있습니다.

07 부속질의(Subquery)는 하나의 SQL문 안에 다른 SQL문이 중첩된 질의입니다. 다른 테이블에서 가져온 데이터로 현재 테이블에 있는 정보를 찾거나 가공할 때 사용합니다.

08 주요 명령문

명령문	기능
CREATE TABLE	새로운 테이블을 생성
CREATE TABLE AS SELECT	기존 테이블을 이용하여 새로운 테이블을 생성
UPDATE SET	데이터를 갱신
DELETE FROM	데이터를 삭제
INSERT INTO	데이터를 삽입

01 SQL에 대한 설명을 읽고 맞으면 'O', 틀리면 '✕'를 표시하시오.

① SQL은 구조화된 질의 언어이다.   (   )

② NULL은 0 또는 공백을 의미한다.   (   )

③ 테이블은 행과 열로 구성된다.   (   )

④ 기본키로 NULL이나 중복되는 값을 입력할 수 있다. (   )

02 SQL 언어에서 테이블 두 개를 수직방향으로 합하기 위해 사용하는 명령어를 고르시오.

① UNION

② INTERSECT

③ MINUS

④ JOIN

03 다음 빈칸에 들어갈 알맞은 단어를 고르시오.

```
SELECT * FROM 학생 WHERE 학년 [          ] (1,2,3);
```

① =

② IN

③ OR

④ LIKE

04~10은 다음 학생 테이블과 수강 테이블을 보고 답하시오.

학번	이름	주소	전화번호	생년월일
▶ s1	홍길동	경기 파주	010-1111-1111	2001-01-15
s2	강감찬	전북 전주	010-2222-2222	2002-12-25
s3	을지문덕	서울 강남	010-3333-3333	2000-05-05
s4	이순신	대전 유성	010-4444-4444	2002-07-17
s5	김유신	강원도 원주	해당사항 없음	NULL
NULL	NULL	NULL	NULL	NULL

(a) 학생 테이블

학번	과목번호	학점
▶ s1	c1	A
s1	c2	A
s2	c2	B
s2	c3	D
s4	c1	C
s4	c3	A
s5	c1	B
NULL	NULL	NULL

(b) 수강 테이블

04 수강 테이블에서 과목별 수강인원을 구하기 위한 명령이다. 빈칸에 들어갈 명령어를 고르시오.

```
SELECT 과목번호, [        ] AS 수강인원 FROM 수강 GROUP BY 과목번호;
```

① MAX(*)
② SUM(*)
③ COUNT(*)
④ MIN(*)

05 수강 테이블에서 수강 신청이 된 과목번호를 한 번씩만 검색하는 명령이다. 빈칸에 들어갈 명령어를 고르시오.

```
SELECT [        ] 과목번호 FROM 수강 ;
```

① ALL
② GROUP
③ UNION
④ DISTINCT

06 학생 테이블에서 학번이 's3'인 학생의 전화번호를 '010-1234-5678'로 변경하는 명령을 완성하시오.

```
UPDATE [ ⓐ ] SET [ ⓑ ] = [ ⓒ ] WHERE [ ⓓ ] = [ ⓔ ];
```

07 학생 테이블에서 학번이 's3'인 학생의 데이터를 삭제하는 명령을 적으시오.

08 학생 테이블에서 주소가 '대전' 또는 '서울'이면서 태어난 해가 '2000년'인 학생의 이름과 주소, 생년월일을 구하는 명령을 완성하시오.

```
SELECT 이름, 주소, 생년월일
FROM 학생
WHERE (주소 LIKE '대전%' [ ⓐ ] 주소 LIKE '[ ⓑ ]')
AND 생년월일 BETWEEN '2000-01-01' [ ⓒ ] '2000-12-31';
```

09 수강 테이블에서 c1 과목을 수강하는 학생 수를 구하는 명령이다. 별칭을 사용해서 제목이 '학생 수'라고 출력되도록 완성하시오.

```
SELECT   ⓐ    학번   ⓑ    "학생 수"
FROM  수강
WHERE  과목번호='c1';
```

10 학생 테이블에서 이름에 '신'이 들어있는 학생의 학번과 이름을 검색하는 명령을 적으시오.

PART
03

데이터 분석을 위한 라이브러리

CONTENTS --

CHAPTER 06   넘파이와 판다스

CHAPTER 07   데이터 시각화

CHAPTER 08   데이터 전처리

CHAPTER 06

넘파이와
판다스

01 넘파이와 판다스 라이브러리
02 넘파이 활용
03 판다스 활용
요약
연습문제

학습목표

- 넘파이와 판다스의 특징을 설명할 수 있습니다.
- 넘파이를 활용하여 배열을 생성하고 모양과 크기를 변경합니다.
- 넘파이를 활용하여 배열 원소를 연산할 수 있습니다.
- 판다스를 활용하여 데이터프레임과 시리즈를 생성, 조회, 수정, 삭제합니다.
- 데이터프레임을 CSV 파일로 저장하거나 읽어옵니다.

Preview

넘파이와 판다스는 데이터 분석의 주요한 기능을 모아 놓은 파이썬 라이브러리입니다. 넘파이는 다차원 배열을 빠르게 처리하는 데 특화되었기 때문에 데이터의 양이 많은 머신러닝과 딥러닝에 유리합니다. 판다스는 직관적으로 데이터를 파악하기에 적합한 자료구조와 간편한 데이터 분석 도구를 제공합니다.

1절에서는 넘파이와 판다스 라이브러리의 특징을 이해한 다음 데이터 분석과 인공지능 개발에 어떻게 쓰일 수 있는지 알아봅니다. 2절에서는 넘파이를 활용하여 다차원 배열 데이터를 다루는 연습을 합니다. 3절에서는 판다스를 활용하여 데이터프레임 및 시리즈 데이터를 분석해 봅니다.

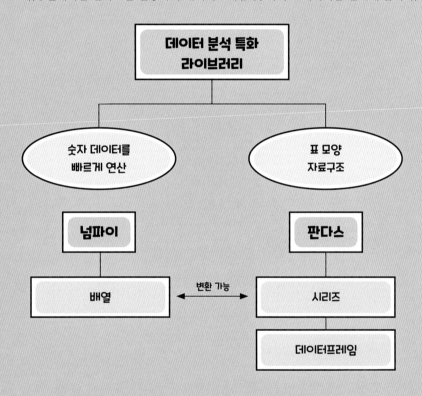

넘파이와 판다스 라이브러리

🔳 넘파이의 배열

넘파이(NumPy)는 C 언어로 구현된 파이썬 라이브러리이며 숫자 데이터를 포함한 벡터와 행렬 연산에 유용합니다. 'NumPy'는 'Numerical Python'의 약자입니다. 수학 계산에 특화되어 있기 때문에 거의 모든 과학 및 공학 분야에서 사용됩니다. 넘파이를 익혀 두어야 데이터 분석 특화 라이브러리인 판다스와 맷플롯립까지 제대로 활용할 수 있습니다.

구글 Colab이나 아나콘다 환경에서 실습한다면 이미 넘파이가 설치되어 있습니다. 그렇지 않은 경우 pip 명령어로 넘파이 라이브러리를 설치하여 사용합니다.

```
pip install numpy;
```

배열은 넘파이의 핵심 객체입니다. 넘파이 배열은 2장에서 배운 리스트와 비슷하게 데이터를 모아 저장하는 자료구조입니다. 파이썬에서 배열은 리스트보다 처리 속도가 빠르면서 메모리를 훨씬 적게 사용합니다. 메모리에 데이터를 저장하는 방식이 리스트와 다르기 때문입니다.

배열은 같은 자료형인 데이터를 메모리에 물리적으로 연속 할당하여 인덱스로 데이터에 접근하기 편리합니다. 그러나 중간에 새로운 데이터가 삽입되면 원래 그 자리에 있던 데이터가 뒤로 밀리면서 연쇄적으로 이동해야 합니다. 따라서 데이터를 중간에 삽입하거나 메모리를 추가로 할당하기 어렵습니다. 반면 리스트는 데이터를 멀리 떨어진 메모리 주소에 각각 할당했더라도 다음 요소가 저장된 메모리 주소를 가리켜 연결하는 방식입니다. 따라서 접근과 탐색이 비교적 오래 걸리지만 데이터 수정이 편리합니다.

넘파이 배열의 차원

배열의 특징을 학습하기 전에 배열의 기본인 스칼라와 벡터, 행렬, 텐서에 대하여 알아보겠습니다. 데이터 분석에서 차원(Dimension)은 관측하고자 하는 데이터의 속성의 수 또는 측정 항목의 수를 의미합니다.

- 스칼라(Scalar)는 0차원 배열입니다. 배열에서 값을 표현하는 가장 기본 단위이며, 스칼라에는 하나의 실수(Real number)를 담을 수 있습니다.
- 벡터(Vector)는 1차원 배열입니다. 스칼라(값) 여러 개를 나열한 튜플(Tuple)을 떠올리면 됩니다.
- 행렬(Matrix)은 2차원 배열입니다. 1차원 배열을 여러 개 묶은 배열입니다.
- 텐서(Tensor)는 벡터의 집합입니다. 3차원 이상의 배열은 모두 텐서라고 부릅니다. 텐서는 행렬보다도 넓은 개념이어서 1차원 배열이나 2차원 배열도 텐서라고 할 수 있습니다.

이를 표로 나타내면 [표 6-1]과 같습니다.

표 6-1 **넘파이 배열의 차원**

차원 구분	0차원 스칼라	1차원 벡터	2차원 행렬	3차원 이상 텐서
공간 표현				

예를 들어 현재 서울의 기온이 섭씨 20도이면 이 데이터는 실수 값 한 개이므로 스칼라입니다. 위도별 기온을 나열하면 1차원 배열이므로 벡터입니다. 지도에 위도 및 경도 격자마다 기온을 나열하면 2차원 배열이므로 행렬입니다. 격자별 기온을 6시간마다 측정하여 모으면 3차원 배열이므로 텐서입니다. 3차원 배열에서 기온 값 하나를 뽑아보면 이 값은 시각, 경도, 위도 세 속성을 가집니다.

배열의 랭크(Rank)는 차원(Dimension)의 수이고, 모양(Shape)은 배열의 차원과 크기를 나타냅니다. k차원 배열의 모양은 k개의 양의 정수로 나타낼 수 있습니다. 예를 들어 행이 3개이고 열이 4개인 2차원 배열에서 랭크는 2이고 모양은 (3, 4)입니다.

넘파이의 다차원 배열(N-dimensional array) 객체를 ndarray라고 합니다. ndarray의 특징은 다음과 같습니다.

❶ 자료형이 모두 같은 데이터를 담은 다차원 배열입니다.
❷ 정수 또는 실수(부동 소수점 수)를 저장합니다.
❸ 배열 데이터에도 순서가 있으므로 인덱싱과 슬라이싱이 가능합니다.

넘파이 배열의 인덱싱과 축

배열을 정수나 다른 배열, 논리값, 음이 아닌 정수의 튜플(Tuple)로 인덱싱할 수 있습니다. 배열의 요소에 접근할 때 리스트의 인덱싱과 마찬가지로 대괄호([ ])를 사용하며, 인덱스는 파이썬의 튜플이나 리스트와 마찬가지로 0부터 시작합니다.

배열이 2차원이면 대괄호 안에서 행 다음에 콤마(,)를 찍고 열의 인덱스를 붙입니다. 또한 배열이 3차원이면 면, 행, 열 순으로 인덱스를 붙입니다. 예를 들어 2행 3열의 2차원 배열에서 두 번째 행 첫 번째 열의 원소는 a[1,0]이고, 3면 2행 3열의 3차원 배열에서 두 번째 면 첫 번째 행 세 번째 열의 요소는 a[1,0,2]입니다.

인덱스가 증가하는 방향이 배열의 축입니다. [그림 6-1]의 (a)에서 0번 축 방향으로 행 인덱스가 증가합니다. 또한 (b)에서는 0번 축 방향으로 면 인덱스가 증가하며, 1번 축 방향으로는 행 인덱스, 2번 축 방향으로는 열 인덱스가 증가합니다.

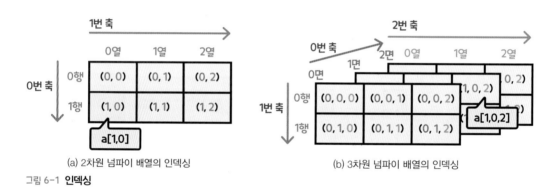

(a) 2차원 넘파이 배열의 인덱싱   (b) 3차원 넘파이 배열의 인덱싱

그림 6-1 **인덱싱**

넘파이 배열의 슬라이싱

슬라이싱(Slicing)은 배열에서 연속한 일부분을 잘라 선택하는 것입니다. 선택된 배열 조각은 슬라이스라고 합니다. 슬라이싱은 데이터 분석에서 특정 항목을 추출하거나 변경하는 데에 유용하게 쓰입니다.

넘파이 배열의 슬라이싱 역시 튜플이나 리스트의 슬라이싱과 동일하게 인덱스와 콜론(:)을 사용합니다. 다만 배열이 2차원 이상일 때 행의 인덱스인지 열의 인덱스인지 주의해야 합니다. 예시로 모양이 (3, 3)인 배열 a의 슬라이싱을 살펴보겠습니다.

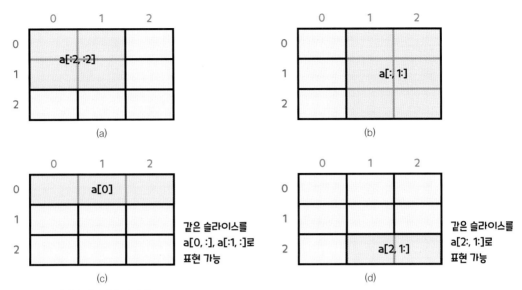

그림 6-2 넘파이 배열의 슬라이싱

콜론과 숫자를 함께 써서 처음과 끝 지점을 정합니다. 콜론 왼쪽에 있는 숫자부터 콜론 오른쪽에 있는 숫자보다 1 작은 숫자까지 범위에 해당하는 인덱스를 선택합니다. 콜론 왼쪽 숫자를 생략하면 0번 인덱스, 즉 첫 번째를 의미하고 콜론 오른쪽에 숫자를 적지 않으면 마지막까지 선택한다는 뜻입니다. 예를 들어 a[:2, :2]는 [그림 6-2]의 (a)와 같이 행은 인덱스 0번부터 1번까지, 열도 인덱스 0번부터 1번까지 슬라이싱합니다.

열이나 행, 면 전체를 선택하려면 숫자 대신 콜론을 사용합니다. 따라서 a[0, :]은 [그림 6-2]의 (c)와 같이 첫 번째 행의 열 전체를 슬라이싱합니다. 마찬가지로 a[:, 2]는 세 번째 열의 행 전체를 슬라이싱합니다.

표 6-2 인덱싱과 슬라이싱

구분	종류	형식
인덱싱	논리값 인덱싱	조건 필터링+검색
	1차원	객체[a]
	2차원	객체[a,b]
슬라이싱	1차원	객체[a:b]
	2차원	객체[a:b, c:d]

넘파이 배열 arr을 다음과 같이 선언했을 때, [2, 3, 4]를 추출하는 코드를 완성하시오.

```
import numpy as np
arr = np.array([1, 2, 3, 4, 5, 6, 7, 8, 9, 10])
print(arr[          ])
```

정답

1 : 4

인덱스는 0부터 시작하므로 [2, 3, 4]를 추출하려면 인덱스 1번부터 3번까지 선택해야 한다. 콜론 다음에 4를 적어야 인덱스 4번 전에 멈춘다.

2 판다스의 시리즈와 데이터프레임

판다스(Pandas)는 데이터프레임 자료구조를 제공하여 데이터 분석을 돕는 파이썬의 핵심 패키지입니다.

판다스 라이브러리를 설치할 때 다른 라이브러리와 마찬가지로 명령어 pip를 사용합니다. 그러나 구글 Colab에는 판다스가 이미 설치되어 있으므로 이 명령을 수행할 필요가 없습니다.

```
pip install pandas;
```

판다스의 핵심 객체는 시리즈와 데이터프레임입니다.

시리즈(Series)는 인덱스와 값이 한 쌍을 이루는 1차원 자료구조 객체입니다. 리스트는 값만 있고 인덱스가 0부터 자동 생성되지만, 시리즈는 사용자가 직접 인덱스를 정할 수 있습니다. 따라서 시리즈는 리스트보다 딕셔너리와 성격이 유사합니다. pd.Series({'x':10, 'y':20})는 x, y라는 인덱스가 값 10, 20과 대응하는 시리즈 객체입니다. 같은 시리즈를 pd.Series([10,20], index=['x','y'])와 같이 생성할 수 있습니다.

데이터프레임(Dataframe)은 판다스의 기본 구조인 자료구조 객체입니다. 시리즈 여러 개를 묶어서 데이터프레임을 만들 수 있으므로 데이터프레임의 형태는 2차원 배열과 비슷합니다. 각 시리즈는 데이터프레임의 열(Column)이 됩니다. 모든 열은 같은 길이이며, 각 열은 서로 다른 자료형이어도 됩니다. 데이터프레임은 행 인덱스, 열 이름(또는 열 인덱스), 값으로 구성됩니다.

	이름	성별	나이	키
0	한빛	남자	20	180
1	한결	남자	21	177
2	한라	여자	22	160

그림 6-3 데이터프레임

- **행 인덱스**: 가로줄인 행(Row)을 구분하는 고유한 인덱스입니다. [그림 6-3]에서 0번이 '한빛', 1번이 '한결', 2번이 '한라'일 때 0, 1, 2가 행 인덱스입니다. 별도로 이름을 설정하지 않으면 데이터프레임 생성 시 0부터 1씩 증가하는 숫자 인덱스가 자동 생성됩니다.

- **열 이름**: 세로줄인 열(Column)을 열 이름으로 구분합니다. 5장에서 학습한 데이터베이스의 속성(Attribute)과 같은 역할입니다. [그림 6-3]과 같은 데이터프레임에서 이름, 성별, 나이, 키가 열 이름입니다. 열 이름도 행 인덱스와 마찬가지로 별도로 이름을 설정하지 않으면 자동 생성됩니다. 그런데 열 이름이 숫자이면 데이터 내용을 이해하기 어려우니 열의 특징을 나타내는 의미 있는 문자열을 지정하는 것이 좋습니다. 열 이름은 주로 리스트형으로 지정합니다.

- **값(Value)**: 행과 열이 교차하는 곳에 저장되는 데이터입니다. 0번 행에 이름, 성별, 나이, 키라는 열이 있을 때 이름은 한빛, 성별은 남자, 나이는 20, 키는 180이 값에 해당합니다.

확인문제

다음 중 틀린 설명을 고르시오.

① 시리즈는 인덱스와 값이 한 쌍을 이루는 1차원 배열이다.

② 데이터프레임의 모든 열은 같은 길이이고 같은 자료형인 데이터가 들어있다.

③ 시리즈 여러 개를 묶어서 데이터프레임을 만들 수 있다.

④ 데이터프레임에서 별도로 이름을 설정하지 않으면 데이터프레임 생성 시 0부터 1씩 증가하는 숫자 인덱스가 자동 생성된다.

정답

②. 데이터프레임의 모든 열은 같은 길이여야 하지만, 각 열이 서로 다른 자료형이어도 된다.

③ 넘파이와 판다스 비교

넘파이는 파이썬 데이터 분석에 자주 쓰이는 배열 연산과 관련된 편리한 기능을 제공합니다. 넘파이와 판다스의 특징을 살펴보겠습니다.

넘파이의 특징

넘파이의 주요 특징은 다차원 배열 객체, 정교한 브로드캐스팅, 파이썬이 아닌 프로그래밍 언어를 통합한 점, 수학의 다양한 알고리즘을 제공하는 점입니다.

❶ **다차원 배열 객체:** 객체 ndarray를 사용하여 다차원 배열을 생성하고 관리하는 기능이 넘파이의 핵심입니다.

❷ **정교한 브로드캐스팅:** 브로드캐스팅이란 넘파이에서 모양(Shape)이 서로 다른 배열끼리 연산하는 방식입니다. 넘파이에서 배열의 브로드캐스팅을 활용하여 코드를 간결하게 작성할 수 있습니다.

❸ **C, C++, 포트란 코드를 통합:** 넘파이 내부의 복잡한 알고리즘이나 고성능이 필요한 부분은 C 언어나 C++, 포트란(Fortran) 코드로 구현되어 있습니다. 파이썬은 사용하기에 간편한 대신 실행이 비교적 느리다는 단점이 있는데 넘파이에서는 다른 프로그래밍 언어를 함께 사용하여 이러한 한계를 극복했습니다.

❹ **수학적 알고리즘 제공:** 넘파이에서는 선형대수의 함수, 푸리에 변환, 난수 기능 등 수학의 다양한 알고리즘을 제공합니다. 넘파이의 수학 알고리즘을 활용하여 머신러닝 모형을 만들 수 있습니다.

판다스의 특징

판다스의 주요 특징은 대용량 데이터를 처리하기에 적합한 데이터프레임 자료구조, 시각적으로 알아보기 편리한 표 형태, 다양한 데이터 분석 도구를 제공한다는 점입니다.

❶ **대용량 데이터 처리:** 판다스를 활용하면 시리즈와 데이터프레임 자료구조로 대용량 데이터를 빠르게 처리하여 데이터 분석 성능을 높일 수 있습니다.

❷ **시각적으로 알아보기 편리한 표 형태:** 데이터 구조가 표 형태이기 때문에 사용자가 데이터를 알아보기에 편리합니다.

❸ **데이터 분석 도구 제공:** 판다스에서 제공하는 기능 중 데이터 분석에 자주 사용하는 기능은 결측치 처리, 관계 연산, 시계열입니다.

판다스의 데이터프레임과 넘파이의 다차원 배열은 서로 변환할 수 있습니다. 머신러닝이나 딥러닝 모형의 학습 과정에서 먼저 판다스로 데이터를 기본 분석하고, 다음으로 효율적인 학습을 위해 데이터프레임을 배열로 변환하여 연산합니다. 그리고 눈으로 데이터를 확인하기 쉽게 다시 데이터프레임으로 변환하여 결과를 확인합니다.

다음은 넘파이와 판다스 공식 문서입니다.

• 넘파이: http://numpy.org/doc/stable/user/index.html

• 판다스: http://pandas.pydata.org/pandas−docs/stable/user_guide/10min.html

각각 구글에서 numpy user guide 또는 pandas user guide라고 검색하면 찾기 쉽습니다.

확인문제

설명을 읽고 넘파이와 판다스 중 더 관련 있는 것이 무엇인지 답하시오.

1. 시각적으로 알아보기 편리한 표 형태의 자료구조를 제공한다. (   )

2. 대용량 데이터를 처리하기에 적합한 데이터프레임 자료구조가 특징이다. (   )

3. 객체 ndarray를 사용하여 다차원 배열을 생성하고 관리하는 기능이 있다. (   )

4. 결측치 처리, 관계 연산, 시계열 등 데이터 분석에 자주 사용하는 여러 기능을 제공한다.
   (   )

정답

1. 판다스   2. 판다스   3. 넘파이   4. 판다스

넘파이 활용

넘파이의 기본 데이터 구조는 다차원 배열 ndarray입니다. ndarray의 요소로는 모두 같은 자료형의 데이터를 담아야 한다는 점을 기억해야 합니다. 배열의 원소로 실수 연산을 할 때 배열 안의 데이터가 모두 실수형 데이터여야 연산을 할 수 있습니다.

넘파이를 사용하기 전에 코드 import numpy as np를 실행하여 불러옵니다. 구글 Colab에서는 런타임을 새로고침할 때 불러온 모듈이 사라지므로 다시 불러와야 합니다. as np란 numpy라는 이름이 길어서 약자 np로 줄여 사용하겠다는 의미입니다.

1 넘파이 배열 생성

넘파이 배열 객체 ndarray를 만들 때 넘파이 라이브러리에 정의된 array( ) 함수를 사용합니다. 함수의 인자로 배열 요소 데이터를 입력합니다. 배열 요소 데이터로 리스트를 입력할 수 있고, 요소를 직접 입력해도 됩니다.

코드 6-1 배열 생성

```
import numpy as np

#리스트를 생성하고 배열로 변환하기
list1 = [1, 2, 3, 4]
a = np.array(list1)
print('a.shape: ', a.shape)
print('a[0]: ', a[0])

#2차원 배열 생성하기
b = np.array([[1, 2, 3], [4, 5, 6]])
print('b.shape: ', b.shape)
print('b[0,0]: ', b[0,0])
print('b[0]: ', b[0])
```

```
a.shape: (4,)
a[0]: 1
b.shape: (2,3)
b[0,0]: 1
b[0]: [1, 2, 3]
```

리스트 list1을 배열로 변환하여 변수 a에 할당합니다. 배열 a의 모양이 (4,)이므로 a는 열이 4개 있는 1차원 배열입니다. 이 배열을 인덱싱할 수 있습니다. 배열 a의 0번 인덱스 값을 출력하면 1입니다.

배열 b는 요소를 바로 array( ) 함수의 인자로 작성하여 생성했습니다. 배열 b의 모양이 (2,3)이므로 b는 행 2개에 열 3개가 있는 2차원 배열입니다. 2차원 배열은 인덱싱에 주의합니다. 요소 하나를 출력하려면 b[0,0]과 같이 인덱스를 두 개 입력합니다. 2차원 배열에서 b[0]과 같이 인덱스를 하나만 입력하면 행 전체가 출력됩니다.

[코드 6-1]에서 생성한 배열 a와 배열 b의 구조는 [그림 6-4]와 같습니다.

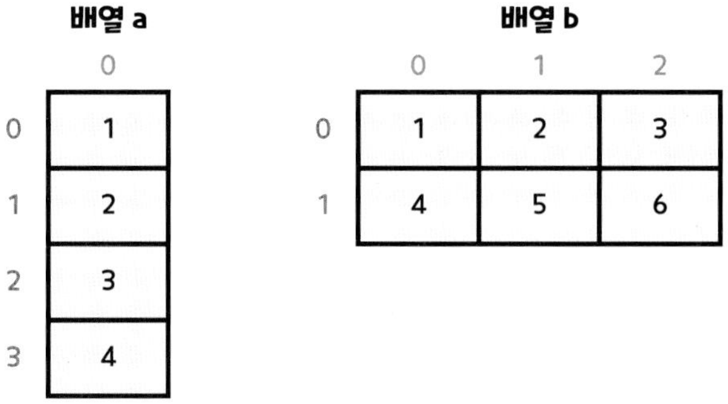

그림 6-4 넘파이 배열의 예

배열 생성 함수

넘파이 배열을 생성하는 함수는 다음 표와 같이 다양합니다. 목적에 맞는 배열을 생성하여 사용합니다.

표 6-3 넘파이 배열을 생성하는 함수

함수	설명
array( )	리스트를 배열로 변환
arange( )	일정한 간격의 수를 ndarray 배열로 반환(파이썬의 range 함수와 유사함)
ones( )	1로 채운 n차원 배열을 생성
zeros( )	0으로 채운 n차원 배열을 생성
empty( )	초기화하지 않은 빈 n차원 배열을 생성
eye( ) 또는 identity( )	대각선 요소에만 1을 채우고 그 외에는 0으로 채워 2차원 배열을 생성
linespace( )	초깃값부터 최종값까지 지정한 간격의 수를 채워 배열을 생성
full( )	지정한 모양에 지정한 값으로 채운 배열을 생성

함수의 인자로 배열의 모양을 입력할 때 괄호를 중복하여 사용합니다. 함수의 인자가 들어갈 위치를 표시하는 괄호 안에 배열 모양인 튜플을 표시하는 괄호가 있어야 합니다. 익숙하지 않으면 괄호 개수를 실수하기 쉬우니 코드를 직접 입력하며 충분히 익히고 넘어갑시다.

코드 6-2 배열 생성 함수

```
a = np.zeros(2)
print('a\n', a)
b = np.zeros((2,2))
print('b\n', b)
c = np.ones((2,3))
print('c\n', c)
d = np.full((2,3), 5)
print('d\n', d)
e = np.eye(3)
print('e\n', e)
```

```
a
 [0. 0.]
b
 [[0. 0.]
 [0. 0.]]
c
 [[1. 1. 1.]
 [1. 1. 1.]]
d
 [[5 5 5]
 [5 5 5]]
e
 [[1. 0. 0.]
 [0. 1. 0.]
 [0. 0. 1.]]
```

넘파이 자료형

파이썬의 변수에 자료형이 있듯이 넘파이 라이브러리에서도 자료형이 있습니다. 정수, 부호 없는 정수, 실수, 복소수, 논리값은 파이썬과 비슷합니다. 다만 정수형과 실수형은 자료형 뒤에 그 자료형이 사용하는 메모리 비트 수를 붙입니다.

배열의 넘파이 자료형은 배열 요소의 자료형을 따릅니다. array( ) 함수로 배열을 생성할 때 dtype

옵션을 추가하여 배열의 넘파이 자료형을 지정할 수 있습니다. 한편 배열 객체에 dtype 속성을 사용하면 넘파이 자료형을 확인할 수 있습니다. 배열 객체에 astype() 함수를 적용하고 인자로 넘파이 자료형을 입력하면 배열의 넘파이 자료형을 변환할 수 있습니다.

코드 6-3 넘파이 자료형 변환

```python
#실수형 배열 생성하기
a = np.array([1, 2], dtype=np.float64)
print(a.dtype)

#정수형 배열로 변환하기
a_i8 = a.astype(np.int8)
print(a_i8.dtype)
```

```
float64
int8
```

배열을 생성하면서 dtype으로 자료형을 지정했습니다. np.float64는 실수형 요소만 들어있으며 요소 하나에 메모리를 64비트씩 사용하는 배열의 넘파이 자료형입니다.

np.int8은 정수형 요소만 들어있으며 요소 하나에 메모리를 8비트씩 사용하는 배열의 넘파이 자료형입니다.

넘파이 배열의 속성

다차원 배열 객체 ndarray는 [그림 6-5]와 같은 속성을 가집니다. 배열 객체의 속성에는 일반 속성과 복소수 속성이 있으나 복소수 속성은 이 책의 범위를 벗어나므로 일반 속성만 다루겠습니다.

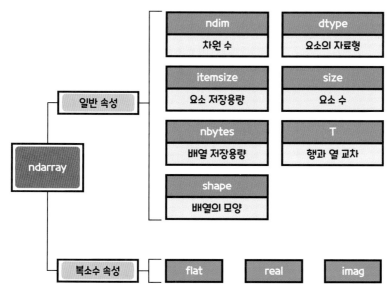

그림 6-5 ndarray의 속성

ndim 속성은 'number of dimensions'의 약자로, 배열의 차원을 나타냅니다. 예를 들어 1차원 배열은 ndim 값이 1이며 2차원 배열의 ndim 값은 2입니다. dtype 속성은 배열 요소의 자료형을 나타냅니다. itemsize 속성은 요소의 바이트 수, size 속성은 요소의 개수, nbytes 속성은 배열 전체의 바이트 수입니다. shape는 눈에 익나요? 배열의 모양을 나타내는 속성입니다. 2차원 배열의 T 속성은 행과 열을 바꾼 교체 배열을 나타냅니다.

속성을 호출하려면 다음과 같이 객체 뒤에 속성 이름을 점으로 연결합니다.

객체.속성

2차원 배열 arr의 속성을 호출하고 출력하겠습니다.

코드 6-4 **배열의 속성 호출**

```
arr = np.array([[0, 1, 2], [3, 4, 5]])

print('type(arr):',type(arr))
print('arr.ndim:',arr.ndim)
print('arr.dtype:',arr.dtype)
print('arr.itemsize:',arr.itemsize)
print('arr.size:',arr.size)
print('arr.nbytes:',arr.nbytes)
print('arr.T:\n',arr.T)
print('arr.shape:',arr.shape)
```

```
type(arr): <class 'numpy.ndarray'>
arr.ndim: 2
arr.dtype: int64
arr.itemsize: 8
arr.size: 6
arr.nbytes: 48
arr.T:
 [[0 3]
 [1 4]
 [2 5]]
arr.shape: (2, 3)
```

배열의 모양

넘파이 배열의 전체 요소 개수를 유지하면서 모양을 변경할 수 있습니다.

표 6-4 **배열 모양을 변경하는 함수**

함수	설명
flatten( )	1차원 배열로 변경
resize(i, j)	배열의 모양을 i × j 로 변경
transpose( )	열과 행을 교차

배열의 shape 속성에 튜플을 할당하여 모양을 지정할 수 있습니다.

```
객체.shape = (행 크기, 열 크기)
```

flatten( ) 함수는 다차원 배열을 1차원 배열로 변경합니다. 이 함수는 항상 새로운 메모리를 할당한다는 특징이 있습니다. 따라서 flatten( ) 함수를 실행해도 배열 원본은 변경되지 않습니다.

resize( ) 함수에 튜플을 입력하면 배열의 모양을 변경합니다.

코드 6-5 **배열 모양 변경**

```
#1차원 배열 생성하기
a = np.arange(8)
print('a\n', a)

#다차원 배열로 변경하기
a.shape = (2,4)
print('shape\n', a)

#1차원 배열로 변경하기
print('flatten\n', a.flatten())

#resize 함수로 모양 변경하기
a.resize((4,2))
print('resize\n', a)
```

```
a
 [0 1 2 3 4 5 6 7]
shape
```

```
[[0 1 2 3]
 [4 5 6 7]]
flatten
 [0 1 2 3 4 5 6 7]
resize
 [[0 1]
 [2 3]
 [4 5]
 [6 7]]
```

transpose() 함수는 속성 T와 마찬가지로 행렬의 행과 열을 교차시킵니다. 시계열 데이터를 처리할 때 일반적으로 행에 시간이 있고 열에 변수가 있습니다. 간혹 시간과 변수가 뒤바뀌어 있을 때 transpose() 함수를 사용합니다. 행렬, 즉 2차원 배열을 교차하면 행은 열이 되고 열은 행이 됩니다.

코드 6-6 행렬의 행과 열 교차

```python
a = np.array([[0, 1, 2], [3, 4, 5]])
print('a\n', a)

b = a.transpose()
print('b\n', b)
c = a.T
print('c\n', c)
```

```
a
 [[0 1 2]
 [3 4 5]]
b
 [[0 3]
 [1 4]
 [2 5]]
c
 [[0 3]
 [1 4]
 [2 5]]
```

0부터 9까지의 정수 데이터를 넣은 넘파이 1차원 배열을 생성하여 2행 5열로 변형하고 결과를 출력하시오. 그리고 행과 열을 교차하여 5행 2열로 만들어 출력하시오.

정답

```
a = np.array(range(10)).reshape((2,5))
b = a.transpose()
print('a\n', a)
print('b\n', b)
```

```
a
[[0 1 2 3 4]
[5 6 7 8 9]]
b
[[0 5]
[1 6]
[2 7]
[3 8]
[4 9]]
```

리스트 list1을 넘파이 배열로 변환하여 두 번째 행부터 세 번째 행까지, 첫 번째 열부터 두 번째 열까지 내용을 출력하는 코드를 다음 코드에 이어서 작성하시오.

```
import numpy as np
list1 = [[1, 2, 3],
         [4, 5, 6],
         [7, 8, 9]]
```

정답

```
a = np.array(list1)
print(a[1:3,:3])
```

```
[[4 5 6]
 [7 8 9]]
```

❷ 넘파이 배열 다루기

마스킹

넘파이 배열에서 특정 조건이 참인 데이터를 찾을 수 있습니다. 논리값 인덱싱(Boolean indexing) 또는 마스킹(Masking)은 엑셀의 필터처럼 조건에 맞는 값을 출력하는 기능입니다. 특히 데이터 양이 많을 때 반복문으로 조건을 검사하지 않고도 원하는 데이터를 찾을 수 있어 효율적입니다.

코드 6-7 배열로 마스킹

```
mask = np.array([0, 1, 1, 0], dtype=bool)
print(mask)

data = np.random.randn(4,2)
print('\ndata 출력\n',data) #랜덤 데이터 배열 data는 책과 다르게 나타남

print('\n마스킹된 데이터 출력\n',data[mask])
print('\n마스킹 역전된 데이터 출력\n',data[~mask])
```

```
[False True True False]

data 출력
[[-1.26749965  1.28790902]
 [ 0.38759648 -2.63253386]
 [-0.15212489 -0.98963632]
 [ 0.4737733  -1.69444807]]

마스킹된 데이터 출력
[[ 0.38759648 -2.63253386]
 [ -0.15212489 -0.98963632]]

마스킹 역전된 데이터 출력
[[-1.26749965  1.28790902]
 [ 0.4737733  -1.69444807]]
```

True와 False 대신 1과 0을 사용하여 마스크 배열 mask를 만듭니다. data[mask]는 mask 배열의 1에 해당하는 data 배열의 요소를 인덱싱합니다. 반면 data[~mask]는 mask 배열의 1에 해당하지 않는 data 배열의 요소를 인덱싱합니다.

넘파이의 random.randn( ) 함수는 평균이 0이고 표준편차가 1인 정규분포를 따르는 난수를 생성합니다.

일반적으로 마스크 배열을 매번 만들지 않고 대괄호 안에 비교 연산자를 사용하는 조건식을 입력합니다. 조건식 마스킹으로 데이터에서 기준보다 큰 값이나 작은 값을 쉽게 찾을 수 있습니다.

코드 6-8 조건식으로 마스킹

```
posit = data[data > 0]
print('양수 데이터 출력', '\n',posit)

#다중 조건
over1 = data[1][data[1] > 0]
print('두 번째 행의 양수 데이터 출력','\n',over1)
```

```
양수 데이터 출력
[1.28790902 0.38759648 0.4737733]
두 번째 행의 양수 데이터 출력
[0.38759648]
```

유니버설 함수와 브로드캐스팅

유니버설 함수는 덧셈, 뺄셈, 곱셈, 거듭제곱처럼 배열 요소끼리의 기본 연산을 수행하는 함수입니다. 넘파이 배열은 반복문을 활용하는 파이썬 리스트의 연산보다 월등히 빠르고 효율적인 연산을 지원합니다.

표 6-5 넘파이 연산 함수

함수	설명	사용법
abs()	원소의 절댓값을 반환	numpy.abs(arr)
fabs()	실수 원소의 절댓값을 반환	numpy.fabs(arr)
sqrt()	원소의 제곱근을 반환	numpy.sqrt(arr)
square()	원소의 제곱을 반환	numpy.square(arr)
exp()	원소의 지수를 반환	numpy.exp(arr)
log()	원소에 밑이 e인 로그를 취하여 반환	numpy.log(arr)
add()	두 배열 원소의 합을 반환	numpy.add(arr1, arr2)
subtract()	두 배열 원소의 차를 반환	numpy.subtract(arr1, arr2)
multiply()	두 배열 원소의 곱을 반환	numpy.multiply(arr1, arr2)
divide()	두 배열 원소의 나눗셈 결과를 반환	numpy.divide(arr1, arr2)
floor_divide()	나눗셈의 정수 몫을 반환	numpy.floor_divide(arr1, arr2)
mod()	두 배열 원소 나눗셈의 정수 나머지를 반환	numpy.mod(arr1, arr2)

서로 다른 형태의 배열을 유니버설 함수로 연산할 때 브로드캐스팅이 일어납니다. 브로드캐스팅 (Broadcasting)이란 둘 중 작은 차원인 배열을 변형하여 큰 차원의 배열에 맞춘 다음 두 배열을 요소별로 연산하는 동작입니다.

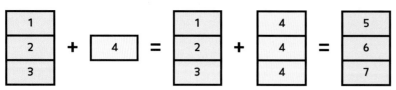

그림 6-6 **브로드캐스팅**

배열 복사

데이터 분석을 할 때 원본 데이터가 손상되지 않도록 사본을 생성하여 다루는 것이 안전합니다. 그런데 어떤 복사는 복사본을 함부로 변경하면 안 됩니다. 넘파이 배열 복사의 종류로 얕은 복사와 깊은 복사가 있습니다.

얕은 복사는 등호(=)를 이용하는 복제입니다. 배열의 데이터 자체가 새로운 배열로 복사되지 않고 원본 데이터의 주소가 복사됩니다. 따라서 원본 배열을 수정하면 원본을 참조하는 복사본이 함께 바뀝니다. 반대로 복사본을 수정해도 원본이 함께 바뀝니다.

깊은 복사는 copy() 함수를 사용합니다. 배열 복사본을 생성하므로 원본을 수정해도 복사본이 바뀌지 않습니다. 반대로 복사본의 데이터나 모양을 변경해도 원본에 영향을 주지 않습니다.

코드 6-9 **얕은 복사**

```
a = np.arange(6)
b = a
print(a)
print(b is a)


b[0] = 10
print(a)
```

```
[0 1 2 3 4 5]
True
[10 1 2 3 4 5]
```

0부터 5까지의 정수로 넘파이 배열을 만들어 a에 할당합니다.

a의 값을 b에도 저장합니다.

복사본인 배열 b의 값만 바꾸어도 원본 배열 a의 요소가 함께 변경됩니다.

[코드 6-9]의 동작을 그림으로 나타내면 [그림 6-7]과 같습니다.

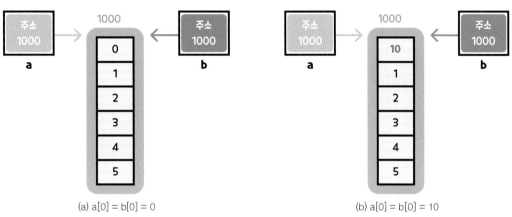

(a) a[0] = b[0] = 0   (b) a[0] = b[0] = 10

그림 6-7 **얕은 복사**

변수 a의 값은 사실 배열 자체가 아니라 넘파이 배열의 첫 번째 요소가 들어있는 메모리의 주소입니다. 따라서 a[0]은 변수 a가 가리키는 배열 중 첫 번째 요소를 의미합니다. a의 값을 b에 얕은 복사로 저장했으므로 b도 같은 배열을 가리키게 됩니다. 그래서 b[0]에 10을 할당하여 배열 원소를 변경하면 같은 주소를 가리키는 a[0]의 값도 10으로 변경됩니다.

코드 6-10 **깊은 복사**

```
a = np.arange(6)
c = a.copy()

c[0] = 20
print('A: ', a)
print('C: ', c)
```

```
A:  [0 1 2 3 4 5]
C:  [20 1 2 3 4 5]
```

copy( ) 함수를 사용하여 복사하면 복사본인 배열 c의 값을 수정해도 원본 a에 영향이 없습니다.

[코드 6-10]의 동작은 [그림 6-18]과 같습니다.

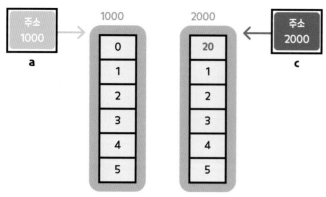

그림 6-8 **깊은 복사**

넘파이 배열의 첫 번째 요소가 들어있는 메모리 주소를 a의 값으로 저장하고, copy( ) 함수로 a가 가리키는 배열을 통째로 복사하여 만듭니다. c는 복사된 배열을 가리키게 합니다. c[0]에 20을 할당하더라도 a가 가리키는 배열과는 별개이므로 a[0]은 그대로 0입니다.

배열 정렬

배열의 원소를 정렬할 때 sort( ) 함수를 사용합니다. 데이터를 어떤 기준으로 정렬해 두면 유용합니다. 예를 들어 데이터를 내림차순으로 정렬하면 특정 데이터의 순위를 파악하기 좋습니다. 또한 시계열 데이터가 시간순으로 정렬되어 있으면 편리하게 분석할 수 있습니다.

다음 표는 배열 정렬과 관련된 함수입니다.

표 6-6 **정렬 함수**

함수	설명
np.sort(배열)	배열을 정렬해서 반환, 원본을 유지함
배열.sort( )	배열 정렬, 원본을 정렬함
np.argsort(배열)	정렬된 배열의 원래 인덱스를 반환

코드 6-11 배열 정렬

```
a = np.array([3, 2, 5, 1, 4])

print('원본\n',a)
print('정렬 후\n',np.sort(a))

print('원본\n',a)
```

```
print('정렬한 인덱스\n',np.argsort(a))

a.sort()
print('원본\n',a)
```

```
원본
[3 2 5 1 4]
정렬 후
[1 2 3 4 5]
원본
[3 2 5 1 4]
정렬한 인덱스
[3 1 0 4 2]
원본
[1 2 3 4 5]
```

np.sort( ) 함수는 정렬한 후에도 원본 배열 a의 요소 순서가 유지되고 정렬 결과만 반환합니다.

반면 sort( ) 함수는 원본을 정렬합니다.

sort( ) 함수 사용 후 다시 원본 a를 출력하니 오름차순으로 정렬되어 있습니다.

확인문제

다음 그림이 나타내는 연산을 수행하는 코드를 작성하고 결과를 확인하시오.

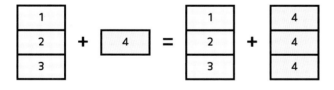

정답

```
a = np.array([1, 2, 3])
b = np.array([4])
c = a + b
print(c)
```

```
[5 6 7]
```

시중에 판매되는 초콜릿 중에 우수 상품의 특징을 알고 싶습니다. 초콜릿에 1점부터 5점 사이의 평점을 매긴 데이터를 분석해 봅시다. 이 책의 부록으로 제공하는 'chocolate_rating.csv' 파일을 사용합니다. 해당 파일은 데이터 과학 커뮤니티인 캐글(Kaggle)에서 레이철 탯먼이 공개한 데이터셋을 편집한 것입니다.

1. 초콜릿 데이터 파일 'chocolate_rating.csv'를 Colab 라이브러리에 업로드합니다. CSV 파일 내용을 읽어 배열로 반환하는 넘파이의 loadtxt() 함수를 사용합니다. 이 함수의 delimiter 인자로 데이터를 읽어올 때 구분 기호를 콤마(,)로 설정합니다.

```python
import numpy as np
data = np.loadtxt('chocolate_ranking.csv', delimiter=',')
print('차원:', data.ndim)
print('모양:', data.shape)
print('원소 수:', data.size)
print(data)
```

```
차원: 2
모양: (1795, 4)
원소 수: 7180
[[1.000e+00 2.016e+03 6.300e-01 3.750e+00]
 [2.000e+00 2.015e+03 7.000e-01 2.750e+00]
 [3.000e+00 2.015e+03 7.000e-01 3.000e+00]
 ......(중략)......
 [1.793e+03 2.011e+03 6.500e-01 3.500e+00]
 [1.794e+03 2.011e+03 6.200e-01 3.250e+00]
 [1.795e+03 2.010e+03 6.500e-01 3.000e+00]]
```

데이터의 첫 번째 열은 초콜릿 번호이고, 두 번째 열은 평점을 기록한 연도, 세 번째 열은 카카오 함유율, 네 번째 열은 평점입니다. 첫 번째 초콜릿은 카카오 함유량이 63%이고 2016년에 3.75점을 받았습니다. 세 번째 열과 네 번째 열 데이터가 정수가 아니어서 모든 데이터가 실수형으로 표시됩니다.

2. 모든 초콜릿의 평균 평점을 알아봅니다. 슬라이싱한 넘파이 배열에 통계함수 mean()을 사용합니다.

```
ratings_mean = data[:,3].mean()
print(ratings_mean)
```

```
3.185933147632312
```

3. 평점이 4 이상인 우수 초콜릿을 골라내 high_level로 저장합니다. 그리고 우수 초콜릿의 번호를 정수로 변환하여 나타냅니다.

```
high_level = data[data[:,3] >= 4]
high_id = high_level[:,0].astype(np.int64)
print('우수 초콜릿 수:', high_id.size)
print(high_id)
```

```
우수 초콜릿 수: 100
[  10   18   21   55   57   77   78   79   84   87   88   93  108  109
  118  124  153  180  181  187  223  232  233  240  243  244  245  248
  257  312  316  317  358  437  503  567  573  574  582  601  650  687
  690  691  701  720  730  800  828  862  864  865  866  883  919  993
 1088 1089 1118 1119 1120 1204 1241 1245 1247 1274 1277 1278 1289 1291
 1293 1295 1323 1331 1336 1378 1394 1426 1428 1433 1479 1488 1513 1516
 1529 1530 1531 1533 1536 1537 1544 1545 1664 1683 1686 1688 1694 1700
 1740 1757]
```

4. 우수 초콜릿의 카카오 함유량 빈도를 분석합니다. 넘파이의 unique() 함수는 배열에서 중복 값을 제거하여 남은 값의 배열과 빈도수를 반환합니다.

```
high_kakao = high_level[:,2]
unique_values, value_counts = np.unique(high_kakao, return_counts=True)
print('카카오 함유량:', unique_values)
print('함유량별 빈도수:', value_counts)
```

```
카카오 함유량: [0.6  0.63 0.64 0.65 0.66 0.67 0.68 0.69 0.7  0.71 0.72 0.73 0.74
 0.75 0.78 0.8  0.88]
함유량별 빈도수: [ 1  3  4  2  1  3  2  2 45  1 11  1  4 17  1  1  1]
```

5. 우수 초콜릿 중 가장 빈도수가 큰 카카오 함유량을 구합니다.

```
max_index = np.argmax(value_counts)
print(unique_values[max_index])
print('우수 초콜릿', high_id.size, '가지 중', value_counts[max_index],\
      '가지의 카카오 함유량이', unique_values[max_index] * 100, '%입니다.')
```

```
0.7
우수 초콜릿 100 가지 중 45 가지의 카카오 함유량이 70.0 %입니다.
```

판다스 활용

이 절에서는 판다스의 시리즈와 데이터프레임을 이용하여 데이터를 다루겠습니다. 판다스 라이브러리의 시리즈 객체는 모든 원소가 같은 자료형이어야 합니다. 5장에서 배운 데이터베이스에서 한 열의 데이터가 모두 같은 자료형인 것과 마찬가지입니다.

1 시리즈와 데이터프레임 생성

판다스의 Series( ) 함수에 리스트를 입력하여 리스트 데이터로 시리즈를 생성합니다.

코드 6-12 리스트로 시리즈 생성

```python
import pandas as pd

a = pd.Series([1, 2, 3, 4])
print(a)
b = pd.Series([1, 2, 3], index=['a', 'b', 'c'])
print(b)
```

```
0    1
1    2
2    3
3    4
dtype: int64
a    1
b    2
c    3
dtype: int64
```

시리즈 a는 인덱스를 지정하지 않았으므로 기본 인덱스로 숫자 0, 1, 2, 3이 지정되었습니다.

시리즈 b는 값 1, 2, 3에 인덱스로 문자열 'a', 'b', 'c'를 지정하였습니다.

이번에는 판다스의 DataFrame() 함수로 데이터프레임을 만들겠습니다. 데이터프레임에 데이터를 할당할 때 파이썬의 리스트, 파이썬의 딕셔너리, 넘파이의 배열을 활용할 수 있습니다.

리스트를 만들어 데이터프레임의 데이터로 한 행씩 지정할 수 있습니다. 열 이름은 따로 리스트를 만들고 지정해야 합니다.

```
pd.DataFrame(값, columns=열 이름 리스트)
```

코드 6-13 리스트로 데이터프레임 생성

```
list1 = list([['한빛', '남자', '20', '180'],
              ['한결', '남자', '21', '177'],
              ['한라', '여자', '20', '160']])
col_names = ['이름', '성별', '나이', '키']
pd.DataFrame(list1, columns=col_names)
```

	이름	성별	나이	키
0	한빛	남자	20	180
1	한결	남자	21	177
2	한라	여자	22	160

딕셔너리는 키와 값의 쌍으로 구성되므로 데이터프레임을 생성할 때 딕셔너리를 사용하면 키는 열 이름이 되고 값은 열에 대한 각 행의 데이터이므로 리스트 형식을 사용합니다.

```
pd.DataFrame({키1:{인덱스0:값1, 인덱스1:값2}, 키2:{인덱스0:값3, 인덱스1:값4}})
```

코드 6-14 딕셔너리로 데이터프레임 생성

```
dict1 = {'이름':{0:'한빛', 1:'한결', 2:'한라'},
         '성별':{0:'남자', 1:'남자', 2:'여자'},
         '나이':{0:'20', 1:'21', 2:'20'},
         '키':{0:'180', 1:'177', 2:'160'}}
pd.DataFrame(dict1)
```

실행 결과로 생성되는 데이터프레임은 [코드 6-13]의 결과와 동일합니다.

넘파이의 다차원 배열을 데이터프레임으로 변환

넘파이의 다차원 배열에는 값만 있고 열 이름이 없습니다. 열 이름 리스트를 만들고 columns 옵션을 이용하여 데이터프레임의 열 이름으로 지정합니다.

코드 6-15 배열로 데이터프레임 생성

```
import numpy as np

#배열
arr1 = np.array([['한빛','남자', '20', '180'],
                 ['한결','남자', '21', '177'],
                 ['한라','여자', '20', '160']])
#열 이름 리스트
col_names = ['이름','성별','나이','키']

#데이터프레임 생성하기
pd.DataFrame(arr1, columns=col_names)
```

실행 결과로 생성되는 데이터프레임은 [코드 6-13]과 동일합니다.

CSV 파일로 데이터프레임 생성

데이터프레임을 CSV 파일로 저장하거나 CSV 파일을 데이터프레임 객체로 읽어올 수 있습니다.

코드 6-16 CSV 파일로 데이터프레임 생성

```
list1 = list([['허준호','남자','30','183'],
              ['이가원','여자','24','162'],
              ['배규민','남자','23','179'],
              ['고고림','남자','21','182'],
              ['이새봄','여자','28','160'],
              ['이보람','여자','26','163'],
              ['이루리','여자','24','157'],
              ['오다현','여자','24','172']])
col_names = ['이름','성별','나이','키']
df = pd.DataFrame(list1, columns=col_names)
df
```

```
    이름  성별  나이   키
 0  허준호  남자   30  183
 1  이가원  여자   24  162
 2  배규민  남자   23  179
 3  고고림  남자   21  182
 4  이새롬  여자   28  160
 5  이보람  여자   26  163
 6  이루리  여자   24  157
 7  오다현  여자   24  172
```

코드 6-17 데이터프레임을 CSV 파일로 저장

```python
#디렉토리에 CSV 파일로 저장하기
df.to_csv('./file.csv', header=True, index=False, encoding='utf-8')
#CSV 파일 읽기
df2 = pd.read_csv('./file.csv', sep=',')


df2
```

Colab 디렉토리를 새로고침하면 'file.csv' 파일이 생성되어 있습니다.

실행 결과로 나타나는 데이터프레임 df2는 [코드 6-16]의 데이터프레임 df와 동일합니다.

그림 6-9 **디렉토리에서 CSV 파일 확인**

열 이름 조회

먼저 데이터프레임의 모든 열 이름을 조회해 봅시다. 데이터프레임이나 시리즈에서 열 이름을 확인하면 어떤 데이터들이 있는지 빠르게 파악할 수 있습니다. 그러면 원하는 데이터만 검색하거나 변경하기도 쉬워집니다. 필요하다면 열 이름을 알아보기 쉬운 이름으로 변경할 수 있습니다.

코드 6-18 모든 열 이름 조회

```
df.columns
```

```
Index(['이름', '성별', '나이', '키'], dtype='object')
```

describe() 함수로 열별 값의 개수, 빈도 수와 같은 통계를 확인합니다.

코드 6-19 데이터프레임 값 개수와 빈도수 확인

```
df.describe()
```

	이름	성별	나이	키
count	8	8	8	8
unique	8	2	6	8
top	허준호	여자	24	183
freq	1	5	3	1

count는 값의 개수를 나타냅니다. 데이터프레임 df에는 모든 열에 값이 행 개수만큼 있습니다. 만약 결측이 있으면 값의 개수가 행 개수보다 적을 것입니다.

unique는 유일한 값의 개수를 나타냅니다. 이름은 모든 행에서 값이 달라서 8이고, 성별은 남자 또는 여자이므로 2, 나이는 24인 행이 3개 있고 나머지는 모두 달라서 6, 키는 8이 나옵니다.

top은 제일 개수가 많은 값이고, freq는 빈도수(frequency)이므로 그 개수를 나타냅니다. 개수가 같은 값이 여럿 있다면 먼저 나온 값이 top이 됩니다. 성별 열은 여자가 빈도수 5번, 나이 열은 24가 빈도수 3번으로 top 값이고, 이름 열과 키 열은 제일 먼저 나온 허준호, 183이 top 값입니다.

데이터 미리보기

head() 함수와 tail() 함수에 정수 n을 입력하면 각각 데이터프레임의 처음 n개 행, 마지막 n개 행을 반환합니다. 데이터 미리보기 기능은 데이터의 일부만 보고 열이 어떻게 구성되어 있는지, 값의 범위는 어느 정도인지 확인할 때 사용합니다. 데이터프레임 전체를 살펴보려면 시간도 오래 걸리고 출력량도 너무 많아지기 때문입니다. 함수에 숫자를 입력하지 않으면 head()는 기본 값으로 처음 다섯 행을, tail()은 마지막 다섯 행을 표시합니다.

```
df.head(3)
```

	이름	성별	나이	키
0	허준호	남자	30	183
1	이가원	여자	24	162
2	배규민	남자	23	179

코드 6-21 데이터프레임의 마지막 다섯 행 검색

```
df.tail()
```

	이름	성별	나이	키
3	고고림	남자	21	182
4	이새봄	여자	28	160
5	이보람	여자	26	163
6	이루리	여자	24	157
7	오다현	여자	24	172

확인문제

다음 중 데이터프레임 객체 df에 대한 설명으로 맞는 것을 고르시오.

① df.head( ): 데이터프레임에서 처음 세 행을 검색한다.

② df.foot(3): 데이터프레임에서 마지막 세 행을 검색한다.

③ df.columns( ): 모든 열 이름을 조회한다.

④ df.describe( ): 열별 값의 개수와 빈도를 표시한다.

정답

④

① head( ) 함수는 데이터프레임에서 처음 다섯 행을 검색, ② 마지막 세 행을 검색하는 함수는 tail( ), ③ 열
이름을 조회하려면 괄호 없이 df.columns만 써야 한다.

2 데이터프레임 데이터 분석

데이터프레임은 마치 엑셀 프로그램처럼 데이터를 정렬하거나 검색할 수 있습니다.

데이터를 정렬하면 데이터의 특성을 파악하기 쉬워집니다. 예를 들어 데이터를 오름차순으로 정렬하여 최솟값과 최댓값을 바로 확인하거나, 상위 몇 개 값을 선택할 수 있습니다.

특정 조건에 맞는 데이터를 검색하여 추출할 수도 있습니다. 예를 들어 날짜 열을 기준으로 데이터를 필터링하여 특정 기간 동안의 데이터만 확인 가능합니다.

행 정렬

인덱스나 특정 열의 값을 기준으로 행을 정렬할 수 있습니다. 기본 정렬 방향은 오름차순(ascending)이며 내림차순(descending) 정렬은 ascending 인자를 False로 지정하면 됩니다.

코드 6-22 인덱스 기준으로 정렬

```
df.sort_index(axis=0).head()
```

인덱스를 기준으로 오름차순 정렬하였고 head( ) 함수를 사용하여 처음 다섯 행만 출력했습니다.

sort_values( ) 함수를 이용하여 특정 열을 기준으로 정렬할 수 있습니다. 나이가 가장 많은 사람부터 내림차순으로 정렬하되 만약 나이가 같으면 키가 더 큰 사람부터 나타내겠습니다.

코드 6-23 열 기준으로 정렬

```
#나이 열과 키 열을 기준으로 행을 정렬하기
df.sort_values(by=['나이', '키'], ascending=False).head()
```

	이름	성별	나이	키
0	허준호	남자	30	183
4	이새롬	여자	28	160
5	이보람	여자	26	163
7	오다현	여자	24	172
1	이가원	여자	24	162

데이터 조회

데이터를 열이나 조건식을 기준으로 조회할 수 있습니다. 배열의 논리값 인덱싱과 마찬가지로 데이터프레임 뒤에 대괄호로 조건식을 붙입니다. 조회 결과는 시리즈 또는 데이터프레임으로 출력합니다.

```
데이터프레임[조건식]          #시리즈로 출력하기
데이터프레임[[조건식]]         #데이터프레임으로 출력하기
```

이름 열과 키 열만 처음 다섯 행을 데이터프레임으로 출력하겠습니다. 조건식 자리에 리스트 형식으로 원하는 열 이름을 적으면 됩니다.

코드 6-24 열 이름으로 데이터 조회

```
df[['이름', '키']].head()
```

	이름	키
0	허준호	183
1	이가원	162
2	배규민	179
3	고고림	182
4	이새롬	160

이름 열과 키 열을 입력하여 조회합니다.

iloc 함수를 사용하여 인덱스로 데이터를 조회할 수 있습니다. 행 인덱스와 열 이름을 함께 입력할 때는 행 인덱스를 먼저 쓰고 열 이름을 씁니다.

```
df.iloc[행 인덱스, 열 이름]
```

코드 6-25 인덱스로 데이터 조회

```
df.iloc[1:4, 0:3]
```

	이름	성별	나이
1	이가원	여자	24
2	배규민	남자	23
3	고고림	남자	21

두 번째 행부터 네 번째 행의 첫 번째 열부터 세 번째 열을 조회합니다. 인덱스로 바꾸어 말하면 인덱스 1부터 3까지, 열 인덱스 0부터 2까지와 같습니다.

조건식을 만족하는 데이터를 조회할 수 있습니다. 키가 180보다 큰 사람만 조회하겠습니다.

코드 6-26 조건식을 만족하는 데이터 조회(1)

```
df[df['키'] > 180].head()
```

```
---------------------------------------------------------------------------
TypeError                                 Traceback (most recent call last)
<ipython-input-16-c264ba620ede> in <module>
----> 1 df[df['키'] > 180]

TypeError: '>' not supported between instances of 'str' and 'int'
```

키가 180보다 큰 사람을 조회하기 위해 키 열의 값이 180보다 크다는 조건식을 입력했는데 오류가 발생합니다. 그 이유는 키 열의 데이터 자료형이 문자열이기 때문입니다. 문자열과 숫자 데이터는 비교 연산할 수 없습니다. 작은따옴표로 감싼 '180'은 문자열이고 180은 숫자입니다. 비교 조건으로 검색하기 위해서는 숫자형이어야 합니다.

코드 6-27 조건식을 만족하는 데이터 조회(2)

```
▶ list1 = list([['허준호', '남자', 30, 183],
                ['이가원', '여자', 24, 162],
                ['배규민', '남자', 23, 179],
                ['고고림', '남자', 21, 182],
                ['이새봄', '여자', 28, 160],
                ['이보람', '여자', 26, 163],
                ['이루리', '여자', 24, 157],
                ['오다현', '여자', 24, 172]])
 col_names = ['이름', '성별', '나이', '키']
 df = pd.DataFrame(list1, columns=col_names)

 df[df['키'] > 180]
```

	이름	성별	나이	키
0	허준호	남자	30	183
3	고고림	남자	21	182

키 열의 데이터를 숫자형으로 입력하면 조건식으로 데이터를 조회할 수 있습니다.

조건식에 isin( ) 함수, and 기호(&), or 기호(|), str.contains( ) 함수를 사용하여 더 복잡한 조건으로 조회할 수도 있습니다. 조회할 내용에 따라 적절한 함수를 찾아 사용합니다.

코드 6-28 리스트 요소와 일치하는 데이터 조회

```
▶ df[df['나이'].isin([21, 23])]
```

	이름	성별	나이	키
2	배규민	남자	23	179
3	고고림	남자	21	182

나이가 21세 또는 23세인 사람을 조회합니다. isin( ) 함수의 인자로 리스트를 입력하고 리스트의 요소와 일치하는 데이터를 조회할 수 있습니다.

```
df[(df['성별'] == '여자') & (df['키'] > 160)]
```

	이름	성별	나이	키
1	이가원	여자	24	162
5	이보람	여자	26	163
7	오다현	여자	24	172

'여자'이면서 키가 160보다 큰 사람을 조회합니다. and 기호(&)를 사용하여 여러 조건을 동시에 만족하는 데이터를 조회할 수 있습니다.

코드 6-30 두 조건식 중 하나 이상 만족하는 데이터 조회

```
df[(df['나이'] >= 28) | (df['성별'] == '남자')]
```

	이름	성별	나이	키
0	허준호	남자	30	183
2	배규민	남자	23	179
3	고고림	남자	21	182
4	이새봄	여자	28	160

28세 이상이거나 '남자'인 사람을 조회합니다. or 기호(|)를 사용하여 여러 조건 중 한 개 이상 만족하는 데이터를 조회할 수 있습니다.

코드 6-31 특정 문자열을 포함하는 문자열 데이터 조회

```
df[df['이름'].str.contains('봄')]
```

	이름	성별	나이	키
4	이새봄	여자	28	160

이름에 '봄'이 들어간 사람을 조회합니다. str.contains() 함수로 특정한 문자열을 포함하는 문자열을 조회할 수 있습니다.

데이터프레임 통계

나이와 키 데이터가 숫자형인 데이터프레임 df에 describe() 함수를 사용해 봅시다. [코드 6-19]와 같은 함수를 사용하지만 출력 결과가 다릅니다. 데이터의 개수 count와 함께 평균값 mean, 표준편차 std, 최솟값 min, 1사분위 값, 중윗값, 3사분위 값, 최댓값 max가 출력됩니다.

코드 6-32 데이터프레임 통계 확인

```
df.describe()
```

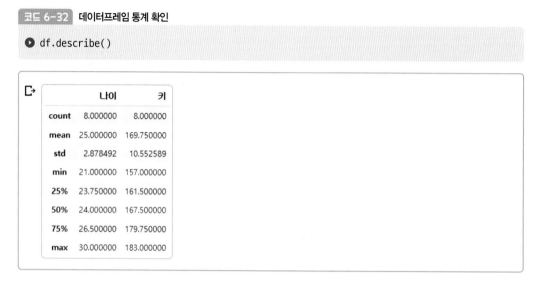

	나이	키
count	8.000000	8.000000
mean	25.000000	169.750000
std	2.878492	10.552589
min	21.000000	157.000000
25%	23.750000	161.500000
50%	24.000000	167.500000
75%	26.500000	179.750000
max	30.000000	183.000000

숫자형 데이터로 구성된 데이터프레임 df의 통계를 구합니다.

데이터 갱신

행 인덱스나 열 이름으로 데이터프레임 데이터를 조회하고 수정할 수 있습니다. 넘파이 배열 요소에 인덱스로 접근했던 것과 비슷합니다.

코드 6-33 인덱스로 조회한 데이터를 수정

```
df.loc[4,'키'] = df.loc[4,'키'] + 5
df.loc[[4]]
```

	이름	성별	나이	키
4	이새봄	여자	28	165

인덱스 4번 행의 키 열 값을 5만큼 증가시킵니다.

데이터프레임 df에서 인덱스 4번 행의 키를 원상 복구(5 감소)한 후 출력하여 변경된 내용을 확인하시오.

정답

```
df.loc[4,'키'] = df.loc[4,'키'] - 5
df.loc[[4]]
```

	이름	성별	나이	키
4	이새봄	여자	28	160

반복 연산자(*)를 사용하여 명령을 반복 실행할 수 있습니다.

코드 6-34 반복 연산자 사용

```
df.loc[1:3,'키'] = ['모름'] * 3
df
```

인덱스 1번 행부터 3번 행까지 키 데이터를 '모름'으로 한꺼번에 변경합니다. 반복 연산자(*) 뒤에 반복할 횟수 3을 적습니다.

인덱스 1번부터 3번 행의 '모름'을 원래 데이터인 162, 179, 182로 수정하고, 데이터가 잘 복구되었는지 확인하는 명령을 두 줄로 작성하시오.

정답

```
df.loc[1:3,'키'] = [162, 179, 182]
df.loc[1:3]
```

	이름	성별	나이	키
1	이가원	여자	24	162
2	배규민	남자	23	179
3	고고림	남자	21	182

데이터프레임 구조 수정

행을 구분할 때 숫자로 된 인덱스보다는 이름이 알아보기 편합니다. set_index() 함수로 중복 데이터가 없는 이름 열을 행 인덱스로 지정합니다.

코드 6-35 인덱스 변경(1)

```
df.set_index('이름', inplace=True)
df.head(3)
```

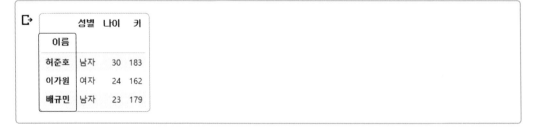

영어 단어 inplace는 '제자리에'라는 뜻으로 inplace=True를 지정하면 작업을 데이터프레임 원본에 적용합니다. 만약 True 대신 False를 지정하거나 옵션을 지정하지 않으면 원본이 유지됩니다.

데이터프레임에 열을 추가할 수도 있습니다. 나이에 10000을 곱한 만큼 보너스를 주겠습니다.

```
df['보너스'] = df['나이'] * 10000
df.head(3)
```

	성별	나이	키	보너스
이름				
허준호	남자	30	183	300000
이가원	여자	24	162	240000
배규민	남자	23	179	230000

그런데 다시 생각해보니 나이가 많은 사람에게 보너스를 많이 주는 것은 불합리한 것 같습니다. 추가한 보너스 열을 drop( ) 함수로 삭제하겠습니다.

코드 6-37 열 삭제

```
df.drop('보너스', axis=1, inplace=True)
df.head(3)
```

	성별	나이	키
이름			
허준호	남자	30	183
이가원	여자	24	162
배규민	남자	23	179

axis=1은 작업을 열 방향으로 적용하라는 의미입니다.

열을 삭제할 때 명령어 del을 사용할 수도 있습니다. del df['보너스']와 같이 사용합니다.

인덱스를 기본 인덱스로 복구하고 싶다면 reset_index( ) 함수를 사용합니다.

코드 6-38 인덱스 변경(2)

```
df.reset_index(inplace=True)
df.head(3)
```

	이름	성별	나이	키
0	허준호	남자	30	183
1	이가원	여자	24	162
2	배규민	남자	23	179

데이터를 다른 값으로 치환할 때 replace( ) 함수를 사용할 수 있습니다.

코드 6-39 데이터 치환

```
rep_cond = {'성별':{'남자':1, '여자':0}}
df2 = df.replace(rep_cond)
df2.head(3)
```

	이름	성별	나이	키
0	허준호	1	30	183
1	이가원	0	24	162
2	배규민	1	23	179

성별이 남자일 때 1, 여자일 때 0으로 치환한 데이터프레임을 df2로 저장합니다.

확인문제

데이터프레임 df2의 성별 열 데이터를 1은 '남자', 0은 '여자'로 복구하는 코드와 실행 결과를 출력하여 확인하는 코드를 작성하시오.

정답

```
rep_cond = {'성별':{1:'남자', 0:'여자'}}
df2 = df2.replace(rep_cond)
df2.head()
```

이번에는 성별 키 분포가 궁금합니다. 성별을 기준으로 조회하여 키의 평균과 표준편차를 계산하겠습니다.

```
▶ #성별 평균 키
  mean_by_gender = df.groupby(by=['성별'], as_index=False)['키'].mean()
  mean_by_gender.rename(columns={'키':'평균 키'}, inplace=True)
  #성별 키의 표준편차
  std_by_gender = df.groupby(by=['성별'], as_index=False)['키'].std()
  std_by_gender.rename(columns = {'키':'키의 표준편차'}, inplace=True)

  new_df = pd.merge(mean_by_gender, std_by_gender)
  new_df
```

	성별	평균 키	키의 표준편차
0	남자	181.333333	2.081666
1	여자	162.800000	5.630275

성별을 기준으로 그룹화하고 그룹별 키의 평균을 계산합니다. 계산 결과는 새로운 데이터프레임 mean_by_gender에 할당합니다. as_index 옵션을 True로 하면 계산 결과가 시리즈로 출력되고 False로 하면 계산 결과가 데이터프레임으로 출력됩니다.

rename() 함수로 mean_by_gender 데이터프레임에서 키 열의 열 이름을 '평균 키'로 변경합니다.

성별을 기준으로 그룹화하고 그룹별 키의 표준편차를 계산합니다. 계산 결과는 std_by_gender에 할당합니다.

데이터프레임 std_by_gender에서 키 열의 열 이름을 '키의 표준편차'로 변경합니다.

두 데이터프레임 mean_by_gender와 std_by_gender를 병합합니다.

LAB 강의 시간표 분석

다음 표의 데이터로 판다스 데이터프레임을 생성하고 시간표 데이터를 분석해 봅시다.

과목번호	과목명	강의실	시간수
C1	인공지능개론	R1	3
C2	웃음치료	R2	2
C3	경영학	R3	3
C4	3D디자인	R4	4
C5	스포츠경영	R2	2
C6	예술의 세계	R3	1

1. 열 이름과 시간표 데이터를 리스트로 저장합니다.

```
col_names = ['과목번호', '과목명', '강의실', '시간수']
list1 = list([['C1', '인공지능개론', 'R1', 3],
              ['C2', '웃음치료', 'R2', 2],
              ['C3', '경영학', 'R3', 3],
              ['C4', '3D디자인', 'R4', 4],
              ['C5', '스포츠경영', 'R2', 2],
              ['C6', '예술의 세계', 'R3', 1]
             ])
```

2. 시간표 데이터를 데이터프레임 객체 df로 변환하여 CSV 파일로 저장합니다.

```
import pandas as pd
df = pd.DataFrame(list1, columns=col_names)
df.to_csv('./timetable.csv', header=True, index=False, encoding='utf-8')
```

3. 'timetable.csv' 파일을 데이터프레임 객체 df2로 읽고 df2에 열 이름이 '교수'인 열을 추가합니다. 값으로 '김예희', '오정현', '인세훈', '이새봄', '배유진', '이가원'을 저장합니다.

```
df2 = pd.read_csv('./timetable.csv', sep=',')
df2['교수'] = ['김예희', '오정현', '인세훈', '이새봄', '배유진', '이가원']
df2
```

	과목번호	과목명	강의실	시간수	교수
0	C1	인공지능개론	R1	3	김예희
1	C2	웃음치료	R2	2	오정현
2	C3	경영학	R3	3	인세훈
3	C4	3D디자인	R4	4	이새봄
4	C5	스포츠경영	R2	2	배유진
5	C6	예술의 세계	R3	1	이가원

4. 강의실을 기준으로 그룹화하여 최대 시간 수를 구합니다. max() 함수로 최댓값을 구할 수 있습니다.

```
max_hour = df2.groupby(by=['강의실'],
          as_index=False)['시간수'].max()
max_hour
```

	강의실	시간수
0	R1	3
1	R2	2
2	R3	3
3	R4	4

01 넘파이는 다차원 배열 객체 데이터를 다루는 라이브러리입니다. array( ) 함수의 인자로 리스트를 입력하여 다차원 배열 객체를 생성할 수 있습니다. 다음은 자주 쓰이는 넘파이 속성 및 함수와 그 기능입니다.

형태	기능
배열.dtype	자료형 반환
배열.ndim	배열 차원 반환
배열.shape	배열 모양 반환
type(배열)	넘파이 자료형 반환
arange(정수)	0부터 1씩 증가하는 n개의 정수 값을 채운 배열 생성
ones(모양)	입력한 모양이면서 값을 1로 채운 배열 생성
배열.astype(넘파이 자료형)	입력한 넘파이 자료형으로 변경
배열.reshape(모양)	배열 원소는 그대로 두고 입력한 모양으로 배열의 모양 변경

02 넘파이 다차원 배열에서 데이터를 검색할 때 인덱싱과 슬라이싱을 활용할 수 있습니다.

03 판다스는 데이터프레임 객체 데이터를 다루는 라이브러리입니다. 파이썬의 리스트, 파이썬의 딕셔너리, 넘파이의 배열 객체로 데이터프레임을 생성할 수 있습니다.

형태	기능
df.columns	데이터프레임의 모든 열 이름 반환
df.iloc[행 인덱스, '열 이름']	행 인덱스와 열 이름으로 데이터 조회
df.head()	데이터프레임 앞부분 반환
df.tail()	데이터프레임 마지막 부분 반환
df.describe()	데이터프레임 데이터의 기본 통계 확인
df.to_csv()	데이터프레임을 CSV 파일로 저장
df.sort_index(axis=0)	인덱스 오름차순으로 행 정렬
df.set_index('열 이름', inplace=True)	열을 인덱스로 변경
df.drop()	행이나 열을 삭제

01 다음은 0부터 11까지 정수를 차례로 채운 (3, 4) 넘파이 배열을 생성하는 코드이다. 빈칸을 채워 완성하시오.

```
import numpy as np
a =      ⓐ      (12).      ⓑ      (3,4)
```

02 다음 코드의 실행 결과를 쓰시오.

```
import numpy as np
list1= [[1, 2, 3], [4, 5, 6], [7, 8, 9]]
a = np.array(list1)
b = a[0:2, 0:2]
print(b)
c = a[1:, 1:]
print(c)
```

03 다음은 넘파이 배열을 만들어 그 모양을 출력하는 코드이다. 실행 결과를 쓰시오.

```
import numpy as np

arr = np.array([[[1, 2, 3], [4, 5, 6]],
                [[7, 8, 9], [10, 11, 12]]])
print(arr.shape)
```

04 다음은 2행 3열의 넘파이 배열을 1차원 배열로 변경하고 출력하는 코드이다. 빈칸을 채우시오.

```
import numpy as np

a = np.array([[1, 2, 3], [4, 5, 6]])
```

```
                    ⓐ
                    ⓑ
```

05 다음은 넘파이 배열 a의 모양을 변경하는 코드이다. 빈칸에 들어갈 속성과 실행 결과를 쓰시오.

```
import numpy as np

a = np.arange(8)
a.            = (4, 2)
print(a)
```

06 다음 데이터프레임 df에서 나이가 25세 이상이면서 성별이 '여자'인 데이터를 조회하는 코드를 작성하시오.

	이름	성별	나이	키
0	허준호	남자	30	183
1	이가원	여자	24	162
2	배규민	남자	23	179
3	고고림	남자	21	182
4	이새봄	여자	28	160
5	이보람	여자	26	163
6	이루리	여자	24	157
7	오다현	여자	24	172

07 문제 **06**의 데이터프레임 df에서 df.descibe( )의 결과를 완성하시오.

	이름	성별	나이	키
count	8	8	8	8
unique	8	2	ⓐ	8
top	허준호	ⓑ	ⓒ	183
freq	1	5	3	1

08 문제 **06**의 데이터프레임 df에서 인덱스로 설정하기에 가장 적합한 열을 선택하고 그렇게 생각한 이유를 적으시오. 그리고 인덱스를 변경하는 코드를 작성하시오.

09 다음은 다차원 배열에서 짝수와 홀수를 따로 출력하는 코드와 실행 결과이다. 빈칸을 채우시오.

```
import numpy as np
list1= [[1, 2],
        [3, 4]]
arr = np.array(list1)
bool_index = (arr % 2 == 0)
print(bool_index)
print('짝수\n', arr[bool_index])
#배열 arr의 인덱스에 바로 조건식을 넣어 간단하게 표현할 수 있음
res = arr[      ⓐ      ]
print('홀수\n', res)
```

```
[[    ⓑ    ,    ⓒ    ],
 [    ⓓ    ,    ⓔ    ]]
짝수
[2 4]
홀수
[  ⓕ    ⓖ  ]
```

10 넘파이 배열 arr1을 복사하여 사본 arr2를 만들고 arr1의 데이터만 변경하고자 한다. 다음과 같이 코드를 작성했으나 의도와 다르게 동작한다. 그 이유를 설명하고 원래 의도대로 동작하도록 코드를 수정하시오.

```
#2행 4열 넘파이 배열
arr1 = np.array([[1,2,3,4], [5,6,7,8]])

#배열 복사하기
arr2 = arr1
print('arr1', '\n',arr1)
print('arr2', '\n',arr2)
arr1[0,0] = 10
print('='*20)
print('변경 후 -> arr1', '\n',arr1)
print('변경 후 -> arr2', '\n',arr2)
```

```
arr1
 [[1 2 3 4]
 [5 6 7 8]]
arr2
 [[1 2 3 4]
 [5 6 7 8]]
====================
변경 후 -> arr1
 [[10  2  3  4]
 [ 5  6  7  8]]
변경 후 -> arr2
 [[10  2  3  4]
 [ 5  6  7  8]]
```

CHAPTER 07

데이터 시각화

01 데이터 시각화 라이브러리

02 맷플롯립 활용

03 워드클라우드 활용

04 네트워크X 활용

요약

연습문제

학습목표

- 맷플롯립의 기본 함수를 사용하여 데이터를 잘 나타내는 그래프를 그릴 수 있습니다.

- 워드클라우드를 활용하여 문서에서 중요한 단어를 파악할 수 있습니다.

- 네트워크 그래프를 이해하고 데이터 항목의 연관규칙을 확인할 수 있습니다.

Preview

수많은 숫자나 텍스트 데이터를 시각화하면 데이터의 전체적인 윤곽을 한눈에 파악하기에 좋습니다. 그래서 데이터 시각화를 데이터 분석의 꽃이라고 할 수 있습니다.

1절에서 대표적인 시각화 라이브러리인 맷플롯립, 워드클라우드, 네트워크X을 소개합니다. 2절에서는 파이썬의 표준 시각화 도구인 맷플롯립을 실제로 사용해 봅니다. 3절에서는 워드클라우드를 실습합니다. 워드클라우드로 문서에 사용된 단어의 빈도를 시각적으로 표현하여 중요 내용을 한눈에 파악할 수 있습니다. 4절에서는 네트워크X 라이브러리를 이용해서 데이터의 상관관계를 시각적으로 나타냅니다.

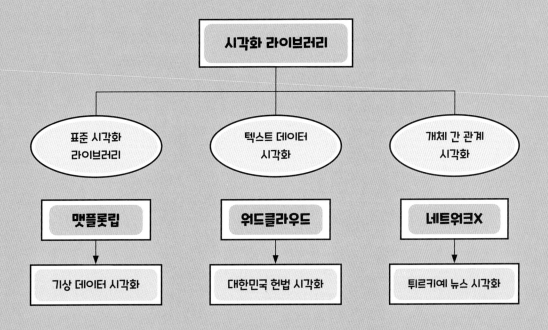

데이터 시각화 라이브러리

1 맷플롯립

맷플롯립(Matplotlib)은 파이썬 데이터 과학 분야에서 가장 널리 사용되는 시각화 라이브러리입니다. 맷플롯립으로 정적 시각화 자료, 애니메이션, 대화형 시각화 자료 등을 만들 수 있습니다. 맷플롯립에서는 플롯, 차트 및 그림을 만들기 위한 고급 인터페이스를 제공하여 꺾은선 그래프, 산점도 그래프, 막대 그래프, 히스토그램, 원형 차트, 상자 차트 등 여러 형태로 데이터를 표현할 수 있습니다. 또한 그래프의 모양과 색상을 변경하는 사용자 지정 옵션을 제공합니다. 넘파이, 판다스, 시본(Seaborn)과 같은 데이터 분석 라이브러리로 데이터를 분석하면 맷플롯립으로 보다 정교하게 시각화할 수 있습니다.

2 그래프 유형

다음은 맷플롯립으로 작성할 수 있는 대표적인 그래프입니다. 그래프의 유형별 특징을 이해하고 데이터의 특성과 분석 목적에 적합한 그래프를 사용하도록 합니다.

• **기본 플롯:** 데이터를 (x, y) 쌍으로 표현합니다.

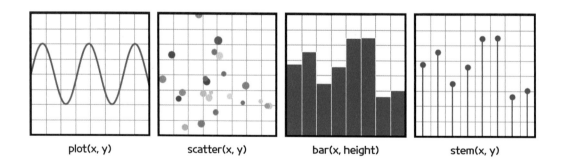

plot(x, y)   scatter(x, y)   bar(x, height)   stem(x, y)

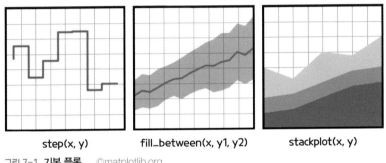

step(x, y)   fill_between(x, y1, y2)   stackplot(x, y)

그림 7-1 **기본 플롯**   ©matplotlib.org

- **배열과 필드 플롯:** 데이터 $Z(x, y)$와 필드 $U(x, y)$, $V(x, y)$의 배열을 표현합니다.

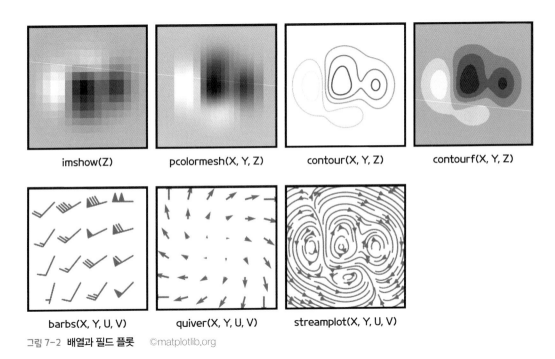

imshow(Z)   pcolormesh(X, Y, Z)   contour(X, Y, Z)   contourf(X, Y, Z)

barbs(X, Y, U, V)   quiver(X, Y, U, V)   streamplot(X, Y, U, V)

그림 7-2 **배열과 필드 플롯**   ©matplotlib.org

- **통계 플롯:** 데이터 분포를 시각화하여 통계 분석에 적합합니다.

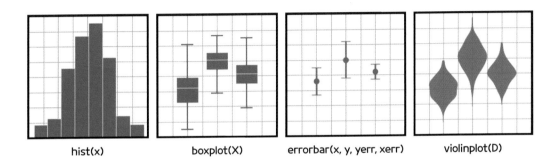

hist(x)   boxplot(X)   errorbar(x, y, yerr, xerr)   violinplot(D)

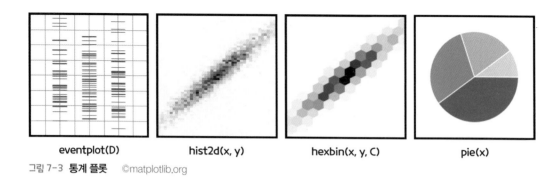

| eventplot(D) | hist2d(x, y) | hexbin(x, y, C) | pie(x) |

그림 7-3 **통계 플롯**　©matplotlib.org

- **비정형 좌표**: 좌표(x, y)에서의 값 z를 등고선으로 시각화합니다.

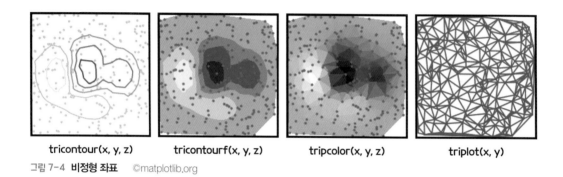

| tricontour(x, y, z) | tricontourf(x, y, z) | tripcolor(x, y, z) | triplot(x, y) |

그림 7-4 **비정형 좌표**　©matplotlib.org

그 밖에도 mpl_toolkits.mplot3d 라이브러리의 3D 플롯을 활용할 수 있습니다. 데이터 성격과 용도에 맞는 적절한 시각화 도구를 사용합니다.

> 파이썬 코드를 주피터 노트북 환경에서 실행한다면 새 창을 열지 않고 맷플롯립의 그래프를 표시하기 위해 코드 가장 위에 %matplotlib inline을 선언합니다. Colab에서 실습할 때는 이 명령을 사용하지 않아도 바로 그래프가 표시됩니다.

기본 차트

맷플롯립의 하위 패키지인 파이플롯(Pyplot)을 사용하겠습니다. 파이플롯의 plot( ) 함수는 꺾은선 그래프를 작성합니다. 꺾은선 그래프(Line chart)는 시간 데이터를 x축에 두고 연속형 변수의 추세를 살펴볼 때 사용합니다.

```
import matplotlib.pyplot as plt
plt.plot([x값 리스트], y값 리스트, ['포맷 스타일'])
```

x값 리스트를 생략하면 기본으로 y값 개수와 같은 개수로 0부터 1씩 증가하는 정수 리스트가 x값이 됩니다. y가 10개일 때는 x가 [0, 1, ..., 9]로 생성됩니다. 한편 포맷 스타일을 입력하면 선의 색과 종류, 개별 데이터를 표시하는 마커의 모양을 설정할 수 있습니다. 'rs:'는 빨간색 점선과 직사각형 마커를 지정합니다. 기본 포맷 스타일은 'b–'로 파란색 실선에 마커는 표시하지 않습니다.

표 7-1 **포맷 스타일의 종류**

색상	b(파란색), g(초록색), r(빨간색), c(청록색), y(노란색), k(검은색), w(흰색)
선 종류	–(실선), ––(파선), –.(일점쇄선), :(점선)
마커 모양	o(원), +(+ 기호), D(다이아몬드), s(사각형), ^(삼각형), v(역삼각형), .(점)

코드 7-1 차트 생성

```
import matplotlib.pyplot as plt

plt.title('대한민국')
plt.plot([-1, 2, 3, 4])
plt.show()
```

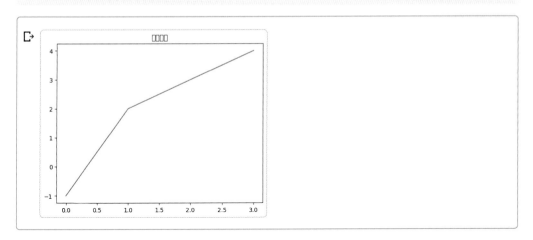

x값 리스트를 생략하여 기본인 [0, 1, 2, 3]으로 생성합니다. plot() 함수에 입력한 [–1, 2, 3, 4]는 y값입니다. 파이플롯의 show() 함수를 마지막에 적으면 속성 관련 메시지는 생략되고 그래프만 깔끔하게 출력됩니다.

그런데 [코드 7–1]에서 입력한 차트 제목 '대한민국'이 출력되지 않습니다. 이는 Colab에서 기본적으로 한글을 지원하지 않기 때문입니다. 다음 셀에 [코드 7–2]와 같이 작성한 후 실행하여 한글 폰트를 설치합니다.

한글 폰트 설치

```
!sudo apt-get install -y fonts-nanum
!sudo fc-cache -fv
!rm ~/.cache/matplotlib -rf
```

폰트 설치 후 런타임을 재시작해야 설치한 폰트가 적용됩니다. 런타임을 재시작하는 방법은 다음과 같습니다. [런타임] 메뉴에서 [세션 다시 시작] 메뉴를 선택합니다. 런타임을 다시 시작할지 묻는 창에서 [예] 버튼을 클릭합니다.

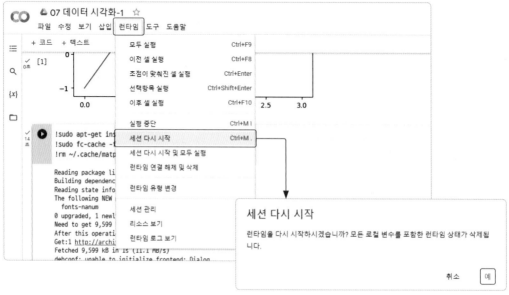

그림 7-5 **세션 다시 시작**

같은 그래프를 다시 출력하여 폰트가 적용되었는지 확인합니다.

한글 폰트 설치

```python
import matplotlib.pyplot as plt

plt.rc('font', family='NanumGothic')
plt.rcParams['axes.unicode_minus'] = False  #축의 음수 기호 표시

plt.plot([-1, 2, 3, 4])
plt.title('대한민국')
plt.show()
```

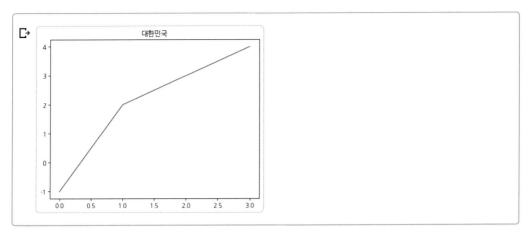

설치한 한글 폰트를 지정하여 차트에 한글 제목이 잘 출력됩니다.

이번에는 2014년, 2017년, 2020년, 2023년에 상품의 가격이 각각 25,000원, 31,000원, 53,000원, 63,000원인 데이터를 그래프로 그려보겠습니다. 그런데 연도와 가격 축이 0부터 시작하면 축 범위가 가격 변화폭에 비해 너무 클 것입니다. 맷플롯립 파이플롯의 axis() 함수로 축 범위를 지정할 수 있습니다. 만약 축 범위를 직접 지정하지 않으면 입력한 x, y 값 중 최솟값과 최댓값으로 축의 범위가 정해집니다.

```
plt.axis(x 최솟값, x 최댓값, y 최솟값, y 최댓값)
```

코드 7-4 축 범위를 지정하여 차트 생성

```
year = [2014, 2017, 2020, 2023]
price = [25000, 31000, 53000, 63000]
plt.plot(year, price, 'rs:') #빨간색, 사각형 마커, 점선

plt.axis([2013, 2024, 20000, 70000])
plt.show()
```

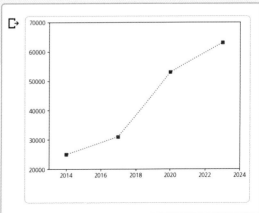

축의 범위를 설정했기 때문에 그래프에 가격 변화가 잘 표현됩니다.

x축은 공동으로 사용하면서 y값을 다르게 하여 한 차트에 그래프 여러 개를 나타낼 수도 있습니다.

코드 7-5 차트 하나에 그래프 세 개 생성

```
import numpy as np

plt.plot(np.random.randn(10), 'k', label='one')       #검은색 실선
plt.plot(np.random.randn(10)*3, 'r--', label='two')   #빨간색 파선
plt.plot(np.random.randn(10)*10, 'g.', label='three') #선 없이 초록색 점 마커로 표시
plt.legend()
plt.show()
```

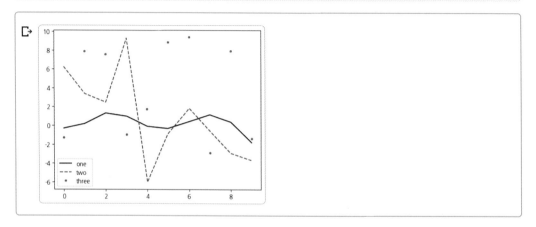

legend( ) 함수로 범례를 표시합니다. plot( ) 함수에서 label 옵션으로 지정한 레이블이 나타납니다.

다중 그래프

파이플롯의 subplot( ) 함수로 다중 그래프를 표현합니다. 다중 그래프(Multi graph)는 이전에 [코드 7-5]에서 그래프를 여러 개 겹쳐 그린 것과 달리 축이 여러 개입니다. 다중 그래프의 인덱스는 파이썬의 기본적인 인덱싱과 조금 다르니 주의합니다. 첫 번째 그래프의 인덱스가 1이고 이어서 인덱스가 2, 3, 4, ...입니다.

코드 7-6 다중 그래프

```
plt.subplot(2, 2, 1)                          #2행 2열 중 첫 번째 그래프
plt.plot(np.random.randn(10), 'b--')
plt.subplot(2, 2, 2)                          #2행 2열 중 두 번째 그래프
plt.plot(np.random.randn(100), 'r', alpha=0.7)
```

```
    plt.subplot(2, 2, 3)                                #2행 2열 중 세 번째 그래프
    plt.plot(np.random.randn(10), 'y^')
    plt.subplot(2, 2, 4)                                #2행 2열 중 네 번째 그래프
    plt.plot(np.random.randn(10), 'g.')
    plt.show()
```

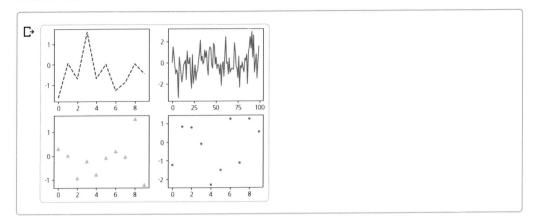

넘파이의 random.randn( ) 함수는 평균이 0이고 표준편차가 1인 정규분포를 따르는 난수를 생성합니다.

plot( ) 함수의 인자 alpha는 불투명도를 의미합니다. alpha 값이 0에 가까울수록 마커와 선이 투명하고 1에 가까울수록 불투명합니다.

산점도

산점도(Scatter Plot)로 두 연속형 변수 값의 분포 또는 상관관계를 나타낼 수 있습니다.

```
    plt.scatter(x값 리스트, y값 리스트, c='색상', s=크기, marker='모양')
```

맷플롯립 파이플롯의 scatter( ) 함수로 연도별 상품가격 데이터의 산점도를 작성합니다.

코드 7-7 연도별 상품가격 산점도

```
year = [2014, 2017, 2020, 2023]
price = [25000, 31000, 53000, 63000]
plt.scatter(year, price, c='g', s=50, marker='^')
plt.show()
```

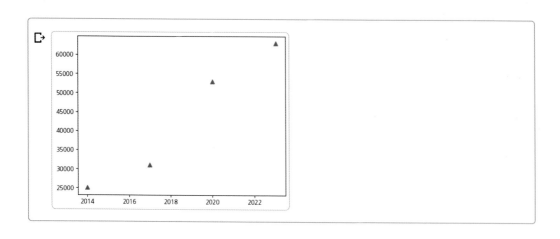

히스토그램

히스토그램(Histogram)으로 연속형 변수의 구간별 분포를 나타낼 수 있습니다. 파이플롯의 hist( ) 함수를 사용하여 히스토그램을 생성합니다.

```
plt.hist(값 리스트, bins=구간의 수)
```

주사위를 10번 던졌을 때 1부터 6까지의 수가 몇 번씩 나왔는지 히스토그램으로 나타내 봅시다.

코드 7-8 주사위 결과 히스토그램

```
numbers = [5, 4, 4, 1, 6, 3, 4, 1, 2, 2]
plt.hist(numbers, bins=6)
plt.show()
```

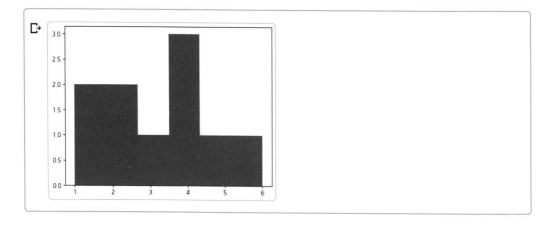

주사위를 던진 결과 1부터 6까지의 정수가 나오므로 구간을 여섯 개로 나누어 히스토그램을 그립니다.

show( ) 함수로 히스토그램을 확인합니다. x축은 값이고 y축은 빈도수를 나타냅니다. 데이터를 히스토그램으로 나타내면 숫자를 나열했을 때보다 구간별 빈도수를 파악하기 편합니다.

상자 그래프

상자 그래프(Box plot)로 연속형 변수의 분포를 살펴볼 수 있습니다. 상자 그래프에 최댓값, 최솟값, 중앙값, 사분위수를 표시합니다. 특히 데이터가 비대칭적으로 분포할 때 극단값의 개수, 비대칭 여부 등을 확인할 수 있습니다.

상자 그래프를 그리는 순서는 다음과 같습니다.

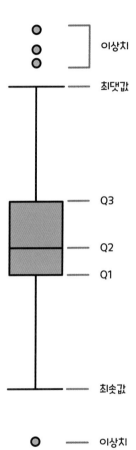

❶ 제1사분위수(Q1)와 제3사분위수(Q3)를 양 끝으로 하는 상자를 그립니다. 제1사분위수는 정렬한 데이터를 수로 4등분했을 때 하위 25%에 해당하는 값이고, 제3사분위수는 정렬한 데이터를 수로 4등분했을 때 상위 25%에 해당하는 값입니다. 즉, 상자 그래프의 상자 범위 안에 전체 데이터의 50%가 있습니다.

❷ 상자 안에는 중앙값을 수평선으로 표시합니다.

❸ 상자의 길이, 즉 Q1에서 Q3까지의 범위를 사분범위(IQR, Inter-quartile Range)라고 하며 이 상자 길이의 1.5배 안에 있는 데이터를 기준으로 수염을 표시합니다. 수염 위쪽 끝을 최댓값, 수염 아래쪽 끝을 최솟값이라고 합니다.

❹ 수염 바깥에 있는 데이터는 작은 원으로 표현하며, 이상치(Outliers)로 간주합니다.

그림 7-6 **상자 그래프**

통계에서 평균은 데이터를 대표하는 값으로 사용됩니다. 그러나 이상치 때문에 평균이 왜곡된 의미를 전달할 때가 있습니다. 예를 들어 어느 대학 학과 졸업생 중 한 명만 연봉이 40억 원이고 나머지 학생들은 연봉이 4,000만 원에 가까울 때 평균 연봉 1억 원은 데이터를 대표하지 못합니다. 상자 그래프로 이상치와 사분위수를 시각적으로 파악하며, 데이터가 치우친 정도까지 확인할 수 있습니다. 이상치가 있는 데이터를 분석하는 방법을 8장에서 자세히 다루겠습니다.

상자 그래프

```
numbers = [0, 1.4, 1.6, 1.8, 1.85, 1.9, 2.2, 2.5, 5.7, 9]
plt.boxplot(numbers)
plt.show()
```

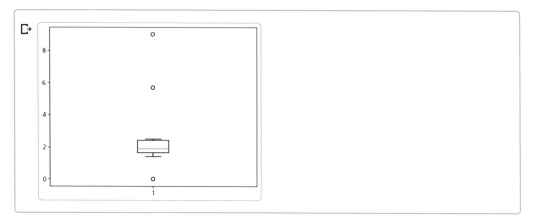

show() 함수로 상자 그래프를 확인합니다. 데이터 대부분이 2에 인접하여 분포하며 최솟값과 최
댓값을 벗어난 이상치가 있음을 시각적으로 확인할 수 있습니다.

막대 그래프

막대 그래프(Bar plot)로 범주형 변수끼리 연속형 값을 비교할 수 있습니다.

```
plt.bar(x값 리스트, y값 리스트)
```

국어, 영어, 수학 점수가 각각 85점, 76점, 55점일 때 막대 그래프를 작성하면 과목끼리 점수를 비
교하기 편리합니다.

과목별 성적 막대 그래프

```
subject = ['KOR', 'ENG', 'MATH']
grade = [85, 76, 55]

plt.title('Report')
plt.xlabel('Subject')
plt.ylabel('Grade')

plt.bar(subject, grade)
plt.ylim(0,100)          #y축 범위
```

```
    plt.text(0,90, 'Good!')
    plt.show()
```

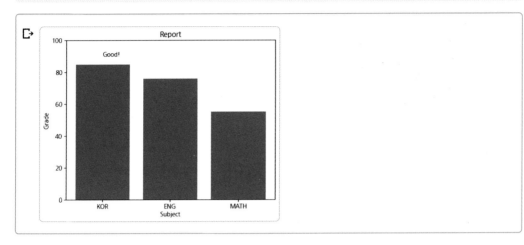

파이플롯의 text( ) 함수로 x 인덱스가 0이고 y 값이 90인 위치에 텍스트 'Good!'을 출력합니다.

파이 차트

파이 차트(Pie chart)로 범주형 변수끼리 연속형 값의 비율을 비교할 수 있습니다.

```
plt.pie(값 리스트, labels=레이블 리스트, autopct='%.숫자f%%', colors=색상, explode=띄우는
값_리스트)
```

과일 종류별 소비량이 사과 20, 바나나 15, 체리 5, 키위 5, 포도가 10일 때 파이 차트를 작성하겠
습니다.

코드 7-11 과일 소비량 파이 차트

```
import pandas as pd

example_series = pd.Series([20, 15, 5, 5, 10],\
                index=['Apple', 'Banana', 'Cherry', 'Kiwi', 'Grape'])
plt.pie(example_series, labels=example_series.index, autopct='%.1f%%')
plt.show()
```

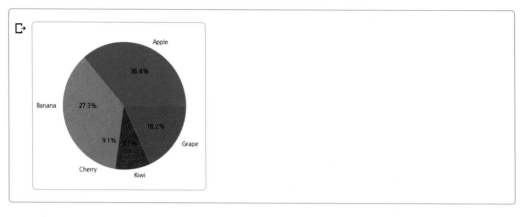

labels에 각 영역의 이름을 리스트로 적고 autopct로 영역 비율을 표시할 형식을 지정합니다. autopct는 숫자를 소수점 이하 한 자리까지 나타내고 퍼센트 기호(%)를 붙여 백분율로 표시합니다.

파이 차트는 3시 방향의 'Apple'부터 시작해서 반시계방향으로 다음 항목을 나타냅니다. 항목별 색은 pie( ) 함수에서 colors 인자를 추가하여 지정할 수 있습니다.

확인문제

파이플롯 라이브러리를 plt로 불러왔다. 그래프를 생성하는 코드를 보고 해당하는 그래프 종류를 찾아 적으시오.

1. `plt.plot()` **2.** `plt.hist()` **3.** `plt.bar()` **4.** `plt.subplot()`

5. `plt.boxplot()` **6.** `plt.scatter()` **7.** `plt.pie()`

① 다중 그래프 ② 꺾은선 그래프 ③ 상자 그래프 ④ 파이 차트
⑤ 막대 그래프 ⑥ 히스토그램 ⑦ 산점도

정답

1. ② **2.** ⑥ **3.** ⑤ **4.** ① **5.** ③ **6.** ⑦ **7.** ④

---

❸ 워드클라우드

워드클라우드(WordCloud)는 데이터의 빈도를 단어(Word)의 구름(Cloud)으로 표현하는 시각화 도구입니다. 워드클라우드에서는 각 단어를 발생 빈도에 비례하는 크기로 나타냅니다. 예를 들어 국가별 인구 수를 국가명의 크기나 색상으로 표현하거나, 주가의 등락과 거래량을 기준으로 회사명의 크기와 색을 달리하여 표현할 수 있습니다. 워드클라우드는 특히 소셜미디어의 게시물, 뉴스

기사, 고객 리뷰와 같은 대량의 텍스트 데이터를 탐색하여 시각화하는 데 많이 사용됩니다. 워드클라우드는 텍스트 데이터에서 자주 나타나거나 중요한 주제를 빠르고 직관적으로 확인하도록 도와줍니다.

그림 7-7 **워드클라우드**

워드클라우드를 생성하는 과정은 다음과 같습니다.

❶ 텍스트 데이터를 사전 처리하여 영어의 the, and, of와 같은 일반적인 단어를 제거합니다.

❷ 남은 단어들의 빈도수를 계산합니다.

❸ 빈도수에 비례하는 크기로 단어를 표시하여 구름 모양으로 나타냅니다.

❹ 워드클라우드의 마스크, 단어 크기와 글꼴, 색을 설정하여 시각화 효과를 높입니다.

확인문제

빈칸을 채워 문장을 완성하시오.

워드클라우드는 단어 데이터의 [   ]를 구름 모양으로 표현하는 시각화 도구이다.

정답

빈도

4 네트워크X

네트워크X(networkx)는 파이썬으로 작성된 오픈소스 라이브러리이며 복잡한 네트워크 구조를 다루는 데 특화되어 있습니다.

사람들 사이의 관계, 데이터의 흐름, 개체 간 유사성이나 지역 간 거리처럼 개체와 그 개체 사이의 관계에 대한 데이터는 네트워크(Network, 망)로 표현하면 효과적입니다. 네트워크 그래프는 항목의 쌍 관계를 노드와 선으로 구성하여 나타냅니다. 노드(Node)는 각 개체를 의미하며 노드 A와 B 사이에 관계가 있을 때 선(Link, Line, Edge)으로 연결합니다. 네트워크X를 사용하면 복잡한 네트워크 그래프를 만들어 네트워크의 구조와 속성을 분석하고 시각화할 수 있습니다. 네트워크X는 소셜 네트워크 분석, 생물 정보학 및 그래프 이론 분야 등 다양한 분야에 활용됩니다.

네트워크 그래프 생성

네트워크 객체를 생성하고 개체의 쌍 관계를 노드와 선으로 나타내겠습니다.

코드 7-12 네트워크 그래프 생성

```
!pip install networkx
import networkx as nx


G = nx.DiGraph()
G.add_nodes_from(['A','B','C','D','E'])
G.add_edges_from([('A','B'), ('B','C'), ('C','D')])


nx.draw(G, with_labels=True)
```

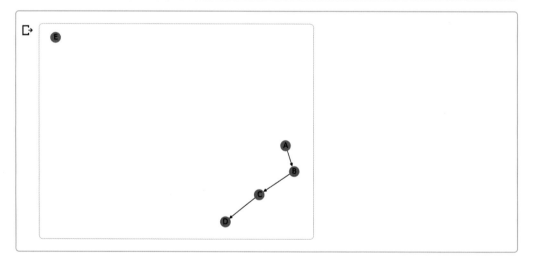

네트워크 그래프를 생성하기에 앞서 빈 그래프 객체를 생성합니다. 다음으로 노드 다섯 개를 생성하고 노드 A와 B, B와 C, C와 D를 잇는 선을 생성합니다.

네트워크X의 draw() 함수로 네트워크 그래프를 출력합니다. with_labels 옵션으로 노드에 레이블을 포함합니다. 네트워크X는 매번 다른 위치에 노드를 배치하므로 실행 결과는 책과 다를 것입니다.

노드와 선 추가 및 제거

네트워크 그래프 객체만 먼저 생성하고 노드와 선을 개별로 추가하거나 제거할 수 있습니다.

코드 7-13 노드와 선 추가 및 제거

```
#노드 추가 및 제거하기
g1 = nx.Graph()
g1.add_node('David')
g1.add_node('John')
g1.add_node('Mary')
g1.add_node('Julia')
g1.add_node('Juda')
g1.add_nodes_from(['Judy', 'Karen'])
g1.remove_node('Julia')

#선 추가 및 제거하기
g1.add_edge('David', 'John')
g1.add_edge('David', 'Mary')
g1.add_edge('David', 'Karen')
g1.add_edges_from([('John', 'Mary'), ('John', 'Judy')])
g1.remove_edge('Mary', 'John')

nx.draw(g1, with_labels=True, font_weight='bold')
```

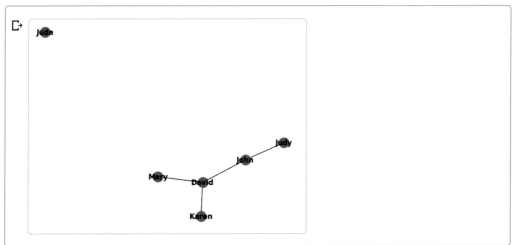

연결이 많은 노드를 크게 표시하면 한눈에 연결 상황을 파악할 수 있습니다.

```
d = dict(g1.degree)
nx.draw(g1, nodelist=d.keys(), node_size=[v * 1000 for v in d.values()],\
        with_labels=True, font_weight='bold')
g1.nodes
```

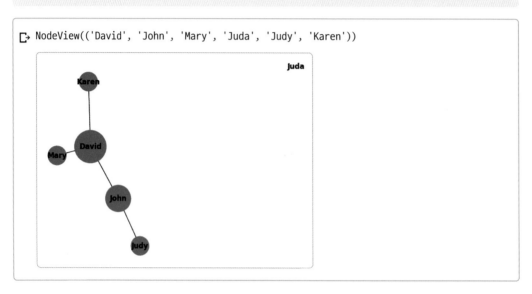

NodeView(('David', 'John', 'Mary', 'Juda', 'Judy', 'Karen'))

그래프 g1의 각 노드의 차수를 딕셔너리형으로 변수 d에 저장합니다. 참고로 네트워크X의 degree( ) 함수에 인자로 네트워크 그래프 객체를 입력하면 노드와 노드 차수의 쌍인 튜플을 원소로 갖는 리스트를 반환합니다.

draw( ) 함수의 node_size 인자 값으로 d를 지정하여 노드 크기에 노드 차수를 반영합니다.

방향성 그래프

네트워크 그래프에서 선을 화살표로 표시할 수 있습니다. 화살표, 즉 방향이 있는 선으로 노드를 연결한 그래프를 방향성 그래프(Directed graph)라고 합니다. 일반적인 네트워크 그래프는 노드의 차수(degree)를 속성으로 갖습니다. 반면, 방향성 그래프는 노드에 선이 들어오는 개수(in_degree)와 노드에서 선이 나가는 개수(out_degree)까지 속성으로 갖습니다. in_degree와 out_degree도 degree 속성과 마찬가지로 튜플의 리스트로 나타납니다.

코드 7-15 방향성 그래프

```
g2 = nx.DiGraph()
g2.add_edges_from([(1, 2), (1, 3), (1, 4), (3, 4)])
nx.draw(g2, with_labels=True, font_weight='bold')
```

```
print(g2.in_degree)
print(g2.out_degree)
```

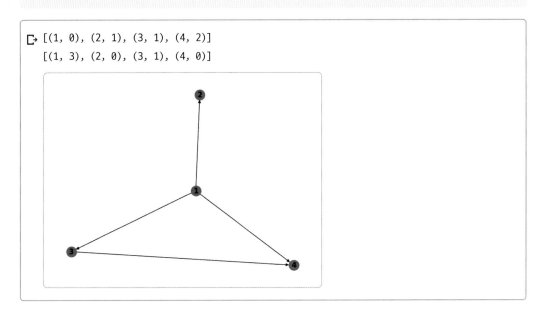

```
[(1, 0), (2, 1), (3, 1), (4, 2)]
[(1, 3), (2, 0), (3, 1), (4, 0)]
```

가중치 표시

어떤 연결은 다른 연결보다 더 중요합니다. 네트워크 그래프의 선에 가중치(Weight) 레이블을 표시하여 관계의 중요도를 나타낼 수 있습니다.

코드 7-16 **가중치 표시**

```
g3 = nx.DiGraph()
g3.add_weighted_edges_from([(1, 2, 10), (2, 3, 20)])
g3.add_edge(1, 3, weight=30)
pos = nx.spring_layout(g3)

nx.draw(g3, pos=pos, with_labels=True)
labels = nx.get_edge_attributes(g3, 'weight')
nx.draw_networkx_edge_labels(g3, pos, edge_labels=labels);
```

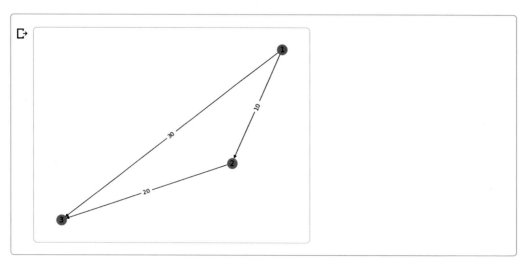

spring_layout( ) 함수는 그래프를 시각화할 때 노드 간 거리를 최대한 가깝게 유지하면서 시각적
으로 균형 잡힌 레이아웃을 만듭니다. get_edge_attributes( ) 함수로 그래프 객체에서 선의 속성
중 'weight'를 가져옵니다. draw_networkx_edge_labels( ) 함수는 선에 레이블을 붙입니다. 이
때 edge_labels 인자로 딕셔너리를 입력합니다.

판다스 데이터프레임 활용

데이터프레임을 네트워크 그래프로 변환할 수 있습니다. [그림 7-8]의 데이터프레임과 같이 선의
시작점과 끝점, 가중치 데이터를 구성하여 네트워크 그래프로 변환해 봅시다.

	from	to	weight
0	A	D	1
1	B	A	2
2	C	E	3
3	A	C	4
4	E	A	5
5	D	E	6

그림 7-8 가중치가 있는 데이터프레임

코드 7-17 데이터프레임을 네트워크 그래프로 변환

```
import pandas as pd
df = pd.DataFrame({'from': ['A', 'B', 'C', 'A', 'E', 'D'],\
                   'to': ['D', 'A', 'E', 'C', 'A', 'E'],\
                   'weight': [1, 2, 3, 4, 5, 6]})
```

```
g4 = nx.from_pandas_edgelist(df, 'from', 'to', create_using=nx.DiGraph())
nx.draw(g4, with_labels=True)
```

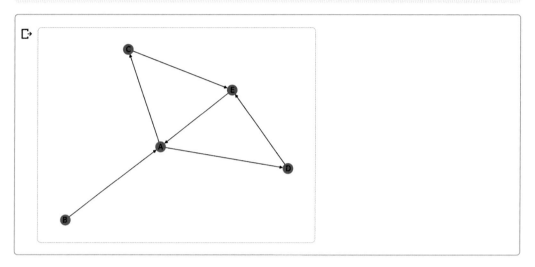

from_pandas_edgelist() 함수로 데이터프레임을 네트워크 그래프로 변환합니다. 방향성 그래프를 그리기 위해 create_using=nx.DiGraph() 인자를 추가합니다.

확인문제

A의 친구는 B와 C이고 B의 친구는 C, C의 친구는 D, D의 친구는 E일 때 네트워크X를 이용하여 A, B, C, D의 친구관계를 네트워크 그래프로 표현하는 코드를 작성하시오.

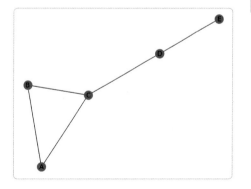

정답

```
!pip install networkx
import networkx as nx

G = nx.Graph()
G.add_nodes_from(['A','B','C','D','E'])
G.add_edges_from([('A','B'), ('A','C'), ('B','C'), ('C','D'), ('D','E')])
nx.draw(G, with_labels=True)
```

맷플롯립 활용

1 기온 CSV 데이터 시각화

기상청에서 제공하는 기온 데이터를 이용하여 2022년도 3월 서울의 최고, 최저, 평균 기온 변화 그래프를 그려보겠습니다.

CSV 파일 다운로드

먼저 기상자료개방포털(http://data.kma.go.kr)에 접속하고 회원가입 후 로그인합니다. [데이터 전체보기]−[기상관측]−[지상]을 차례로 선택하여 지상 기상관측 데이터를 조회하는 화면으로 이동합니다.

그림 7-9 **기상자료개방포털**

[자료설명] 아래에서 [검색조건]을 설정합니다. [자료형태]는 [일 자료], [기간]은 2022년 1월 1일에서 2022년 12월 31일까지를 선택합니다.

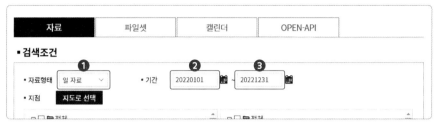

그림 7-10 기온 데이터 조회(1)

[지점]은 [서울특별시]를 선택하고 오른쪽 데이터 종류 목록에서 [기온] 체크박스를 선택한 후 [조회] 버튼을 클릭합니다.

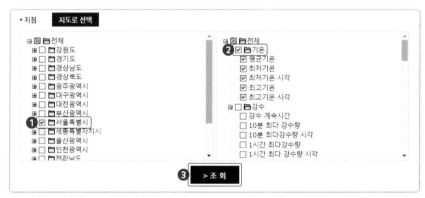

그림 7-11 기온 데이터 조회(2)

아래 [자료보기]에서 내용을 확인할 수 있습니다. [CSV]를 클릭하여 데이터를 '기온.csv' 파일로 저장합니다.

▪ 자료보기   CSV Excel

※조회 결과는 10건만 표출 됩니다. 상세결과는 파일 다운로드를 이용해주세요

지점	시간	평균기온(℃)	최저기온(℃)	최저기온 시각(hhmi)	최고기온(℃)	최고기온 시각(hhmi)
서울(108)	2022-01-01	-4.3	-10.2	0710	2.3	1544
서울(108)	2022-01-02	-1.3	-5.2	2356	3	1551
서울(108)	2022-01-03	-1.9	-8	0714	2.5	1542

그림 7-12 기온 데이터 다운로드

Colab에 데이터 업로드

구글 Colab 창의 왼쪽 도구 목록에서 폴더 모양 아이콘을 클릭하여 디렉토리를 표시합니다. '기온.csv' 파일을 디렉토리에 업로드하고 [sample_data] 폴더 아래에 '기온.csv' 파일이 나타난 것을 확인합니다. 이제 Colab에서 기온 데이터를 사용할 수 있습니다.

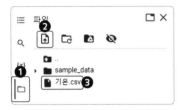

그림 7-13 Colab 디렉토리에 파일 업로드

데이터 확인

데이터를 맷플롯립으로 시각화하겠습니다. 가장 먼저 할 일은 그래프에 한글을 출력할 수 있도록 폰트를 설치하는 것입니다.

코드 7-18 한글 폰트 설치 및 적용

```
!sudo apt-get install -y fonts-nanum
!sudo fc-cache -fv
!rm ~/.cache/matplotlib -rf
```

실행 결과 마지막 줄의 fc-cache: succeeded를 확인하고 [런타임 다시 시작] 메뉴를 실행합니다.

코드 7-19 데이터 확인

```
import matplotlib.pyplot as plt
import pandas as pd

#데이터를 데이터프레임 형태로 읽어오기
df = pd.read_csv('기온.csv', encoding='cp949')
df.head(3)
```

	지점	지점명	일시	평균기온(°C)	최저기온(°C)	최저기온 시각(hhmi)	최고기온(°C)	최고기온 시각(hhmi)
0	108	서울	2022-01-01	-4.3	-10.2	710.0	2.3	1544
1	108	서울	2022-01-02	-1.3	-5.2	2356.0	3.0	1551
2	108	서울	2022-01-03	-1.9	-8.0	714.0	2.5	1542

결측치 처리

원래 있어야 하는데 빠진 데이터를 결측치라고 합니다. 기상 데이터에는 기기 결함이나 수집 누락 등의 이유로 종종 결측치가 존재합니다. 데이터프레임의 개요를 출력하여 결측치가 있는지 간단히 확인할 수 있습니다.

코드 7-20 데이터프레임 개요 확인

```
df.info()
```

```
<class 'pandas.core.frame.DataFrame'>
RangeIndex: 365 entries, 0 to 364
Data columns (total 8 columns):
 #   Column            Non-Null Count  Dtype
---  ------            --------------  -----
 0   지점               365 non-null    int64
 1   지점명             365 non-null    object
 2   일시               365 non-null    object
 3   평균기온(°C)        365 non-null    float64
 4   최저기온(°C)        364 non-null    float64
 5   최저기온 시각(hhmi)  364 non-null    float64
 6   최고기온(°C)        365 non-null    float64
 7   최고기온 시각(hhmi)  365 non-null    int64
dtypes: float64(4), int64(2), object(2)
memory usage: 22.9+ KB
```

info() 함수로 데이터프레임 df의 열별 데이터 개수와 자료형을 출력합니다. 그런데 일 자료 1년치이므로 모든 열에 데이터 개수가 365개여야 하는데, 최저기온과 최저기온 시각이 364개로 모자랍니다.

데이터 일부가 빠져 결측치가 있으므로 최저기온 데이터 하나를 그 이전 행 값으로 채워 넣겠습니다. 결측치를 처리하는 방법은 8장에서 더 다루겠습니다.

코드 7-21 결측치 채우기

```
df2 = df.fillna(method='ffill')
df2.info()
```

```
<class 'pandas.core.frame.DataFrame'>
RangeIndex: 365 entries, 0 to 364
Data columns (total 8 columns):
 #   Column           Non-Null Count  Dtype
---  ------           --------------  -----
 0   지점              365 non-null    int64
 1   지점명            365 non-null    object
 2   일시              365 non-null    object
 3   평균기온(℃)        365 non-null    float64
 4   최저기온(℃)        365 non-null    float64
 5   최저기온 시각(hhmi) 365 non-null    float64
 6   최고기온(℃)        365 non-null    float64
 7   최고기온 시각(hhmi) 365 non-null    int64
dtypes: float64(4), int64(2), object(2)
memory usage: 22.9+ KB
```

판다스의 fillna() 함수로 결측치를 채웁니다. method 인자를 'ffill'로 지정하여 이전 행의 값과 같게 채웁니다.

다시 데이터프레임 개요를 확인하면 데이터 개수가 모든 열에서 365개로 채워져 있습니다. 평균기온부터 최고기온까지 기온 및 시각 열은 모두 float64로 실수형입니다.

결측치를 이전 값으로 채우는 것은 일정한 시간 간격으로 측정하여 생성한 데이터에서 자주 사용하는 방법입니다. 이 경우 대개 데이터의 변동이 크지 않아 이전 값이 현재 값과 유사할 가능성이 높습니다. 예제의 기온 역시 일반적으로 하루 전과 크게 다르지 않습니다.

그러나 이전 값도 유효하지 않거나 누락되어 있다면 이전 값으로 결측치를 대체하는 것이 부적절할 수 있습니다. 만약 결측이 있는 날 태풍이 지나가는 사건이 있었다면 전날 기온과 차이가 클 것입니다. 또한 결측치가 발생한 원인에 따라 이전 값으로 채우는 것이 의미 없을 수도 있습니다. 결측이 있기 며칠 전부터 온도계의 정확도가 떨어지다가 고장 났을 수 있기 때문입니다.

정리하면 결측치를 대체할 때는 신중히 판단해야 합니다. 결측의 원인과 데이터의 특성을 고려하여 데이터의 분포를 왜곡하지 않도록 주의합니다.

그래프 생성

기온 열의 이름에는 특수 문자가 들어있습니다. 사용하기 편하도록 rename() 함수를 사용하여 이름을 영문 알파벳과 밑줄 기호의 조합으로 변경하겠습니다.

특수 문자가 포함된 열 이름을 변경

```
df2.rename(columns={'최저기온(℃)':'min_temp'}, inplace=True)
df2.rename(columns={'평균기온(℃)':'avg_temp'}, inplace=True)
df2.rename(columns={'최고기온(℃)':'max_temp'}, inplace=True)
df2.head(3)
```

	지점	지점명	일시	avg_temp	min_temp	최저기온 시각(hhmi)	max_temp	최고기온 시각(hhmi)
0	108	서울	2022-01-01	-4.3	-10.2	710.0	2.3	1544
1	108	서울	2022-01-02	-1.3	-5.2	2356.0	3.0	1551
2	108	서울	2022-01-03	-1.9	-8.0	714.0	2.5	1542

이제 그래프를 그리겠습니다. x축에는 일수인 365일을 1부터 365로 표시합니다.

코드 7-23 **꺾은선 그래프 생성**

```
plt.rc('font', family='NanumGothic')
plt.rcParams['axes.unicode_minus'] = False

plt.title('서울시 2022년도 기온 변화')
plt.plot(range(1,len(df2)+1), df2['max_temp'], label='최고기온', c='r')
plt.plot(range(1,len(df2)+1), df2['avg_temp'], label='평균기온', c='y')
plt.plot(range(1,len(df2)+1), df2['min_temp'], label='최저기온', c='b')
plt.xlabel('일')
plt.ylabel('기온')
plt.legend()
plt.show()
```

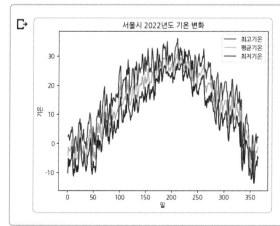

이번에는 3월 데이터만 추출하여 그래프를 그리겠습니다. [코드 7-23]의 결과에서 확인한 일시 데이터는 현재 object 자료형입니다. 3월 데이터를 추출할 수 있도록 연-월-일의 날짜형 데이터로 변경하겠습니다.

코드 7-24 일시 데이터를 날짜형으로 변경

```
df2['일시'] = pd.to_datetime(df2['일시'], format='%Y-%m-%d')
df2['일시']
```

```
0      2022-01-01
1      2022-01-02
2      2022-01-03
3      2022-01-04
4      2022-01-05
         ...
360    2022-12-27
361    2022-12-28
362    2022-12-29
363    2022-12-30
364    2022-12-31
Name: 일시, Length: 365, dtype: datetime64[ns]
```

일시 열은 각 행에서 고유하면서 순차로 증가하기 때문에 이 열을 인덱스로 지정하면 편리할 것입니다.

코드 7-25 일시 열을 인덱스로 지정

```
df3 = df2.set_index('일시')
df3.head(3)
```

일시	지점	지점명	avg_temp	min_temp	최저기온 시각(hhmi)	max_temp	최고기온 시각(hhmi)
2022-01-01	108	서울	-4.3	-10.2	710.0	2.3	1544
2022-01-02	108	서울	-1.3	-5.2	2356.0	3.0	1551
2022-01-03	108	서울	-1.9	-8.0	714.0	2.5	1542

3월 데이터만 추출하여 df_Mar로 저장합니다. 일시 열이 연월일이 구분되는 날짜형으로 저장되었기 때문에 다음과 같이 간편하게 추출할 수 있습니다.

3월 데이터 추출

```
df_Mar = df3[pd.DatetimeIndex(df3.index).month == 3]
```

날짜형 데이터는 연, 월, 일을 따로 저장하므로 월을 조건으로 데이터를 추출할 수 있습니다.

3월 데이터만으로 그래프를 그려보겠습니다. plot( ) 함수 안에 label 인자로 범례에 표시할 이름을 지정할 수 있습니다. 또한 plot( ) 함수에서 color를 의미하는 c 인자로 선 색상을 지정합니다.

코드 7-27 **3월 기온 꺾은선 그래프 생성**

```
plt.title('서울시 2022년도 3월 기온 변화')
plt.plot(range(1,32), df_Mar['max_temp'], label='최고기온', c='r')
plt.plot(range(1,32), df_Mar['avg_temp'], label='평균기온', c='y')
plt.plot(range(1,32), df_Mar['min_temp'], label='최저기온', c='b')

plt.xlabel('3월')
plt.ylabel('기온')
plt.xlim(1,31)
plt.ylim(-7, 22)
plt.legend()
plt.rcParams['figure.figsize'] = (100, 200)

plt.show()
plt.savefig('서울.png')
```

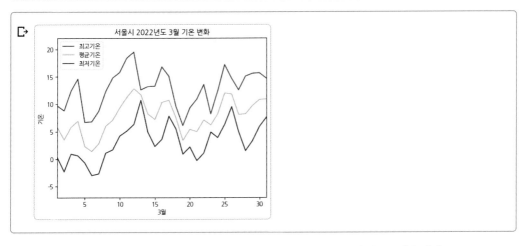

그래프로 데이터를 나타내니 2022년 3월 서울의 기온 변화를 한눈에 알 수 있습니다.

확인문제

데이터프레임 df에 결측치가 있어 바로 이전 행의 값과 같게 채우려고 한다. 코드의 빈칸을 작성하시오.

```
df2 = df.fillna(method=          )
```

정답

```
'ffill'
```

LAB 내가 태어난 달의 기온 그래프

자신의 출생 연월의 출생지역 평균기온, 최저기온, 최고기온으로 꺾은선 그래프를 작성합니다.

1. 기상자료개방포털에 접속하여 기온 데이터 CSV 파일을 다운로드하고 Colab 디렉토리에 업로드합니다. 예시로 2003년 12월 대전광역시의 기온 데이터를 사용하겠습니다.

2. 한글 폰트를 적용하고 CSV 파일을 읽어와 데이터프레임 df에 할당합니다. 결측치가 있는지 확인합니다.

```
!sudo apt-get install -y fonts-nanum
!sudo fc-cache -fv
!rm ~/.cache/matplotlib -rf1
```

```
import pandas as pd
df = pd.read_csv('대전기온.csv', encoding='cp949')
df.info()
```

```
<class 'pandas.core.frame.DataFrame'>
RangeIndex: 31 entries, 0 to 30
Data columns (total 8 columns):
```

```
 #   Column              Non-Null Count  Dtype
---  ------              --------------  -----
 0   지점                  31 non-null     int64
 1   지점명                 31 non-null     object
 2   일시                  31 non-null     object
 3   평균기온(℃)             31 non-null     float64
 4   최저기온(℃)             31 non-null     float64
 5   최저기온 시각(hhmi)       31 non-null     int64
 6   최고기온(℃)             31 non-null     float64
 7   최고기온 시각(hhmi)       31 non-null     int64
dtypes: float64(3), int64(3), object(2)
```

3. 결측치가 있다면 이전 행의 값과 같게 채워 넣습니다. 열 이름은 영문 알파벳과 밑줄 기호만으로 변경합니다.

```python
df2 = df.fillna(method='ffill')
df2.rename(columns={'최저기온(℃)':'min_temp'}, inplace=True)
df2.rename(columns={'평균기온(℃)':'avg_temp'}, inplace=True)
df2.rename(columns={'최고기온(℃)':'max_temp'}, inplace=True)
```

4. 그래프를 생성합니다.

```python
import matplotlib.pyplot as plt
plt.rc('font', family='NanumGothic')
plt.rcParams['axes.unicode_minus'] = False

plt.title('대전광역시 2003년 12월 기온 변화')
plt.plot(range(1,len(df)+1), df2['max_temp'], label='최고기온', c='r')
plt.plot(range(1,len(df)+1), df2['avg_temp'], label='평균기온', c='y')
plt.plot(range(1,len(df)+1), df2['min_temp'], label='최저기온', c='b')
plt.xlabel('일')
plt.ylabel('기온')
plt.legend()
plt.show()
plt.savefig('대전기온.png')
```

워드클라우드 활용

1 헌법 워드클라우드

Colab에서 작업 시 무료로 구글의 리소스를 활용할 수 있어서 편리한 반면 한글은 지원하지 않는 점은 번거롭습니다. 그래서 자연어 처리(Natural Language Processing)에서 신경 써야 할 부분이 있습니다.

영어 텍스트는 워드클라우드 라이브러리로 워드클라우드를 생성할 수 있습니다. 그러나 한국어 텍스트는 한국어 형태소를 분석하는 패키지를 추가로 사용해야 합니다. 국어에서 형태소란 뜻을 가진 가장 작은 단위입니다. 예를 들어 '나라'에서 '나'와 '라' 각각에는 의미가 없으므로 '나라'라는 단어가 형태소입니다. 이번 절에서는 한국어 자연어 처리 파이썬 패키지인 KoNLPy를 사용합니다. 영문을 분석할 때는 openNLP, RKEA, Snowball 등의 패키지를 사용할 수 있습니다.

텍스트 파일 준비

헌법은 국가의 근간을 이루는 규범입니다. 우리 헌법에는 어떤 단어들이 자주 사용되는지 워드클라우드를 생성하여 확인해 봅시다. 포털 사이트에서 **대한민국헌법**을 검색합니다. 국가법률정보센터에서 헌법 텍스트 파일을 제공합니다.

그림 7-14 **대한민국헌법 검색 화면**

법령 조회 화면에서 [💾 저장] 버튼을 클릭하고 [HWP 파일] 또는 [DOC 파일]을 선택합니다. [저장]을 클릭해 파일을 다운로드합니다.

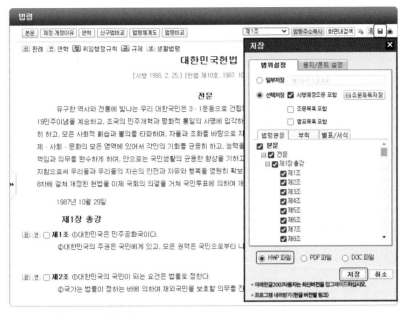
그림 7-15 **헌법 HWP 파일 다운로드**

문서를 열고 [파일]-[다른 이름으로 저장]을 선택합니다. [파일 이름]은 **대한민국헌법**이라고 입력하고 [파일 형식] 목록에서 [텍스트 문서 (*.txt)]를 선택합니다.

그림 7-16 **텍스트 문서로 저장(1)**

[텍스트 문서 종류] 대화상자에서 [문자 코드 선택] 중 [유니코드(UTF-8)]를 선택한 후 [저장]을 클릭하여 창을 닫습니다.

그림 7-17 **텍스트 문서로 저장(2)**

라이브러리 불러오기

한국어 형태소 분석 기능을 포함하는 KoNLPy 한국어 자연어 처리 패키지를 설치하고 워드클라우드 생성에 사용할 라이브러리를 불러옵니다.

코드 7-28 한국어 자연어 처리 패키지 설치

```
!pip install konlpy
```

코드 7-29 라이브러리 불러오기

```
from wordcloud import WordCloud
import matplotlib.pyplot as plt
from collections import Counter
from konlpy.tag import Okt
import numpy as np
```

WordCloud는 워드클라우드 객체를 생성하는 라이브러리입니다. Counter는 객체 내 요소들의 빈도수를 세는 라이브러리입니다. KoNLPy로 한국어 형태소를 분석할 예정입니다. numpy는 빈도수 등 수치 계산에 필요합니다.

파일 업로드

앞서 저장한 '대한민국헌법.txt' 파일을 구글 Colab 디렉토리에 업로드합니다.

그림 7-18 Colab 디렉토리에 파일 업로드

워드클라우드 생성

generate_from_frequencies( ) 함수로 단어의 빈도수가 많은 것을 크게 표시하는 워드클라우드를
생성할 수 있습니다. 이 함수는 인자로 단어가 키이고 빈도수가 값인 딕셔너리를 받습니다.

코드 7-30 워드클라우드 생성

```
#텍스트 분석하기
with open('대한민국헌법.txt', 'r', encoding='utf-8') as f: text = f.read()
okt = Okt()
nouns = okt.nouns(text)
words = [n for n in nouns if len(n)>1]
c = Counter(words)


#워드클라우드 생성하기
wc = WordCloud(font_path='/usr/share/fonts/truetype/nanum/NanumBarunGothic.ttf',\
               width=400, height=400, scale=2.0, max_font_size=250)
gen = wc.generate_from_frequencies(c)


plt.figure()
plt.imshow(gen)
wc.to_file('헌법_워드클라우드.png')
```

명사로만 워드클라우드를 만들겠습니다. nouns() 함수로 명사만 추출하여 변수 nouns에 저장합니다. 저장된 명사 중에서 문자열 길이가 1보다 큰 것만 리스트로 words에 저장합니다. 여기에서 한 글자 단어는 제외됩니다. Counter() 함수로 words를 처리하여 단어가 키이고 빈도수가 값인 딕셔너리 c를 만듭니다.

워드클라우드를 화면에 출력하고 디렉토리에도 이미지를 저장합니다.

확인문제

다음은 워드클라우드를 생성할 때 사용하는 라이브러리이다. 설명에 해당하는 라이브러리를 보기에서 골라 적으시오.

① numpy ② KoNLPy ③ Counter ④ PIL ⑤ matplotlib ⑥ WordCloud

1. 워드클라우드 객체를 생성한다. (   )
2. 그래프를 그린다. (   )
3. 객체 내 요소들의 빈도수를 센다. (   )
4. 한글 자연어 처리 라이브러리로, 형태소를 분석한다. (   )

정답

1. ⑥   2. ⑤   3. ③   4. ②

LAB   애국가 워드클라우드

구글에서 '애국가 가사'라고 검색하면 행정안전부에서 제공하는 텍스트 파일을 다운로드할 수 있습니다. 애국가 가사를 '애국가.txt' 파일로 저장하고 Colab에 업로드하여 워드클라우드로 표현해 봅시다.

1. 애국가 가사를 텍스트 파일로 저장하여 텍스트 파일을 Colab 디렉토리에 업로드합니다.

2. 패키지를 설치하고 라이브러리를 불러옵니다.

```
!pip install konlpy

from wordcloud import WordCloud
import matplotlib.pyplot as plt
from collections import Counter
from konlpy.tag import Okt
import numpy as np
```

3. 파일에서 텍스트를 읽어와 분석합니다. 텍스트를 형태소로 분리하고 빈도수를 변수 c에 저장합니다.

```
with open('애국가.txt', 'r', encoding='utf-8') as f:
    text = f.read()
okt = Okt()
nouns = okt.nouns(text)
words = [n for n in nouns if len(n) > 1]
c = Counter(words)
```

4. 워드클라우드 객체를 생성하고 빈도수가 큰 단어가 크게 나타나도록 워드클라우드를 그립니다.

```
wc = WordCloud(font_path='/usr/share/fonts/truetype/nanum/NanumBarunGothic.ttf',\
               width=400, height=400, scale=2.0, max_font_size=250)
gen = wc.generate_from_frequencies(c)
plt.figure()
plt.imshow(gen)

wc.to_file('애국가_워드클라우드.png')
```

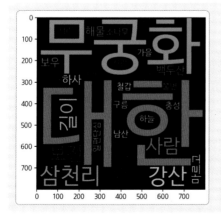

네트워크X 활용

1 튀르키예 뉴스 시각화

2023년 2월 발생한 튀르키예 지진 이후 튀르키예에 대한 관심이 높아졌습니다. 튀르키예와 관련하여 어떤 단어들이 함께 많이 언급되었는지 궁금합니다. 단어 사이의 관계를 한눈에 알아볼 수 있도록 네트워크 그래프를 그려보겠습니다.

국내 뉴스 기사 데이터를 제공하는 웹사이트에서 키워드 **튀르키예**를 입력하여 검색하고 기사 제목만 CSV 파일로 저장합니다. 다음으로 텍스트 데이터를 단어별로 나누는 토큰화(Tokenization)로 품사를 분류합니다. 마지막으로 명사만 추출하여 주요 키워드와 행위자 간 네트워크 그래프로 시각화합니다.

뉴스 제목 데이터 준비

빅카인즈(http://www.bigkinds.or.kr)에 접속하여 회원가입하고 로그인합니다.

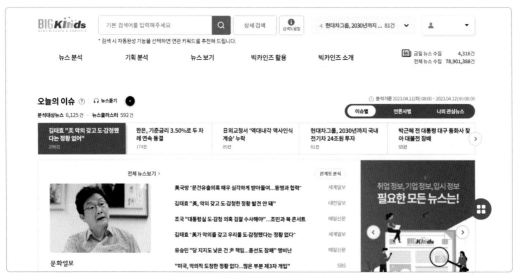

그림 7-19 **빅카인즈**

검색어 입력란에 **튀르키예**라고 입력하고 [상세검색] 버튼을 클릭합니다. [기간] 탭에서 '2022-11-14'부터 '2023-2-14'까지 선택하고 [적용하기] 버튼을 클릭하여 설정한 기간의 뉴스만 검색합니다.

그림 7-20 **빅카인즈**

제목 또는 내용에 '튀르키예'가 포함된 뉴스 기사들이 나타납니다. 검색 결과 화면에서 아래로 스크롤하여 [STEP 03 분석 결과 및 시각화]에서 [+] 버튼을 클릭합니다.

그림 7-21 **뉴스 검색 결과**

[엑셀 다운로드] 버튼을 클릭하여 엑셀 파일을 다운로드합니다.

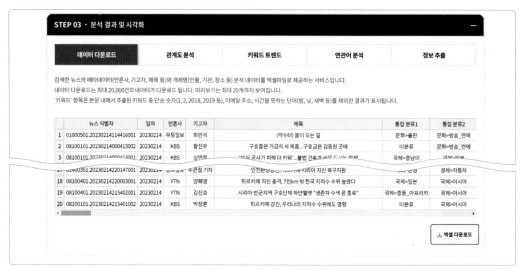

그림 7-22 데이터 다운로드

다운로드한 파일을 엑셀 프로그램으로 엽니다. [제한된 보기] 알림표시줄에서 [편집 사용]을 클릭합니다.

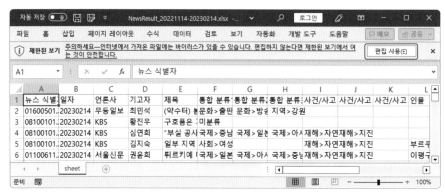

그림 7-23 엑셀 파일 편집(1)

기사 제목만 사용하므로 E 열만 남기고 다른 열을 모두 삭제합니다. 열 이름 '제목'이 있는 첫 번째 행도 삭제하여 뉴스 제목만 남깁니다.

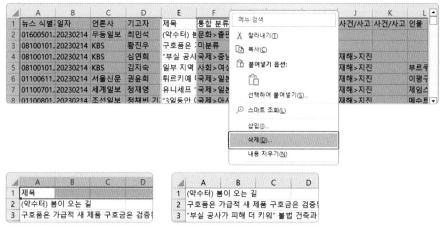

그림 7-24 **엑셀 파일 편집(2)**

[파일]−[다른 이름으로 저장]을 선택하고 파일 이름을 'News.csv'로 하여 CSV 파일로 저장합니다.

자연어 처리 라이브러리와 네트워크X 설치

Colab에서 한글을 사용할 수 있도록 나눔폰트를 설치합니다.

코드 7-31 한글 폰트 설치

```
!sudo apt-get install -y fonts-nanum
!sudo fc-cache -fv
!rm ~/.cache/matplotlib -rf
```

설치한 폰트를 적용하기 위해 런타임을 다시 시작합니다.

코드 7-32 패키지 및 라이브러리 설치

```
!pip install konlpy
!pip install networkx==2.7.1
```

라이브러리 불러오고 파일 열기

텍스트 데이터 분석을 위한 라이브러리를 모두 불러옵니다.

코드 7-33 라이브러리 불러오기

```
import numpy as np
import pandas as pd
import re
import matplotlib.pyplot as plt
import networkx as nx
from konlpy.tag import Hannanum


hannanum = Hannanum()
```

re는 문자열을 처리하는 라이브러리이며 Hannanum은 한국어를 처리하는 라이브러리입니다.

뉴스 제목을 저장한 'News.csv' 파일을 업로드합니다. 업로드 과정은 이제 설명을 생략하겠습니다. 파일을 열어 한 줄씩 읽어오고 출력합니다.

코드 7-34 파일을 열어 텍스트 읽기

```
f = open('News.csv', 'r', encoding='cp949')
lines = f.readlines()
print(lines)
f.close()
```

> ['(약수터) 봄이 오는 길\n', '구호품은 가급적 새 제품 구호금은 검증된 곳에\n', …]

업로드한 csv 파일을 엽니다.

만약 2행에서 오류가 발생했는데 UnicodeDecodeError라는 이름이라면 이전 행의 open() 함수에서 encoding 옵션을 'utf-8'로 수정하여 다시 시도해 보기 바랍니다.

명사 추출

명사만 추출하여 관계를 분석하겠습니다. nouns() 함수를 활용합니다.

코드 7-35 텍스트에서 명사만 추출

```
dataset = []
for i in range(len(lines)):
    dataset.append(hannanum.nouns(re.sub('[^가-힣a-zA-Z\s]','', lines[i])))
dataset[:3]
```

```
[['약수터', '길'],
 ['구호품', '제품', '구호금', '검증', '곳'],
 ['부', '공사', '불법', '것', '축', '도시', '멀쩡']]
```

빈 리스트 dataset에 명사를 추가하는 동작을 행마다 반복합니다.

프로그래밍에서 문자열을 다룰 때 정규표현식을 사용합니다. 정규표현식은 문자열의 일정한 패턴을 표현하는 일종의 언어입니다. [코드 7-35]에는 한글의 정규표현식을 사용했습니다. re.sub( ) 함수는 문자열 중 정규표현식에 일치하는 텍스트를 다른 텍스트로 치환합니다. 정리하면, lines에서 한글, 영문자, 공백이 아닌 것을 찾아 삭제하고 남은 문자열 중 명사만 추출하여 dataset 리스트에 추가하라는 명령입니다.

리스트 dataset에서 마지막 원소 세 개만 출력해 명사가 잘 추출되었는지 확인합니다.

연관규칙 분석

개체 사이의 관계를 분석하는 기법으로 연관규칙 분석이 있습니다.

마트에서 서로 관련 있는 제품을 모아 배치하면 고객이 편리하게 쇼핑하고 더 많이 구입할 것입니다. 예를 들어 빵과 계란을 구입한 사람이 우유도 구입할 가능성이 높다면 가까이에 배치하여 추천할 수 있습니다. 이와 같이 특정 사건이 발생했을 때 동시에 발생하는 다른 사건과의 관계에 대한 규칙을 연관규칙(Association rules)이라고 합니다. 연관규칙의 지표로 지지도(Support), 신뢰도(Confidence), 향상도(Lift)가 있습니다.

- **지지도**: 모든 사건 중에서 특정 사건이 발생한 빈도입니다. 마트에서 100건의 거래 중 우유만 구입한 거래가 70건, 칫솔만 구입한 거래가 4건, 우유와 칫솔을 동시에 구입한 거래가 10건이라고 해봅시다. 이때 우유와 칫솔 구입의 지지도는 $10 \div 100$으로 0.1이고 우유 구입의 지지도는 $(70 + 10) \div 100 = 0.8$입니다.

- **신뢰도**: 사건 하나가 일어났을 때 다른 사건도 일어날 확률입니다. 칫솔을 카트에 담은 사람이 우유까지 담을 확률은 $10 \div (10 + 4) = 0.71$이 됩니다.

- **향상도**: 신뢰도와 지지도의 비입니다. 칫솔 유무와 관계없이 우유를 구입할 확률(0.8)에 비해 칫솔이 카트에 있을 때 우유도 있을 확률은 $0.71 \div 0.8 = 0.89$입니다. 향상도가 1보다 작다는 것은 카트에 칫솔이 있다고 해서 카트에 우유가 있을 확률이 높지 않다는 뜻입니다. 향상도가 1보다 크면 두 사건 사이에 연관성이 높을 것으로 기대할 수 있습니다. 향상도는 마트에서 제품 배치를 결정하는 데 실제로 도움이 되는 척도입니다.

apyori 라이브러리의 어프라이어리(apriori) 알고리즘으로 연관규칙을 계산할 수 있습니다. apriori() 함수는 인자로 규칙의 조건을 입력하면 가능성이 높은 연관규칙만 계산하도록 제한하므로 효율적입니다.

```
apriori(transaction data, [최소 지지도], [최소 신뢰도], [최소 향상도], [최소 규칙 크기])
```

apyori 라이브러리를 사용하여 튀르키예 뉴스에서 추출한 명사 간의 연관규칙을 분석해 보겠습니다.

코드 7-36 **연관규칙 분석**

```
!pip install apyori
from apyori import apriori

#연관규칙 데이터프레임 생성하기
result = (list(apriori(dataset, min_support=0.01)))
df = pd.DataFrame(result)
#항목 수가 2인 것만 남기기
df['length'] = df['items'].apply(lambda x: len(x))
df = df[(df['length']==2)&(df['support']>=0.01)].sort_values(by='support',\
                                                    ascending=False)

df.head(3)
```

	items	support	ordered_statistics	length
137	(지진, 튀르키예)	0.129711	[(0, (지진, 튀르키예), 0.12971091266838203, 1.0), (...	2
131	(시리아, 튀르키예)	0.093386	[(0, (시리아, 튀르키예), 0.0933858029362797, 1.0), (...	2
78	(강진, 튀르키예)	0.086726	[(0, (강진, 튀르키예), 0.08672619948539428, 1.0), (...	2

apriori() 함수로 지지도가 0.01 이상인 항목만 골라냅니다. 뉴스 제목에서 빈도수가 높은 명사만 분석하겠다는 의미입니다. 골라낸 항목을 리스트 형태로 변수 result에 할당합니다.

result를 데이터프레임 df로 변환합니다.

현재 items 열의 튜플 항목 수는 최소 1개에서 최대 4개입니다. 이 중에서 항목이 2개인 것만 살펴보고 싶습니다. 데이터프레임 df에 length 열을 추가하고 이 열에 항목의 수를 저장합니다.

df에서 항목 수가 2이면서 지지도가 0.01 이상인 행만 남겨 지지도가 높은 것부터 정렬합니다.

네트워크 그래프

연관규칙의 데이터프레임으로 네트워크 그래프를 그립니다.

코드 7-37 네트워크 그래프 생성

```
!pip install scipy==1.8.0
!pip install pyg-nightly


G = nx.Graph()
ar = (df['items']); G.add_edges_from(ar)
pr = nx.pagerank(G)
nsize = np.array([v for v in pr.values()])
nsize = 2000 * (nsize-min(nsize)) / (max(nsize)-min(nsize))
pos = nx.circular_layout(G)
plt.figure(figsize=(16,12)); plt.axis('off')
nx.draw_networkx(G, font_family='NanumGothic', font_size=20, pos=pos,\
                node_color=list(pr.values()), node_size=nsize*10, alpha=0.7,\
                edge_color='.5', cmap=plt.cm.coolwarm)
plt.savefig('IMG.png', bbox_inches='tight')
```

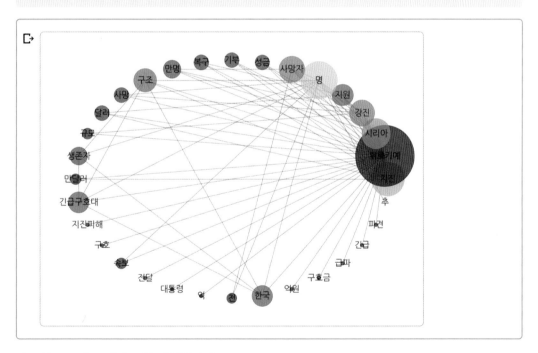

네트워크 그래프 객체 G를 생성합니다.

pagerank( ) 함수로 노드 순위를 구해 변수 pr에 할당합니다. 나중에 노드 순위에 따라 색을 지정합니다.

네트워크X 패키지에서 제공하는 네트워크 그래프 레이아웃 중 circular_layout을 사용합니다.

그래프를 확인하면, 튀르키예와 시리아, 지진, 강진, 지원, 명, 사망자, 성금, 기부 등이 연결되어 있으며 한국도 연결되어 있습니다. 기사 내용을 다 읽어보지 않아도 한국이 튀르키예에 긴급구호대를 보내 구조 활동을 진행했고 성금도 전달했을 것이라고 추론할 수 있습니다.

참고로 네트워크X를 사용할 때 코드 실행 시 다음과 같은 오류가 발생할 수 있습니다.

```
module 'scipy.sparse' has no attribute 'coo_array'
```

해당 오류의 원인은 다양하지만 흔히 scipy 라이브러리의 버전 문제일 수 있습니다. 그럴 때는 다음 명령을 모두 실행한 후 런타임을 다시 시작하여 해결할 수 있습니다.

```
!pip install scipy==1.8.0
!pip install networkx==2.7.1
!pip install pyg-nightly
```

확인문제

다음 설명에 해당하는 라이브러리의 이름은 무엇인가?

- 명사 간 연관규칙 분석 시 연관규칙 중 가능성이 높은 것만 계산하도록 필터링하는 알고리즘이 포함되어 있다.
- 이 라이브러리의 핵심 함수는 apriori() 함수이다. apriori() 함수는 입력 데이터에서 지지도(Support), 신뢰도(Confidence), 향상도(Lift)와 같은 지표를 계산하여 연관성 규칙을 생성한다.

정답

apyori

우크라이나 뉴스 네트워크 그래프

2022년 발발한 우크라이나와 러시아의 전쟁은 우리나라의
정치·경제 상황에도 영향을 미쳤습니다. 빅카인즈 웹사이트
에서 2023년 1월 1일부터 2023년 3월 31일까지 '우크라이
나' 뉴스 제목 데이터를 검색하고 네트워크 그래프를 그려
봅시다.

1. 뉴스 제목 데이터를 준비합니다. 빅카인즈(http://www.bigkinds.or.kr) 웹사이트에 접속하여
   검색어로 **우크라이나**를 입력하고 검색 기간을 설정합니다. 엑셀 파일을 다운로드하여 CSV 파일
   로 바꿔 저장합니다.

2. 한글 폰트를 설치하고 라이브러리를 불러옵니다.

```
!sudo apt-get install -y fonts-nanum
!sudo fc-cache -fv
!rm ~/.cache/matplotlib -rf
```

```
!pip install konlpy
!pip install networkx==2.7.1

import numpy as np
import pandas as pd
import re
import matplotlib.pyplot as plt
import networkx as nx
```

```
from konlpy.tag import Hannanum

hannanum = Hannanum()
```

3. 파일을 읽어와서 명사만 추출합니다.

```
f = open('우크라이나.csv', 'r', encoding='cp949')
lines = f.readlines()
f.close()

dataset = []
for i in range(len(lines)):
    dataset.append(hannanum.nouns(re.sub('[^가-힣a-zA-Z\s]','', lines[i])))
dataset[:3]
```

4. 연관규칙 분석 알고리즘 apriori로 가능성이 높은 연관규칙만 계산하도록 필터링합니다.

```
!pip install apyori
from apyori import apriori

result = (list(apriori(dataset, min_support=0.01)))
df = pd.DataFrame(result)

df['length'] = df['items'].apply(lambda x: len(x))
df = df[(df['length']==2)&(df['support'] >= 0.01)].sort_values(by='support',
ascending=False)
df
```

	items	support	ordered_statistics	length
74	(우크라, 러)	0.034669	[(0, (우크라, 러), 0.03466919346747673, 1.0), ((러...	2
79	(우크라, 지원)	0.029708	[(0, (우크라, 지원), 0.029708488935956748, 1.0), (...	2
78	(전쟁, 우크라)	0.028092	[(0, (전쟁, 우크라), 0.02809207959422552, 1.0), ((...	2
80	(우크라, 푸틴)	0.014102	[(0, (우크라, 푸틴), 0.014101778050275904, 1.0), (...	2
75	(러시아, 우크라)	0.013377	[(0, (러시아, 우크라), 0.013377180759155009, 1.0), ...	2
73	(전쟁, 년)	0.012318	[(0, (전쟁, 년), 0.012318153949055237, 1.0), ((년...	2
76	(명, 우크라)	0.011649	[(0, (명, 우크라), 0.011649294911097487, 1.0), ((...	2
77	(시진핑, 푸틴)	0.011092	[(0, (시진핑, 푸틴), 0.011091912379466027, 1.0), (...	2
72	(우크라, 년)	0.010256	[(0, (우크라, 년), 0.01025583858201884, 1.0), ((년...	2
71	(폭탄, 난방비)	0.010200	[(0, (난방비, 폭탄), 0.010200100328855693, 1.0), (...	2

명사 '우크라이나'에서 '이나'가 조사로 인식되어 '우크라'만 남았지만 '우크라이나'라고 생각하고 분석합시다.

5. 네트워크 그래프를 생성하고 그래프에 나타난 연관관계를 분석합니다.

```
!pip install scipy == 1.8.0
!pip install pyg-nightly

G = nx.Graph()
ar = (df['items']); G.add_edges_from(ar)
pr = nx.pagerank(G)
nsize = np.array([v for v in pr.values()])
nsize = 2000*(nsize-min(nsize)) / (max(nsize)-min(nsize))
pos = nx.spring_layout(G) #spring 레이아웃을 사용하기
plt.figure(figsize=(16,12)); plt.axis('off')
nx.draw_networkx(G, font_family='NanumGothic', font_size=20, pos=pos,\
                 node_color=list(pr.values()), node_size=nsize*10, alpha=0.7,\
                 edge_color='.5', cmap=plt.cm.coolwarm)
plt.savefig('네트워크 그래프_우크라이나.png', bbox_inches='tight')
```

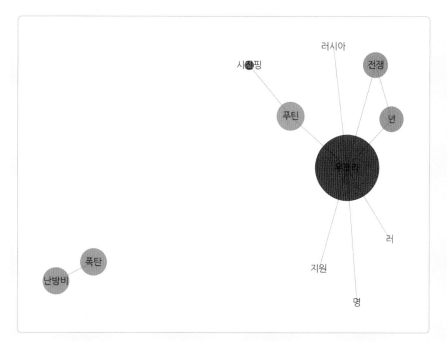

우크라이나에 푸틴, 전쟁, 년, 시진핑, 러시아, 지원, 명이 연결되어 있습니다. 이와는 별개로 난방비와 폭탄이 함께 나타납니다. 따라서 우크라이나 전쟁이 국내 난방비 상승에도 관련되어 있다고 추측할 수 있습니다.

01 맷플롯립 라이브러리는 판다스와 연동이 용이한 파이썬의 표준 시각화 도구입니다. 맷플롯립의 하위 패키지인 파이플롯에서 다음 함수가 자주 쓰입니다.

함수	그래프
plot( )	꺾은선 그래프(Line chart)
scatter( )	산점도(Scatter plot)
hist( )	히스토그램(Histogram)
boxplot( )	상자 그래프(Box plot)
bar( )	막대 그래프(Bar plot)
pie( )	파이 차트(Pie chart)

02 KoNLPy는 한글 텍스트 분석 라이브러리입니다. 형태소를 분리하고 분류하는 데 활용할 수 있습니다.

03 워드클라우드 라이브러리를 활용하여 워드클라우드를 생성할 수 있습니다. 워드클라우드(Wordcloud)는 문서에 사용된 단어의 빈도를 계산하여 시각적으로 표현한 것입니다. 반복적으로 많이 나타나는 단어가 크게 표현되어 한눈에 문서의 중요 내용을 파악할 수 있습니다.

04 네트워크X는 파이썬 기반의 모듈로 다양한 그래프 알고리즘을 제공합니다. 네트워크 그래프를 이용하여 데이터 간의 상관관계나 연결성을 분석할 수 있습니다.

05 연관규칙(Association rules)은 특정 사건이 발생했을 때 동시에 발생하는 사건과의 관계에 대한 규칙입니다. 연관규칙의 지표로 지지도, 신뢰도, 향상도가 있습니다.
- 지지도(Support)는 모든 사건 중 특정 사건의 발생 빈도를 나타냅니다.
- 신뢰도(Confidence)는 사건 하나가 일어나는 경우에 다른 사건도 일어날 확률입니다.
- 향상도(Lift)는 '신뢰도÷지지도'로 계산합니다. 향상도가 1보다 클 때 두 사건 사이의 높은 연관성을 기대할 수 있습니다.

01 다음 파이플롯 함수가 생성하는 그래프 종류를 찾아서 짝지으시오.

① boxplot( ) •   • a. 히스토그램

② scatter( ) •   • b. 산점도

③ pie( ) •   • c. 파이 차트

④ hist( ) •   • d. 상자 그래프

02 파이플롯의 plot( ) 함수 포맷스타일 인자 값과 표시되는 마커 모양이 <u>잘못</u> 짝지어진 것을 찾으시오.

① o: 원   ② +: 덧셈 기호   ③ s: 사각형   ④ ^: 다이아몬드

03 각 함수와 가장 관련 있는 기능을 보기에서 찾아 적으시오.

① plt.title( ):( )   ② plt.xlabel( ):( )   ③ plt.text( ) :( )

④ plt.xlim( ):( )   ⑤ plt.ylim( ):( )   ⑥ plt.show( ):( )

⑦ plt.ylabel( ):( )   ⑧ plt.subplot( ):( )   ⑨ plt.legend( ):( )

a. 범례	b. y축의 제목	c. x축의 값의 범위
d. x축의 제목	e. 그래프에 문자열 작성	f. 그래프 출력
g. y축 값의 범위	h. 다중 그래프	i. 그래프의 제목

04 다음 함수의 기능을 적으시오.

① re.sub( ): _____

② df.head(3): _____

③ G = nx.Graph( ): _____

④ nx.draw_networkx( ): _____

05 다음 중 워드클라우드에 관한 설명으로 옳지 <u>않은</u> 것을 고르시오.

① 워드클라우드는 텍스트 데이터의 단어 빈도수를 시각화하는 방법이다.

② 워드클라우드를 만들 때 단어의 빈도수를 이용하여 워드클라우드 객체를 생성하고, 이를 이미지로 저장하는 과정이 있다.

③ 워드클라우드는 자연어 처리와 관련이 있다.

④ 워드클라우드에서 크기가 큰 단어는 빈도수가 작은 단어이다.

06 다음 중 상자 그래프의 각 요소에 대한 설명으로 옳지 <u>않은</u> 것을 고르시오.

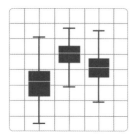

① 상자 그래프에서 최솟값을 가장 아래쪽 선으로 표현한다.

② 상자 그래프에서 제1사분위수는 데이터의 하위 25%에 해당하는 값으로 상자 아래쪽 끝에서 시작하는 가로선으로 표현한다.

③ 상자 그래프에서 제4사분위수는 데이터의 상위 75%에 해당하는 값으로 상자 위쪽 끝 가로선으로 표현된다.

④ 상자 그래프에서 이상치는 상자 바깥에 점으로 표현할 수 있다. 이상치란 전체 데이터 분포에서 벗어나 극단적으로 크거나 작은 값을 의미한다.

07 다음 코드에서 범례를 표시하는 코드를 고르시오.

```
❶ import numpy as np
❷ plt.plot(np.random.randn(10), 'k', label='one')
❸ plt.plot(np.random.randn(10)*3, 'r--', label='two')
❹ plt.plot(np.random.randn(10)*10, 'g.', label='three')
❺ plt.legend()
❻ plt.show()
```

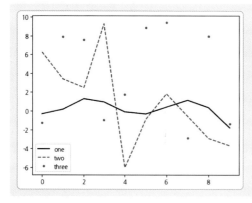

08 다중 그래프를 생성하여 다음과 일치하는 실행 결과가 나타나도록 빈칸에 들어갈 값을 적으시오.

```
import matplotlib.pyplot as plt
plt.subplot(2, ⓐ, ⓑ)
plt.plot(np.random.randn(10), 'b--')
plt.subplot(2, ⓒ, ⓓ)
plt.plot(np.random.randn(100), 'r', alpha=0.7)
plt.subplot(2, ⓔ, ⓕ)
plt.plot(np.random.randn(10), 'y^')
plt.subplot(2, ⓖ, ⓗ)
plt.plot(np.random.randn(10), 'g.')
plt.show()
```

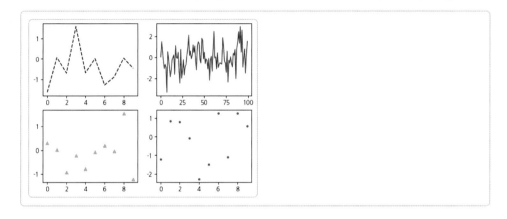

09 다음 중 네트워크X와 네트워크 그래프에 관한 설명으로 옳지 <u>않은</u> 것을 고르시오.

① 네트워크X는 파이썬으로 작성된 네트워크 분석 라이브러리이다.

② 네트워크X는 그래프 이론과 관련된 다양한 알고리즘을 지원한다.

③ 네트워크X는 무료로 사용할 수 있는 오픈소스 라이브러리이다.

④ 네트워크 그래프를 그리려면 맷플롯립 라이브러리를 반드시 불러와야 한다.

10 마트에서 일주일 동안 고객들의 구매 품목을 수집했다. 전체 구매자 500명 중에 맥주와 오징어를 함께 구매한 사람은 200명이었고 오징어만 구매한 사람은 100명이었으며 맥주만 구매한 사람은 없었다. 이 때 지지도, 신뢰도, 향상도를 계산하시오. 그리고 장바구니에 맥주를 담은 고객에게 오징어를 추천할 만 한지 판단하고 이유를 설명하시오.

CHAPTER 08

데이터 전처리

01 데이터 전처리 기본

02 데이터 전처리 활용

실전 분석

요약

연습문제

학습목표

- 결측치의 개념을 이해합니다.
- 결측치를 처리하는 방법을 익힙니다.
- 데이터 이상치의 개념을 이해합니다.
- 데이터 이상치를 처리하는 방법을 익힙니다.
- 데이터 정규화와 표준화의 필요성을 알고 데이터를 변환할 수 있습니다.

Preview

데이터 분석을 하기 전에는 반드시 원본 데이터의 개요를 확인해야 합니다. 데이터에 결측치나 이상치가 존재하는지 확인하고 제거하기 위해서입니다. 결측치는 실제로 존재하는데도 데이터에서 누락된 값입니다. 이상치는 표본의 전체 패턴에서 크게 벗어나는 값입니다. 이러한 값들이 데이터 분석에서 엉뚱한 결과를 초래할 수 있습니다.

1절에서는 결측치나 이상치 유무를 확인하여 제거하는 방법을 살펴봅니다. 그리고 데이터 전처리 과정인 정규화 및 표준화를 비교하여 학습합니다. 2절에서는 실제 지하수 데이터를 다운로드하여 전처리합니다. 많은 양의 데이터 중 이상치를 제거하고 표준화와 정규화를 수행하여 분석하기 좋은 상태로 만듭니다.

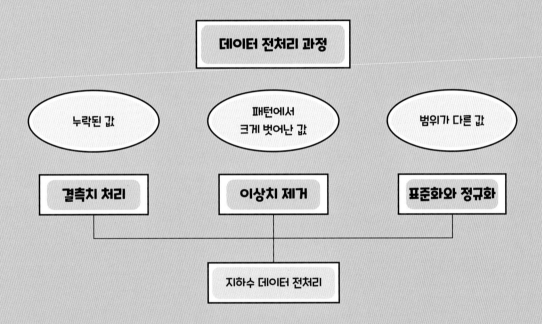

데이터 전처리 기본

데이터 전처리는 데이터를 정리, 변환 및 정규화하여 데이터 분석의 효율성을 높이는 과정입니다. 데이터 전처리를 하면 데이터의 품질을 향상하고 잠재적인 문제를 해결함으로써 분석의 정확도를 높일 수 있습니다. 데이터 전처리 방법은 데이터 정제, 결측치 처리, 이상치 처리, 스케일링, 정규화, 특성 선택 및 추출, 차원 축소, 텍스트 처리 및 피처 엔지니어링 등이 있습니다. 이 중에서 특히 자주 사용되는 결측치 처리, 이상치 제거, 표준화 및 정규화에 대해 알아보겠습니다.

1 결측치 처리

결측치란 데이터 수집 과정에서 값이 기록되지 않은 것입니다. 넘파이 배열에서는 결측치를 np.nan으로 표현하며 판다스 데이터프레임에서는 결측치를 NaN으로 표현합니다. 이는 Not a Number의 약자이며 숫자가 아닌 값 또는 값이 존재하지 않는 상태를 나타냅니다.

코드 8-1 결측치가 있는 데이터프레임

```python
import pandas as pd
import numpy as np

df = pd.DataFrame({'A': [1, 2, np.nan, 4, 5],
                   'B': [6, 7, 8, np.nan, 10],
                   'C': [11, 12, 13, np.nan, np.nan]})
df
```

	A	B	C
0	1.0	6.0	11.0
1	2.0	7.0	12.0
2	NaN	8.0	13.0
3	4.0	NaN	NaN
4	5.0	10.0	NaN

데이터프레임 df를 출력해 확인합니다. NaN으로 표현된 결측치가 있습니다.

판다스의 isna( ) 함수로 데이터프레임에서 결측치가 어디에 있는지 빠르게 확인할 수 있습니다.

결측치 위치 확인

```
pd.isna(df)
```

isna( ) 함수의 인자로 데이터프레임을 입력합니다. 데이터가 있으면 False로 표시되고 결측치는 True로 표시됩니다.

sum( ) 함수를 이용하여 열별 결측치 개수를 확인합니다.

열별 결측치 개수 확인

```
pd.isna(df).sum()
```

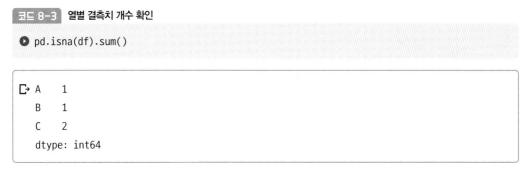

sum( ) 함수로 열별 True의 개수를 셉니다. A열, B열, C열에 결측치가 각각 1개, 1개, 2개 있습니다.

결측치 제거

결측치는 제거하거나 다른 값으로 대체할 수 있습니다. 결측치를 제거할 때는 제거해도 전체 데이터에 이상이 없는지 점검하여 결측치 중 어떤 것을 제거할지 정해야 합니다.

행별로 모든 결측치 제거

```
df_drop_nan = df.dropna()
df_drop_nan
```

```
      A    B     C
0   1.0  6.0  11.0
1   2.0  7.0  12.0
```

dropna() 함수를 사용하여 결측치가 하나라도 있는 행을 모두 제거합니다. 데이터프레임 df_drop_nan을 생성하여 df에서 결측치를 제거한 결과를 대입합니다.

원래 데이터프레임은 행이 5개였으나 결측 행을 모두 제거했더니 겨우 두 행만 남습니다. dropna() 함수는 결측치를 모두 제거해도 괜찮을 정도로 전체 행이 많거나 결측치 수가 적은 경우에 사용하는 것이 좋습니다.

특정 변수의 결측치만 제거할 수도 있습니다.

특정 열의 결측치 제거

```
df_drop_B_C = df.dropna(subset=['B','C'])
df_drop_B_C
```

```
       A    B     C
0    1.0  6.0  11.0
1    2.0  7.0  12.0
2    NaN  8.0  13.0
```

B와 C에 있는 결측치만 제거되어 다섯 행 중 세 행이 남습니다. B열과 C열의 연관성이나 유형별 평균 등 두 변수의 관계가 중요한 분석을 수행하는 경우 이러한 방법을 활용할 수 있습니다.

결측치 대체

데이터 양이 많지 않을 경우에는 결측치를 제거하기보다는 다른 값으로 대체하는 편이 좋습니다.

숫자로 결측치 대체

```
df_0 = df['C'].fillna(0)
print(df_0)
```

```
0    11.0
1    12.0
2    13.0
3     0.0
4     0.0
Name: C, dtype: float64
```

결측치가 fillna( ) 함수에 입력한 인자로 대체됩니다. C열에 있는 결측치를 모두 0으로 대체합니다.

코드 8-7 문자열로 결측치 대체

```
df_missing = df['A'].fillna('missing')
df_missing
```

```
0        1.0
1        2.0
2    missing
3        4.0
4        5.0
Name: A, dtype: object
```

A열에 있는 결측치를 문자열 'missing'으로 대체합니다.

평균을 구하여 대체하면 데이터 분포에 영향을 적게 주면서 결측을 해결할 수 있습니다.

코드 8-8 평균으로 결측치 대체

```
# df.fillna(df.mean(), inplace=True)
df_mean = df.fillna(df.mean())
print(df, '\n')
print(df_mean)
```

```
     A     B     C
0  1.0   6.0  11.0
1  2.0   7.0  12.0
2  NaN   8.0  13.0
3  4.0   NaN   NaN
4  5.0  10.0   NaN
```

```
       A      B      C
0    1.0   6.00   11.0
1    2.0   7.00   12.0
2    3.0   8.00   13.0
3    4.0   7.75   12.0
4    5.0  10.00   12.0
```

각 열의 결측치를 해당 열의 평균으로 대체합니다.

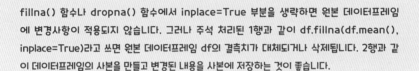
[코드 8-8]에서 주석 처리된 1행과 2행은 무엇이 다른가요?

fillna() 함수나 dropna() 함수에서 inplace=True 부분을 생략하면 원본 데이터프레임에 변경사항이 적용되지 않습니다. 그러나 주석 처리된 1행과 같이 df.fillna(df.mean(), inplace=True)라고 쓰면 원본 데이터프레임 df의 결측치가 대체되거나 삭제됩니다. 2행과 같이 데이터프레임의 사본을 만들고 변경된 내용을 사본에 저장하는 것이 좋습니다.

결측치 바로 위나 아래 행의 값으로 대체할 수 있습니다.

코드 8-9 주변 데이터로 결측치 대체

```
print(df, '\n')
#결측치 바로 위의 값으로 대체하기
df_ffill = df.fillna(method='ffill')
print(df_ffill, '\n')
#결측치 바로 아래의 값으로 대체하기
df_bfill = df.fillna(method='bfill')
print(df_bfill)
```

```
      A     B     C
0   1.0   6.0  11.0
1   2.0   7.0  12.0
2   NaN   8.0  13.0
3   4.0   NaN   NaN
4   5.0  10.0   NaN
```

```
        A      B      C
0    1.0    6.0   11.0
1    2.0    7.0   12.0
2    2.0    8.0   13.0
3    4.0    8.0   13.0
4    5.0   10.0   13.0


        A      B      C
0    1.0    6.0   11.0
1    2.0    7.0   12.0
2    4.0    8.0   13.0
3    4.0   10.0    NaN
4    5.0   10.0    NaN
```

데이터프레임 df_ffill은 fillna( ) 함수의 method 인자 값을 'ffill'로 입력하여 결측치를 바로 위의 데이터로 대체합니다. ffill은 forward fill의 약자입니다.

데이터프레임 df_bfill은 method 인자 값을 'bfill'로 입력하여 결측치를 바로 아래의 데이터로 대체합니다. bfill은 backward fill의 약자입니다. 마지막 행에 결측치가 있는데 아래에 행이 없어 대체하지 못하고 NaN으로 남습니다.

각 열에 서로 다른 값을 할당할 수도 있습니다.

코드 8-10 각 열을 서로 다른 값으로 대체

```
fill_dict = {'A': df['A'].mean(), 'B': '12/25', 'C': 'missing'}
df_filled = df.fillna(value=fill_dict)
df_filled
```

	A	B	C
0	1.0	6.0	11.0
1	2.0	7.0	12.0
2	3.0	8.0	13.0
3	4.0	12/25	missing
4	5.0	10.0	missing

대체할 값을 딕셔너리로 정의합니다. A열의 결측치는 평균으로 대체하고, B열의 결측치는 '12/25', C열의 결측치는 'missing'으로 대체합니다.

☑ 이상치

이상치(Outlier)는 데이터셋에서 대부분의 데이터가 모인 범위를 크게 벗어난 값입니다. [표 8-1]은 대부분의 값이 평균을 중심으로 모여 있는 데이터와 이상치가 섞여 있는 데이터의 예시입니다.

표 8-1 **이상치가 있는 데이터**

비교	이상치가 없는 데이터	이상치가 있는 데이터
데이터	1, 2, 2, 3, 3, 5	1, 2, 2, 3, 3, 500
평균	2.86	85.17
중앙값	3	2.5
표준편차	1.35	203.23

이상치가 있는 데이터셋은 이상치가 없는 데이터셋과 비교하여 평균과 표준편차가 유의하게 다릅니다. 이상치가 없는 데이터는 평균이 2.86입니다. 그러나 이상치가 있는 데이터는 평균이 85.17까지 치솟습니다. 반면 중앙값은 각각 3과 2.5로 차이가 크지 않습니다. 따라서 이상치가 있을 때는 중앙값이 평균에 비하여 데이터를 더 적절히 대표합니다. 이상치에 면밀히 주의하지 않으면 통계량을 크게 잘못 추정할 수 있습니다.

이상치의 유형에는 일변량과 다변량이 있습니다. 일변량 이상치는 데이터 열 하나, 즉 단일 변수에 발생한 이상치입니다. 다변량 이상치는 열이 2개 이상인 데이터의 이상치입니다.

이상치의 원인

이상치는 이상치가 발생하는 원인에 따라 다음 세 가지로 분류할 수 있습니다.

- **데이터 입력 오류:** 데이터 수집과 기록 과정에서 발생하는 오류, 입력 오류와 같이 사람이 만드는 오류 때문에 이상치가 발생할 수 있습니다.
- **측정 오류:** 이상치의 가장 일반적인 원인입니다. 사용한 측정기에 결함이 있을 때 이상치가 발생할 수 있습니다.
- **자연 이상치:** 이상치의 원인이 인위적이지 않다면 자연 이상치입니다. 일반적으로 실제 데이터에는 자연 이상치가 있습니다.

이상치가 무작위로 발생한 것이 아니라 시스템의 결함이나 데이터 입력 실수 때문에 발생했다면 그 이유를 파악하여 해결해야 합니다.

이상치 제거

이상치를 식별할 때 일반적으로 데이터의 분포를 시각화합니다. 가령, 7장에서 배웠던 상자 그림이나 히스토그램을 사용하여 데이터의 이상치를 파악할 수 있습니다. 이상치의 기준은 데이터와 분석 목적에 따라 다르지만, 보통은 '일반적인 데이터 분포'에서 벗어나는 값을 이상치로 분류합니다. 이상치를 식별한 후에는 이를 제거하는 방법을 선택할 수 있습니다. 이상치가 몇 개 없을 때는 이상치를 수동으로 삭제하거나 수정할 수 있습니다. 반면 이상치가 많다면 데이터 분석 결과에 영향을 주지 않는 정도의 이상치를 자동으로 제거해야 효율적입니다.

이상치 제거는 데이터 분석 결과의 신뢰성과 일관성을 높이는 데 중요한 과정입니다. 그러나 이상치를 너무 많이 제거하면 유용한 데이터까지 잃을 수 있으므로, 이상치를 신중하게 처리해야 합니다.

이상치를 제거하는 기법을 알아봅시다. IQR이나 Z 점수와 같은 통계 기법을 사용할 수 있습니다.

IQR 이용

IQR(Interquartile range)은 제1사분위수에서 제3사분위수까지의 거리입니다. 먼저 중간값과 IQR을 계산하고, IQR의 1.5배보다 멀리 떨어진 데이터를 이상치로 간주하여 제거합니다. [그림 8-1]의 상자 그래프를 보며 이해하면 편합니다.

- Q1은 데이터의 첫번째 사분위수(25번째 백분위수)입니다.

- Q2는 데이터의 두번째 사분위수(중앙값, 50번째 백분위수)입니다.

- Q3은 데이터의 세번째 사분위수(75번째 백분위수)입니다.

- Q1 − 1.5 × IQR을 데이터 집합의 최솟값으로 정하며 Q3 + 1.5 × IQR을 데이터 집합의 최댓값으로 정합니다. 정한 최솟값보다 작거나 최댓값보다 큰 값은 모두 이상치이므로 제거합니다.

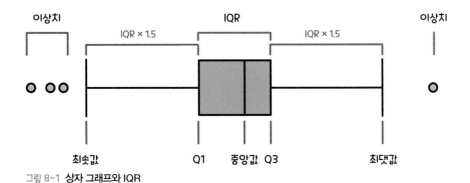

그림 8-1 **상자 그래프와 IQR**

데이터 시각화 이용

데이터 시각화는 데이터 정리, 데이터 탐색, 추세 및 클러스터 식별 등에 유용한데, 특히 이상치를 확인할 때 데이터 시각화를 이용하면 매우 편리합니다. 주로 다음과 같은 종류의 그래프를 활용합니다.

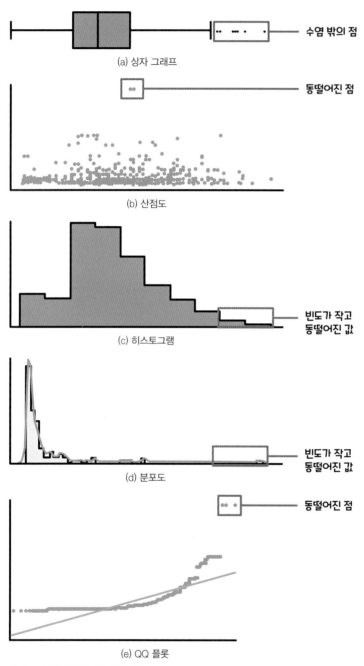

(a) 상자 그래프

(b) 산점도

(c) 히스토그램

(d) 분포도

(e) QQ 플롯

그림 8-2 **데이터 시각화와 이상치**

③ 표준화와 정규화

데이터에서 특성(Feature) 또는 특징이란 분석 대상에 영향을 주는 속성을 말합니다. 데이터를 분석할 때는 특성 중 어느 것이 분석 대상에 더 크게 영향을 미치는지 비교하여 선택하게 됩니다. 아파트 가격을 예측한다면 면적, 연식, 전철역과의 거리, 대형마트와의 거리와 같은 특성을 아파트 가격의 요인으로 선택할 수 있습니다. 그런데 아파트의 면적은 10평대부터 100평대까지 다양할 것입니다. 또한 아파트의 연식은 1년에서 40년 이상, 지하철 역과의 거리는 0.1km부터 수 km, 대형마트와의 거리도 1km에서 수 km로 다양합니다. 문제는 각 특성의 단위가 '평', '년', 'km' 등으로 서로 다르고, 값의 범위도 다르다는 것입니다.

단위가 다르면 비교가 어렵습니다. 키가 170cm인 사람과 몸무게가 70kg인 사람 중 누가 더 큰지 말할 수 없는 것과 마찬가지입니다.

키 170cm   몸무게 70kg

그림 8-3 **단위가 다른 값**

또한 단위가 같아도 값의 범위가 크게 차이 난다면 비교하기 어렵습니다. A 도시에서 모든 식당의 자장면 값이 5,000원이고 떡볶이 값은 2,000원부터 2만 원까지 분포하여 평균이 5,000원입니다. 이때 A 도시에서 자장면과 떡볶이 중 어느 쪽이 더 비싼지 말할 수 없습니다.

₩5,000   ₩2,000 ~ ₩20,000

그림 8-4 **범위가 다른 값**

데이터를 분석하려면 특성들의 상대적인 차이를 줄여 특성들이 모두 비슷한 정도로 대상에 영향력을 행사하도록 값을 변환해야 합니다. 표준화와 정규화를 수행하면 특성의 단위에 관계없이 값을 바로 비교할 수 있습니다. 표준화와 정규화 작업을 특성 스케일링(Feature scaling) 또는 데이터 스케일링(Data scaling)이라고 합니다. 값의 범위, 즉 스케일을 조정한다는 의미입니다.

표준화

표준화(Standardization)는 데이터 분포를 평균이 0이고 표준편차가 1이 되게 변환하는 데이터 전처리 기법입니다. 궁극적으로 특성 간 범위를 −∞(음의 무한대)에서 +∞(양의 무한대)로 동일하게 만들어 여러 개의 변수가 있을 때 서로 다른 변수들을 비교하기 편리하게 만듭니다.

Z 점수(Z-score)는 어떤 값이 평균에서 얼마나 떨어져 있는지를 나타내는 수치입니다. 확률변수 X가 평균 μ(뮤)로부터 표준편차 σ(시그마)의 몇 배만큼 떨어져 있는지를 Z 점수로 정의합니다. Z 점수를 표준화 점수 또는 표준 점수라고도 합니다.

$$Z \text{ 점수} = \frac{(X - \text{평균})}{\text{표준편차}}$$

Z 점수는 표준편차의 배수로 계산됩니다. 표준편차는 데이터의 분포를 나타낸 값이기 때문에, Z 점수를 알면 서로 다른 분포로부터 나온 데이터를 비교할 수 있게 됩니다. Z 점수가 음수이면 X가 평균 이하이고 양수이면 X가 평균 이상이라는 뜻입니다.

[그림 8-5]는 평균이 μ이고 표준편차가 σ인 정규분포곡선입니다. 정규분포곡선과 Z 점수를 연결하여 이해할 수 있습니다.

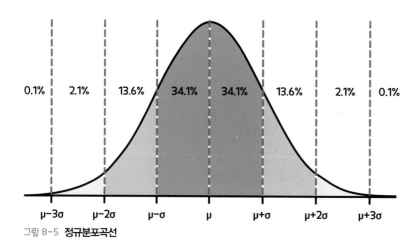

그림 8-5 **정규분포곡선**

평균을 중심으로 하고 표준편차 단위로 정규 곡선 아래의 영역을 나누었을 때 데이터 점은 다음과 같이 분포합니다.

- 데이터 점의 68.3%는 평균$(\mu) \pm 1 \times$표준편차(σ) 안에 있습니다.

- 데이터 점의 95.4%가 평균$(\mu) \pm 2 \times$표준편차(σ) 안에 있습니다.

- 데이터 점의 99.7%가 평균$(\mu) \pm 3 \times$표준편차(σ) 안에 있습니다.

따라서 정규분포곡선에서 Z 점수 절댓값이 3 이하인 데이터가 전체의 99.7%입니다. 어떤 데이터의 Z 점수가 3보다 크다면 데이터 값이 다른 값들과 상당히 다른 곳에 위치한다는 뜻입니다. 따라서 이 데이터를 이상치로 간주하여 제거할 수 있습니다.

Z 점수는 응시자 수가 많은 시험에서 개개인의 성적이 전체에서 어떤 위치에 있는지 보여줄 때 사용하기도 합니다. 정규분포를 따르는 학년 영어점수 평균이 60점이고 표준편차가 10점일 때, 세일이의 점수가 70점이라면 Z 점수는 1입니다. 그리고 정규분포를 따르는 학년 국어점수 평균이 60점이고 표준편차가 15점일 때, 세일이의 점수가 75점이라면 Z 점수는 똑같이 1입니다. 세일이의 영어점수와 국어점수는 Z 점수가 같으므로 학년 분포에서 같은 위치에 있다고 할 수 있습니다. 추가로 이 학년 학생 68.2%는 국어점수가 45점(Z 점수가 -1)에서 75점(Z 점수가 1) 사이일 것입니다.

그림 8-6 Z 점수

정규화

정규화(Normalization)는 데이터를 특정 범위 내의 값으로 조정하는 데이터 전처리 기법입니다. 정규화를 하면 다양한 범위와 단위의 데이터를 서로 비교할 수 있습니다. 정규화 식은 다음과 같습니다.

$$X' = \frac{(X - Xmin)}{(Xmax - Xmin)}$$

대표적인 정규화 방법으로 최소−최대 정규화(Min−Max scaling)가 있습니다. 이 방법은 데이터의 최솟값과 최댓값을 사용하여 데이터를 0과 1 사이의 값으로 변환하는 것입니다. 이 방법에 따라 데이터의 값을 변환합니다. 정규화를 수행하면 여러 특성을 같은 범위로 맞출 수 있습니다. 따라서 특성 간 비교가 쉬워져 빅데이터 분석에 유리하고 인공지능 모형의 성능을 높일 수 있습니다.

표준화와 정규화 비교

표준화와 정규화 중 어느 것을 먼저 수행하든 정답은 없습니다. 일반적으로는 먼저 데이터를 표준화하여 이상치를 제거하고, 그 다음 정규화해서 상대적인 크기 차이의 영향을 줄여 분석합니다.

표 8-2 **표준화와 정규화 비교**

비교	표준화	정규화
사용하는 값	평균과 표준편차를 사용	최댓값, 최솟값을 사용
목적	평균을 0으로, 표준편차를 1로 만들기	데이터의 범위를 서로 맞추기
전처리 후 데이터	범위가 제한되지 않음	[0, 1] 또는 [−1, 1] 사이로 스케일링
전처리 전 데이터	데이터가 정규분포일 때 유용함	데이터 분포를 모를 때 유용함

데이터 전처리 활용

1 지하수 데이터 수집

실제 데이터를 수집해 보면 여러 이유로 데이터가 완벽하지 않습니다. 이러한 데이터를 분석하기 전에는 먼저 이상치 여부를 확인하여 처리해야 합니다. 이상치는 데이터 분석 결과를 왜곡시키거나 분석의 정확도를 낮출 수 있습니다. 2009년부터 2016년까지 대전 태평암반지하수 관정에서 수집된 지하수 데이터를 준비하여 이상치가 있는지 확인하고 제거해 보겠습니다.

지하수 데이터 준비하기

국가지하수정보센터(http://www.gims.go.kr)에 접속하고 상단에서 [고객지원] 메뉴를 클릭합니다.

그림 8-7 **국가지하수정보센터**

[지하수정보 신청]으로 이동하여 [자료신청 바로가기] 버튼을 클릭합니다.

그림 8-8 **지하수정보 신청**

지하수의 수온이나 수위 등 측정된 데이터만 조회하여 다운로드하겠습니다. [검색] 탭에서 [측정자료]를 선택합니다. [대전광역시]의 [전체] 지역을 선택하고, 자료 종류는 측정자료(시), 측정망은 [대전태평(암반)], 연도는 [2009]를 선택합니다. [자료검색] 버튼을 클릭하고 데이터가 표시되면 가장 아래의 [신청서작성] 버튼을 클릭합니다. 선택한 자료에 대한 신청서가 자동으로 작성됩니다.

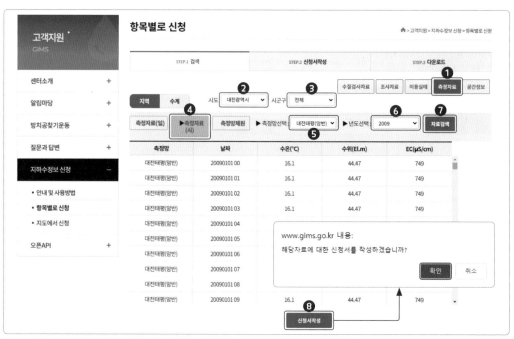

그림 8-9 **지하수 데이터 검색**

다음 단계인 [신청서작성] 탭으로 자동으로 이동합니다. 신청한 자료 내용을 확인하고 [신청서 제출]을 클릭하여 신청서를 제출합니다.

그림 8-10 **신청서 제출**

마지막 단계인 [다운로드] 탭으로 자동으로 이동합니다. 아래 파란색 [다운로드] 버튼을 클릭합니다.

STEP.1 **검색**	STEP.2 **신청서작성**	STEP.3 **다운로드**

자료 이용 목적	연구 및 학술 목적		
신청한자료내용	**자료항목**	**요청데이터**	**자료종류**
	측정자료_시	대전태평(암반)/(2009)	측정자료_시
다운로드	micro_1681435918755.zip		

다운로드

그림 8-11 **다운로드**

파일 준비에 시간이 오래 걸릴 수 있습니다. 이 책의 부록으로 제공하는 예제소스를 활용해도 됩니다. 다운로드한 파일의 압축을 해제해 둡니다.

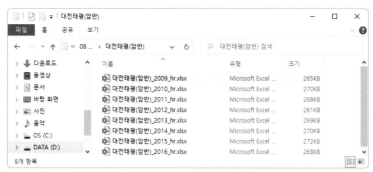

그림 8-12 **지하수 데이터 파일**

Colab에서 새 노트북을 열고 디렉토리에서 마우스 오른쪽 버튼을 클릭하여 메뉴 도구에서 [새 폴더]를 선택합니다. 폴더 [Untitled Folder]의 이름을 대전태평(암반)으로 변경합니다.

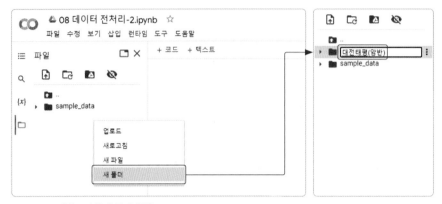

그림 8-13 **디렉토리에 새 폴더 생성**

탐색기에 있는 지하수 데이터 엑셀 파일을 모두 선택한 채로 Colab 디렉토리의 [대전태평(암반)] 폴더까지 드래그하면 한꺼번에 업로드됩니다.

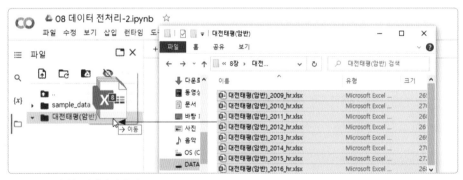

그림 8-14 **지하수 데이터 파일 업로드**

라이브러리 불러오기

데이터 처리를 위해 넘파이와 판다스, 그래프를 그리기 위해 맷플롯립 라이브러리가 필요합니다.

코드 8-11 **라이브러리**

```
import os
import pandas as pd
import numpy as np
import matplotlib.pyplot as plt
```

```
import warnings
from datetime import datetime, date, time

warnings.filterwarnings('ignore')
```

os는 path를 지정할 때 사용합니다. 여기서 path는 경로를 의미하는데 다운로드한 파일을 모두 같은 경로에 저장하기 위해 필요합니다. warnings는 경고 관련 라이브러리이고 datetime, date, time은 날짜와 시간 데이터를 다루는 데 사용할 모듈입니다.

warnings 라이브러리의 filterwarnings( ) 함수로 경고 메시지를 제거합니다. 엑셀 파일을 읽어올 때 엑셀 데이터에 글꼴, 정렬, 테두리 등 기본 스타일이 지정되어 있지 않으면 경고 메시지를 출력할 수 있기 때문에 사용합니다. 스타일이 지정되어 있지 않아도 실행에는 문제가 없습니다.

데이터 병합

데이터 파일 8개를 하나의 파일로 병합하겠습니다. 먼저 [대전태평(암반)] 폴더에 있는 엑셀 파일의 이름을 구합니다.

코드 8-12 **파일명 확인**

```
path = './대전태평(암반)/'
file_list = os.listdir(path)
file_list_py = [file for file in file_list if file.endswith('.xlsx')]
file_list_py
```

```
['대전태평(암반)_2010_hr.xlsx',
 '대전태평(암반)_2016_hr.xlsx',
 '대전태평(암반)_2015_hr.xlsx',
 '대전태평(암반)_2009_hr.xlsx',
 '대전태평(암반)_2014_hr.xlsx',
 '대전태평(암반)_2013_hr.xlsx',
 '대전태평(암반)_2011_hr.xlsx',
 '대전태평(암반)_2012_hr.xlsx']
```

path에 데이터가 업로드된 경로를 할당하고 경로 path에 있는 파일 전체의 파일명 리스트를 file_list에 할당합니다.

파일명이 '.xlsx'로 끝나는 파일만 리스트 file_list_py에 저장합니다. file_list_py의 파일명 순서는 정렬되지 않습니다. 따라서 여기서부터는 실행 결과가 책과는 다르게 나타날 수 있습니다.

코드 8-13 데이터프레임 하나로 병합

```python
df = pd.DataFrame()
for i in file_list_py:
    data = pd.read_excel(path + i)
    df = pd.concat([df, data])
df
```

	관측소	구분	날짜	시간	수온(℃)	수위(el.m)	EC(㎲/㎝)
0	대전태평	(암반)	20150101	0	16.3	44.52	736
1	대전태평	(암반)	20150101	1	16.3	44.52	736
2	대전태평	(암반)	20150101	2	16.3	44.52	736
3	대전태평	(암반)	20150101	3	16.3	44.52	736
4	대전태평	(암반)	20150101	4	16.3	44.52	736
...	...	...	...	...	...	...	...
8689	대전태평	(암반)	20141231	4	16.3	44.53	736
8690	대전태평	(암반)	20141231	3	16.3	44.53	736
8691	대전태평	(암반)	20141231	2	16.3	44.52	736
8692	대전태평	(암반)	20141231	1	16.3	44.52	736
8693	대전태평	(암반)	20141231	22	16.3	44.52	736

69548 rows × 7 columns

빈 데이터프레임 객체 df를 만듭니다.

판다스의 read_excel() 함수는 엑셀 파일의 내용을 읽어옵니다. 파일 내용을 읽어 변수 data에 할당합니다.

데이터프레임 df에 변수 data의 내용을 추가합니다. 반복문이므로 파일을 바꿔가며 데이터프레임에 내용을 추가하게 됩니다.

총 69,548행이 추가됩니다. 그런데 마지막 행의 인덱스가 69547이 아닙니다. 읽어오는 파일이 바뀔 때마다 인덱스가 0부터 새로 시작했기 때문입니다.

행 인덱스를 재설정하여 인덱스 열에 0부터 69547까지의 숫자가 중복 없이 나타나도록 하겠습니다. 원래 인덱스를 삭제하고 새로 생성합니다.

코드 8-14 행 인덱스 재설정

```python
df = df.reset_index(drop=True)
df
```

```
┌─[→                  관측소    구분      날짜    시간  수온(℃)  수위(el.m)  EC(㎲/cm)
│
│       0      대전태평   (암반)  20150101    0    16.3     44.52      736
│
│       1      대전태평   (암반)  20150101    1    16.3     44.52      736
│
│       2      대전태평   (암반)  20150101    2    16.3     44.52      736
│
│       3      대전태평   (암반)  20150101    3    16.3     44.52      736
│
│       4      대전태평   (암반)  20150101    4    16.3     44.52      736
│
│     ...         ...     ...       ...   ...    ...      ...        ...
│
│   69543      대전태평   (암반)  20141231    4    16.3     44.53      736
│
│   69544      대전태평   (암반)  20141231    3    16.3     44.53      736
│
│   69545      대전태평   (암반)  20141231    2    16.3     44.52      736
│
│   69546      대전태평   (암반)  20141231    1    16.3     44.52      736
│
│   69547      대전태평   (암반)  20141231   22    16.3     44.52      736
└
```

코드 8-15 데이터프레임 정보 확인

```
df.info()
```

```
[→ <class 'pandas.core.frame.DataFrame'>
   RangeIndex: 69548 entries, 0 to 69547
   Data columns (total 7 columns):
    #   Column     Non-Null Count  Dtype
   ---  ------     --------------  -----
    0   관측소       69548 non-null  object
    1   구분         69548 non-null  object
    2   날짜         69548 non-null  int64
    3   시간         69548 non-null  int64
    4   수온(℃)      69548 non-null  float64
    5   수위(el.m)   69548 non-null  float64
    6   EC(㎲/cm)   69548 non-null  int64
   dtypes: float64(2), int64(3), object(2)
   memory usage: 3.7+ MB
```

df 데이터프레임의 정보를 확인해 봅니다. 모든 열에 결측치가 없습니다.

측정시각 열 생성

시간에 따라 변화하는 데이터를 그래프로 확인하고 싶습니다. 그러려면 그래프의 x축이 연속적인 시간이 되어야 하는데 지금은 날짜 열과 시간 열이 따로 있습니다. 날짜와 시간을 합쳐 열 하나로 만들겠습니다.

인덱스 지정

```
df['Date'] = pd.to_datetime(df['날짜'],format='%Y%m%d') +\
             pd.to_timedelta(df['시간'].astype(int),unit='h')

df.set_index(df['Date'], inplace=True)
df.head(3)
```

Date	관측소	구분	날짜	시간	수온(℃)	수위(el.m)	EC(㎲/cm)
2010-01-01 00:00:00	대전태평	(암반)	20100101	0	16.2	44.47	741
2010-01-01 01:00:00	대전태평	(암반)	20100101	1	16.2	44.47	741
2010-01-01 02:00:00	대전태평	(암반)	20100101	2	16.2	44.47	741

to_datetime() 함수로 날짜 열과 시간 열을 합칩니다. Date 열을 새로 생성하고 합친 시간 데이터를 할당합니다.

Date 열을 인덱스로 지정합니다.

분석할 속성만 조회하여 저장

데이터프레임 df의 속성 중에서 수온, 수위, EC만 분석하고 싶습니다. 지하수 데이터의 EC는 전기전도도인데 수질이 좋을수록 물에 녹아 있는 물질이 적어 전기전도도도 낮습니다.

데이터프레임 속성을 열 이름으로 조회하고 새로운 데이터프레임 df1에 할당합니다. 열 이름에 한글이나 기호가 있으면 활용할 때 까다롭기 때문에 영문 열 이름으로 변경합니다.

분석할 속성만 조회하여 저장

```
df1 = df[['수온(℃)', '수위(el.m)','EC(㎲/cm)']]
df1.columns = ['temp', 'level', 'EC']
df1.head(3)
```

Date	temp	level	EC
2015-01-01 00:00:00	16.3	44.52	736
2015-01-01 01:00:00	16.3	44.52	736
2015-01-01 02:00:00	16.3	44.52	736

결측치 유무도 확인해 봅니다.

코드 8-18 결측치 수 확인

```
df1.isnull().sum()
```

```
temp     0
level    0
EC       0
dtype: int64
```

isnull() 함수는 데이터프레임에서 null의 개수를 반환합니다. 모든 열에 결측치가 없는 것이 확인됩니다.

데이터프레임 df1을 다음에도 사용할 수 있도록 '대전지하수.csv' 파일로 저장합니다.

코드 8-19 CSV 파일 저장

```
df1.to_csv('./대전지하수.csv', encoding='cp949')
```

Colab에서 런타임 연결을 해제하면 디렉토리에 있는 파일이 사라지므로 파일이 생성되면 바로 PC에 다운로드하거나 클라우드에 저장해 둡니다.

2 이상치 확인 및 제거

'대전지하수.csv' 파일에는 지하수위, 지하수온, 지하수 전도도 데이터가 들어 있습니다. 지하수 데이터 측정 센서의 이상이나 이물질 등의 원인으로 이상치가 발생할 수 있습니다.

통계량과 그래프를 이용하는 이상치 확인

통계량과 그래프를 출력하여 데이터에 이상치가 있는지 빠르게 판단할 수 있습니다.

코드 8-20 통계량으로 이상치 확인

```
df = pd.read_csv('./대전지하수.csv', index_col='Date', parse_dates=True, encoding='cp949')
df.describe()
```

	temp	level	EC
count	69548.000000	69548.000000	69548.000000
mean	16.262491	44.295353	727.024027
std	0.089778	2.539464	51.544590
min	15.800000	11.530000	13.000000
25%	16.200000	44.370000	722.000000
50%	16.300000	44.460000	730.000000
75%	16.300000	44.550000	742.000000
max	16.500000	45.900000	778.000000

'대전지하수.csv' 파일을 읽어옵니다. Date 열을 인덱스로 지정합니다.

데이터프레임 df의 기초 통계량을 확인합니다. min 행은 최솟값이고 25% 행은 1사분위수입니다. level 열과 EC 열에서 최솟값과 1사분위수의 차이가 큽니다. 따라서 최솟값이 이상치일 가능성이 높습니다.

이번에는 히스토그램으로 데이터의 분포를 확인하여 이상치가 있는지 살펴보겠습니다.

코드 8-21 히스토그램

```
df.hist(bins=50, figsize=(10,6))
plt.show()
```

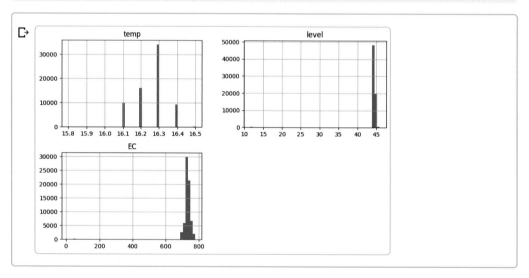

열별 데이터를 50개 구간으로 나누어 히스토그램을 생성합니다. 전체적으로 분포가 오른쪽으로 치우쳐 있습니다. 이럴 때 분포의 왼쪽 끝이 이상치일 가능성이 높습니다.

상자 그래프로도 이상치를 확인해 봅니다.

코드 8-22 상자 그래프로 이상치 확인

```
df.boxplot()
```

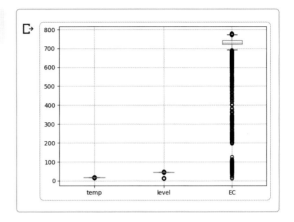

한꺼번에 세 열의 상자 그래프를 그렸더니 EC 데이터가 다른 열에 비해 값이 커서 temp와 level의
이상치 유무를 확인하기 어렵습니다.

7장에서 배웠던 맷플롯립의 다중 그래프를 활용하여 각 열의 데이터로 상자 그래프를 따로 그립니다.

코드 8-23 다중 상자 그래프로 이상치 확인

```
plt.subplot(1, 3, 1)
df.boxplot(column='temp', return_type='both')
plt.subplot(1, 3, 2)
df.boxplot(column='level', return_type='both')
plt.subplot(1, 3, 3)
df.boxplot(column='EC', return_type='both')
plt.show()
```

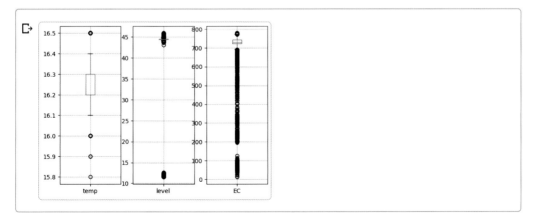

지하수온 그래프에서는 상자 수염 위아래의 이상치를 명확히 확인할 수 있습니다. 지하수위 그래프에서는 지하수위가 낮은 영역에서 이상치가 나타납니다. 지하수 전도도는 전도도가 낮은 영역에서 이상치가 나타납니다.

시간에 따른 데이터의 변화를 나타내는 그래프를 그려서 이상치를 확인할 수도 있습니다. 이런 그래프를 시계열 그래프라고 합니다. 상자 그래프와 마찬가지로 다중 그래프로 확인하겠습니다.

코드 8-24 다중 시계열 그래프

```
plt.subplot(3, 1, 1)
df['temp'].plot()
plt.subplot(3, 1, 2)
df['level'].plot()
plt.subplot(3, 1, 3)
df['EC'].plot()
plt.show()
```

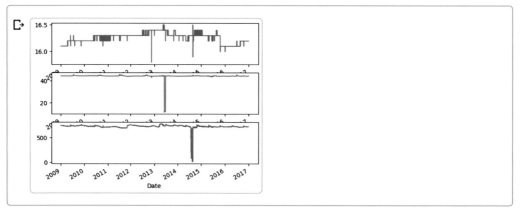

지하수온이 2012년 후반과 2014년 후반에 평소보다 확연히 낮습니다. 수온은 연속적으로 변하는 값이므로 이런 값은 이상치일 가능성이 높습니다. 이와 비슷하게 지하수위는 2013년에 비정상적으로 낮게 나타납니다. 참고로 지하수위는 여름철에 비가 많이 올 때 서서히 상승하고 겨울철에는 낮아집니다. 전기전도도는 2014년에 비정상적으로 낮아진 시기가 있습니다.

IQR을 이용하는 이상치 확인
사분범위(Interquatile Range, IQR)를 계산하고 이를 이용하여 이상치를 탐지하겠습니다.

```
IQR = 3사분위수 (75% 지점) - 1사분위수 (25% 지점)
상한값 = 3사분위수 + IQR * 1.5
하한값 = 1사분위수 - IQR * 1.5
```

이상치는 하한값과 상한값을 벗어나는 영역의 데이터입니다. 반대로 하한값보다 크고 상한값보다 작은 데이터를 정상치로 봅니다.

앞서 describe() 함수로 얻은 기초 통계량에 사분위수가 나왔지만, quantile() 함수로 직접 사분위수를 계산할 수도 있습니다. 지하수위의 사분위수를 구하겠습니다.

코드 8-25 지하수위 IQR

```
q3_level = df['level'].quantile(q=0.75)
q1_level = df['level'].quantile(q=0.25)
iqr_level = q3_level - q1_level
print(iqr_level)
```

```
0.17999999999999972
```

지하수위 데이터의 3사분위수를 q3_level에 저장하고 1사분위수를 q1_level에 저장합니다. iqr_level에 3사분위수와 1사분위수의 차, 즉 IQR을 저장합니다. 지하수위 데이터의 IQR은 약 0.18입니다.

계산하여 얻은 3사분위수, 1사분위수, IQR을 이용하여 데이터 상한값과 하한값을 정하고, 이를 벗어나는 데이터를 이상치로 정하겠습니다.

코드 8-26 지하수위 상하한값과 이상치 개수

```
upper_level = q3_level + 1.5 * iqr_level
lower_level = q1_level - 1.5 * iqr_level
print(upper_level, '/', lower_level)
print((df['level'] > upper_level).sum())
print((df['level'] < lower_level).sum())
```

```
44.81999999999999 / 44.099999999999994
4492
1273
```

지하수위의 상한값은 3분위수로부터 IQR의 1.5배만큼 큰 값으로 정합니다. 이 값을 변수 upper_level에 저장합니다. 지하수위 상한값은 약 44.82m로 계산되었습니다.

상한값을 벗어나는 이상치는 4,492개이고 하한값을 벗어나는 이상치는 1,273개입니다.

이상치 제거

이상치를 제거한 데이터만 조회하여 새 데이터프레임에 저장합니다.

코드 8-27 **이상치를 제거한 지하수위**

```
df_iqr_level = df[(df['level'] < upper_level) & (df['level'] > lower_level)]
df_iqr_level['level'].plot()
```

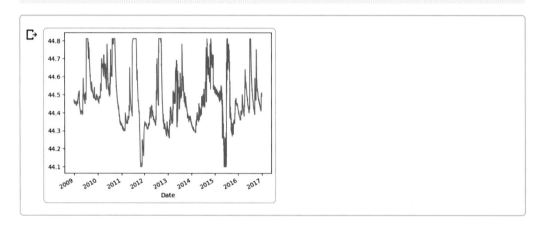

다음은 이상치를 제거하기 전 지하수위의 시계열 그래프입니다. 비교하여 살펴보면 가장 눈에 띄었던 2013년의 이상치가 제거되었고 연중 변화가 명확히 드러나게 되었습니다.

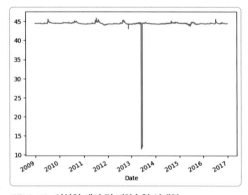

그림 8-15 **이상치 제거 전 지하수위 시계열**

지하수온의 사분위수를 quantile( ) 함수로 간단히 구하겠습니다. 사분위수를 알면 상한값, 하한값과 이상치 개수까지 계산할 수 있습니다.

코드 8-28 지하수온 IQR과 이상치 개수

```
#사분위수와 IQR 구하기
q3_temp = df['temp'].quantile(q=0.75)
q1_temp = df['temp'].quantile(q=0.25)
iqr_temp = q3_temp-q1_temp
print('IQR:', iqr_temp)
#지하수온 상한값, 하한값, 이상치 개수 구하기
upper_temp = q3_temp + iqr_temp * 1.5
lower_temp = q1_temp - iqr_temp * 1.5
print(upper_temp, '/', lower_temp)
print((df['temp'] > upper_temp).sum())
print((df['temp'] < lower_temp).sum())
```

```
IQR: 0.10000000000000142
16.450000000000003 / 16.049999999999997
227
15
```

지하수온 상한값은 16.45, 하한값은 약 16.05입니다. 상한값을 벗어나는 이상치는 227개이며 하한값을 벗어나는 이상치는 15개입니다. 이상치 개수가 매우 적어 연중 지하수온의 변화가 거의 없음을 알 수 있습니다.

이번에는 quantile( )을 사용하여 지하수 전기전도도의 사분위수를 계산하고 IQR을 구합니다. 상한값과 하한값을 변수에 저장해 두고 이상치 개수를 확인합니다.

코드 8-29 전기전도도 IQR과 이상치 개수

```
#사분위수와 IQR 구하기
q3_ec = df['EC'].quantile(q=0.75)
q1_ec = df['EC'].quantile(q=0.25)
iqr_ec = q3_ec - q1_ec
print('IQR:', iqr_ec)
#지하수온 상한값, 하한값, 이상치 개수 구하기
upper_ec = q3_ec + iqr_ec * 1.5
lower_ec = q1_ec - iqr_ec * 1.5
```

```
print(upper_ec, '/', lower_ec)
print((df['EC'] > upper_ec).sum())
print((df['EC'] < lower_ec).sum())
```

```
IQR: 20.0
772.0 / 692.0
831
788
```

지하수온, 지하수위, 지하수 전기전도도의 이상치를 한꺼번에 제거하겠습니다. 특성 수가 여러 개일 때는 이상치를 한꺼번에 제거해야 데이터 손실을 막을 수 있습니다.

코드 8-30 이상치를 한꺼번에 제거

```
df_iqr = df[(df['temp'] < upper_temp) & (df['temp'] > lower_temp) &\
            (df['level'] < upper_level) & (df['level'] > lower_level) &\
            (df['EC'] < upper_ec) & (df['EC'] > lower_ec)]
```

이상치 제거 결과 확인

통계량 및 그래프를 출력하여 이상치 제거 전과 비교해 봅니다.

코드 8-31 이상치 제거 후 통계량

```
df_iqr.describe()
```

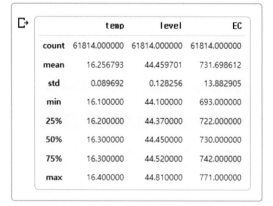

	temp	level	EC
count	61814.000000	61814.000000	61814.000000
mean	16.256793	44.459701	731.698612
std	0.089692	0.128256	13.882905
min	16.100000	44.100000	693.000000
25%	16.200000	44.370000	722.000000
50%	16.300000	44.450000	730.000000
75%	16.300000	44.520000	742.000000
max	16.400000	44.810000	771.000000

	temp	level	EC
count	69548.000000	69548.000000	69548.000000
mean	16.262491	44.295353	727.024027
std	0.089778	2.539464	51.544590
min	15.800000	11.530000	13.000000
25%	16.200000	44.370000	722.000000
50%	16.300000	44.460000	730.000000
75%	16.300000	44.550000	742.000000
max	16.500000	45.900000	778.000000

오른쪽 [코드 8-20]의 실행 결과와 비교하면, 이상치가 제거된 만큼 데이터 개수가 줄었고 관련 통계가 바뀌었으며 산포가 줄었습니다.

코드 8-32 이상치 제거 후 히스토그램

```
df_iqr.hist(bins=50, figsize=(10,6))
plt.show()
```

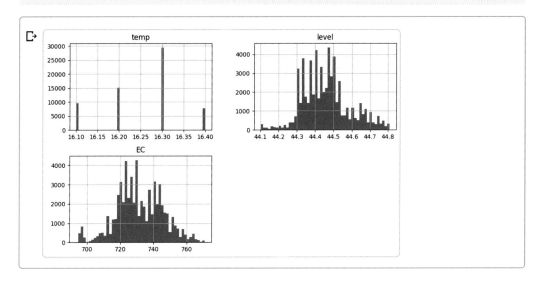

이상치를 제거하고 나니 정규분포와 가까우며 한쪽으로 치우치지 않게 되었습니다.

코드 8-33 이상치 제거 후 상자 그래프

```
plt.subplot(1, 3, 1)
df_iqr.boxplot(column='temp', return_type='both')
plt.subplot(1, 3, 2)
df_iqr.boxplot(column='level', return_type='both')
plt.subplot(1, 3, 3)
df_iqr.boxplot(column='EC', return_type='both')
plt.show()
```

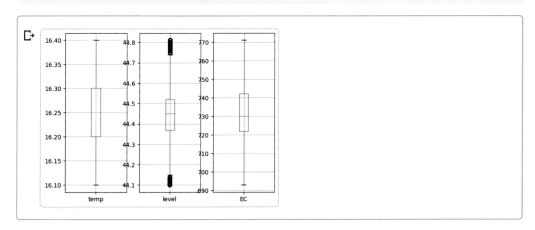

지하수온과 지하수 전기전도도는 이상치가 깔끔하게 제거되어 그래프의 상하 균형이 맞고 수염 바깥쪽이 정리되었습니다. 다만 지하수위는 상한값 위와 하한값 아래에 이상치가 조금씩 나타납니다.

코드 8-34 이상치 제거 후 시계열 그래프

```
plt.subplot(3, 1, 1)
df_iqr['temp'].plot()
plt.subplot(3, 1, 2)
df_iqr['level'].plot()
plt.subplot(3, 1, 3)
df_iqr['EC'].plot()
plt.show()
```

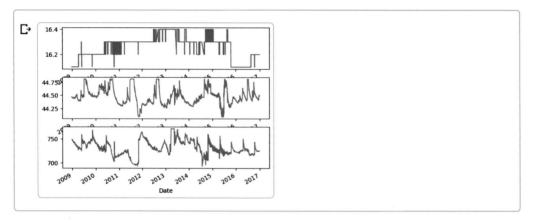

세 변수 모두 시계열에 이상치가 드러나지 않고 안정적인 그래프가 나타납니다. 지하수온은 연중 변화가 거의 없습니다. 지하수위와 전기전도도의 시계열 그래프에서도 이상치가 제거된 상태로, 계절 변화와 연도별 산포만 드러나 있습니다.

정제된 데이터 저장

정제된 데이터를 나중에도 사용할 수 있게 CSV 파일로 저장합니다.

코드 8-35 CSV 파일로 저장

```
df_iqr.to_csv('대전지하수_정제.csv', encoding='cp949')
```

잊지 말고 파일을 다운로드해 둡니다.

③ 표준화와 정규화

다음은 표준화와 정규화 실습입니다.

파일 불러오기

정제된 데이터 파일을 불러와 열별로 데이터의 범위를 확인하겠습니다.

코드 8-36 파일 불러오기

```python
import pandas as pd
import numpy as np
import matplotlib.pyplot as plt


df = pd.read_csv('./대전지하수_정제.csv')
df.head()
```

	Date	temp	level	EC
0	2015-01-01 00:00:00	16.3	44.52	736
1	2015-01-01 01:00:00	16.3	44.52	736
2	2015-01-01 02:00:00	16.3	44.52	736
3	2015-01-01 03:00:00	16.3	44.52	736
4	2015-01-01 04:00:00	16.3	44.52	736

앞서 저장한 파일 '대전지하수_정제.csv'를 읽어와 데이터프레임 df로 저장합니다.

두 열을 선택하여 스케일링합니다. level 열과 EC 열을 선택하겠습니다.

코드 8-37 스케일링할 열 확인

```python
df = df[['level', 'EC']]
df.describe()
```

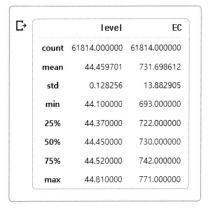

	level	EC
count	61814.000000	61814.000000
mean	44.459701	731.698612
std	0.128256	13.882905
min	44.100000	693.000000
25%	44.370000	722.000000
50%	44.450000	730.000000
75%	44.520000	742.000000
max	44.810000	771.000000

descibe() 함수로 지하수위와 지하수 전기전도도 데이터의 통계량을 나타냅니다. 지하수위의 표준 편차는 약 0.128이지만 EC의 표준편차는 약 13.883입니다. 따라서 지하수 전기전도도는 지하수위 보다 100배 이상으로 산포가 크다고 말할 수 있습니다.

지하수위와 전기전도도의 히스토그램을 그려 데이터 분포를 비교합니다.

코드 8-38 히스토그램

```
df.hist()
plt.show()
```

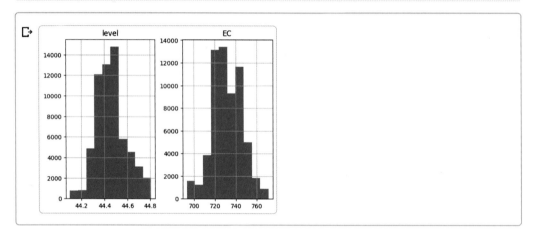

두 변수의 최댓값과 최솟값을 비교하면 EC의 범위가 훨씬 넓습니다. 이는 전기전도도 값이 지하수 위 값보다 15배 이상 크기 때문에 당연합니다. 이처럼 변수의 범위가 많이 다른 것을 고려하지 않 으면 전기전도도의 산포도가 지하수위의 산포도보다 크다고 오해할 수 있습니다.

표준화

판다스 라이브러리에서는 데이터프레임 열을 통째로 사칙연산할 수 있어 계산하기가 용이합니다. df 데이터프레임 원본은 남겨두고 df1이라는 복사본을 만들어서 사용하겠습니다.

코드 8-39 사본 생성

```
df1 = df.copy()
df1.head(3)
```

데이터프레임 df1은 df와 동일한 내용입니다. copy() 함수로 깊은 복사를 수행했기 때문에 df1을 변경하더라도 원본 df에는 영향을 주지 않습니다.

각 변수의 평균과 표준편차를 구하여 표준화합니다.

`코드 8-40` **표준화**

```
df1['level_z_score'] = (df1['level'] - df1['level'].mean()) / df1['level'].std()
df1['EC_z_score'] = (df1['EC'] - df1['EC'].mean()) / df1['EC'].std()
df1.head(3)
```

	level	EC	level_z_score	EC_z_score
0	44.52	736	0.470145	0.309833
1	44.52	736	0.470145	0.309833
2	44.52	736	0.470145	0.309833

지하수위와 전기전도도 각각 표준화한 열이 추가되었습니다.

통계량과 히스토그램으로 표준화가 잘 수행되었는지 확인합니다.

`코드 8-41` **표준화 후 통계량**

```
df1.describe()
```

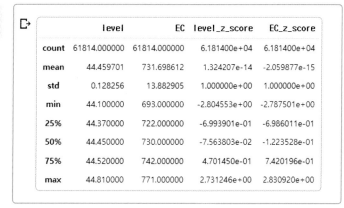

	level	EC	level_z_score	EC_z_score
count	61814.000000	61814.000000	6.181400e+04	6.181400e+04
mean	44.459701	731.698612	1.324207e-14	-2.059877e-15
std	0.128256	13.882905	1.000000e+00	1.000000e+00
min	44.100000	693.000000	-2.804553e+00	-2.787501e+00
25%	44.370000	722.000000	-6.993901e-01	-6.986011e-01
50%	44.450000	730.000000	-7.563803e-02	-1.223528e-01
75%	44.520000	742.000000	4.701450e-01	7.420196e-01
max	44.810000	771.000000	2.731246e+00	2.830920e+00

level_z_score 열과 EC_z_score 열의 평균과 표준편차에 주목합니다. 표준화한 변수는 평균이 0과 매우 가깝고 표준편차는 1입니다. 두 변수의 최댓값과 최솟값 범위도 비슷해졌습니다.

코드 8-42 표준화 후 히스토그램

```
df1.hist(figsize=(8,5))
plt.show()
```

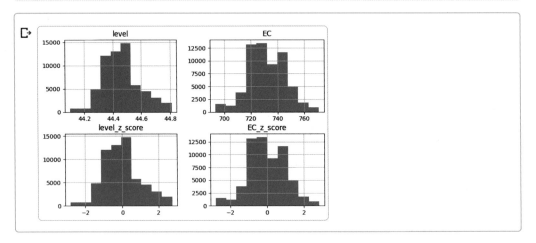

x축에 주목합니다. 표준화 후 데이터가 평균 0을 중심으로 비슷한 범위에 분포합니다.

[코드 8-40]에서는 표준화할 때 열 이름을 입력해서 Z 점수를 계산했습니다. 열 이름 대신 데이터 프레임 변수 이름을 그대로 입력하면 한꺼번에 여러 열을 계산할 수 있습니다.

코드 8-43 데이터프레임 이름으로 표준화

```
df2 = df.copy()
df2_standard = (df2-df2.mean()) / df2.std()
df2_standard.head(3)
```

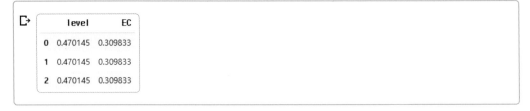

	level	EC
0	0.470145	0.309833
1	0.470145	0.309833
2	0.470145	0.309833

[코드 8-40]에서 열 이름을 입력하여 계산했던 df1의 표준화 결과와 동일합니다.

정규화

정규화는 데이터의 최댓값과 최솟값을 이용하여 0에서 1사이의 값으로 변환하는 데이터 전처리 과정입니다.

코드 8-44 데이터 사본 정규화

```
df3 = df.copy()

df3['level_minmax'] = (df3['level']-df3['level'].min()) / (df3['level'].max()\
                                                    -df3['level'].min())
df3['EC_minmax'] = (df3['EC'] - df3['EC'].min()) / (df3['EC'].max() - df3['EC'].min())
df3.head(3)
```

	level	EC	level_minmax	EC_minmax
0	44.52	736	0.591549	0.551282
1	44.52	736	0.591549	0.551282
2	44.52	736	0.591549	0.551282

지하수위와 전기전도도를 각각 정규화한 열이 추가되었습니다.

통계량과 히스토그램으로 정규화가 잘 수행되었는지 확인합니다.

코드 8-45 정규화 후 통계량

```
df3.describe()
```

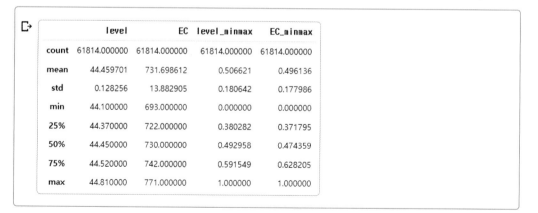

	level	EC	level_minmax	EC_minmax
count	61814.000000	61814.000000	61814.000000	61814.000000
mean	44.459701	731.698612	0.506621	0.496136
std	0.128256	13.882905	0.180642	0.177986
min	44.100000	693.000000	0.000000	0.000000
25%	44.370000	722.000000	0.380282	0.371795
50%	44.450000	730.000000	0.492958	0.474359
75%	44.520000	742.000000	0.591549	0.628205
max	44.810000	771.000000	1.000000	1.000000

정규화 이후 최솟값은 0이고 최댓값은 1이 되었습니다. 이제 지하수위와 전기전도도의 평균 및 표준편차는 거의 같습니다.

```
df3.hist(figsize=(8,6))
plt.show()
```

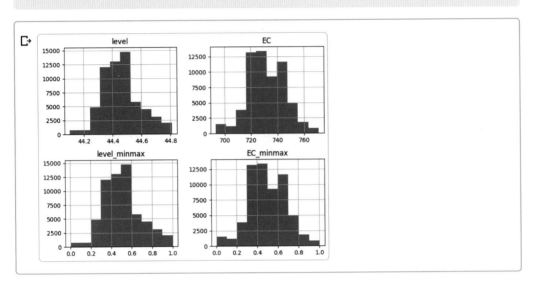

정규화 후에는 x축 범위가 0에서 1 사이로 변환되어 있습니다.

실전 분석

타이타닉호 탑승자 데이터 전처리

문제

타이타닉호 침몰은 영화로도 제작된 유명한 사건입니다. 1912년 4월 10일 유람선 타이타닉호가 영국 사우샘프턴을 떠나 미국 뉴욕으로 향하는 첫 항해 중 빙산과 충돌하여 침몰했습니다. 당시 배에 2,200여 명이 승선하였으나 그중 1,500여 명이 사망하였습니다.

타이타닉호 탑승자 중 생존자와 사망자를 집계한 가상의 데이터가 공개되어 있습니다. 앞으로 데이터 분석과 머신러닝을 공부한다면 이 데이터를 여러 번 보게 될 것입니다.

이번 예제에서는 타이타닉 탑승자 데이터에 결측치가 있는지 살펴보고 요금 열의 이상치를 확인해 봅시다.

해결

1. 데이터를 읽어와 행과 열 수를 확인합니다. 원래 타이타닉 탑승자 데이터는 시본(Seaborn)이라는 라이브러리 안에 있습니다. 이번에는 편의를 위해 이 책의 부록 예제소스로 제공된 CSV 파일을 이용합니다.

```python
import pandas as pd
df = pd.read_csv('./titanic.csv')
df.shape
```

```
(891, 12)
```

승객이 891명이고 열은 12개 있습니다.

타이타닉 탑승자 데이터의 열 12개는 다음과 같습니다.

열 이름	PassengerId	Survived	Pclass	Name	Sex	Age
내용	승객 번호	생존여부	등급	이름	성별	나이
열 이름	SibSp	Parch	Ticket	Fare	Cabin	Embarked
내용	동승한 형제자매나 배우자 수	동승한 부모나 자식 수	티켓 번호	승객 요금	방 호수	탑승지

2. isnull( ) 함수로 각 열의 결측치 수를 확인합니다.

```
df.isnull().sum()
```

```
PassengerId      0
Survived         0
Pclass           0
Name             0
Sex              0
Age            177
SibSp            0
Parch            0
Ticket           0
Fare             0
Cabin          687
Embarked         2
```

나이 177건, 방 호수 687건, 탑승지 2건이 누락되어 있습니다.

3. 타이타닉 호는 초호화 유람선이라서 요금이 다른 승객들에 비해 매우 높은 승객이 있었을 것으로 예상됩니다. 요금 열에서 이상치 개수를 확인하겠습니다.

```
q1 = df['Fare'].quantile(.25)
q3 = df['Fare'].quantile(.75)
IQR = q3 - q1
print('하한값:', q1 - 1.5 * IQR, '상한값:', q3 + 1.5 * IQR)

out1 = df[df['Fare'] < (q1 - 1.5 * IQR)]
out2 = df[df['Fare'] > (q3 + 1.5 * IQR)]
len(out1), len(out2)
```

```
하한값: -26.724 상한값: 65.6344
(0, 116)
```

하한값보다 작은 이상치는 없으나 상한값보다 큰 이상치는 116개나 있습니다. 예상한 것과 일치합니다.

4. 성별이 남성인 승객 중 요금이 상한값보다 큰 이상치의 개수를 구합니다.

```
sum(out2['Sex'] == 'male')
```

```
46
```

요금을 특별히 많이 낸 승객 116명 중 46명이 남성이고 나머지 70명은 여성입니다.

01 이상치는 표본의 전체 패턴에서 크게 벗어나는 값입니다. 데이터를 시각화하여 이상치 유무와 대략적인 위치를 확인할 수 있습니다. 박스플롯, 산점도, 히스토그램, 분포도, QQ플롯 등을 활용합니다.

02 상한값을 초과하거나 하한값 미만인 값을 이상치로 간주합니다. 상한값과 하한값을 계산하려면 IQR을 알아야 합니다. IQR은 Q3 − Q1로 계산합니다.

- **Q1을 구하는 명령:** df['열 이름'].quantile(0.25)
- **Q3을 구하는 명령:** df['열 이름'].quantile(0.75)

03 데이터프레임 df에 결측치가 있을 때 다음 함수로 처리할 수 있습니다.

함수	기능
df.isnull().sum()	df의 결측치 개수 확인
df.dropna()	df에서 결측치가 있는 행을 모두 삭제
df.fillna(method='ffill') df.fillna(method='bfill')	결측치 바로 위 행의 값으로 대체 결측치 바로 아래 행의 값으로 대체
df.fillna(df.mean())	결측치를 각 열의 평균으로 대체
df.dropna(subset=['B', 'C'])	B열과 C열의 결측치만 삭제

df.dropna() 함수와 df.fillna() 함수는 inplace='True' 인자를 입력하면 원본 데이터프레임에 변경이 적용됩니다.

04 데이터의 단위가 다르거나 범위가 다르면 서로 비교할 수 없으므로 표준화 또는 정규화로 스케일링합니다.

- 정규화는 데이터 범위를 0과 1 사이 또는 −1과 1 사이로 변환하는 전처리 방법입니다. 정규화를 수행하면 값의 범위가 서로 다른 특성들을 같은 스케일로 맞추어 특성 간 비교가 쉬워집니다.

$$X' = \frac{(X - Xmin)}{(Xmax - Xmin)}$$

- 표준화는 데이터를 평균이 0이고 표준편차가 1인 값으로 변환하는 전처리 방법입니다.

$$Z\,점수 = \frac{(X - 평균)}{표준편차}$$

01 설명이 맞으면 'O', 틀리면 'X'로 표시하시오.

① 이상치는 표본의 전체 패턴에서 크게 벗어나는 값이다. (   )

② 데이터 분포를 시각화하면 이상치가 있는지 확인할 수 있다. (   )

③ 이상치를 제거하는 데 IQR을 활용할 수 있다. (   )

④ 데이터 전처리 기법인 정규화는 데이터를 평균이 0이고 표준편차가 1이 되도록 변환하는 것이다. (   )

⑤ Z 점수는 어떤 값 X가 평균에서 얼마나 떨어져 있는지를 나타낸다. (   )

02 데이터가 X일 때, 데이터 전처리에 사용하는 Z 점수를 구하는 계산식을 적으시오.

03 다음은 A반 학생 네 명과 B반 학생 네 명의 성적 Z 점수를 구하는 코드와 실행 결과이다. 빈칸을 채우시오.

```python
import pandas as pd
#데이터프레임 생성하기
df = pd.DataFrame({'A':[80,90,96,60],
                   'B':[70,70,90,58]})
#각 열 Z 점수 구하기
df_z = (df - [    ⓐ    ] ) / [    ⓑ    ]

df_z
```

	A	B
0	-0.095059	-0.150756
1	0.538666	-0.150756
2	0.918900	1.356801
3	-1.362507	-1.055290

04 한빛대학교에 올해 입학한 1학년이 데이터 분석 과목 중간시험과 기말시험을 쳤다. 전체 학생의 중간시험 평균은 81점이고 표준편차는 15점이었다. 기말시험의 평균은 76점이고 표준편차는 13점이었다. 세일이의 1학기 중간시험 점수는 96점이고 기말시험 점수는 90점이다. Z 점수를 이용하여 세일이는 중간시험과 기말시험 중 어느 것을 더 잘했는지 구하시오.

05 다음 계산식을 사용하는 데이터 전처리 기법은 무엇인가?

$$X' = \frac{(X - Xmin)}{(Xmax - Xmin)}$$

06 다음은 데이터프레임 df에서 price 열의 IQR을 구해서 iqr_ price에 저장하는 코드이다. 빈칸을 채우시오.

```
q3_price = df[    ⓐ    ].    ⓑ    (q=    ⓒ    )
q1_price = df[    ⓓ    ].    ⓔ    (q=    ⓕ    )
iqr_price =               ⓖ
```

07 데이터프레임 df에서 price 열의 상한값보다 큰 이상치 개수를 구하는 코드이다. 빈칸을 채우시오.

```
upper_price = q3_price +    ⓐ    * iqr_price
print((df['price'] > upper_price).    ⓑ    ) #상한값을 벗어난 이상치 개수
```

08 데이터프레임 df의 결측치 개수를 확인하는 코드를 적으시오.

09 데이터프레임 df의 결측치를 바로 위에 있는 행의 값으로 대체해서 변수 df_ffill에 저장하는 코드를 작성하시오.

10 데이터프레임 df의 결측치를 각 열의 평균으로 대체해서 변수 df_mean에 저장하는 코드를 작성하시오.

빅데이터 분석과 인공지능 예측

CONTENTS -

CHAPTER 09   상관관계 분석

CHAPTER 10   회귀분석

CHAPTER 11   인공지능 분석

CHAPTER 12   시계열 예측

CHAPTER 13   데이터 분석 프로젝트

CHAPTER **09**

상관관계 분석

01 상관관계 분석의 개념
02 상관관계 분석의 활용
실전분석
요약
연습문제

학습목표

- 상관계수의 의미를 이해합니다.

- 상관관계 분석의 종류를 학습합니다.

- 상관관계 분석을 활용하여 두 변수의 관계를 설명할 수 있습니다.

어떤 사건이 발생하면 사건의 원인이나 사건과 관련된 일을 떠올리기 마련입니다. 담뱃값을 인상했을 때 담배 소비가 줄어들어 흡연율이 낮아질까요? 학력이 높은 집단일수록 평균 임금이 높을까요? 휘발유와 경유의 가격이 오르면 자가용 통행량이 줄어 도로에서 자동차 평균 속력이 높아질까요? 이번 장에서는 한 사건과 다른 사건의 연관성을 분석하는 방법을 알아봅니다. 두 사건의 상관관계를 분석하여 수치로 나타낼 수 있습니다. 그러나 이것은 사건의 인과관계와는 관련이 없습니다. 인과관계는 바로 다음 장에서 다룰 회귀분석으로 분석합니다.

1절에서는 상관분석 결과의 의미와 상관분석의 종류를 알아봅니다. 2절에서는 일상생활에서 만날 수 있는 몇 가지 상황에서 여러 변수의 상관관계를 분석해 봅니다.

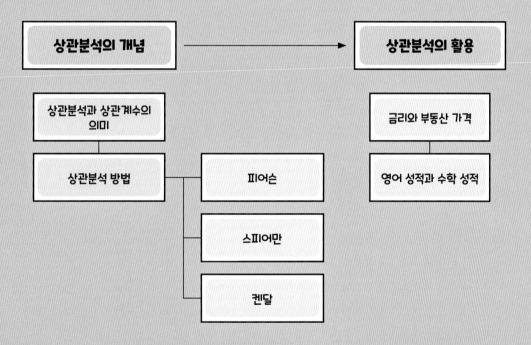

Section 01

상관관계 분석의 개념

■ 상관관계 분석과 상관계수

상관관계 분석(Correlation analysis, 상관분석)은 두 변수 사이 관계의 강도와 방향을 파악하는 통계 기법입니다. 한 변수와 다른 변수 사이에 양의 관계 또는 음의 관계가 있는지 이해할 뿐 아니라 관계의 강도를 알 수 있습니다.

어린이들이 영어 동요에 노출된 시간(분)과 영어 점수의 상관관계를 분석해 보겠습니다. 영어 동요에 노출된 시간이 일평균 30분인 어린이의 영어 점수는 70점, 노출 시간이 60분인 어린이는 80점, 90분인 어린이는 90점 등 노출 시간 30분이 증가할수록 점수가 10점씩 높아진다고 가정하겠습니다. 그러면 어린이들의 영어 동요 노출 시간과 영어 점수는 서로 동시에 증가하는 형태를 보입니다. 즉 매우 강한 양의 상관관계를 보인다고 할 수 있습니다. 상관분석이란 상관관계를 수치로 나타내어 정량화하는 방법이며, 상관관계의 강도를 나타낸 수치를 상관계수(Correlation coefficient)라고 합니다.

변수 x와 y가 있을 때 두 변수의 상관관계는 다음 세 가지 중 하나입니다.

- **양의 상관관계**: 변수 x가 커질수록 변수 y도 커진다.

- **음의 상관관계**: 변수 x가 커질수록 변수 y는 작아진다.

- **상관관계 없음**: 변수 x가 커질 때 변수 y는 커질 수도, 작아질 수도 있다.

상관계수는 −1 이상 1 이하의 값입니다. 상관계수의 부호는 상관관계가 양의 관계인지 음의 관계인지 나타내며, 상관관계의 강도는 상관계수의 크기에 비례합니다. 일반적으로 상관계수의 절댓값이 0.5보다 크면서 1에 가까우면 강한 상관관계이며, 상관계수의 절댓값이 0.5 이하이면 약한 상관관계로 봅니다.

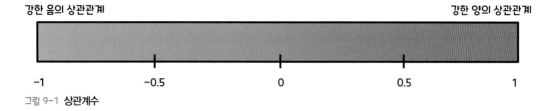

강한 음의 상관관계   강한 양의 상관관계

| -1 | -0.5 | 0 | 0.5 | 1 |

그림 9-1 **상관계수**

[그림 9-2]는 두 변수를 각각 x축과 y축으로 하여 나타낸 그래프입니다. (a)는 두 변수가 강한 양의 선형 상관관계인 경우입니다. 이때 상관계수는 절댓값이 0.5보다 크고 1에 가까운 양수일 것입니다. (b)는 두 변수가 약한 양의 선형 상관관계인 경우의 그래프입니다. 따라서 상관계수의 절댓값이 0.5 보다 작으면서 양수라고 짐작할 수 있습니다. (c)는 두 변수의 선형 상관관계가 거의 없는 경우의 그래프입니다. 이때 상관계수의 절댓값은 0에 가까우며, 부호는 큰 의미가 없습니다. 마지막으로 (d)는 두 변수가 강한 음의 선형 상관관계인 경우의 그래프입니다. 상관계수의 절댓값은 1에 가까우면서 부호는 음수일 것입니다. 그림에는 나타나지 않았지만 두 변수가 약한 양의 선형 상관관계인 경우에도 그래프 및 상관계수의 절댓값과 부호를 추측할 수 있습니다.

(a) 강한 양의 선형 상관관계   (b) 약한 양의 선형 상관관계

(c) 선형 상관관계 없음   (d) 강한 음의 선형 상관관계

그림 9-2 **상관관계와 그래프**

다음은 변수를 상관분석하여 얻은 상관계수이다. 올바른 상관관계의 종류를 말하시오.

1. 변수 a와 b의 상관계수 −0.3
2. 변수 c와 d의 상관계수 0.06
3. 변수 e와 f의 상관계수 0.87

정답

1. 약한 음의 선형 상관관계   2. 선형 상관관계 없음   3. 강한 양의 선형 상관관계

② 상관관계 분석의 세 가지 방법

상관관계 분석은 데이터의 종류와 활용 범위에 따라 세 가지 방법을 사용할 수 있습니다.

첫 번째 피어슨 상관분석(Pearson correlation analysis)은 가장 일반적인 상관분석 방법입니다. 빅데이터 규모로 데이터가 많지 않다면 엑셀에서도 피어슨 상관분석을 실행할 수 있습니다.

두 번째 스피어만 상관분석(Spearman correlation analysis)은 두 변수가 정규성을 보이지 않을 때 사용하기 적합한 방법입니다. 정규성(Normality)은 통계학에서 데이터의 가장 기본적인 전제 조건입니다. 표준 정규 분포(Standard normal distribution)를 따르는 데이터는 평균이 0이고 표준편차가 1이며 [그림 9-3]과 같이 분포합니다. 통계학에서는 정규성을 보이지 않는 데이터를 정규화(Normalization)하거나 표준화(Standardization)하여 분석을 수행합니다.

세 번째 켄달 상관분석(Kendall correlation analysis)은 스피어만 상관분석과 비슷하나 표본 데이터가 적고 동점이 많을 때 사용하기 적합한 방법입니다.

이 세 가지 상관관계 분석을 통해 얻은 상관계수는 모두 −1에서 1까지의 값입니다. 분석 방법은 다르지만 상관계수 해석 방법은 앞서 소개한 것과 동일하게 상관관계의 강도가 상관계수의 절댓값에 비례합니다.

하나 더 알기 ∨ **상관관계 분석의 의미**

상관계수만 가지고 두 변수 사이의 상관성이 있는지 없는지 판단할 수는 없습니다. 0에 가까운 상관계수는 선형(Linear) 상관관계가 없음을 의미할 뿐입니다. 두 변수에 선형 상관관계가 아닌 다른 상관관계가 있을 수 있습니다.

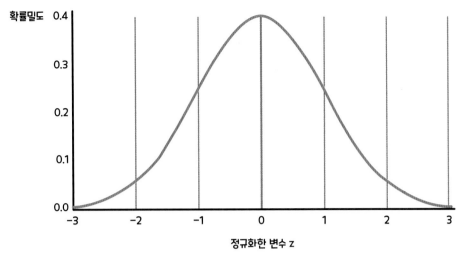

그림 9-3 **표준정규분포**

피어슨 상관분석

어린이가 영어 동요에 노출된 시간과 영어 점수와의 상관관계를 피어슨 상관분석으로 분석해 보겠습니다. 6장에서 이미 실습한 판다스 패키지에는 피어슨, 스피어만, 켄달 상관분석 도구가 포함되어 있습니다.

그림 9-4 **영어 동요**

코드 9-1 **피어슨 상관분석(1)**

```
import pandas as pd
#리스트에 데이터 삽입하기
engListening = [30, 60, 90]
engScore = [70, 80, 90]

#리스트를 데이터프레임으로 변환하기
data = {'engListening':engListening, 'engScore':engScore}
df = pd.DataFrame(data)
```

```
#상관분석 수행하기
coef = df.corr(method='pearson')
print(coef)
```

```
⊡          engListening  engScore
   engListening      1.0       1.0
   engScore          1.0       1.0
```

리스트 engListening에 영어 동요에 노출된 시간(분)을 대입하고 리스트 engScore에 영어 점수를 대입했습니다. engListening[0] 값이 30이므로 한 어린이의 영어 동요 노출 시간이 일평균 30분이고, 같은 인덱스인 engScore[0]은 70이므로 그 어린이의 영어 점수가 70점입니다.

리스트를 data라는 딕셔너리 객체에 열 이름 engListening, engScore로 담습니다. 다시 딕셔너리 객체를 데이터프레임 df로 변환합니다.

판다스의 corr() 함수는 상관관계 분석 함수입니다. 이 함수의 method 인자를 'pearson'으로 하여 호출하면 피어슨 상관분석을 수행하여 상관계수를 반환합니다.

실행 결과인 상관계수는 변수 engListening과 engScore의 2행 2열 행렬로 출력됩니다. 행렬 원소의 값은 그 행과 열 쌍의 관계를 의미합니다. (0, 0)의 1.0은 x와 x의 선형 상관도입니다. 자기 자신과의 관계이므로 당연히 1.0입니다. 마찬가지로 (1, 1)도 같은 y와 y의 선형 상관도이므로 1.0입니다. engListening과 endScore의 선형 상관도를 알고 싶으면 (0, 1) 또는 (1, 0)의 원소를 확인합니다. 피어슨 상관분석 결과 1.0입니다.

이것만으로는 상관계수의 의미를 파악하기 어려우니 이번에는 데이터를 조금 더 추가하여 상관계수를 구해보겠습니다. 앞에서는 영어 동요 노출 시간 30분당 점수가 정확히 10점씩 증가하는 데이터였습니다. 이번에는 조금 더 흩어져 있는 데이터를 분석해 봅시다. 리스트 engListening과 engScore에 [표 9-1]의 데이터 5쌍을 추가하겠습니다.

표 9-1 추가할 데이터

engListening	31	32	69	92	99
engScore	70	71	85	90	92

데이터의 산포도를 산점도 그래프로 확인해 보겠습니다. 7장에서 이미 배웠던 파이플롯의 scatter() 함수를 활용합니다.

코드 9-2 산포도 확인

```python
import matplotlib.pyplot as plt

#데이터 추가하기
engListening = [30, 60, 90, 31, 32, 69, 92, 99]
engScore = [70, 80, 90, 70, 71, 85, 90, 92]
data2 = {'engListening':engListening, 'engScore':engScore}
df2 = pd.DataFrame(data2)

#산점도 그래프의 x좌표와 y좌표 설정하기
plt.scatter(df2['engListening'], df2['engScore'])
plt.show()
```

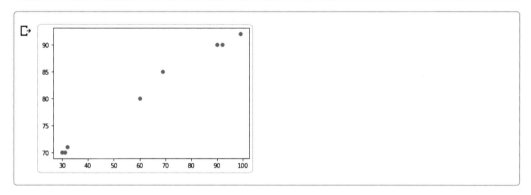

실행 결과 그래프의 모든 점을 직선 한 개로 이을 수 없습니다. 완벽한 선형 상관관계가 아니기 때문입니다.

코드 9-3 피어슨 상관분석(2)

```python
coef = df2.corr(method='pearson')
print(coef)
```

```
              engListening  engScore
engListening      1.000000  0.995829
engScore          0.995829  1.000000
```

데이터를 추가한 data2의 선형 상관도는 0.995829입니다. data2는 data와 같이 완벽한 선형 상관관계가 아니므로 상관계수가 1.0이 아닙니다. 그러나 0.99이면 0.5보다 크므로 매우 강한 선형 상관성이 있다고 말할 수 있습니다.

스피어만 상관분석과 켄달 상관분석

이번에는 같은 데이터를 가지고 스피어만 상관분석과 켄달 상관분석을 각각 수행해 보겠습니다.

코드 9-4 스피어만 상관분석과 켄달 상관분석

```
#스피어만 상관분석
spearmanCoef = df.corr(method='spearman')
print(spearmanCoef)


#켄달 상관분석
kendallCoef = df.corr(method='kendall')
print(kendallCoef)
```

```
             engListening  engScore
engListening          1.0       1.0
engScore              1.0       1.0
             engListening  engScore
engListening          1.0       1.0
engScore              1.0       1.0
```

판다스의 corr( ) 함수에서 method 인자 'pearson'을 'spearman'과 'kendall'로 변경합니다.

반환값은 각각 0.988024, 0.963624입니다. 이렇게 상관계수의 값은 분석 방법 종류에 따라 조금씩 다를 수 있습니다. 이 데이터는 산점도에서 본 것처럼 강한 상관관계를 보이기 때문에 상관계수가 0.5를 훨씬 초과하여 나타납니다.

> **하나 더 알기 ∨ 스피어만 상관분석과 피어슨 상관분석의 차이점**
>
> 피어슨 상관분석은 두 연속 변수 간의 선형 관계를 측정하는 반면, 스피어만 상관분석은 선형인지 여부에 관계없이 변수 간의 단조 연관성(Monotonic relationship)을 측정합니다. 그리고 피어슨 상관관계가 스피어만 상관관계보다 데이터의 이상치(Outlier)에 민감하게 반응합니다.

이번에는 더 많은 변수를 활용해 봅니다. 어린이들의 영어 동요 노출시간 외에도 영어 동화책을 읽는 시간(분), 영어학원 수강 시간(분) 데이터를 추가하겠습니다.

표 9-2 추가할 변수 및 원소

engReading	40	45	60	20	15	70	60	80
engClass	60	120	120	60	60	180	120	120

```
engListening = [30, 60, 90, 31, 32, 69, 92, 99]
engReading = [40, 45, 60, 20, 15, 70, 60, 80]
engClass = [60, 120, 120, 60, 60, 180, 120, 120]
engScore = [70, 80, 90, 70, 71, 85, 90, 92]

data3 = {'engListening':engListening, 'engReading':engReading, 'endClass':engClass,
'engScore':engScore}
df3 = pd.DataFrame(data3)
```

리스트 engReading과 engClass에 데이터를 할당합니다. 리스트 4개를 열이 4개인 데이터프레임으로 변환합니다.

데이터프레임 df3으로 피어슨 상관분석, 스피어만 상관분석, 켄달 상관분석을 각각 수행합니다.

코드 9-6 상관분석 결과

```
#피어슨 상관분석
pearsonCoef = df3.corr(method='pearson')
print(pearsonCoef)

#스피어만 상관분석
spearmanCoef = df3.corr(method='spearman')
print(spearmanCoef)

#켄달 상관분석
kendallCoef = df3.corr(method='kendall')
print(kendallCoef)
```

	engListening	engReading	endClass	engScore
engListening	1.000000	0.877201	0.703028	0.995829
engReading	0.877201	1.000000	0.808755	0.894111
endClass	0.703028	0.808755	1.000000	0.759453
engScore	0.995829	0.894111	0.759453	1.000000
	engListening	engReading	endClass	engScore
engListening	1.000000	0.826362	0.717256	0.988024
engReading	0.826362	1.000000	0.852757	0.848500
endClass	0.717256	0.852757	1.000000	0.725950
engScore	0.988024	0.848500	0.725950	1.000000
	engListening	engReading	endClass	engScore

engListening	1.000000	0.618284	0.563621	0.963624
engReading	0.618284	1.000000	0.750568	0.679366
endClass	0.563621	0.750568	1.000000	0.584898
engScore	0.963624	0.679366	0.584898	1.000000

피어슨 상관분석 결과 engListening과 engScore의 상관계수가 0.995829로 가장 큰 선형 상관성을 보였으며, engListening과 engClass의 상관계수가 0.703028로 가장 작은 선형 상관성을 보였습니다. 또한 engReading과 가장 큰 선형 상관성을 보이는 변수는 engListening이였으며, 가장 작은 선형 상관성을 보이는 변수는 engClass였습니다.

스피어만 상관분석과 켄달 상관분석에서도 engListening과 engScore의 선형 상관성이 가장 크고 engListening과 engClass의 선형 상관성이 가장 작게 나타났습니다. engReading을 기준으로는 engListening이 가장 큰 선형 상관성을 보였으며 engClass가 가장 작은 선형 상관성을 보였습니다.

정리하면, 어린이가 영어 동요를 많이 듣거나 영어 동화를 많이 읽을수록 영어 점수가 높습니다. 그리고 영어학원 수강 시간은 영어 점수와 강한 양의 선형 상관관계가 있으나 영어 동요나 영어 동화와 비교하면 상관관계가 약합니다.

이번 예제에서 세 가지 상관관계 분석 방법을 모두 수행했습니다. 분석 방법 종류에 따라 상관계수의 구체적인 값에는 차이가 나타나지만 모든 변수 조합에서 0.5를 초과하는 강한 상관성을 보입니다. 그러나 점수들이 등급 형태가 아니기에 켄달 상관분석을 활용하기에는 부적절합니다. 또한 데이터의 수가 너무 적어 정규분포를 따르지 않으므로 피어슨 상관분석보다는 스피어만 상관분석이 더 적절합니다. 마지막으로 이 데이터는 공식 통계가 아니고 설명을 위해 만든 가상의 데이터라는 점을 참고하기 바랍니다.

하나 더 알기 ∨ **켄달 상관분석의 특징**

켄달 상관분석은 두 변수 간의 순위를 비교하여 연관성을 계산합니다. 한 변수가 증가할 때 다른 변수가 함께 증가하는 횟수와 감소하는 횟수를 측정하여 횟수의 차이를 상관계수로 표현하는 방법입니다. 순위로 표현할 수 있는 데이터이거나, 표본 크기가 작거나, 데이터의 순위에 동률이 많을 때 활용합니다.

1. 다음을 읽고 빈칸을 채워 문장을 완성하시오.

표본 데이터가 [   ]을 따르며 평균이 0이고 표준편차가 1일 때, 이 데이터를 표준 정규 분포라고 한다.

2. 다음을 읽고 맞으면 '○', 틀리면 '×'로 답하시오.

표본 데이터가 정규성을 따르지 않을 때 활용하는 상관관계 분석 방법은 피어슨 상관분석이다.

정답

1. 정규성　　**2.** ×(스피어만 또는 켄달 상관분석)

상관관계 분석의 활용

① 기준금리와 부동산 매매가격

전 세계에 급속하게 확산된 코로나19 바이러스 감염증때문에 일상생활뿐만 아니라 경제적인 상황도 크게 변했습니다. 다음은 2020년부터 2022년까지의 대략적인 국내 경제상황입니다. 한국은행 기준금리가 1.0% 미만의 초저금리가 되면서 시장금리가 덩달아 낮아졌습니다. 따라서 현금 유동성이 급격히 높아졌고 부동산과 주식 경기가 활성화되었습니다. 서울 강북 지역의 아파트 매매가는 평균이 12억 원을 돌파했으며, 코스피 지수는 3,300 포인트까지 치솟았습니다. 그러나 2021년 8월을 기점으로 기준금리가 상승하여 2023년 1월에는 3.5%까지 올랐습니다.

이번 예제에서는 기준금리와 아파트 가격의 관계를 분석합니다. 다음 표는 월별 부동산 지수와 기준금리입니다. 표에서 생략된 데이터는 부록으로 제공하는 예제소스에서 확인할 수 있습니다. 부동산 지수는 2017년 11월의 전국 아파트 매매 실거래 가격 평균을 100.0으로 하여 상대적인 값을 월별로 나타낸 것입니다. 기준금리는 한국은행에서 결정한 값을 기준으로 하여 한 달은 모두 같은 값으로 전처리하고, 같은 달에 두 번 이상의 기준금리 변동이 있다면 평균값으로 정했습니다.

표 9-3 **월별 부동산 지수와 기준금리** ©한국부동산원, 한국은행

연월(yymm)	부동산 지수	기준금리(%)
1301	83	2.75
1302	83	2.75
1303	83.5	2.75
1304	83.8	2.75
1305	83.9	2.5
…	…	…
2207	136.1	2.25
2208	133.4	2.5
2209	130.6	2.5
2210	126.2	3
2211	121.1	3.25

부동산 지수와 기준금리의 분포를 산점도로 확인하겠습니다.

코드 9-7 데이터 준비

```
import pandas as pd
import matplotlib.pyplot as plt

realEstate = [83, 83, 83.5, 83.8, 83.9, (중략), 136.1, 133.4, 130.6, 126.2, 121.1]
interestRate = [2.75, 2.75, 2.75, 2.75, 2.5, (중략), 2.25, 2.5, 2.5, 3, 3.25]
data = {'부동산':realEstate, '금리':interestRate}

plt.scatter(df['부동산'], df['금리'])
plt.show()
```

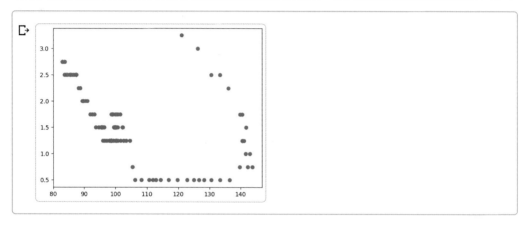

데이터를 딕셔너리 data에 할당합니다. 키는 '부동산'과 '금리'로 설정합니다.

x축을 '부동산', y축을 '금리'로 하여 산점도를 그립니다.

'부동산'이 80부터 110 사이일 때는 금리도 하향하다가 '부동산' 110부터 120까지는 축과 평행을 이룹니다. 그리고 '부동산'이 120 이상일 때는 1.0 미만인 그룹과 1.0에서 3.25 사이인 그룹이 함께 나타납니다. 따라서 '부동산'이 120 초과일 때는 선형 상관도가 낮을 것으로 예상됩니다.

월별 부동산 실거래 매매가격 지수와 기준금리 전체 데이터의 상관관계를 피어슨 방식으로 분석합니다.

코드 9-8 피어슨 상관분석

```
df = pd.DataFrame(data)
coef = df.corr(method='pearson')
print(coef)
```

```
[→            부동산        금리
 부동산  1.000000  -0.497677
 금리   -0.497677   1.000000
```

두 변수의 상관계수 값은 −0.497677로, 절댓값이 0.5에 가까운 음의 선형 상관관계입니다. 상관계수를 해석하면, 둘 중 한 변수가 증가할 때 다른 한 변수는 감소하며, 반대로 한 변수가 감소할 때 다른 한 변수는 증가한다는 뜻입니다. 기준금리가 오를수록 부동산 가격이 낮아지고, 기준금리가 내릴수록 부동산 가격이 높아진다는 것으로 해석할 수 있습니다.

data 딕셔너리의 '부동산' 값은 83에서 시작하여 값이 증가하는 경향이었다가 143.8에서 최고점을 기록한 후 하락합니다. 부동산 지수가 143.8이 되기 전, 부동산 상승기 데이터만 가지고 다시 분석해 보겠습니다.

코드 9-9 부동산 상승기 상관분석

```python
originalData = {'부동산':realEstate, '금리':interestRate}

realEstateIndexList = []
interestList = []
lastIndex = -1

#부동산 지수가 143.8이 될 때까지만 리스트에 데이터 추가하기
for key, value in originalData.items():
  if key == '부동산':
    for i in range(0, len(value)):
      if value[i] == 143.8:
        break
      else:
        realEstateIndexList.append(value[i])
        lastIndex = i
  else:
    for i in range(0, lastIndex + 1):
      interestList.append(value[i])

data = {'지수':realEstateIndexList, '금리':interestList}
df = pd.DataFrame(data)
coef = df.corr(method='pearson')
print(coef)
```

```
[→          지수        금리
 지수   1.000000 -0.854603
 금리  -0.854603  1.000000
```

data 딕셔너리를 originalData 딕셔너리로 선언합니다.

for 반복문으로 originalData의 '부동산' 값은 realEstateIndexList 리스트에 옮겨 추가하고, '금리' 값은 interestList 리스트에 추가합니다.

if 조건문을 활용하여 부동산 지수가 143.8이 되기 직전 인덱스까지만 리스트에 데이터를 추가합니다. 금리 리스트 추가도 해당 인덱스에서 멈춥니다.

data 딕셔너리에 리스트를 할당합니다. 이번에는 키를 '지수'와 '금리'로 설정합니다.

피어슨 상관분석을 수행하고 상관계수를 출력합니다. 피어슨 상관계수는 −0.854603으로 '지수'와 '금리' 두 변수는 강한 음의 선형 상관관계가 있습니다.

이 상관관계를 해석하면 다음과 같습니다. 기준금리가 오를 때 부동산 지수는 내려가고, 금리가 내려갈 때 부동산 지수는 올라갑니다. 이는 실제 부동산 시장의 모습과 비슷합니다. 그러나 이 분석에는 두 가지 한계가 있습니다.

첫째, 2021년 10월 이후, 즉 금리가 오르고 부동산 지수가 내려가는 데이터까지 포함했을 때, 상관계수의 절댓값이 비교적 낮습니다. 그 이유는 기준금리가 2021년 10월 0.75에서 2022년 11월의 3.25까지 2.5 오르는데 13개월이 소요된 데 반하여, 2013년 4월 2.75에서 2020년 7월 0.75까지 2.0 떨어질 때에는 7년 3개월이 걸렸기 때문입니다. 기준금리가 더 짧은 시간에 오르면서 이 시기의 부동산 지수 데이터가 상대적으로 듬성듬성 채워졌습니다.

둘째, 부동산 지수 변동은 금리만으로 결정되지 않습니다. 금리는 부동산 거래 가격의 필수 고려 요소이지만, 기준금리 하나만으로 부동산 거래 가격을 단정지을 수 없습니다.

확인문제

다음 코드를 실행했을 때 출력되는 결과를 말하시오.

```
score = [100, 101, 102, 103, 104, 105, 106, 104, 102, 100, 98]
scoreList = []

for i in range(0, len(score)):
```

```
   if score[i] == 106:
     break
   else:
     scoreList.append(score[i])
     lastIndex = i

print(scoreList)
print(lastIndex)
```

정답

```
[100, 101, 102, 103, 104, 105]
5
```

score의 항목을 차례로 scoreList로 복사하다가 값이 106이 될 때 멈춥니다. lastIndex에는 score 항목이 106
이 되기 직전의 인덱스인 5가 저장되어 있습니다.

② 영어 성적과 수학 성적

영어 성적이 좋은 학생이 수학 성적도 좋을까요? 학생 10명의 영어 시험과 수학 시험 등수로 스피
어만 상관분석을 수행하겠습니다.

표 9-4 **영어 시험과 수학 시험 등수**

학생	학생1	학생2	학생3	학생4	학생5	학생6	학생7	학생8	학생9	학생10
영어 시험 등수	4	2	1	3	10	8	9	7	6	5
수학 시험 등수	2	1	3	4	8	7	10	5	9	6

스피어만 상관분석은 부동산 예제의 [코드 9-8]에서 corr( ) 함수의 method 인자를 'pearson' 대
신 'spearman'으로 설정하는 것 외에는 차이가 없습니다.

코드 9-10 **영어와 수학 등수 상관분석**

```
import pandas as pd

data = {'영어':[4, 2, 1, 3, 10, 8, 9, 7, 6, 5],
        '수학':[2, 1, 3, 4, 8, 7, 10, 5, 9, 6]}
```

```
df = pd.DataFrame(data)
coef = df.corr(method='spearman')
print(coef)
```

```
            영어       수학
영어   1.000000  0.818182
수학   0.818182  1.000000
```

실행 결과 스피어만 상관계수 0.818182로 두 변수는 양의 상관관계가 있습니다. 그러므로 영어 등수가 높은 학생이 수학 등수도 높은 경향이 있다고 해석할 수 있습니다.

GDP 성장률과 인구수의 상관관계 분석

문제

인구가 많을수록 GDP 성장 잠재력이 높다고 합니다. 실제로 인구수가 세계 1위인 중국과 2위인 인도의 경제 성장률은 2000년 이후 매우 높은 수준을 유지하고 있습니다. 분석 대상을 G20 회원국으로 한정하여 GDP 성장률과 인구수의 상관분석을 수행하세요.

G20는 G7 국가인 미국, 일본, 영국, 프랑스, 독일, 이탈리아, 캐나다를 비롯하여 신흥경제 12개 국가, 그리고 유럽연합(EU)으로 총 20개 국가입니다. 이 국가들의 GDP 성장률과 인구수 데이터는 [표 9-5]와 같습니다. 인구가 많은 나라가 GDP 성장률도 더 높은 것처럼 보입니다. 그렇다면 인구수와 GDP 성장률이 정말 비례하는지 분석해 보겠습니다.

표 9-5 G20 국가의 GDP 성장률과 인구수 데이터

국가	GDP 성장률 (2022년, %)	인구수 (2021년, 백만 명)
미국	0.9	334
일본	0.6	125
영국	0.4	67.53
프랑스	0.5	67.65
독일	1.1	83.16
이탈리아	1.7	59.24
캐나다	3.9	38.44
대한민국	1.4	51.74
러시아	−3.7	146
중국	2.9	1,412
인도	6.3	1,380
인도네시아	5.01	273
아르헨티나	5.9	45.81
브라질	3.6	213
멕시코	3.5	126
호주	5.9	25.77
남아프리카공화국	4.1	60.14
사우디아라비아	5.4	34.11
터키	3.9	84.68
유럽연합(EU)	1.9	343

1. 데이터를 딕셔너리에 할당합니다. 딕셔너리의 키는 국가, GDP 성장률, 인구수로 합니다. 딕셔너리를 데이터프레임으로 변경하여 출력합니다.

```python
import pandas as pd

data = {'국가': ['미국', '일본', '영국', '프랑스', '독일', '이탈리아', '캐나다',
                '대한민국', '러시아', '중국', '인도', '인도네시아', '아르헨티나',
                '브라질', '멕시코', '호주', '남아프리카공화국', '사우디아라비아',
                '튀르키예', '유럽연합(EU)'],
        'GDP 성장률': [0.9, 0.6, 0.4, 0.5, 1.1, 1.7, 3.9, 1.4, -3.7, 2.9, 6.3,
                      5.01, 5.9, 3.6, 3.5, 5.9, 4.1, 5.4, 3.9, 1.9],
        '인구수': [334, 125, 67.53, 67.65, 83.16, 59.24, 38.44, 51.74, 146, 1412,
                  1380, 273, 45.81, 213, 126, 25.77, 60.14, 34.11, 84.68, 343]}

df = pd.DataFrame(data)
print(df)
```

	국가	GDP 성장률	인구수
0	미국	0.90	334.00
1	일본	0.60	125.00
2	영국	0.40	67.53
3	프랑스	0.50	67.65
4	독일	1.10	83.16
5	이탈리아	1.70	59.24
6	캐나다	3.90	38.44
7	대한민국	1.40	51.74
8	러시아	-3.70	146.00
9	중국	2.90	1412.00
10	인도	6.30	1380.00
11	인도네시아	5.01	273.00
12	아르헨티나	5.90	45.81
13	브라질	3.60	213.00
14	멕시코	3.50	126.00
15	호주	5.90	25.77
16	남아프리카공화국	4.10	60.14
17	사우디아라비아	5.40	34.11
18	튀르키예	3.90	84.68
19	유럽연합(EU)	1.90	343.00

2. 데이터프레임 df로 피어슨, 스피어만, 켄달 상관분석을 모두 수행합니다.

```
pearsonCoef = df.corr(method='pearson')
print("Pearson Correlation Analysis")
print(pearsonCoef)

spearmanCoef = df.corr(method='spearman')
print("\nSpearman Correlation Analysis")
print(spearmanCoef)

kendallCoef = df.corr(method='kendall')
print("\nKendall Correlation Analysis")
print(kendallCoef)
```

```
Pearson Correlation Analysis
            GDP 성장률      인구수
GDP 성장률    1.000000    0.198924
인구수        0.198924    1.000000

Spearman Correlation Analysis
            GDP 성장률      인구수
GDP 성장률    1.000000   -0.196388
인구수       -0.196388    1.000000

Kendall Correlation Analysis
            GDP 성장률      인구수
GDP 성장률    1.000000   -0.137568
인구수       -0.137568    1.000000
```

3. 세 가지 상관분석 방법으로 분석한 결과 상관계수의 절댓값이 모두 0.5에 훨씬 못 미칩니다. 따라서 GDP 상승률과 인구수는 선형 상관관계가 없습니다. 그러나 이 분석에는 두 가지 한계가 있습니다.

첫째는 전 세계에 코로나19라는 특수한 요인이 작용한 시기의 전년대비 GDP 성장률이라는 점입니다. 이 시기에 국가마다 코로나19 관련 정책이 상이하여, 경제 성장률보다 국민의 안전을 우선으로 하는 국가와 그 반대인 국가가 있었습니다.

둘째는 표본 수가 적다는 점입니다. 이 예제에서 20개 국가에 한하여 한 해의 데이터를 분석했습니다. 전 세계 200여 개 국가의 인구수와 GDP 성장률 관계를 추론하기에는 부족합니다. 여러 해의 데이터를 수집하여 수백 건을 분석한다면 코로나19라는 특수한 상황의 영향이 상대적으로 작아질 것입니다.

요약

01 상관관계 분석은 확률론과 통계학에서 두 변수 사이에 선형적 관계가 있는지 분석하는 방법입니다. 상관관계 분석의 종류는 대표적으로 피어슨, 스피어만, 켄달 상관분석이 있습니다.

02 상관계수는 두 변수 간의 상관도를 나타내며 인과관계를 의미하지는 않습니다.

03 상관계수의 부호가 양수이면 두 변수는 양의 선형 상관관계이고, 음수이면 음의 선형 상관관계입니다.

04 상관계수의 절댓값이 클수록 두 변수가 더 강한 선형 상관관계를 갖습니다. 일반적으로 상관계수 절댓값이 0.5 이상이면 강한 선형 상관관계라고 합니다.

01 다음 중 상관관계에 대한 설명으로 <u>틀린</u> 것을 고르시오.

① 상관계수가 양수일 때 두 변수는 양의 상관관계를 갖는다.

② 상관계수가 클수록 두 변수의 선형 상관도가 낮다.

③ 상관분석은 인과관계를 의미하는 것은 아니다.

④ 정규분포를 따르지 않는 데이터도 스피어만 상관분석을 수행할 수 있다.

02 아래 코드의 빈칸에 피어슨 상관분석을 수행하는 명령을 작성하시오.

```
import pandas as pd
data = {'A' : [1, 2, 3], 'B' : [4, 5, 6]}
df = pd.DataFrame(data)
                                    
print(coef)
```

03 다음 중 스피어만 상관분석을 수행하는 코드를 고르시오.

① df.corr(method='pearson')

② df.spearman()

③ df.corr()

④ df.corr(method='spearman')

04 다음 데이터의 변수 '직장 만족도'와 '월급'의 관계를 피어슨 상관분석으로 구하는 코드를 작성하시오.

직장 만족도	6	7	9	10	3	6	4	10	8	5	7
월급(만 원)	350	360	400	390	230	310	280	500	390	230	400

05 **04** 코드의 실행 결과를 완성하시오.

```
         직장 만족도        월급
[ ⓐ ]        [ ⓑ ]        [ ⓒ ]
[ ⓓ ]        [ ⓔ ]     1.00000
```

06 **05**의 분석 결과를 해석하는 문장을 완성하시오.

> 변수 '직장 만족도'와 '월급'은 [ⓐ] 양의 선형 상관관계가 있다. 일반적으로 상관계수의 절댓값이 [ⓑ] 보다 클 때 강한 선형 상관관계라고 판단할 수 있기 때문이다. 상관분석 결과에 따라 직장 만족도가 더 높은 사람은 월급을 더 [ⓒ] 받고 있을 것이라고 추측할 수 있다.

07 최분석 사원이 사장님께 **04**~**06**의 피어슨 상관분석 결과와 해석을 제출하며 자신의 직장 만족도가 10이기 때문에 월급을 500만 원으로 인상해야 한다고 주장했다. 상관관계 분석의 성질을 근거로 하여 주장에 반박하시오.

08 다음 데이터의 변수 '키'와 '몸무게'의 상관관계를 분석하는 코드를 작성하고 결과를 해석하시오.

키(cm)	153	176	183	173	177	166	158	163	190	150	155	175
몸무게(kg)	60	77	80	82	90	50	55	57	80	52	48	60

09 다음 데이터의 변수 '과학 점수'와 '영어 점수', '과학 점수'와 '수학 점수'의 상관관계를 분석하는 코드를 작성하고 결과를 해석하시오.

영어 점수	89	92	99	66	70	90	80	100	80	70	100	60
과학 점수	80	90	77	80	50	80	50	98	90	30	40	55
수학 점수	98	99	77	86	49	50	33	100	96	30	40	40

회귀분석

01 선형 회귀분석의 개념

02 선형 회귀분석의 활용

03 로지스틱 회귀분석의 개념

04 로지스틱 회귀분석의 활용

실전분석

요약

연습문제

학습목표

- 선형 회귀분석과 로지스틱 회귀분석의 방법을 익힙니다.
- 데이터의 특징을 파악하여 적절한 종류의 회귀분석을 수행하고 결과를 해석합니다.

Preview

상관분석으로 두 변수의 선형 상관도를 판단할 수 있으나 이것이 인과관계를 나타내지는 않는다고 했습니다. 이번 장에서 다루는 회귀분석으로는 어떤 사건에 대한 여러 요인의 영향력을 파악하고 비교할 수 있습니다.

1절과 2절에서는 선형 회귀분석을 학습합니다. 선형 회귀분석은 데이터를 하나의 직선으로 이어 일차함수로 일반화하는 데이터 분석 방법입니다. 3절과 4절에서는 로지스틱 회귀분석을 학습합니다. 로지스틱 회귀분석은 결과 사건의 발생 확률로 원인 사건의 영향력을 수치화하는 데이터 분석 방법입니다.

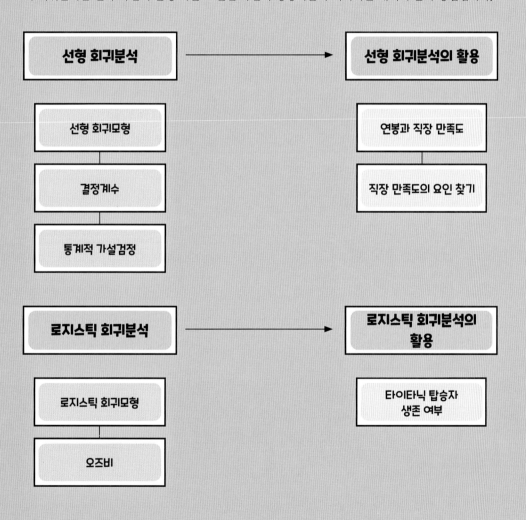

선형 회귀분석의 개념

■ 선형 회귀분석의 모형

선형 회귀분석(Linear regression analysis)이란 두 개 또는 그 이상의 변수 간 인과관계의 패턴을 원래 모습과 가장 가깝게 추정하는 분석 방법입니다. [그림 10-1]과 같이 x축은 '키(인치)', y축은 '몸무게(파운드)'로 하여 키와 몸무게 쌍을 좌표평면에 점으로 찍습니다. 다음으로 최대한 많은 점과 가깝게 지나는 직선을 그립니다. 예시로 그린 직선은 함수 y = 2x + 80의 그래프입니다. 이렇게 그린 직선은 일차함수 꼴이며 이를 선형 회귀분석의 모형(Model)이라고 부릅니다. 여기서 2는 x 변수의 계수(Coefficient)이고 80은 y 절편입니다. 선형 회귀분석은 x 변수가 원인, y 변수가 결과로 인과관계여야 한다는 조건이 있습니다.

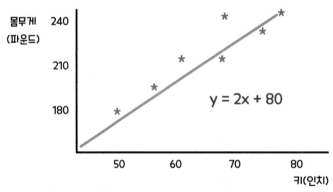

그림 10-1 **선형 회귀분석 그래프**   ©BU School of Public Health

회귀분석에서 원인인 x 변수는 독립변수(Independent variable), 결과인 y 변수는 종속변수(Dependent variable)라고 부릅니다. 독립변수는 한 개 이상이지만 종속변수는 단 한 개만 존재합니다. 종속변수 y가 몸무게(kg)일 때, 독립변수 x_1은 일평균 운동시간(분), x_2는 일평균 수면시간(분), x_3은 일평균 섭취량(kcal) 등이 될 것입니다. 어떠한 결과의 원인이 되는 독립변수가 한 개일 때 단순 선형 회귀분석(Simple linear regression analysis)이라고 하고, 독립변수가 두 개 이상이면 다중 선형 회귀분석(Multiple linear regression analysis)이라고 합니다.

이번에는 공부 시간과 시험 점수의 인과관계를 분석하겠습니다. 종속변수는 시험 점수이며 독립변수는 공부 시간만 고려합니다. [그림 10-2]와 같이 공부 시간과 시험 점수의 쌍에 해당하는 좌표에 점을 찍습니다. 이 점들은 대체로 x값이 클 때 y값도 큰 경향을 보입니다.

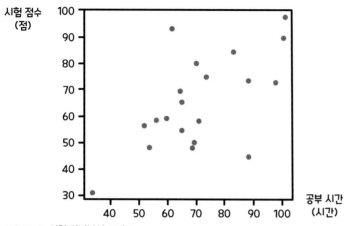

그림 10-2 선형 회귀분석 그래프

이 점들을 직선 하나로 표현할 수 있을까요? 직선을 일차함수 y = mx + b로 표현한다면 계수 m은 이 직선의 기울기이므로 양수일 것입니다. 일반적인 선형 회귀모형은 다음 식과 같이 독립변수 x_i 앞에 계수 β_i가 붙습니다. 마지막 ε은 오차 항입니다.

$$y = \beta_0 + \beta_1 x_1 + \beta_2 x_2 + \beta_3 x_3 + \cdots\cdots + \varepsilon$$

β_i : x_i의 계수   오차

그런데 데이터를 표현하는 직선은 [그림 10-3]과 같이 여러 개 존재할 수 있습니다.

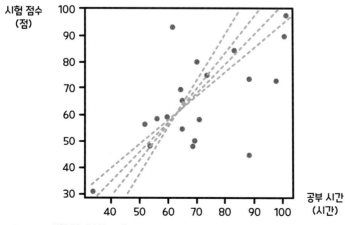

그림 10-3 선형 회귀분석 그래프

수많은 직선들 중에서 데이터의 경향을 가장 효과적으로 보여주는 직선은 어떤 것일까요? 모든 점을 지나는 직선 하나를 그리는 것은 불가능하지만 최대한 많은 점과 거리가 가까운 직선이 좋을 것입니다. 점들과 가장 가까운 직선을 찾기에 적절한 방법은 [그림 10-4]와 같이 점에서 직선까지 y축과 평행한 선분을 그렸을 때 모든 선분 길이의 합을 최소로 하는 직선을 찾는 것입니다.

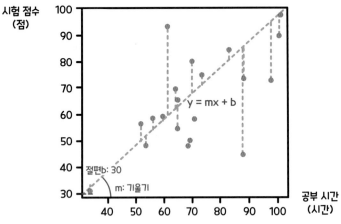

그림 10-4 **선형 회귀분석 그래프**

[그림 10-4]에서 점이 가리키는 값과 직선이 예측하는 값의 차를 잔차(Residual)라고 부릅니다. 공부 시간이 X일 때의 실제 시험 점수는 점이 가리키는 (X, Y)인데, 선형 회귀모형이 점수를 mX + b로 예측한다면 잔차는 Y − (mX + b)입니다.

하나 더 알기 ∨ **더미 변수**

더미 변수(Dummy variable)는 독립변수를 0과 1로 변환하여 '예'와 '아니오'로 나타낼 수 있는 변수입니다. 예를 들어 청소년 여부를 나타낼 때, 나이를 숫자로 표현하기보다 '청소년'이라는 독립변수를 두고 청소년일 때 1, 청소년이 아닐 때 0으로 나타내면 간단합니다.

더미 변수를 여러 개 두면 '예'와 '아니오'만으로 결과를 세 가지 이상으로 구분할 수 있습니다. [표 10-1]과 같이 어린이, 청소년, 성인으로 구분하겠습니다. '어린이' 더미 변수와 '청소년' 더미 변수를 선언합니다.

① 데이터가 어린이일 때 '어린이' 더미 변수는 1이고 '청소년' 더미 변수는 0입니다.
② 청소년일 때 '어린이' 더미 변수는 0이고 '청소년' 더미 변수는 1입니다.
③ 어린이도 청소년도 아닌 성인은 두 더미 변수에 모두 0을 대입하여 표현할 수 있습니다.

따라서 구분하고자 하는 데이터의 종류가 N개일 때 더미 변수 N−1개를 선언하면 됩니다.

표 10-1 **더미 변수**

	어린이 더미 변수	청소년 더미 변수
어린이	1	0
청소년	0	1
성인	0	0

결정계수

선형 회귀분석에서 모형이 데이터의 패턴을 얼마나 효과적으로 보여주는지 수치화한 값을 결정계수라고 합니다. [그림 10-4]의 선형 회귀모형에서 잔차의 크기가 작을수록 모형이 데이터를 잘 설명할 것입니다. 따라서 결정계수 R^2(R square)를 다음 수식과 같이 정의합니다.

$$R^2 = \frac{(Q - Q_e)}{Q}$$

Q = 전체 데이터의 편차 제곱의 합
Q_e = 전체 데이터의 잔차 제곱의 합

편차(Deviation)는 평균과 실제 값의 차이입니다. 결정계수 R^2는 0 이상 1 이하의 값으로 계산됩니다. R^2 값이 1에 가까울 때 잔차가 작고 예측의 정밀도가 높습니다. 반면 R^2 값이 0에 가까울 때 잔차가 커 예측의 정밀도가 낮습니다. 어떤 선형 회귀모형의 R^2 값이 0.55라면 이 모형은 설명력이 55%라고 합니다.

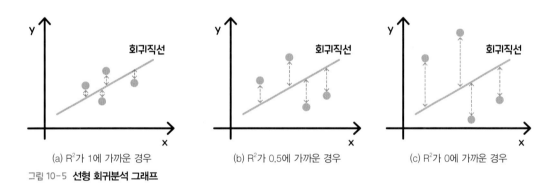

(a) R^2가 1에 가까운 경우   (b) R^2가 0.5에 가까운 경우   (c) R^2가 0에 가까운 경우

그림 10-5 **선형 회귀분석 그래프**

수정된 결정계수

결정계수 R^2는 독립변수의 개수가 많을수록 커지는 경향을 보입니다. 그래서 의미 없는 독립변수를 많이 포함시키기만 해도 결정계수가 커져 결정계수의 의미가 퇴색될 수 있습니다. 이러한 문제를 해결하기 위해 다중 선형 회귀분석에서 수정된 결정계수 adj.R^2(adjusted R square)로 설명력을 나타냅니다. 정리하면, 독립변수가 한 개인 단순 선형 회귀분석에서는 R^2를 활용하고, 독립변수가 두 개 이상인 다중 선형 회귀분석에서는 adj.R^2를 활용합니다. 수정된 결정계수는 다음 수식과 같이 계산합니다.

$$adj.R^2 = \frac{(n-1)}{(n-p-1)(1-R^2)}$$

n = 표본 수
p = 독립변수의 개수
R^2 = 결정계수

일반적으로 회귀모형의 결정계수 또는 수정된 결정계수가 0.6이나 0.4 이상일 때 모형이 유효하다고 합니다.

② 선형 회귀분석의 해석

통계적 가설검정

통계적 가설검정(Statistical hypothesis test)은 통계적 추측 방법으로, 모집단에 대한 추측(가설)을 하고 표본의 정보를 기준으로 그 가설이 타당한지 판정하는 방법입니다.

통계적 가설에는 두 종류가 있습니다. 하나는 통계학에서 처음부터 거짓일 것으로 기대하는 가설인 귀무가설(Null hypothesis)입니다. 다른 하나는 입증하고자 하는 가설인 대립가설(Alternative hypothesis)입니다. 신약을 개발해서 기존 약의 치료효과와 비교할 때의 귀무가설과 대립가설을 생각해 봅시다. 귀무가설은 '신약은 기존 약과 비교하여 치료효과에 차이가 없다.'이며, 대립가설은 '신약은 기존 약과 비교하여 치료효과가 크다.'가 됩니다. 제약사에서는 귀무가설이 거짓이고 대립가설이 입증될 것을 기대하며 실험을 합니다.

실험 결과를 보고 귀무가설을 채택하거나 대립가설을 채택하는 기준을 세워 두어야 하고, 그 기준을 유의수준(Significance level)이라고 합니다. 귀무가설이 참일 때 실제 결과가 실험 결과와 같을 확률은 p-값(p-value, 유의확률)이라고 부릅니다. 신약 치료효과가 기존 약과 차이가 없었을 확률(p-값)이 유의수준보다 낮을 때 대립가설을 채택합니다. 따라서 유의수준이 클수록 대립가설을 채택하기 쉽습니다. 일반적으로 유의수준을 0.05로 설정합니다. 유의수준 0.05는 사실 귀무가설이 맞는데도 받아들여지지 않을 가능성이 5% 미만이라는 의미입니다.

선형 회귀분석 과정

정리하면 선형 회귀분석을 수행하고 해석하는 과정은 크게 세 단계입니다.

첫째, 결과인 종속변수를 y로 두고, 원인이 되는 독립변수를 x_i로 둡니다.

둘째, 설명력 R^2 또는 adj.R^2 값을 확인합니다. 결정계수가 0.6 또는 0.4 이상이면 해당 회귀모형이 설명력을 갖추었다고 인정합니다.

셋째, 각 독립변수의 p-값이 유의수준보다 작은지 확인합니다. p-값이 유의수준 이상인 변수를 제외하고 남은 독립변수가 결과에 영향을 주는 원인입니다.

선형 회귀분석이 낯설고 어렵게 느껴질 수 있습니다. 그러나 핵심 사항 몇 가지만 기억하면 쉽게 사용할 수 있으니 예제를 차근차근 풀어보세요. 11장 인공지능 분석에도 반복되는 용어가 있으니 곧 익숙해질 것입니다.

확인문제

1. 다음을 읽고 빈칸을 채워 문장을 완성하시오.

> 단순 선형 회귀분석에서는 설명력으로 [ⓐ]를 사용하며, 다중 선형 회귀분석에서는 [ⓑ]를 사용한다.

2. 다음을 읽고 빈칸을 채워 문장을 완성하시오.

> 어떤 사건의 결과가 되는 변수를 [ⓐ] 변수라고 하며, 이 변수를 일차함수 y = mx + b 에서 y에 대입한다. 사건의 원인이 되는 변수는 [ⓑ] 변수라고 하며 [ⓒ]에 대입한다.

정답

1. ⓐ R^2(결정계수), ⓑ adj.R^2(수정된 결정계수)　**2.** ⓐ 종속, ⓑ 독립, ⓒ x

선형 회귀분석의 활용

1 연봉과 직장 만족도

연봉이 직장 만족도에 큰 영향을 미치지만, 어떤 사람의 직장 만족도를 연봉 한 가지만으로 판단할 수는 없을 것입니다. 선형 회귀분석을 이용하면 실제로 연봉이 직장 만족도와 얼마나 관계 있는지 파악할 수 있습니다. [표 10-2]는 신입사원 10명의 직장 만족도와 연봉을 조사한 결과입니다.

표 10-2 **직장 만족도(1)**

직장 만족도(점)	60	75	70	85	90	70	65	95	70	80
연봉(만 원)	3,000	4,200	4,000	5,000	6,000	3,800	3,500	6,200	3,900	4,500

파이썬에서 선형 회귀분석을 수행하려면 판다스, 사이킷런, 스탯츠모델스 등 데이터 분석 라이브러리를 사용할 수 있습니다. 이 절에서는 스탯츠모델스를 활용하겠습니다.

가장 먼저 종속변수와 독립변수를 결정하기 위해 연봉과 직장 만족도 중 무엇이 원인인지 파악해야 합니다. 일반적으로 신입사원의 연봉은 입사할 때 결정되므로 자유롭게 수정할 수 없습니다. 그리고 연봉에 따라 직장의 만족도가 달라진다고 예상할 수 있습니다. 따라서 원인인 독립변수는 연봉이며 결과인 종속변수는 직장 만족도입니다.

코드 10-1 **산점도 확인**

```
import pandas as pd
import matplotlib.pyplot as plt

x = [3000, 4200, 4000, 5000, 6000, 3800, 3500, 6200, 3900, 4500]
y = [60, 75, 70, 85, 90, 70, 65, 95, 70, 80]
data = {'x': x, 'y': y}
df = pd.DataFrame(data)
plt.scatter(df['x'], df['y'])
plt.show()
```

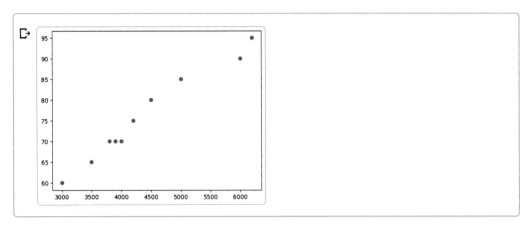

리스트 x에 독립변수인 연봉을 할당합니다.

리스트 y에 종속변수인 직장 만족도를 할당합니다.

맷플롯립의 scatter() 함수로 산점도를 그립니다. 산점도는 우상향 형태로 나타납니다.

[코드 10-1]의 산점도를 보면 두 변수에 양의 상관관계가 있음을 알 수 있습니다. 그렇다면 인과관계가 얼마나 강한지 선형 회귀분석으로 확인하겠습니다.

선형 회귀모형은 다음과 같은 형태로 설정합니다. 선형 회귀모형의 형태는 파이썬뿐 아니라 SPSS, SAS 등의 통계 프로그램에서도 동일합니다.

> 종속변수 ~ 독립변수1 + 독립변수2 + 독립변수3 + ⋯

예제에서 독립변수가 x 한 개이므로 y ~ x로 설정합니다.

코드 10-2 단순 선형 회귀분석

```
from statsmodels.formula.api import ols
from sklearn.linear_model import LinearRegression

fit = ols('y ~ x', data=df).fit()
print(fit.summary())
```

```
                            OLS Regression Results
==============================================================================
Dep. Variable:                      y   R-squared:                       0.971
Model:                            OLS   Adj. R-squared:                  0.968
```

```
Method:              Least Squares    F-statistic:              271.0
Date:           Mon, 27 Mar 2023     Prob (F-statistic):     1.87e-07
Time:                    07:13:44    Log-Likelihood:          -20.111
No. Observations:              10    AIC:                       44.22
Df Residuals:                   8    BIC:                       44.83
Df Model:                       1
Covariance Type:        nonrobust
==============================================================================
               coef    std err          t      P>|t|      [0.025      0.975]
------------------------------------------------------------------------------
Intercept   29.0004      2.926      9.913      0.000      22.254      35.747
x            0.0107      0.001     16.463      0.000       0.009       0.012
==============================================================================
Omnibus:                    0.346    Durbin-Watson:              2.871
Prob(Omnibus):              0.841    Jarque-Bera (JB):           0.447
Skew:                       0.286    Prob(JB):                   0.800
Kurtosis:                   2.136    Cond. No.                2.07e+04
==============================================================================
```

스탯츠모델스와 사이킷런의 선형 회귀분석 라이브러리인 sklearn.linear_model을 추가합니다.

ols() 함수는 선형 회귀분석을 수행하는 함수입니다. 첫 번째 인자로 회귀모형 'y ~ x', 두 번째 인자로 데이터를 입력합니다.

summary() 함수를 호출하여 반환값을 출력합니다.

선형 회귀분석 결과를 다음과 같이 해석할 수 있습니다.

첫째, 결정계수 R^2 값이 0.971로 표본 데이터들에 대한 설명력이 97.1%입니다. 0.6을 크게 초과하므로 모형의 정밀도가 높습니다.

둘째, 회귀모형의 독립변수는 x 한 개이며, x의 유의수준은 0.000으로 0.05 미만입니다. 따라서 x는 유의한 독립변수입니다.

셋째, 독립변수 x의 계수는 0.0107입니다. 따라서 연봉이 1만 원 오를 때 직장 만족도가 0.0107점 커질 것으로 예측할 수 있습니다. 이 모형에 따르면 연봉이 100만 원 오를 때 직장 만족도가 1.07점 커지고, 1,000만 원 오를 때 10.7점 커질 것입니다.

결국 회귀모형을 다음과 같이 표현할 수 있습니다.

$$y = 29.0004 + (0.0107) \times x + \varepsilon$$

❷ 직장 만족도의 요인 분석

첫 번째 예제에서는 연봉이 직장 만족도에 미치는 영향을 단순 선형 회귀분석을 통해 분석했습니다. 이번 예제에서는 연봉 외에 일평균 휴식시간(분)과 일평균 근무시간(시간) 독립변수까지 추가하여 각 변수의 영향을 분석합니다. [표 10-3]은 신입사원 10명의 직장 만족도, 연봉, 일평균 휴식시간, 일평균 근무시간 조사 결과입니다.

표 10-3 **직장 만족도(2)**

직장 만족도(점)	60	75	70	85	90	70	65	95	70	80
연봉(만 원)	3,000	4,200	4,000	5,000	6,000	3,800	3,500	6,200	3,900	4,500
일평균 휴식시간(분)	120	60	100	100	50	120	90	40	120	120
일평균 근무시간(시간)	8	6	10	8	10	10	9	7	8	9

분석 전에 종속변수 y와 독립변수 x부터 결정하겠습니다. 여기서도 결과인 직장 만족도가 종속변수이며, 나머지는 독립변수가 됩니다.

회귀모형 companySatisfaction ~ salary + breakTime + workingTime을 입력하여 다중 선형 회귀분석을 수행합니다.

코드 10-3 **다중 선형 회귀분석**

```
from statsmodels.formula.api import ols
from sklearn.linear_model import LinearRegression

salary = [3000, 4200, 4000, 5000, 6000, 3800, 3500, 6200, 3900, 4500]
breakTime = [120, 60, 100, 100, 50, 120, 90, 40, 120, 120]
workingTime = [8, 6, 10, 8, 10, 10, 9, 7, 8, 9]
companySatisfaction = [60, 75, 70, 85, 90, 70, 65, 95, 70, 80]

data = {'salary': salary, 'breakTime': breakTime, 'workingTime': workingTime,
        'companySatisfaction': companySatisfaction}
df = pd.DataFrame(data)

fit = ols('companySatisfaction ~ salary + breakTime + workingTime', data=df).fit()
print(fit.summary())
```

```
⊏▸                          OLS Regression Results
==============================================================================
Dep. Variable:     companySatisfaction   R-squared:                    0.988
Model:                             OLS    Adj. R-squared:               0.982
Method:                  Least Squares    F-statistic:                  164.0
Date:                Mon, 27 Mar 2023    Prob (F-statistic):        3.81e-06
Time:                       07:30:46    Log-Likelihood:              -15.777
No. Observations:                 10    AIC:                          39.55
Df Residuals:                      6    BIC:                          40.77
Df Model:                          3
Covariance Type:             nonrobust
==============================================================================
                 coef     std err        t      P>|t|      [0.025     0.975]
------------------------------------------------------------------------------
Intercept      24.9819      5.353      4.667     0.003      11.884     38.080
salary          0.0120      0.001     15.895     0.000       0.010      0.014
breakTime       0.0668      0.027      2.491     0.047       0.001      0.132
workingTime    -0.9718      0.412     -2.356     0.057      -1.981      0.037
==============================================================================
Omnibus:                       0.929    Durbin-Watson:                 2.500
Prob(Omnibus):                 0.628    Jarque-Bera (JB):              0.752
Skew:                         -0.441    Prob(JB):                      0.686
Kurtosis:                      1.986    Cond. No.                   5.06e+04
==============================================================================
```

분석 결과는 다음과 같이 해석할 수 있습니다.

첫째, 수정된 결정계수 adj.R^2는 0.988이므로 이 선형 회귀모형의 설명력이 98.8%입니다.

둘째, 독립변수의 유의수준을 살펴봅니다. 변수 salary는 p-값이 0.000이고 변수 breakTime은 0.047로 0.05 보다 작습니다. 반면 workingTime의 p-값은 0.057로 0.05 보다 큽니다. 따라서 연봉과 휴식시간은 유의한 독립변수이고, 근무시간은 유의하지 않은 독립변수입니다.

셋째, 유의수준 결과에 따라서 salary와 breakTime을 독립변수로 하는 모형이 구성됩니다.

$$companySatisfaction = 24.9819 + (0.0120) \times salary + (0.0668) \times breakTime + \varepsilon$$

독립변수의 계수를 다음과 같이 해석할 수 있습니다. 연봉이 1만 원 오르면 직장 만족도가 0.0120 커지고, 연봉이 100만 원 오르면 직장 만족도가 1.20 커질 것입니다. 또한 휴식시간이 1분 증가할 때 직장 만족도가 0.0668 커지고, 휴식시간이 100분 증가할 때 직장 만족도가 6.68 커질 것입니다.

Section

03

로지스틱 회귀분석의 개념

1 로지스틱 회귀모형

로지스틱 회귀분석(Logistic regression analysis)의 목적은 선형 회귀분석의 목적과 같습니다. 결과인 종속변수에 미치는 요인들을 독립변수로 두고 각 독립변수의 영향을 설명합니다.

그러나 선형 회귀분석의 종속변수는 어떤 값이든 될 수 있지만 로지스틱 회귀분석의 종속변수는 범위에 제한이 있습니다. 로지스틱 회귀분석의 종속변수는 0에서 1사이의 값입니다. 어떤 사건이 발생하면 종속변수가 1이고 발생하지 않으면 종속변수가 0이어서 종속변수가 1에 가까울수록 사건이 발생할 확률이 더 높다고 판단합니다.

[그림 10-6]은 선형 회귀분석과 로지스틱 회귀분석의 모형입니다. 왼쪽의 선형 회귀분석은 표본 데이터를 직선으로 그룹화합니다. 종속변수 y는 직선을 따라 매우 크거나 매우 작은 값을 가질 수 있습니다. 반면 오른쪽의 로지스틱 회귀분석은 표본 데이터가 0에서 1사이의 값으로 그룹화되어 있습니다. 곡선인 모형은 직선 y = 0 아래나 y = 1 위에 있지 않습니다. 종속변수 y 역시 0에서 1사이의 값을 가집니다.

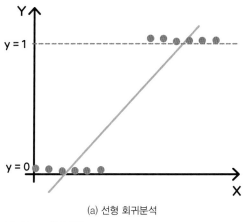

(a) 선형 회귀분석

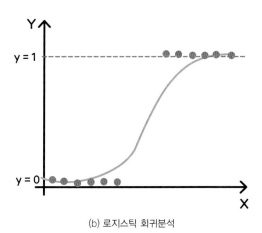

(b) 로지스틱 회귀분석

그림 10-6 **회귀모형**

로지스틱 회귀분석 결과 오즈비를 얻습니다. 오즈비(Odds Ratio, OR)는 우리말로 승산비입니다. 사건이 발생할 확률이 발생하지 않을 확률에 비해 몇 배나 높은지를 의미합니다. 사건이 발생할 확률을 p라고 할 때, 오즈비를 수식으로 나타내면 다음과 같습니다.

$$OR = \frac{\text{사건이 발생할 확률}}{\text{사건이 발생하지 않을 확률}} = \frac{p}{1 - p}$$

대학 합격이라는 사건에서 합격을 1, 불합격을 0으로 정했을 때 합격할 확률이 0.8이라면 오즈비는 4입니다. 이는 대학에 합격할 확률이 불합격할 확률보다 4배 높다는 뜻입니다.

$$OR = \frac{p}{1 - p} = \frac{0.8}{1 - 0.8} = 4$$

❷ 로지스틱 회귀분석의 해석

로지스틱 회귀분석의 해석 과정은 다음과 같습니다.

첫째, 선형 회귀분석과 마찬가지로 각 독립변수의 p-값을 확인합니다. p-값이 유의수준보다 작은 독립변수를 통계적으로 유의한 변수라고 판단합니다.

둘째, 오즈비를 구해 각 독립변수가 종속변수를 1로 만들 확률을 비교합니다.

로지스틱 회귀분석의 코드는 선형 회귀분석 코드에서 일부 함수만 변경될 뿐 비슷합니다. 사과 가격이 사과 판매 여부에 미치는 영향을 분석해 봅시다. 종속변수는 사과 판매 여부로, 사과가 판매되면 1이고 판매되지 않으면 0입니다. 독립변수는 사과 가격입니다.

표 10-4 **사과 판매 여부 데이터**

사과 판매 여부	1	1	1	1	1	1	1	1	1
가격(원)	1,500	2,000	5,000	3,000	3,500	2,500	4,000	4,500	3,000
사과 판매 여부	0	0	0	0	0	0	0	0	
가격(원)	4,500	4,000	4,500	5,500	6,500	5,000	3,500	7,000	

```
import statsmodels.api as sm
import pandas as pd
import numpy as np

sales = [1, 1, 1, 1, 1, 1, 1, 1, 1, 0, 0, 0, 0, 0, 0, 0, 0]
price = [1500, 2000, 5000, 3000, 3500, 2500, 4000, 4500, 3000,\
         4500, 4000, 4500, 5500, 6500, 5000, 3500, 7000]
data = {'sales': sales, 'price': price}
df = pd.DataFrame(data)

logis = sm.Logit.from_formula('sales ~ price', data=df).fit()
print(logis.summary())
print('OR')
print(np.exp(logis.params)))
```

```
Optimization terminated successfully.
        Current function value: 0.430873
        Iterations 7
                   Logit Regression Results
==============================================================================
Dep. Variable:                  sales   No. Observations:                  17
Model:                          Logit   Df Residuals:                      15
Method:                           MLE   Df Model:                           1
Date:                Mon, 03 Apr 2023   Pseudo R-squ.:                 0.3768
Time:                        00:48:37   Log-Likelihood:               -7.3248
converged:                       True   LL-Null:                      -11.754
Covariance Type:            nonrobust   LLR p-value:                 0.002917
==============================================================================
                 coef    std err          z      P>|z|      [0.025      0.975]
------------------------------------------------------------------------------
Intercept      6.5752      3.300      1.993      0.046       0.108      13.042
price         -0.0016      0.001     -2.008      0.045      -0.003    3.75e-05
==============================================================================
OR
Intercept    717.058841
price          0.998433
dtype: float64
```

로지스틱 회귀분석을 수행하는 sm.Logit.from_formula() 함수를 호출합니다.

분석 결과는 summary() 함수의 반환값을 출력하면 됩니다.

분석 결과 얻은 모형의 계수를 logis.params로 호출할 수 있습니다. 넘파이의 exp() 함수의 인자로 모형의 계수를 입력하여 오즈비를 구합니다.

분석 결과 해석은 다음과 같습니다. 우선 각 독립변수가 유의한지 확인합니다. 독립변수 price의 p-값은 0.04로 0.05 미만이므로 유의한 변수입니다. y절편인 Intercept의 p-값 0.046도 확인할 수 있습니다. y절편은 y축과 만나는 점이고 독립변수가 0일 때의 기본값입니다.

변수 price의 오즈비가 0.998433이므로 가격을 올렸을 때 판매될 가능성이 판매되지 않을 가능성의 0.998433배입니다. 따라서 가격을 내려야 판매 가능성이 조금이라도 높아진다는 결론이 나옵니다.

로지스틱 회귀분석의 활용

1 타이타닉 탑승자 생존여부 예측

이번 절에서는 8장에서 소개한 타이타닉호 데이터에서 생존과 사망의 요인을 분석해 보겠습니다.

가장 먼저 시본(Seaborn) 라이브러리 안에 있는 타이타닉호 데이터를 로드합니다.

코드 10-5 타이타닉 탑승자 데이터

```
import seaborn as sns

titanic = sns.load_dataset('titanic')
print(titanic)
```

```
     survived  pclass     sex   age  sibsp  parch     fare embarked   class  \
0           0       3    male  22.0      1      0   7.2500        S   Third
1           1       1  female  38.0      1      0  71.2833        C   First
2           1       3  female  26.0      0      0   7.9250        S   Third
3           1       1  female  35.0      1      0  53.1000        S   First
4           0       3    male  35.0      0      0   8.0500        S   Third
..        ...     ...     ...   ...    ...    ...      ...      ...     ...
886         0       2    male  27.0      0      0  13.0000        S  Second
887         1       1  female  19.0      0      0  30.0000        S   First
888         0       3  female   NaN      1      2  23.4500        S   Third
889         1       1    male  26.0      0      0  30.0000        C   First
890         0       3    male  32.0      0      0   7.7500        Q   Third

       who  adult_male deck  embark_town alive  alone
0      man        True  NaN  Southampton    no  False
1    woman       False    C    Cherbourg   yes  False
2    woman       False  NaN  Southampton   yes   True
3    woman       False    C  Southampton   yes  False
4      man        True  NaN  Southampton    no   True
```

```
  ..     ...     ...  ...          ...  ...    ...
886    man    True  NaN  Southampton   no   True
887  woman   False    B  Southampton  yes   True
888  woman   False  NaN  Southampton   no  False
889    man    True    C    Cherbourg  yes   True
890    man    True  NaN   Queenstown   no   True

[891 rows x 15 columns]
```

시본의 load_dataset( ) 함수를 호출하여 인자로 'titanic'을 넣으면 관련 데이터를 불러옵니다.

print( ) 함수로 출력하여 살펴보면 이 데이터는 891행 15열로 확인됩니다.

survived 열은 생존 여부를 나타냅니다. 이 열의 값이 1인 탑승자는 생존자이고 0이면 사망자입니다.

타이타닉 탑승자 데이터의 로지스틱 회귀분석을 수행합니다.

코드 10-6 타이타닉 탑승자 데이터의 로지스틱 회귀분석

```python
import statsmodels.api as sm
import numpy as np
from sklearn.preprocessing import LabelEncoder

encoder = LabelEncoder()
encoder.fit(titanic['sex'])
sex = encoder.transform(titanic['sex'])
titanic['sex'] = sex

model = sm.Logit.from_formula('survived ~ pclass + sex + age + fare + parch + sibsp',
data=titanic)
logit = model.fit()
print(logit.summary())

print("OR")
print(np.exp(logit.params))
```

```
Optimization terminated successfully.
        Current function value: 0.445244
        Iterations 6
```

```
                        Logit Regression Results
==============================================================================
Dep. Variable:              survived   No. Observations:                  714
Model:                         Logit   Df Residuals:                      707
Method:                          MLE   Df Model:                            6
Date:               Mon, 03 Apr 2023   Pseudo R-squ.:                  0.3408
Time:                       00:59:54   Log-Likelihood:                -317.90
converged:                      True   LL-Null:                       -482.26
Covariance Type:           nonrobust   LLR p-value:                 5.727e-68
==============================================================================
                 coef    std err          z      P>|z|      [0.025      0.975]
------------------------------------------------------------------------------
Intercept      5.3890      0.604      8.926      0.000       4.206       6.572
pclass        -1.2422      0.163     -7.612      0.000      -1.562      -0.922
sex           -2.6348      0.220    -11.998      0.000      -3.065      -2.204
age           -0.0440      0.008     -5.374      0.000      -0.060      -0.028
fare           0.0022      0.002      0.866      0.386      -0.003       0.007
parch         -0.0619      0.123     -0.504      0.614      -0.303       0.179
sibsp         -0.3758      0.127     -2.950      0.003      -0.625      -0.126
==============================================================================
OR
Intercept    218.984972
pclass         0.288734
sex            0.071730
age            0.956999
fare           1.002162
parch          0.939942
sibsp          0.686771
dtype: float64
```

데이터형을 확인하여 숫자형이 아닌 데이터들은 모두 숫자형으로 변환해야 합니다. 성별 열의 값 ‘male’과 ‘female’을 encoder.transform( ) 함수로 각각 1과 0으로 변환합니다.

종속변수를 survived, 독립변수를 pclass, sex, age, fare, parch, sibsp로 하여 로지스틱 회귀분석을 수행합니다. 종속변수 survived의 값이 1 또는 0이므로 로지스틱 회귀분석에 적합합니다.

회귀모형의 계수를 입력하여 오즈비 OR을 구합니다.

분석 결과는 다음과 같이 해석합니다.

첫째, 독립변수 중 p-값이 0.05 미만인 변수는 pclass, sex, age, sibsp입니다. 이들 변수의 계수가 모두 음수이므로 독립변수의 값이 증가할 때 생존 가능성이 낮은 것으로 판단합니다. 탑승 클래스의 숫자가 높을수록 생존율이 낮고, 남성(1)이 여성(0)에 비해 생존율이 낮고, 나이가 많을수록 생존율이 낮으며, 자녀나 배우자의 수가 많을수록 생존율이 낮은 것으로 판단합니다. 그리고 독립변수 중 생존에 가장 큰 영향을 미치는 변수는 절댓값이 가장 큰 변수 sex입니다. 반면 생존에 가장 적게 영향을 미치는 변수는 절댓값이 가장 작은 변수 age입니다.

둘째, 유의한 독립변수 중 age의 오즈비가 가장 크고, sex의 오즈비가 가장 작습니다. 따라서 나이가 많은 사람이 생존할 확률은 나이가 적은 사람이 생존할 확률과 비슷합니다. 그리고 남성이 생존할 확률이 여성이 생존할 확률의 0.07배로 매우 작습니다.

아파트 매매가격의 요인 분석

문제

아파트 매매가격은 변동하는 값입니다. 어떤 요인이 매매가격에 얼마나 영향을 미치는지 알고 싶습니다. 이럴 때 선형 회귀분석을 수행하여 인과관계를 알아낼 수 있습니다.

해결

1. 가장 먼저 종속변수와 독립변수를 설정합니다. 아파트 매매가격을 종속변수로 하고, 이에 영향을 미치는 예상 요인들을 독립변수로 합니다. 아파트 매매가격에 영향을 주는 것은 면적(size)과 아파트가 얼마나 오래되었는지(age)일 것입니다. 그리고 주변 편의시설의 영향도 예상됩니다. 예를 들면, 어린이집까지의 거리(kindergarten), 초등학교까지의 거리(elementarySchool), 버스정류장까지의 거리(busStop), 병/의원까지의 거리(hospital), 마트까지의 거리(mart)가 있습니다.

다음 표는 아파트 매매가격과 앞에서 설정한 독립변수입니다. 표에서 생략된 데이터는 부록으로 제공하는 예제 소스에서 확인할 수 있습니다. 가격의 단위는 만 원, 면적은 m^2, 아파트 연식은 연이고 편의시설까지의 거리는 도보 소요시간(분)입니다.

price	size	age	kindergarten	elementarySchool	busStop	hospital	mart
174,000	152	19	22	10	13	19	19
156,500	118	19	22	10	13	19	19
168,000	118	19	22	10	13	19	19
145,000	85	19	22	10	13	19	19
...	...	...	...	...	...	...	...
100,000	59	11	4	12	29	14	14
139,500	128	11	4	12	29	14	14
160,500	128	11	4	12	29	14	14
150,000	115	11	4	12	29	14	14

2. 선형 회귀모형을 다음과 같이 설정하여 분석을 수행합니다.

```
price ~ size + age + kindergarten + elementarySchool + busStop + hospital + mart
```

```python
import pandas as pd
import matplotlib.pylab as plt
from statsmodels.formula.api import ols
from sklearn.linear_model import LinearRegression

price = [174000, 156500, 168000, 145000, (중략), 100000, 139500, 160500, 150000]
size  = [152, 118, 118, 85, (중략), 59, 128, 128, 115]
age = [19, 19, 19, 19, (중략), 11, 11, 11, 11]
kindergarten = [22, 22, 22, 22, (중략) , 4, 4, 4, 4]
elementarySchool = [10, 10, 10, 10, (중략) , 12, 12, 12, 12]
busStop = [13, 13, 13, 13, (중략) , 29, 29, 29, 29]
hospital = [19, 19, 19, 19, (중략) , 14, 14, 14, 14]
mart = [19, 19, 19, 19, (중략) , 14, 14, 14, 14]
```

3. 각 변수 리스트를 데이터프레임으로 변환하고 선형 회귀분석을 수행합니다.

```python
data = {'price': price, 'size': size, 'age': age, 'kindergarten': kindergarten,
'elementarySchool': elementarySchool, 'busStop': busStop, 'hospital': hospital, 'mart':
mart}
df = pd.DataFrame(data)

fit = ols('price ~ size + age + kindergarten + elementarySchool + busStop + hospital +
mart', data=df).fit()
print(fit.summary())
```

```
                         OLS Regression Results
===============================================================================
Dep. Variable:                  price   R-squared:                      0.876
Model:                            OLS   Adj. R-squared:                 0.862
Method:                 Least Squares   F-statistic:                    62.45
Date:                Mon, 03 Apr 2023   Prob (F-statistic):          1.11e-25
Time:                        02:26:04   Log-Likelihood:               -734.71
No. Observations:                  70   AIC:                            1485.
Df Residuals:                      62   BIC:                            1503.
Df Model:                           7
Covariance Type:            nonrobust
```

```
===============================================================================
                    coef      std err         t      P>|t|     [0.025      0.975]
-------------------------------------------------------------------------------
Intercept         1.169e+05   1.23e+05     0.948     0.347     -1.3e+05    3.64e+05
size               534.9026     43.081    12.416     0.000      448.785     621.021
age              -1460.9677   1754.535    -0.833     0.408    -4968.233    2046.298
kindergarten      1927.0880    591.638     3.257     0.002      744.421    3109.755
elementarySchool -1599.1185   3858.456    -0.414     0.680    -9312.062    6113.825
busStop            -13.2131    730.790    -0.018     0.986    -1474.042    1447.616
hospital           737.2488    891.948     0.827     0.412    -1045.730    2520.227
mart             -1372.4907   3583.901    -0.383     0.703    -8536.606    5791.625
===============================================================================
Omnibus:                         4.208   Durbin-Watson:                 2.150
Prob(Omnibus):                   0.122   Jarque-Bera (JB):              3.332
Skew:                           -0.446   Prob(JB):                      0.189
Kurtosis:                        3.589   Cond. No.                   1.17e+04
===============================================================================
```

수정된 결정계수 adj.R^2가 0.862이므로 이 모형은 86.2%의 설명력을 갖췄습니다. 그리고 유의한 변수는 p-값이 0.000인 size와 0.002인 kindergarten뿐입니다. 변수 size의 계수는 534.9026이며, kindergarten의 계수는 1927.0880입니다. 따라서 모형은 다음과 같습니다.

$$price = 0.0000169 + (534.9026) \times size + (1927.0880) \times kindergarten + \varepsilon$$

4. 모형을 해석하면 다음과 같습니다.

아파트 매매가격에 영향을 미치는 요인은 면적과 유치원까지의 거리입니다. 면적이 1m^2 커질 때 매매가격이 약 535만 원 비싸지며, 유치원까지 도보 소요시간이 1분 증가할 때 매매가격이 약 1,927만 원 비싸집니다. 그러나 특정 지점까지 도보 소요시간이 길어질수록 매매가격이 비싸진다는 해석은 일반적이지 않습니다. 이 모형은 아파트 단지 주변의 편의시설까지의 거리가 가까울수록 비쌀 것이라는 추측에 반합니다. 따라서 데이터의 시간적, 공간적 범위를 넓히고 독립변수도 추가하여 다시 분석해 볼 필요가 있습니다.

01 회귀분석은 변수 간의 인과관계를 판단하는 분석 방법입니다. 결과인 종속변수를 y, 원인인 독립변수를 x_1, x_2, $x_3 \cdots$로 하여 x와 y의 관계식으로 회귀모형을 작성합니다.

02 선형 회귀모형의 종속변수는 단 한 개만 존재하며, 독립변수 x_i는 한 개 이상 존재합니다. 독립변수가 한 개이면 단순 선형 회귀분석이라고 하고 독립변수가 여러 개이면 다중 선형 회귀분석이라고 합니다.

03 선형 회귀분석에서 결정계수 R^2는 데이터에 대한 모형의 설명력을 의미합니다.

04 통계적 가설검정에서 일반적으로 유의수준 0.05를 기준으로 하여 p-값이 유의수준보다 작으면 귀무가설을 기각하고 대립가설을 채택합니다.

05 로지스틱 회귀모형의 종속변수는 0 이상 1 이하의 값으로 결과 사건이 발생할 가능성을 의미합니다.

06 오즈비는 사건이 발생할 확률이 발생하지 않을 확률에 비해 몇 배나 높은지를 의미합니다.

01 다음 중 회귀분석에 대한 설명으로 **틀린** 것을 고르시오.

① 독립변수의 기울기가 되는 값을 계수라고 한다.

② 독립변수의 계수가 작을수록 다른 변수에 비해 영향력이 크다.

③ 종속변수는 단 한 개만 존재한다.

④ 독립변수의 유의수준이 0.05 미만일 때 유의한 변수로 판단한다.

02 다음 중 선형 회귀분석에 대한 설명으로 **틀린** 것을 고르시오.

① 원인인 x 변수가 한 개이면 단순 선형 회귀분석, 두 개 이상이면 다중 선형 회귀분석이다.

② 잔차는 실제 값과 예측 값의 차이이다.

③ R^2는 데이터 표본에 대한 회귀모형의 설명력이다.

④ R^2가 작을수록 데이터를 잘 설명하는 모형이다.

03 다음 중 통계적 가설검정에 대한 설명으로 **틀린** 것을 고르시오.

① 유의수준은 일반적으로 0.05로 정한다.

② 귀무가설은 대립가설과 반대되는 개념이다.

③ p-값이 클수록 대립가설이 받아들여지기 쉽다.

④ 유의수준이 0.05이면 귀무가설이 참인데도 받아들이지 않을 가능성이 5% 미만이라는 것이다.

04 다음 중 회귀분석과 통계적 가설검정에 대한 설명으로 **틀린** 것을 고르시오.

① 더미 변수는 '예' 또는 '아니오'로 변환하여 1 또는 0으로 표현할 수 있는 독립변수이다.

② 회귀분석에서 결과인 y 변수는 단 한 개 존재하며, 원인인 x 변수는 두 개 이상 존재할 수 있다.

③ 귀무가설은 연구자가 입증하고자 하는 가설이다.

④ 범주형 데이터를 표현하기 위해 더미 변수를 활용한다.

05 다음 코드의 빈칸을 채워 데이터프레임 df의 종속변수 y와 독립변수 x1, x2의 회귀분석을 완성하시오.

```
import pandas as pd
from statsmodels.formula.api import ols
df = pd.DataFrame(Data)
ols =        (y ~ x1 + x2, data=df).fit()
```

06 다음 중 선형 회귀분석의 결과를 출력하는 코드를 고르시오.

① output( )

② organize( )

③ results( )

④ summary( )

07 다음 내용을 읽고 선형 회귀분석의 종속변수와 독립변수를 설정하시오.

- 30세 이상 60세 미만의 성인을 대상으로 삶의 행복 점수와 그 요인을 조사하였다.
- 전 연령대의 성인에게 삶의 행복 점수에 가장 큰 영향을 미치는 요인은 소득이었으며, 가족 관계, 여가 시간, 친구 관계 순으로 나타났다.

08 다음 선형 회귀분석의 결과를 보고 회귀모형을 작성하시오. ©Rohit Gupta, C# Corner

```
                            OLS Regression Results
===============================================================================
Dep. Variable:      Stock_Index_Price   R-squared:                    0.898
Model:                            OLS   Adj. R-squared:               0.888
Method:                 Least Squares   F-statistic:                  92.07
Date:                Sun, 27 Oct 2019   Prob (F-statistic):        4.04e-11
Time:                        11:55:09   Log-Likelihood:             -134.61
No. Observations:                  24   AIC:                          275.2
Df Residuals:                      21   BIC:                          278.8
Df Model:                           2
Covariance Type:            nonrobust
===============================================================================
                       coef    std err          t      P>|t|      [0.025      0.975]
-------------------------------------------------------------------------------
Intercept          1798.4040    899.248      2.000      0.059     -71.685    3668.493
Interest_Rate       345.5401    111.367      3.103      0.005     113.940     577.140
Unemployment_Rate  -250.1466    117.950     -2.121      0.046    -495.437      -4.856
===============================================================================
Omnibus:                        2.691   Durbin-Watson:                0.530
Prob(Omnibus):                  0.260   Jarque-Bera (JB):             1.551
Skew:                          -0.612   Prob(JB):                     0.461
Kurtosis:                       3.226   Cond. No.                      394.
===============================================================================
```

09 두 선형 회귀분석의 그래프를 보고 결정계수 R^2 값이 더 클 것으로 예상되는 모형은 어느 것인지 설명하시오.

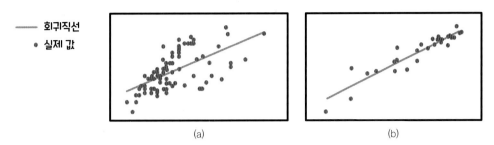

— 회귀직선
• 실제 값

(a)   (b)

10 다음 데이터는 알코올 중독 여부와 심장질환 여부 조사 결과이다. 알코올 중독자인 사람이 심장질환이 있는 사건의 오즈비를 구하시오.

항목	심장질환 있음	심장질환 없음	합계
알코올 중독	8	4	12
알코올 중독 아님	42	96	138
합계	50	100	150

CHAPTER **11**

인공지능
분석

- -

01 인공지능을 활용한 데이터 분석
02 인공지능과 분류
03 인공지능과 예측
요약
연습문제

- 기본적인 데이터 분석 문제인 분류와 예측을 비교하여 이해합니다.

- 데이터의 특성과 인공지능의 학습 개념을 이해합니다.

- 분류 문제 해결을 위해 인공지능 기술을 활용할 수 있습니다.

- 인공지능 기술과 데이터를 활용하여 미래 상태를 예측할 수 있습니다.

회귀분석을 활용하여 특정 변수에 대한 여러 원인들의 영향도를 비교하고 결과를 예측할 수 있었습니다. 이번 장에서는 분석 방법을 인공지능으로 확대하여 분류 문제와 예측 문제를 해결해 봅니다. 많은 양의 데이터로부터 특성을 추출하고 인공지능 알고리즘을 활용하여 학습하면 사람이 많은 시간과 노력을 투입했던 문제를 보다 쉽게 처리하게 됩니다.

1절에서는 분류 문제와 예측 문제를 비교해 봅니다. 파이썬에서 인공지능 알고리즘이 분류와 예측을 학습하는 조건을 이해하고 파이썬에서 지원하는 인공지능 알고리즘과 라이브러리들을 사용해 봅니다. 2절에서는 와인 데이터를 수집하여 와인의 종류를 분류합니다. 3절에서는 산도나 당도 등의 특성으로 와인의 등급을 예측합니다.

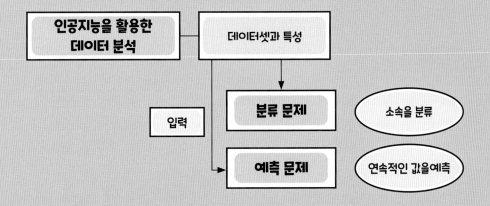

Section 01 인공지능을 활용한 데이터 분석

인공지능을 활용하는 데이터 분석은 분류 또는 예측 두 종류가 있습니다. 분류는 데이터의 속성을 분석하여 둘 이상의 그룹 중에 어디에 해당하는지 구분하는 문제입니다. 사진을 보고 남자와 여자 또는 고양이와 강아지를 구분하거나 메일이 스팸인지 아닌지를 구분하는 문제가 분류입니다. 예측은 10장에서 살펴본 회귀분석의 일종으로, 데이터를 바탕으로 앞으로 도출될 결과를 추정하는 문제입니다. 과거의 성적을 바탕으로 다음 시험 성적을 예측하거나 주식 가격을 추정하는 문제에 인공지능 예측을 활용할 수 있습니다.

이번 절에서는 먼저 데이터 특성과 인공지능 학습의 개념을 이해하고, 인공지능이 분류와 예측을 수행하는 과정을 알아봅니다.

1 데이터의 특성과 인공지능 학습

선형 상관분석과 로지스틱 회귀분석 같은 알고리즘은 인공지능 기법에 속합니다. 인공지능으로 데이터를 분석하려면 수집한 데이터 양이 충분해야 하며, 알고리즘에 입력할 데이터를 적절한 방식으로 표현해야 합니다. 이때 수집된 데이터를 적절한 방식으로 표현하였는지가 인공지능 분석의 성패를 좌우합니다. 즉, 수집된 데이터를 가장 잘 설명할 수 있게 뽑은 항목을 특성(Feature)이라고 부릅니다.

데이터는 특성으로 표현되며 특성으로 설명된 데이터를 인공지능 학습에 활용합니다. 10장의 예제에서는 직장 만족도의 요인을 분석하기 위하여 수집한 데이터를 월급, 일평균 휴식시간, 일평균 근무시간으로 구성하여 입력했습니다. 데이터를 특성 3가지로 구성하여 입력한 것입니다. 강아지의 견종을 분류하는 문제라면 강아지 데이터를 털 색깔, 다리 길이, 꼬리 길이 등을 특성으로 구성할 것입니다. 이처럼 인공지능은 데이터를 특성의 집합으로 이해합니다.

어떤 주제로 수집한 데이터 원본을 원시 데이터(Raw data)라 부르고, 해결하고 싶은 문제에 맞게 데이터 특성을 정의하고 추출하여 학습을 위해 재구성한 데이터를 학습 데이터(Training data)라고 부릅니다. 원시 데이터를 학습 데이터로 만드는 과정을 데이터 가공이라고 부릅니다. 인공지능 학습에서 데이터셋이라고 하면 일반적으로 학습 데이터를 의미합니다.

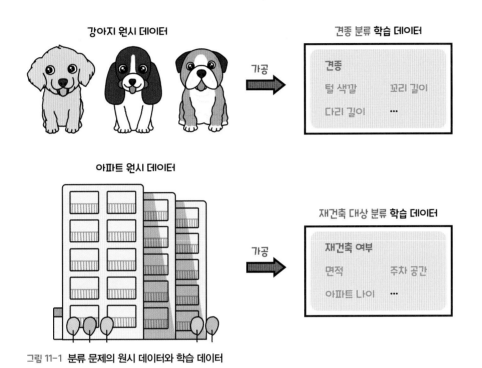

그림 11-1 **분류 문제의 원시 데이터와 학습 데이터**

인공지능 학습

인공지능은 특성을 바탕으로 학습하여 모형(Model, 모델)을 생성합니다. 학습(Learning)이란 수학적 알고리즘(틀)에 특성(재료)를 충분히 입력하여 일정한 모양의 모형을 만드는 과정입니다.

[그림 11-2]는 이미지를 보고 고양이를 인식하는 인공지능이 학습하는 과정입니다. 적절한 인공지능 알고리즘에 고양이의 특성이 잘 드러나도록 구성한 데이터셋을 입력합니다. 이때 인공지능 알고리즘은 입력 데이터에 따라 내부 파라미터(Parameter)를 지속 갱신해 가면서 고양이 형체를 파악하는 기준을 기억합니다. 학습이 완료되면 이 모형은 고양이의 특성을 기억하고 있으므로, 입력한 이미지가 고양이에 해당하는지 아닌지 판단할 수 있습니다.

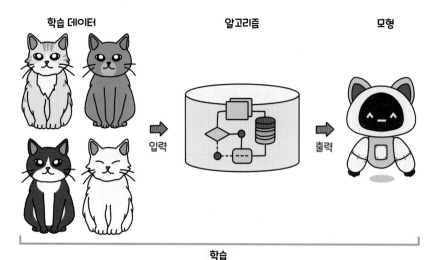

학습 데이터	알고리즘	모형

입력 → 출력

학습

그림 11-2 **인공지능 학습 과정**

지난 반 세기 동안 다양한 고성능 인공지능 알고리즘이 개발되었습니다. 데이터 분석가는 직접 새로운 알고리즘을 개발하기보다는 목적에 맞게 데이터를 잘 구성하고 적절한 알고리즘을 선택할 수 있어야 합니다. 인공지능 학습이란 데이터를 입력하고 알고리즘이 내놓은 결과와 사람이 예상한 결과의 차이를 줄여가며 모형을 완성하는 과정입니다. 따라서 분류 기준이 되는 주요 특성을 발굴하고 정의하는 것이 문제 해결의 핵심입니다.

인공지능 학습 방법을 크게 지도학습(Supervised learning), 비지도학습(Unsupervised learning), 강화학습(Reinforcement learning)으로 분류합니다. 지도학습은 특성과 결과(레이블)를 함께 입력하여 학습하는 방법입니다. 비지도학습은 결과를 지정하지 않고 데이터의 특성만 입력하는 방법입니다. 지금은 각 알고리즘을 자세히 이해하지 않아도 됩니다. 이 책에서는 가장 기본적인 알고리즘인 지도학습 기법부터 학습하겠습니다.

Q **인공지능 모형이 올바르게 학습했는지 어떻게 확인할까요?**

A 인공지능 모형의 성능을 확인할 때 학습 데이터 이외에 테스트 데이터(Test data)라고 부르는 검증 데이터셋을 별도로 구성합니다. 일반적으로 원시 데이터를 가공한 후 전체 데이터를 8:2 혹은 7:3으로 분할하고 큰 부분을 학습 데이터, 작은 부분을 테스트 데이터로 구성합니다. 이때 테스트 데이터에서는 레이블 정보를 분리하여 저장합니다. 인공지능 모형의 학습이 완료되면 테스트 데이터를 입력하고, 올바른 레이블로 분류하는 비율을 측정하여 모형의 성능을 확인합니다.

---

② 분류 문제와 예측 문제

분류(Classification) 문제는 지도학습으로 해결할 수 있는 대표적인 문제입니다. 분류하려는 그룹(Class, 클래스)이 사전에 정의되어 있으므로 모형이 출력하는 결과는 항상 학습했던 레이블 중 하나입니다. 고양이와 강아지 분류, 남자와 여자 분류와 같이 그룹이 두 개일 때 이진분류(Binary classification) 문제이며, 그룹이 세 개 이상일 때 다중분류(Multi-class classification) 문제입니다.

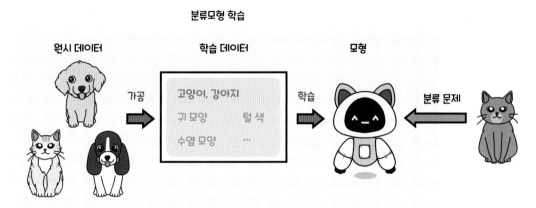

그림 11-3 **분류 문제 해결을 위한 인공지능 학습 과정**

[그림 11-3]은 강아지와 고양이를 분류하는 모형을 생성하는 과정입니다. 학습할 때 데이터에서 어떤 특성을 선택하는지가 매우 중요합니다. 만약 꼬리 유무나 다리 개수를 특성으로 사용한다면 분류에 변별력이 없어 강아지와 고양이를 구분하기 매우 어려울 것입니다.

분류 알고리즘에는 다양한 유형이 있으며 지금도 새로운 알고리즘이 개발되고 있습니다. 입문자가 알고리즘의 세부 과정을 이해하고 활용하기는 어렵지만 대표적인 분류 알고리즘인 K-NN(K-Nearest Neighbors, K-최근접 이웃), SVM(Support Vector Machine, 서포트 벡터 머신), 의사결정 트리(Decision Tree)의 원리를 간단히 소개합니다.

> **하나 더 알기** ∨ **더 많은 분류 알고리즘**
>
> 이번 절에서 언급한 것 이외에도 의사결정 트리를 다중으로 엮어 만든 랜덤 포레스트(Random Forest), 베이즈 확률이론을 활용한 나이브 베이즈(Naïve-Bayes) 알고리즘 등이 널리 사용되고 있습니다. 또한 딥러닝에 속하는 DBM(Deep Boltzman Machine), DBN(Deep Belief Network), RNN, CNN 등 심층신경망 알고리즘이 분류 문제에 사용됩니다.

- **K-NN 알고리즘:** 데이터로부터 거리가 가까운 데이터 k개의 레이블을 참조하여 많은 수에 해당하는 클래스로 분류하는 방법입니다. 클래스 간 수적 우위 계산을 용이하게 하기 위하여 보통 k를 3이나 9 등 홀수로 지정합니다. [그림 11-4]의 (a)에서는 초록색 원을 분류하려고 합니다. 가장 가까운 도형 세 개 중 두 개가 빨간색 삼각형이고 한 개가 파란색 사각형이므로 빨간색 삼각형과 같은 클래스로 분류됩니다. K-NN은 간단한 알고리즘이지만 글씨인식, 얼굴인식, 유전자 패턴인식 등 폭넓게 활용되고 있습니다.

- **SVM 알고리즘:** 두 클래스를 구분하는 가상의 결정경계면(Hyperplane, 초평면)을 계산하여 클래스를 분류하는 방법입니다. [그림 11-4]의 (b)에서 초록색 원은 결정경계를 기준으로 빨간색 원과 같은 쪽에 있으므로 빨간색 원의 클래스로 분류됩니다.

- **의사결정 트리:** 마치 스무고개를 하듯이 데이터를 나무 형태로 분류해 내려가는 방법입니다. [그림 11-4]의 (c)는 타이타닉호의 생존자를 분류하는 모형입니다. 생존자 데이터를 바탕으로 스무고개의 질문과 같은 분류기준 '성별: 남성/여성', '나이: 9.5 이하/초과' 등을 학습하고 새로운 데이터를 같은 기준으로 분류합니다.

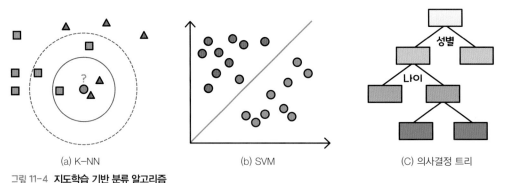

(a) K-NN (b) SVM (C) 의사결정 트리

그림 11-4 **지도학습 기반 분류 알고리즘**

연속적인 값 예측을 위한 인공지능

예측(Prediction) 문제는 분류 문제와 함께 지도학습으로 해결할 수 있는 대표적인 문제입니다. 예측 문제 해결에는 주로 회귀(Regression)를 활용합니다. 예측 모형은 가격이나 확률과 같이 연속적인 값(Continuous value)을 예측합니다. 예측 알고리즘은 10장의 선형 회귀와 로지스틱 회귀 외에도 리지(Ridge) 회귀, 라쏘(Lasso) 회귀, 다항(Polynomial) 회귀 등이 있습니다.

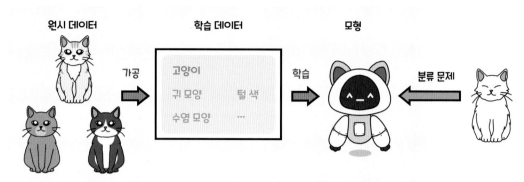

그림 11-5 **예측 문제 해결을 위한 인공지능 학습 과정**

[그림 11-5]는 고양이 데이터로부터 나이가 몇 개월인지 예측하는 모형을 생성하는 과정입니다. 나이를 예측하기 위해 학습해야 할 특성은 [그림 11-3]의 고양이와 강아지 분류 문제와 다릅니다. 적절한 특성을 추출하여 모형을 학습시키면 매우 높은 확률로 새로운 고양이 데이터로부터 나이를 예측할 수 있습니다.

사실 예측과 분류문제는 같은 문제로 취급할 수 있습니다. 분류 문제의 결과는 데이터를 그룹으로 묶어 나타내는 것이고, 예측문제의 결과는 연속적인 값이라는 점만 다릅니다. 따라서 학습 데이터에서 레이블을 적절한 데이터 유형으로 변환하기만 하면 분류 알고리즘과 예측 알고리즘을 교차하여 적용할 수 있습니다. 즉, SVM이나 의사결정 트리를 예측 문제에 활용할 수 있으며, 로지스틱 알고리즘을 분류 문제에 활용할 수 있습니다.

확인문제

1. 다음을 읽고 빈칸을 채워 문장을 완성하시오.

   인공지능 모형 학습에 사용할 데이터의 [ⓐ]을 적절히 정의하여 원시 데이터를 [ⓑ] 데이터로 만드는 것이 중요하다.

2. 다음 인공지능 활용 분류문제에 대해 <u>틀린</u> 설명은?

   ① 학습을 위하여 원시 데이터를 가공하여 학습 데이터로 변경할 필요가 있다.
   ② 고성능의 분류 정확도를 얻기 위해서 심층신경망 알고리즘을 사용해야 한다.
   ③ 분류 문제의 결과 클래스가 3개 이상인 경우는 다중분류 문제이다.
   ④ 학습된 모형의 성능 검증을 위하여 테스트 데이터가 반드시 필요하다.

3. 다음의 분류와 예측에 관한 설명을 읽고 빈칸을 채워 문장을 완성하시오.

분류 문제의 결과로 데이터를 그룹으로 묶어 나타낼 수 있으며, 예측문제의 결과로 [   ]이
도출된다.

정답

1. ⓐ 특성, ⓑ 학습   **2.** ②   **3.** 연속적인 값

Section 02 인공지능과 분류

1 와인 경작자 분류

인공지능 분석 도구를 활용하여 분류 모형을 생성하고, 데이터 분류 결과를 확인해 보는 실습을 진행하겠습니다. 이번 실습 예제에서는 와인을 분류해 봅니다. 와인은 포도의 품종, 경작지의 토질, 경작자의 숙성 방법 등 여러 요인에 따라 미세하게 향과 맛이 달라지는 것으로 알려져 있습니다. 이러한 요인을 특성으로 활용하여 와인 유형을 분류할 수 있을 것입니다. 와인 분류는 인공지능 분류 문제의 좋은 예시라서 다양한 연구용 데이터가 공개되어 있습니다. 그 중에서 사이킷런 라이브러리에서 제공하는 데이터를 활용하겠습니다.

코드 11-1 와인 데이터 확인

```
from sklearn.datasets import load_wine
wine = load_wine()
print(wine.DESCR)
```

```
.. _wine_dataset:

Wine recognition dataset
------------------------

**Data Set Characteristics:**

    :Number of Instances: 178
    :Number of Attributes: 13 numeric, predictive attributes and the class
    :Attribute Information:
            - Alcohol
            - Malic acid
            - Ash
            - Alcalinity of ash
            - Magnesium
            - Total phenols
```

```
                - Flavanoids
                - Nonflavanoid phenols
                - Proanthocyanins
                - Color intensity
                - Hue
                - OD280/OD315 of diluted wines
                - Proline

        - class:
                - class_0
                - class_1
                - class_2

    :Summary Statistics:

    ============================= ====== ===== ======= =====
                                    Min    Max   Mean    SD
    ============================= ====== ===== ======= =====
    Alcohol:                        11.0   14.8   13.0    0.8
    Malic Acid:                     0.74   5.80   2.34   1.12
    Ash:                            1.36   3.23   2.36   0.27
    Alcalinity of Ash:              10.6   30.0   19.5    3.3
    Magnesium:                      70.0  162.0   99.7   14.3
    Total Phenols:                  0.98   3.88   2.29   0.63
    Flavanoids:                     0.34   5.08   2.03   1.00
    Nonflavanoid Phenols:           0.13   0.66   0.36   0.12
    Proanthocyanins:                0.41   3.58   1.59   0.57
    Colour Intensity:                1.3   13.0    5.1    2.3
    Hue:                            0.48   1.71   0.96   0.23
    OD280/OD315 of diluted wines:   1.27   4.00   2.61   0.71
    Proline:                         278   1680    746    315
    ============================= ====== ===== ======= =====
```

사이킷런 라이브러리에서 제공하는 와인 데이터를 가져와 wine 변수에 와인 데이터를 할당합니다.

wine.DESCR를 출력하면 데이터에 대한 설명을 확인할 수 있습니다. 와인 데이터에는 총 13개의 특성과 3개의 레이블(클래스)이 있습니다. 13개의 특성은 각각 와인의 맛을 결정하는 요소로 알콜 도수(Alcohol), 산성도(Malic Acid), 페놀(Phenols) 등입니다. 레이블은 와인의 경작자(재배자)입니다.

이제 이 데이터를 인공지능에 학습시켜 와인의 경작자를 분류하는 모형을 생성합니다. 클래스가 3개이므로 이 모형은 다중분류(Multi-class) 문제를 해결합니다.

코드 11-2 원시 데이터에서 학습 데이터로 변환

```python
import pandas as pd
import numpy as np

wine_feature = wine.data
wine_label = wine.target

df_wine = pd.DataFrame(data=wine_feature, columns=[wine.feature_names])
df_wine['label'] = wine_label
df_wine
```

	alcohol	malic_acid	ash	alcalinity_of_ash	magnes	r_intensity	hue	od280/od315_of_diluted_wines	proline	label
0	14.23	1.71	2.43	15.6	12	5.64	1.04	3.92	1065.0	0
1	13.20	1.78	2.14	11.2	10	4.38	1.05	3.40	1050.0	0
2	13.16	2.36	2.67	18.6	10	5.68	1.03	3.17	1185.0	0
3	14.37	1.95	2.50	16.8	1	7.80	0.86	3.45	1480.0	0
4	13.24	2.59	2.87	21.0	1	4.32	1.04	2.93	735.0	0
...	...	...	...	...		...	...	...	...	...
173	13.71	5.65	2.45	20.5		7.70	0.64	1.74	740.0	2
174	13.40	3.91	2.48	23.0	10	7.30	0.70	1.56	750.0	2
175	13.27	4.28	2.26	20.0	12	10.20	0.59	1.56	835.0	2
176	13.17	2.59	2.37	20.0	12	9.30	0.60	1.62	840.0	2
177	14.13	4.10	2.74	24.5		9.20	0.61	1.60	560.0	2

178 rows × 14 columns

특성 이름, 데이터 및 레이블 정보를 하나의 데이터프레임으로 만듭니다.

wine.data는 사이킷런의 와인 데이터에서 특성 넘파이 배열을 반환합니다. wine.target은 사이킷런의 와인 데이터에서 레이블 넘파이 배열을 반환합니다.

가져온 특성 배열을 데이터프레임 df_wine으로 변환하고 label 열을 추가합니다.

이제 이 데이터셋을 각각 학습과 테스트 용도로 분할합니다. 인공지능 모형을 사용하려면 학습에 사용할 데이터, 그리고 모형이 잘 학습되었는지 테스트할 데이터가 필요합니다. 만약 학습에 사용한 데이터를 그대로 테스트에 사용한다면 동일한 질문으로 동일한 답을 낼 것이므로 테스트의 변별력이 상실됩니다. 따라서 테스트 데이터는 학습 데이터에서 사용하지 않은 것으로 구성해야 합니다.

코드 11-3 테스트 데이터 분할

```python
from sklearn.model_selection import train_test_split

df_wine = df_wine.astype({'label':'int'})
train, test = train_test_split(df_wine, test_size=0.3, random_state=0, stratify=df_
wine['label'])

train_X = train[train.columns[:13]]
train_Y = train[train.columns[13:]]

test_X = test[test.columns[:13]]
test_Y = test[test.columns[13:]]
```

분류 문제이므로 레이블은 범주형으로 지정합니다.

사이킷런 라이브러리에는 테스트 데이터를 분할하는 train_test_split() 함수를 지원합니다. 분할하는 함수이므로 출력이 train과 test로 두 개인 점을 주의하세요. 데이터 프레임 df_wine을 입력으로 하여 데이터를 분할합니다. 테스트 데이터의 크기는 0.3(30%)이고, 따라서 학습 데이터의 크기는 나머지인 70%로 자동 설정됩니다. 마지막 stratify 인자는 학습 데이터와 테스트 데이터에 각 레이블이 적절한 비율로 포함되도록 데이터를 구성합니다. 여기에서는 전체 데이터 레이블의 분포를 기준으로 합니다.

train과 test 데이터셋을 다시 특성과 레이블로 분리합니다. 현재 label은 df_wine 데이터의 마지막 열에 있습니다. 인덱스 12인 열까지는 특성이고 인덱스 13인 열은 레이블입니다.

하나 더 알기 ∨ 특성 값(Feature value)의 자료형

데이터를 수집하고 특성을 정의할 때 핵심은 자료형을 명확하게 정의하는 것입니다. 그래야 데이터를 명확하게 표현하는 특성을 도출할 수 있으며 궁극적으로 좋은 성능의 모형을 얻을 수 있습니다. 특성의 자료형은 크게 범주형(Categorical)과 수치형(Numerical)으로 구분할 수 있습니다. 범주형은 성별(남, 여)이나 혈액형(A, B, O, AB)과 같이 범주가 몇 개로 정해진 자료형입니다. 수치형은 키, 체중, 시도한 횟수처럼 숫자나 값으로 표현할 수 있는 자료형입니다.

범주형은 다시 명목형(Nominal)과 순서형(Ordinal)으로 나뉩니다. 명목형은 범주에 순서를 매기거나 셀 수 없는 자료형입니다. 순서형은 구분된 값 사이에 순서가 존재하는 자료형입니다.

수치형은 이산형(Discrete)과 연속형(Continuous)으로 나뉩니다. 이산형은 사고 건수, 불량품 수와 같이 하나 둘 셋으로 셀 수 있는 자료형입니다. 연속형은 온도, 키, 체중과 같이 연속적인 수로 수량화할 수 있는 자료형입니다.

이제 특성을 학습하고 모형의 성능을 평가하겠습니다. 분류 알고리즘인 K-NN을 사용합니다.

K-NN 분류

```python
from sklearn.neighbors import KNeighborsClassifier
from sklearn import metrics

#학습하기
model = KNeighborsClassifier()
model.fit(train_X, train_Y)

#테스트와 평가하기
pred_knn = model.predict(test_X)
print('KNN 알고리즘 분류 정확도:', metrics.accuracy_score(pred_knn, test_Y))
```

```
KNN 알고리즘 분류 정확도: 0.7222222222222222
```

사이킷런의 metrics는 인공지능 모형의 분류 및 예측 정확도를 측정하는 패키지입니다. 인공지능 분석에 사용하는 대부분의 알고리즘은 로드만 하면 간단하게 활용할 수 있습니다.

모형이 K-NN 알고리즘으로 분류하도록 설정하고 모형이 학습할 데이터와 레이블을 설정하여 학습을 수행합니다.

레이블이 없는 테스트 데이터셋을 분류하고, 결과를 pred_knn에 저장합니다.

분류 결과인 pred_knn과 실제 레이블인 test_Y를 비교하여 출력합니다. 이 모형은 와인의 13가지 요소를 특성으로 사용하여 72.2%의 확률로 경작자를 맞게 분류합니다.

인공지능 모형의 학습에 앞서 데이터 전처리가 필수입니다. 여기서 데이터 전처리는 8장에서 다룬 결측치 보정 및 제거, 정규화 외에도 특성 추출이 포함됩니다. 이번 절의 와인 분류 실습에서 특성 13가지를 모두 사용했지만, 불필요하거나 학습에 방해되는 특성을 정리하면 학습 효율을 높이고 모형의 성능을 향상할 수 있습니다. 이때 상관분석과 같은 통계적 기법이 활용됩니다.

[코드 11-5]에서는 데이터 시각화로 레이블과 특성의 상관관계를 파악하겠습니다.

특성 간 상관관계와 레이블 분포를 시각화

```python
import seaborn as sns

df_analysis = pd.DataFrame(wine.data, columns=wine.feature_names)
wine_class = pd.Series(wine.target, dtype='category')
wine_class = wine_class.cat.rename_categories(wine.target_names)
```

```
df_analysis['label'] = wine_class

sns.pairplot(vars=['alcohol', 'alcalinity_of_ash', 'total_phenols', 'flavanoids'],\
             hue='label', data=df_analysis)
```

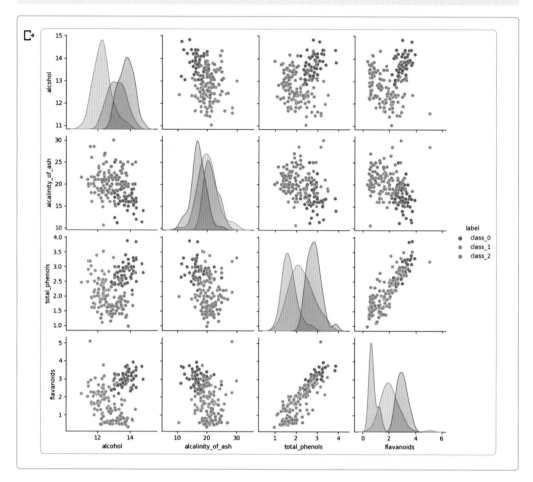

특성 분석에 사용할 데이터프레임 df_analysis를 정의하고 데이터프레임 wine_class에 레이블 데이터를 할당합니다.

특성 'alcohol', 'alcalinity_of_ash', 'total_phenols', 'flavanoids'을 선택하여 특성 간 상관관계와 특성별 레이블 분포를 확인합니다.

시본의 pairplot() 함수에서 hue 인자로 분류 대상인 레이블을 설정하면 색상으로 구분하여 표시합니다. 레이블 class_0은 파란색, class_1은 주황색, class_2는 초록색으로 표시되었습니다. 축에는 특성의 이름이 있습니다. 이 플롯에서 두 특성의 레이블 분포가 서로 구분되지 않는다면 학습에 악영향을 미칠 가능성이 높으므로 다른 형식으로 변환해야 합니다. 또는 두 특성 중 하나를 제거해도 됩니다.

랜덤 포레스트 분류

```
from sklearn.ensemble import RandomForestClassifier

df_wine_proc = df_wine.drop(labels=['alcalinity_of_ash', 'total_phenols',
'proanthocyanins'], axis=1)
df_wine_proc = df_wine_proc.astype({'label':'int'})

train, test = train_test_split(df_wine_proc, test_size=0.3, random_state=0,\
                               stratify=df_wine_proc['label'])
train_X=train[train.columns[:10]]
train_Y=train[train.columns[10:]]
test_X=test[test.columns[:10]]
test_Y=test[test.columns[10:]]

model = RandomForestClassifier(n_estimators=3)
model.fit(train_X, train_Y)
pred_RF = model.predict(test_X)
print('랜덤 포레스트 알고리즘 분류 정확도:', metrics.accuracy_score(pred_RF, test_Y))
```

랜덤 포레스트 알고리즘 분류 정확도: 0.9629629629629629

특성 중에 alcalinity_of_ash, total_phenols, proanthocyanins은 중요도가 상대적으로 낮습니다. 이 열들을 먼저 제거합니다.

이번에는 랜덤 포레스트 알고리즘으로 학습을 진행합니다. 테스트 데이터셋을 분류하고, 결과를 pred_RF에 저장합니다. 분류 정확도는 96.2%로 [코드 11-4]의 K-NN 알고리즘을 이용한 분류 결과보다 성능이 높습니다.

일반적으로 동일한 알고리즘과 동일한 데이터셋을 사용하면 동일한 분류 결과가 도출되지만, 학습 데이터가 달라지면 분류 결과가 달라질 수 있습니다. [코드 11-6]에서 train_test_split() 함수로 학습 데이터와 테스트 데이터를 분할하였습니다. 실습할 때는 이 과정에서 학습 데이터가 책과 다르게 구성되어 분류 결과가 약간 다르게 나타날 수 있습니다. 하지만 분류 정확도가 교재와 너무 많이 다르다면 작성한 코드를 다시 한번 점검하기 바랍니다.

1. 다음 중 인공지능에 대한 설명으로 <u>틀린</u> 것은?

　① 성공적인 모형 학습을 위하여 적절한 특성을 선별한다.

　② 데이터의 품질에 관계없이 데이터가 많을수록 모형 성능이 강화된다.

　③ 모형의 성능을 평가할 때는 적절한 평가지표를 활용한다.

　④ 적절한 특성을 선별하기 위해 학습 전에 통계 분석 등을 전처리한다.

2. 다음의 인공지능 학습에 대한 설명을 읽고 빈칸을 채워 문장을 완성하시오.

> 인공지능 모형의 학습을 위해서는 ⓐ 데이터가 필요하며, 성능 평가를 위해서는 레이블을 제거한 ⓑ 데이터를 분리해야 한다.

3. 다음 빈칸을 채워 인공지능 모형의 학습 설정 코드를 완성하시오.

```
model.            (train_X, train_Y)
```

정답

1. ②　2. ⓐ 학습, ⓑ 테스트　3. fit

② 화이트와인과 레드와인 분류

와인 품질 데이터로 화이트와인과 레드와인을 구분하는 이진분류를 실습해 보겠습니다. 이번에는 연구용 공개 데이터셋 집합인 UCI 보관소에서 와인 데이터를 다운로드합니다. UCI(UC Irvine) 대학교에서는 기계학습과 인공지능 연구를 지원할 목적으로 다양한 연구용 데이터를 무상으로 제공합니다. 와인 품질 데이터 페이지에서 파일 'winequality-red.csv'와 'winequality-white.csv'를 다운로드하고 분석하겠습니다.

직접 URL http://archive.ics.uci.edu/ml/machine-learning-databases/wine-quality를 입력하여 다운로드 페이지에 접속할 수 있습니다. 또는 구글에서 wine quality data라고 검색하여 접속합니다.

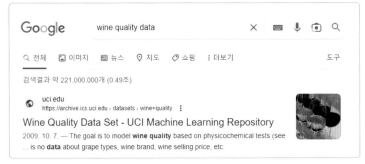

그림 11-6 wine quality data 검색 화면

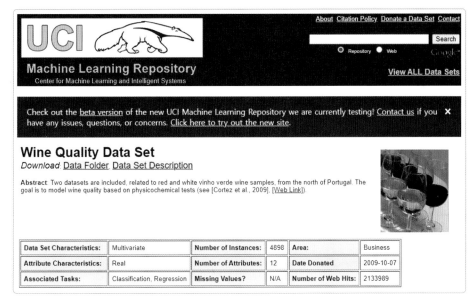

그림 11-7 UCI 기계학습 보관소의 와인 품질 데이터 페이지

UCI의 파일 링크 주소를 복사하고 구글 Colab에서 직접 접근하겠습니다.

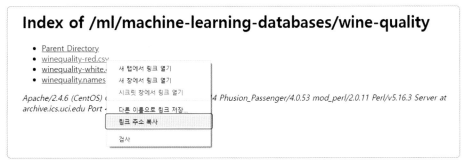

그림 11-8 데이터셋 링크 복사

```
import numpy as np
import pandas as pd

df_white = pd.read_csv('https://archive.ics.uci.edu/ml/machine-learning-databases\
                       /wine-quality/winequality-white.csv', sep=';')
df_red = pd.read_csv('https://archive.ics.uci.edu/ml/machine-learning-databases\
                     /wine-quality/winequality-red.csv', sep=';')

df_white
```

	fixed acidity	volatile acidity	citric acid	resi...	otal sulfur dioxide	density	pH	sulphates	alcohol	quality
0	7.0	0.27	0.36		170.0	1.00100	3.00	0.45	8.8	6
1	6.3	0.30	0.34		132.0	0.99400	3.30	0.49	9.5	6
2	8.1	0.28	0.40		97.0	0.99510	3.26	0.44	10.1	6
3	7.2	0.23	0.32		186.0	0.99560	3.19	0.40	9.9	6
4	7.2	0.23	0.32		186.0	0.99560	3.19	0.40	9.9	6
...	...	...	...		...	...	...	...	...	...
4893	6.2	0.21	0.29		92.0	0.99114	3.27	0.50	11.2	6
4894	6.6	0.32	0.36		168.0	0.99490	3.15	0.46	9.6	5
4895	6.5	0.24	0.19		111.0	0.99254	2.99	0.46	9.4	6
4896	5.5	0.29	0.30		110.0	0.98869	3.34	0.38	12.8	7
4897	6.0	0.21	0.38		98.0	0.98941	3.26	0.32	11.8	6

4898 rows × 12 columns

원본 CSV 데이터는 열이 세미콜론(;)으로 구분되어 있습니다. 판다스의 read_csv( ) 함수로 데이터를 읽어오는데, sep 옵션으로 구분자를 세미콜론(;)으로 지정합니다.

와인 품질 데이터가 데이터프레임 df_white와 df_red로 저장됩니다. 특성은 각 12개씩 있습니다. 출력하여 확인하면 화이트와인 데이터는 4,898행입니다. 참고로 레드와인은 1,599행입니다.

	fixed acidity	volatile acidity	citric acid	resi...	otal sulfur dioxide	density	pH	sulphates	alcohol	quality
0	7.4	0.700	0.00		34.0	0.99780	3.51	0.56	9.4	5
1	7.8	0.880	0.00		67.0	0.99680	3.20	0.68	9.8	5
2	7.8	0.760	0.04		54.0	0.99700	3.26	0.65	9.8	5
3	11.2	0.280	0.56		60.0	0.99800	3.16	0.58	9.8	6
4	7.4	0.700	0.00		34.0	0.99780	3.51	0.56	9.4	5
...	...	...	...		...	...	...	...	...	...
1594	6.2	0.600	0.08		44.0	0.99490	3.45	0.58	10.5	5
1595	5.9	0.550	0.10		51.0	0.99512	3.52	0.76	11.2	6
1596	6.3	0.510	0.13		40.0	0.99574	3.42	0.75	11.0	6
1597	5.9	0.645	0.12		44.0	0.99547	3.57	0.71	10.2	5
1598	6.0	0.310	0.47		42.0	0.99549	3.39	0.66	11.0	6

1599 rows × 12 columns

화이트와 레드와인을 구분하는 이진분류 학습을 위해 데이터프레임에 레이블 열을 추가합니다.

코드 11-8 레이블 열 추가

```
df_white['class'] = 1
df_red['class'] = 0

df_white
```

	fixed acidity	volatile acidity	citric acid	resi~	~lfur dioxide	density	pH	sulphates	alcohol	quality	class
0	7.0	0.27	0.36		170.0	1.00100	3.00	0.45	8.8	6	1
1	6.3	0.30	0.34		132.0	0.99400	3.30	0.49	9.5	6	1
2	8.1	0.28	0.40		97.0	0.99510	3.26	0.44	10.1	6	1
3	7.2	0.23	0.32		186.0	0.99560	3.19	0.40	9.9	6	1
4	7.2	0.23	0.32		186.0	0.99560	3.19	0.40	9.9	6	1
...	...	...	...		...	...	...	...	...	...	
4893	6.2	0.21	0.29		92.0	0.99114	3.27	0.50	11.2	6	1
4894	6.6	0.32	0.36		168.0	0.99490	3.15	0.46	9.6	5	1
4895	6.5	0.24	0.19		111.0	0.99254	2.99	0.46	9.4	6	1
4896	5.5	0.29	0.30		110.0	0.98869	3.34	0.38	12.8	7	1
4897	6.0	0.21	0.38		98.0	0.98941	3.26	0.32	11.8	6	1

4898 rows × 13 columns

데이터프레임 df_white에 class 열을 추가하고 값으로 1을 입력합니다. 데이터프레임 df_red에 class 열을 추가하고 값으로 0을 입력합니다.

이제 두 데이터프레임을 병합하여 하나의 데이터셋으로 만들겠습니다.

코드 11-9 데이터셋 병합

```
df_wine_category = pd.concat([df_white, df_red])
```

화이트와인 데이터와 레드와인 데이터는 열 구성이 같기 때문에 판다스 라이브러리의 concat( ) 함수로 간단히 이어붙일 수 있습니다. 병합한 결과 6,497행 13열인 데이터프레임 df_wine_category를 얻습니다.

df_wine_category를 학습 데이터와 테스트 데이터로 분할하겠습니다.

코드 11-10 학습 데이터 분할

```
from sklearn.model_selection import train_test_split

df_wine_category = df_wine_category.astype({'class':'int'})
train, test = train_test_split(df_wine_category, test_size=0.3, random_state=0,\
                                stratify=df_wine_category['class'])

train_X = train[train.columns[:12]]
train_Y = train[train.columns[12:]]
test_X = test[test.columns[:12]]
test_Y = test[test.columns[12:]]

train_X
```

	fixed acidity	volatile acidity	citric acid	res	l sulfur dioxide	density	pH	sulphates	alcohol	quality
2126	6.5	0.43	0.28		174.0	0.99860	3.31	0.55	9.3	5
871	7.7	0.34	0.58		151.0	0.99780	3.06	0.49	8.6	5
3213	7.5	0.18	0.45		158.0	0.99270	3.01	0.38	10.6	6
725	6.4	0.39	0.21		136.0	0.99225	3.15	0.46	10.2	5
4557	6.1	0.37	0.46		210.0	0.99700	3.17	0.59	9.7	6
...	...	...	...		...	...	...	...	...	...
3754	5.4	0.46	0.15		130.0	0.98953	3.39	0.77	13.4	8
2032	6.5	0.25	0.20		101.0	0.99160	3.24	0.54	10.8	6
3239	6.6	0.34	0.24		99.0	0.99031	3.10	0.40	12.3	7
1411	6.4	0.47	0.40		19.0	0.99630	3.56	0.73	10.6	6
3864	6.6	0.39	0.22		98.0	0.99018	3.25	0.53	13.0	7

4547 rows × 12 columns

분류 문제이므로 class 열의 레이블 값을 범주형으로 변환합니다.

train_test_split() 함수로 학습 데이터와 테스트 데이터를 7:3 비율로 분할합니다. 그리고 stratify 인자로 레이블인 class의 분포에 맞추어 데이터를 분할하도록 명령합니다.

특성 열과 레이블 열을 따로 변수에 저장합니다. 학습 데이터인 데이터프레임 train_X를 출력해 보면 4,547행입니다. 나머지 데이터 1,950건은 테스트 데이터인 데이터프레임 test_X에 있으므로 분할된 비율이 약 7:3이 맞습니다. train_X와 test_X는 특성만 포함한 데이터셋이며 레이블은 train_Y 변수와 test_Y 변수에 보관하였습니다.

이제 학습 준비가 끝났습니다. 이번에는 이진분류 성능이 좋다고 알려진 SVM 알고리즘으로 분류합니다. 사이킷런에서 svm 패키지를 불러옵니다. 그리고 모형의 성능을 평가하는 데 사용할 metrics 패키지와 f1_score를 함께 불러오겠습니다.

코드 11-11 라이브러리

```
from sklearn import svm
from sklearn import metrics
from sklearn.metrics import classification_report
from sklearn.metrics import f1_score
```

이제 SVM 알고리즘을 활용하여 분류할 준비가 되었습니다. 데이터셋을 학습하고 이 모형이 얼마나 정확하게 분류하는지 평가하겠습니다.

코드 11-12 SVM 이진분류

```
model = svm.SVC(kernel='linear', C=0.1, gamma=0.1)
model.fit(train_X, train_Y)
pred_SVM = model.predict(test_X)

print('SVM 알고리즘 분류 정확도:', metrics.accuracy_score(pred_SVM, test_Y))
print(classification_report(pred_SVM, test_Y))
```

```
SVM 알고리즘 분류 정확도: 0.9846153846153847
              precision    recall  f1-score   support

           0       0.95      0.98      0.97       466
           1       0.99      0.99      0.99      1484

    accuracy                           0.98      1950
   macro avg       0.97      0.98      0.98      1950
weighted avg       0.98      0.98      0.98      1950
```

무려 98.46%의 정확도로 화이트와인과 레드와인을 분류했습니다. 모형 설정에서 인자 kernel이나 C, gamma는 지금 신경쓰지 않아도 됩니다. 참고로 이 인자들은 SVM 알고리즘이 동작할 때 최적의 결정경계를 찾기 위해 평면을 어떤 방식으로 얼마나 움직일지 정의하는 값입니다.

classification_report() 함수는 다각도로 모형을 평가합니다. 정밀도(Precision)는 모형의 분류 결과 중 맞은 것의 비율입니다. 다시 말해, 모형이 레드와인으로 분류한 모든 데이터 중 실제로 레드와인이었던 것의 비율입니다. 반면 재현율(Recall)은 실제로 레드와인인 데이터 중 모형이 레드와인으로 분류한 것의 비율입니다. 이처럼 여러 지표를 종합하여 레이블이 불균형하게 분포할 때에도 평가 오류를 줄이고 모형의 성능을 비교적 정확히 판단할 수 있습니다. 정확도로는 단순히 맞고 틀림만 확인할 수 있었으나 이 함수로 평가하면 그 한계를 해결할 수 있습니다.

F1-score는 인공지능 모형 평가에 매우 자주 사용되는 지표로, 정밀도와 재현율의 조화평균입니다. 갑자기 조화평균이라는 수학 용어가 나왔는데, 일반적인 평균처럼 자료를 대표하는 값의 일종으로 생각하면 됩니다. 따라서 F1-score를 단순하게 설명하면 틀리지 않고 얼마나 잘 맞히는지 다각도로 평가하는 지표입니다. 지지도(Support)는 아직 몰라도 괜찮지만 대부분의 인공지능 모형을 F1-score로 평가한다는 점은 꼭 기억해 둡시다.

하나 더 알기 ∨ **F1-score의 장점**

데이터셋에서 레이블의 분포가 일정하지 않을 때가 많습니다. 와인 품질 데이터에서 화이트와인이 약 4,900건, 레드와인이 1,600건인 것처럼 각 레이블에 따른 데이터 사이즈가 불균형한 경우가 대부분입니다. 이러한 경우에 정확도만으로 모형을 평가하면 통계상의 오류를 범할 수 있습니다.

극단적으로 남자가 10,000명, 여자가 100명 속한 데이터를 가지고 이진분류를 수행하는 경우를 생각해 봅시다. 분류 모형이 아주 단순하게 전체를 남자로 판단하더라도 정확도는 (10,000 ÷ 10,100) × 100 = 99%나 됩니다. 이때 모형 성능이 좋은 것처럼 보일 수 있습니다. 따라서 각각의 클래스를 잘 맞추고 덜 틀릴 수 있는 방식으로 성능을 평가해야 합니다. 참고로 이 성별 분류 문제에서 F1-score로 평가하면 분류 정확도가 50%로 나타납니다.

다른 알고리즘으로도 분류를 수행하고 정확도를 비교하겠습니다. 랜덤 포레스트 알고리즘으로 이진분류를 수행합니다.

코드 11-13 랜덤 포레스트 이진분류

```
from sklearn.ensemble import RandomForestClassifier
model = RandomForestClassifier(n_estimators=10)
model.fit(train_X, train_Y)
pred_RF = model.predict(test_X)

print('Random Forest 알고리즘 분류 정확도:', metrics.accuracy_score(pred_RF,test_Y))
print(classification_report(pred_RF,test_Y))
```

```
⯈ Random Forest 알고리즘 분류 정확도: 0.9917948717948718
              precision    recall  f1-score   support

           0       0.97      0.99      0.98       472
           1       1.00      0.99      0.99      1478

    accuracy                           0.99      1950
   macro avg       0.99      0.99      0.99      1950
weighted avg       0.99      0.99      0.99      1950
```

랜덤 포레스트 모형은 SVM 모형보다 약간 향상된 99.2%의 정확도로 와인을 분류했습니다.

정리하면, 이진분류 문제에서 알고리즘 종류에 관계없이 100%에 가까운 정확도로 분류 모형을 구축할 수 있습니다. 이처럼 빅데이터에서 적절한 특성을 선별하여 인공지능 모형을 학습시키면 기계의 힘을 빌려 분류 문제를 빠르고 정확하게 해결할 수 있을 것입니다.

LAB 심장질환 학습 데이터 구성

심장질환은 한번 발생하면 사망으로 이어지기 쉽기 때문에 빠른 진단과 치료가 매우 중요합니다. 기계학습 기법을 이용하면 신체 데이터를 보고 심장질환 발생을 예측할 수 있습니다. UCI에서 제공하는 심장질환 데이터(http://archive.ics.uci.edu/ml/datasets/Heart+Disease)를 가져와 학습 데이터와 테스트 데이터를 구성해 봅시다.

Heart Disease Data Set
Download Data Folder | Data Set Description

Abstract: 4 databases: Cleveland, Hungary, Switzerland, and the VA Long Beach

Data Set Characteristics:	Multivariate	Number of Instances:	303	Area:	Life
Attribute Characteristics:	Categorical, Integer, Real	Number of Attributes:	75	Date Donated	1988-07-01
Associated Tasks:	Classification	Missing Values?	Yes	Number of Web Hits:	2172022

그림 11-9 **UCI 기계학습 보관소의 심장질환 데이터 페이지**

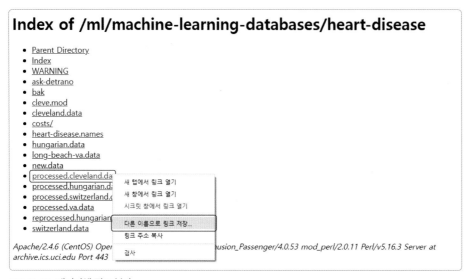

그림 11-10 **데이터셋 링크 복사**

데이터셋의 열 구성은 다음과 같습니다.

```
col_Names = ['age', 'sex', 'cp', 'trestbps', 'chol', 'fbs', 'restecg', 'thalach', 'exang',
'oldpeak', 'slope', 'ca', 'thal', 'label']
```

레이블 'label'은 0부터 3까지의 정수입니다. 0은 정상이고 1~3은 심장질환 보유(경증~중증)를 나타냅니다.

1. UCI 심장질환 데이터를 판다스 데이터프레임으로 다루겠습니다. 로드할 데이터의 열 이름을 리스트 col_Names에 할당합니다. UCI 데이터셋 링크로부터 CSV 데이터를 받아 데이터프레임 df에 저장합니다.

```
import pandas as pd

col_Names = ['age', 'sex', 'cp', 'trestbps', 'chol', 'fbs', 'restecg', 'thalach',\
             'exang', 'oldpeak', 'slope', 'ca', 'thal', 'label']
df_heart = pd.read_csv('http://archive.ics.uci.edu/ml/machine-learning\
                        -databases/heart-disease/processed.cleveland.data',\
                        names=col_Names)

df_heart
```

	age	sex	cp	trestbps	chol	fbs	restecg	thalach	exang	oldpeak	slope	ca	thal	label
0	63.0	1.0	1.0	145.0	233.0	1.0	2.0	150.0	0.0	2.3	3.0	0.0	6.0	0
1	67.0	1.0	4.0	160.0	286.0	0.0	2.0	108.0	1.0	1.5	2.0	3.0	3.0	2
2	67.0	1.0	4.0	120.0	229.0	0.0	2.0	129.0	1.0	2.6	2.0	2.0	7.0	1
3	37.0	1.0	3.0	130.0	250.0	0.0	0.0	187.0	0.0	3.5	3.0	0.0	3.0	0
4	41.0	0.0	2.0	130.0	204.0	0.0	2.0	172.0	0.0	1.4	1.0	0.0	3.0	0
...	...	...	...	...	...	...	...	...	...	...	...	...	...	...
298	45.0	1.0	1.0	110.0	264.0	0.0	0.0	132.0	0.0	1.2	2.0	0.0	7.0	1
299	68.0	1.0	4.0	144.0	193.0	1.0	0.0	141.0	0.0	3.4	2.0	2.0	7.0	2
300	57.0	1.0	4.0	130.0	131.0	0.0	0.0	115.0	1.0	1.2	2.0	1.0	7.0	3
301	57.0	0.0	2.0	130.0	236.0	0.0	2.0	174.0	0.0	0.0	2.0	1.0	3.0	1
302	38.0	1.0	3.0	138.0	175.0	0.0	0.0	173.0	0.0	0.0	1.0	?	3.0	0

303 rows × 14 columns

2. 저장한 데이터에는 이상치 및 결측치가 있습니다. 판다스의 dropna() 함수로 NaN이 포함된 행을 한꺼번에 삭제할 수 있습니다. '?'까지 모두 NaN으로 교체하여 행을 삭제합니다.

```
import numpy as np

df_heart.replace('?', np.nan, inplace=True)
df_heart=df_heart.dropna()
df_heart
```

	age	sex	cp	trestbps	chol	fbs	restecg	thalach	exang	oldpeak	slope	ca	thal	label
0	63.0	1.0	1.0	145.0	233.0	1.0	2.0	150.0	0.0	2.3	3.0	0.0	6.0	0
1	67.0	1.0	4.0	160.0	286.0	0.0	2.0	108.0	1.0	1.5	2.0	3.0	3.0	2
2	67.0	1.0	4.0	120.0	229.0	0.0	2.0	129.0	1.0	2.6	2.0	2.0	7.0	1
3	37.0	1.0	3.0	130.0	250.0	0.0	0.0	187.0	0.0	3.5	3.0	0.0	3.0	0
4	41.0	0.0	2.0	130.0	204.0	0.0	2.0	172.0	0.0	1.4	1.0	0.0	3.0	0
...	...	...	...	...	...	...	...	...	...	...	...	...	...	...
297	57.0	0.0	4.0	140.0	241.0	0.0	0.0	123.0	1.0	0.2	2.0	0.0	7.0	1
298	45.0	1.0	1.0	110.0	264.0	0.0	0.0	132.0	0.0	1.2	2.0	0.0	7.0	1
299	68.0	1.0	4.0	144.0	193.0	1.0	0.0	141.0	0.0	3.4	2.0	2.0	7.0	2
300	57.0	1.0	4.0	130.0	131.0	0.0	0.0	115.0	1.0	1.2	2.0	1.0	7.0	3
301	57.0	0.0	2.0	130.0	236.0	0.0	2.0	174.0	0.0	0.0	2.0	1.0	3.0	1

297 rows × 14 columns

전처리 결과로 행 6개가 삭제됩니다.

3. 저장한 데이터를 학습 데이터 70%와 테스트 데이터 30%로 분할합니다.

```
from sklearn.model_selection import train_test_split

train, test = train_test_split(df_heart, test_size=0.3, random_state=0, stratify=df_
heart['label'])
train_X = train[train.columns[:13]]
train_Y = train[train.columns[13:]]
test_X = test[test.columns[:13]]
test_Y = test[test.columns[13:]]
```

인공지능과 예측

① 와인 등급 예측

인공지능 분석기술을 활용하여 예측(Prediction) 문제를 해결하겠습니다. 와인 품질 데이터를 재사용하여 11가지 특성으로 와인의 품질(Quality)를 예측하는 모형을 만듭니다.

와인 품질 데이터의 특성인 quality는 정수입니다. 이 값은 실제로 소믈리에 세 명이 평가한 와인 등급인데 점수를 매우 낮음(0)부터 매우 높음(10)까지로 부여했습니다. 예측 모형 학습에 앞서 예측 대상인 와인 등급의 분포를 확인하겠습니다.

코드 11-14 레이블 분포 확인

```
import numpy as np
import pandas as pd
import plotly.express as px

df_white = pd.read_csv('https://archive.ics.uci.edu/ml/machine-learning-databases\
                        /wine-quality/winequality-white.csv', sep=';')
df_red = pd.read_csv('https://archive.ics.uci.edu/ml/machine-learning-databases\
                        /wine-quality/winequality-red.csv', sep=';')
df_wine_predic = pd.concat([df_white, df_red])

px.histogram(df_wine_predic.quality)
```

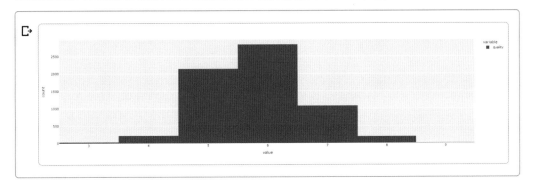

판다스의 concat( ) 함수로 데이터프레임 df_white와 df_red를 하나로 병합합니다.

시각화 라이브러리인 plotly.express을 이용하여 레이블인 quality 열을 히스토그램으로 시각화합니다. 데이터 설명에서는 와인을 0점에서 10점까지로 평가했다고 밝혔으나 실제로는 점수가 3점부터 9점까지만 분포합니다. 가장 빈도수가 많은 등급은 6등급으로 약 2,800건이며 최저 점수인 3등급과 최고 점수인 9등급은 매우 드물게 나타납니다.

이번에는 특성들의 상관관계 및 특성과 레이블의 상관관계를 파악하겠습니다. 어떤 특성이 등급점수에 영향을 많이 미치는지 알아내면 주요한 특성만 골라 학습에 활용할 수 있을 것입니다.

시본 라이브러리에는 앞서 [코드 11-5]에서 사용한 pairplot( ) 함수 이외에도 다양한 시각화 함수가 있습니다. 그 중 히트맵(Heatmap)은 다변량 데이터를 색상으로 나타내는 그래프입니다.

코드 11-15 데이터 특성 히트맵

```
import matplotlib.pyplot as plt
import seaborn as sns


ax = sns.heatmap(df_wine_predic.corr(), annot=True, annot_kws={'size':6})
plt.show()
```

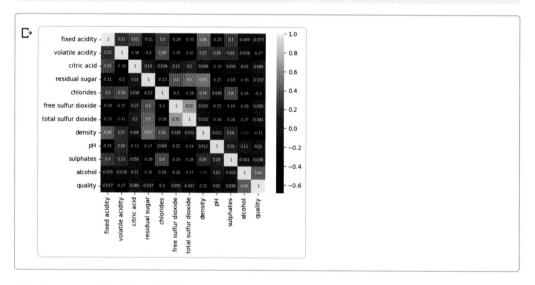

시본의 heatmap( ) 함수로 시각화합니다. 먼저 corr( ) 함수로 데이터프레임 df_wine_predic의 특성 간 상관관계를 계산합니다. annot 인자를 True로 지정하여 히트맵의 각 칸에 상관계수를 표시할 수 있으며 annot_kws 인자로 글꼴 크기와 색을 설정할 수 있습니다. 상관계수 숫자가 히트맵의 한 칸 안에 들어가도록 크기를 6으로 지정합니다.

히트맵 색상으로 한눈에 상관관계 대소를 파악할 수 있습니다. 여기서는 quality 특성과의 관계를 알고 싶으므로 오른쪽 끝 열을 살펴봅니다. alcohol(상관계수 0.44), density(0.31), volatile_acidity(0.27) 순으로 상관관계가 강합니다. 그러나 모두 상관계수가 0.5 미만이기 때문에 이 특성들은 모두 와인 등급점수와 약한 상관관계를 갖습니다. 따라서 예측 모형은 학습 후에도 성능이 좋지 않을 것으로 예상됩니다.

데이터를 학습 데이터와 테스트 데이터로 분할합니다.

코드 11-16 테스트 데이터 분할

```
from sklearn.model_selection import train_test_split

df_wine_predic.columns = df_wine_predic.columns.str.replace(' ', '_')
train, test = train_test_split(df_wine_predic, test_size=0.3, random_state=0,
stratify=df_wine_predic['quality'])

train_X = train[train.columns[:11]]
train_Y = train[train.columns[11:]]
test_X = test[test.columns[:11]]
test_Y = test[test.columns[11:]]
```

str.replace( ) 함수로 열 이름에 포함된 공백을 언더바(_)로 교체합니다. 프로그래밍에서는 문자열에 공백을 사용하지 않도록 주의합니다. 문자열을 처리할 때 공백도 문자 한 개로 인식되어 불편하기 때문입니다. 무엇보다 컴퓨터가 문자열을 입력받을 때 공백을 종료문자(EOF)로 잘못 인식하여 프로그래머의 의도와 다르게 작동할 수도 있습니다.

학습 데이터와 테스트 데이터를 7:3으로 분리합니다. 레이블인 quality 열의 분포를 기준으로 합니다.

인덱스가 11인 quality 열을 분할하여 train_Y에 레이블로 저장합니다.

이제 학습에 사용할 알고리즘을 선택합니다. 예측 문제는 기본적으로 회귀분석과 동일한 과정으로 처리하는 점을 떠올려야 합니다. 선형 회귀분석으로 등급을 예측합시다. 사용할 특성이 11개이므로 다중 선형 회귀분석 알고리즘을 사용합니다.

코드 11-17 다중 선형 회귀모형 학습

```
from statsmodels.formula.api import ols, glm
reg_form = 'quality ~ fixed_acidity + volatile_acidity + citric_acid\
            + residual_sugar + chlorides + free_sulfur_dioxide\
            + total_sulfur_dioxide + density + pH + sulphates + alcohol'
reg_result = ols(reg_form, data=train).fit()
```

OLS(최소자승법) 함수로 회귀 예측을 수행합니다. 종속변수 quality와 독립변수 11개로 모형을 작성합니다.

ols( ) 함수에 학습 데이터인 train을 입력하고 fit( ) 함수로 분석을 실행합니다.

생성된 모형에 테스트 데이터를 입력하고 정확도를 계산합니다.

코드 11-18 다중 선형 회귀모형 예측

```
reg_predict = reg_result.predict(test)
print(reg_predict)
reg_predict = reg_predict.astype('int')
```

```
1209    6.209276
3193    5.647934
1192    6.724634
3852    6.538731
2022    5.294939
          ...
305     5.485388
1963    5.194879
4305    6.015268
4798    5.933790
1384    4.731303
Length: 1950, dtype: float64
```

학습된 회귀 모형 reg_result에 predict( ) 함수를 사용하여 test 데이터의 와인 등급 점수를 예측합니다. 출력된 예측 결과를 보면 소수점 아래 여섯 자리까지 있는 실수형입니다. 이것을 정수형인 레이블 quality와 직접 비교할 수 있도록 정수형으로 형변환합니다.

마지막으로 모형의 예측 정확도를 알아봅니다.

코드 11-19 예측 정확도

```
from sklearn import metrics
print('다중 선형회귀 알고리즘 예측 정확도:', metrics.accuracy_score(reg_predict,test_Y))
```

```
다중 선형회귀 알고리즘 예측 정확도: 0.4574358974358974
```

예측 정확도는 약 46%입니다. 특성이 11개인 와인 데이터를 다중 회귀모형으로 학습하여 0에서 10 까지의 정수 등급을 예측했더니, 분류 문제보다는 정확도가 낮게 나타났습니다. 그 이유는 범주형과 연속형 값의 차이 때문입니다. 사실 이 예측 문제는 범주가 11개인 분류 문제로 치환할 수 있습니다. 일반적으로 분류 문제에서도 분류 대상 클래스 개수가 많을수록 정확도가 낮아집니다.

더 높은 정확도로 예측할 수 있을까요? 분류 문제에서 좋은 성능을 보였던 랜덤 포레스트 알고리즘으로 예측 정확도를 구하고 두 결과를 비교해 봅시다.

코드 11-20 랜덤 포레스트 예측

```
from sklearn.ensemble import RandomForestClassifier

model = RandomForestClassifier(n_estimators=100)
model.fit(train_X, train_Y)
pred_RF = model.predict(test_X)
print('랜덤 포레스트 알고리즘 예측 정확도:', metrics.accuracy_score(pred_RF, test_Y))
```

```
랜덤 포레스트 알고리즘 예측 정확도: 0.6635897435897435
```

랜덤 포레스트 알고리즘으로 예측(또는 다중 분류)한 결과, 정확도가 다중 선형회귀보다 약 20%p 높은 65.2%입니다.

[코드 11-20]에서 랜덤 포레스트 알고리즘을 선언할 때 n_estimators 인자를 100으로 설정했습니다. 인공지능 모형은 특정 알고리즘의 고유한 수식으로 학습을 수행하는데 이때 인자 값을 설정하여 알고리즘이 동작하는 방식을 정의할 수 있습니다. 예를 들어 어떤 알고리즘이 계단을 뛰어오르는 동작을 수행하는 알고리즘이라고 할 때 계단을 몇 칸씩 오를지를 인자 값으로 정의한다고 이해하면 됩니다. 이러한 인자를 인공지능 모형의 하이퍼파라미터(Hyper parameter)라고 부릅니다.

랜덤 포레스트는 트리 계열 알고리즘으로 의사결정 트리(Decision Tree)가 여러 개 있는 숲과 같습니다. 이 알고리즘은 학습 데이터를 최대한 중복되지 않게 나눈 후 각각 트리를 생성합니다. 이 때 트리의 개수를 n_estimators 인자로 설정할 수 있습니다. 트리들은 서로 학습한 데이터가 다르기 때문에 트리 간 상관관계가 최소화되어 분류 성능이 극대화됩니다.

다만, 트리 수가 많더라도 데이터 양이 충분하지 않거나 특성 수가 부족하면 오히려 과적합 (Overfitting)이 발생합니다. 그러면 예측 정확도가 저하되거나 학습이 제대로 이루어지지 않으니 하이퍼파라미터를 적절히 설정해야 합니다.

> **하나 더 알기 ∨** **하이퍼파라미터 튜닝**
>
> Colab에서는 인공지능 알고리즘 성능이 가장 좋을 것으로 예상되는 수치로 하이퍼파라미터가 기본 설정되기 때문에 입문자가 사용하기에 편리합니다.
> 그러나 모형 성능을 최적화하기 위하여 하이퍼파라미터를 직접 조정하여 세부 설정하는 것이 좋습니다. 이렇게 하이퍼파라미터를 조정하여 모형 성능 확인을 반복하는 과정을 하이퍼파라미터 튜닝 이라고 부릅니다. 튜닝에는 여러 방법이 있지만 베이지안 최적화, 그리드 서치, 랜덤 서치가 널리 사용됩니다.

확인문제

1. 인공지능에 대한 설명을 읽고 빈칸을 채워 문장을 완성하시오.

> 인공지능 알고리즘은 ⓐ 설정을 통해 모형의 성능을 극대화할 수 있다. 반복 학습을 수행하고 그 결과를 비교하여 최적 값을 찾는 ⓑ 작업을 수행하는 경우도 있다.

2. 인공지능 학습에 대한 설명을 읽고 빈칸을 채워 문장을 완성하시오.

> 인공지능 모형의 학습 성능을 평가하는 데 다양한 측정법이 있다. F-1 score는 레이블의 불균형에 따른 오류를 줄이기 위하여 ⓐ 와 ⓑ 의 조화평균으로 정확도를 측정한다.

3. 다음 랜덤 포레스트 모형에서 총 트리 개수를 50개로 설정하고자 할 때 빈칸에 들어갈 코드를 작성하시오.

```
model = RandomForestClassifier(        =50)
```

정답

1. ⓐ 하이퍼파라미터, ⓑ 튜닝   **2.** ⓐ 정밀도, ⓑ 재현율   **3.** n_estimators

2 심화분석: 인공신경망을 활용한 와인 등급 예측

1장에서 인공신경망의 구조를 간략하게 살펴봤습니다. 이번 실습에서는 아주 간단한 인공신경망으로 와인 등급 데이터를 학습하고 예측 정확도를 살펴보겠습니다. 지금까지 실습한 인공지능(기계학습) 알고리즘과 같이 인공신경망도 Colab에서 간단하게 구현할 수 있지만 몇 가지 배경지식이 필요합니다. 따라서 이번 실습을 이해하기 어렵다면 LAB으로 넘어가도 좋습니다.

먼저 인공신경망을 사용하는 데 필요한 라이브러리를 가져옵니다.

코드 11-21 케라스 라이브러리

```
from keras.models import Sequential
from keras.layers import Dense
```

케라스(Keras) 라이브러리의 시퀀셜 모형을 불러옵니다. 시퀀셜은 [그림 11-11]과 같이 인공신경망에 연결 구조를 만들어서 모형을 생성할 수 있도록 틀을 정의합니다.

케라스 라이브러리의 덴스 클래스를 불러옵니다. 덴스는 뉴런으로 층(Layer)을 만듭니다.

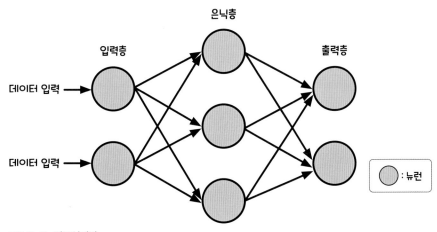

그림 11-11 **인공신경망**

인공신경망에는 입력층, 은닉층, 출력층이 있습니다. 입력층(Input layer)에서는 학습 데이터를 입력받아 신경망에 전달합니다. 은닉층(Hidden layer)에서는 뉴런 간에 데이터가 전파되어 학습이 진행됩니다. 마지막으로 출력층(Output layer)에서는 레이블 값을 출력합니다.

입력층, 은닉층, 출력층을 각각 설계하고 서로 연결하여 인공신경망 모형을 완성하겠습니다.

코드 11-22 인공신경망 틀 정의와 입력층 생성

```
model = Sequential()
model.add(Dense(64,input_dim=11, activation='relu'))
```

모형을 할당할 변수 model을 정의합니다. Sequential( ) 함수를 불러와 층을 연속적으로 연결합니다.

데이터를 입력받는 입력층을 설계하고 정의합니다. 층을 정의하고 연결할 때 층의 종류와 상관없이 모두 add( ) 함수를 사용합니다. Dense( ) 함수로 층 하나를 정의하여 add( ) 함수로 연결한다고 이해하면 됩니다. Dense( ) 함수로 층을 정의할 때는 층의 구성요소를 함께 입력합니다. 첫 번째 층은 입력층이므로 입력 데이터의 특성을 고려합니다. 특성 11개를 한번에 입력받도록 input_dim 인자를 11로 설정했습니다. 또한 64는 그 층에 있는 뉴런의 수입니다. activation 인자는 relu라는 활성화 함수를 사용하겠다는 뜻인데, 여기서는 신경쓰지 않아도 됩니다.

[코드 11-22]가 정의하는 층을 [그림 11-12]와 같이 표현할 수 있습니다. 뉴런이 64개이면서 특성 11개짜리 데이터를 입력할 수 있는 층입니다.

레이어

뉴런(64개)

그림 11-12 **입력층**

이어서 은닉층을 생성하고 연결합니다.

코드 11-23 인공신경망의 은닉층 설정

```
model.add(Dense(32, activation='relu'))
model.add(Dense(16, activation='relu'))
model.add(Dense(8, activation='relu'))
```

데이터 특성 정보는 입력층에서 전달했기 때문에 다시 입력하지 않습니다. 뉴런 수는 입력층보다 작게, 출력할 클래스 수보다는 크게 설정합니다. 뉴런의 수는 입력 데이터에 따라 다르지만 일반적으로 2의 배수로 설정하며, 은닉층을 하나 추가할 때마다 뉴런 수를 ½로 줄입니다.

두 번째 은닉층은 뉴런을 16개로 설정하고, 세 번째 은닉층은 뉴런을 8개로 설정합니다.

마지막으로 레이블을 판별할 출력층을 생성합니다. 와인 품질 데이터의 등급 점수는 3에서 9까지의 정수입니다. 예측할 값이 7가지 중 하나이므로 뉴런이 7개인 출력층을 생성하면 됩니다.

코드 11-24 인공신경망의 출력층 설정

```
model.add(Dense(7, activation = 'softmax'))
model.summary()
```

```
Model: "sequential"
_____
 Layer (type)                Output Shape              Param #
=================================================================
 dense (Dense)               (None, 64)                768

 dense_1 (Dense)             (None, 32)                2080

 dense_2 (Dense)             (None, 16)                528

 dense_3 (Dense)             (None, 8)                 136

 dense_4 (Dense)             (None, 7)                 63


=================================================================
Total params: 3,575
Trainable params: 3,575
Non-trainable params: 0
_____
```

와인 등급은 3에서 9까지의 정수이므로 출력 수를 7개로 설정합니다.

이번에 활성화 함수(activation)는 softmax를 사용했습니다. softmax는 10장에서 살펴본 logistic 함수와 마찬가지로 값에 따라 클래스를 구분하는 함수입니다.

summary() 함수로 생성된 모형의 구조를 출력하여 확인합니다. 입력층이 1개, 은닉층이 3개, 출력층이 1개로 총 다섯 층인 모형이 생성되었습니다. Output Shape의 숫자는 각 층의 뉴런 개수입니다. Param은 하이퍼파라미터의 개수입니다. 이 모형에는 총 3,575개의 파라미터가 있습니다.

지금까지는 마치 설계도를 그리듯 모형을 생성했습니다. 설계한 모형을 실제로 사용하려면 컴파일하여 컴퓨터에 실체화해야 합니다.

```
model.compile(loss='categorical_crossentropy', optimizer='adam', metrics=['accuracy'])
```

compile() 함수를 통해 실제로 모형을 사용할 수 있는 상태로 만듭니다. loss 인자는 반복 학습 중에 정답과 비교하여 얼마나 틀렸는지 측정하는 지표를 설정합니다. optimizer 인자로 모형 최적화 방식을 설정하고, metrics 인자로 모형 성능을 측정하는 지표를 설정합니다. 지금은 기본 설정을 따라도 충분합니다.

모형 학습 준비가 끝났으나 데이터셋을 모형에 입력 가능한 형태로 가공하는 단계가 아직 남아 있습니다. train_X와 test_X는 이전 실습과 동일하게 사용할 수 있지만, 레이블 정보가 포함된 train_Y와 test_Y는 일부 가공해야 합니다.

현재 레이블은 3에서 9까지의 정수라서 인공신경망 모형은 출력에 사용할 뉴런을 7개 가지고 있습니다. 이 뉴런은 Softmax 함수로 각 등급을 예측했을 때 참(True, 1)일 확률을 계산하고 가장 높은 확률인 등급을 선택합니다. 다시 말해 등급 3이 참인지 거짓인지, 등급 4가 참인지 거짓인지, …… 등급 9가 참인지 거짓인지를 계산하여 가장 높은 참 값으로 예측합니다. 그래서 각 등급을 1과 0만으로 다시 구성해야 합니다.

원핫 인코딩(One-hot encoding)은 범주형 데이터를 더미 변수로 변환하는 기법입니다. 원핫 인코딩으로 1차원의 레이블 데이터를 클래스마다 1과 0으로 이루어진 7차원 데이터로 변환하겠습니다.

코드 11-26 원핫 인코딩

```
from sklearn.preprocessing import LabelEncoder
from keras.utils import np_utils

#레이블을 학습 데이터 레이블 모형으로 변환하기
encoder = LabelEncoder()
encoder.fit(train_Y)

onehot_train_Y = encoder.transform(train_Y)
train_f_Y = np_utils.to_categorical(onehot_train_Y)
onehot_test_Y = encoder.transform(test_Y)
test_f_Y = np_utils.to_categorical(onehot_test_Y)

print(test_f_Y)
```

```
array([[0., 0., 0., ..., 1., 0., 0.],
       [0., 0., 1., ..., 0., 0., 0.],
       [0., 0., 0., ..., 1., 0., 0.],
       ...,
       [0., 0., 0., ..., 0., 0., 0.],
       [0., 0., 1., ..., 0., 0., 0.],
       [0., 0., 1., ..., 0., 0., 0.]], dtype=float32)
```

원핫 인코딩 수행 시 주의할 점이 있습니다. 학습 데이터 레이블에는 있지만 테스트 데이터 레이블에는 포함되지 않은 레이블이 있을 수 있습니다. 그러나 원핫 인코딩에서는 모든 레이블 정보를 포함하는 데이터로 인코딩 모형을 먼저 설정하고 나머지 데이터를 변환해야 합니다. 여기서는 학습 데이터가 더 많은 데이터를 가지고 있으므로 encoder.fit(train_Y)와 같이 학습 데이터로 모형을 생성하고, 같은 모형으로 테스트 데이터까지 변환합니다.

데이터와 모형을 준비했으니 학습을 수행하고 결과를 확인하겠습니다. 몇 가지 인자를 추가로 설정해야 합니다.

코드 11-27 인공신경망 학습

```
model.fit(train_X, train_f_Y, epochs=500, batch_size=10)
```

```
Epoch 1/500
455/455 [==============================] - 2s 1ms/step - loss: 1.4932 - accuracy: 0.3495
Epoch 2/500
455/455 [==============================] - 1s 1ms/step - loss: 1.3099 - accuracy: 0.4240
Epoch 3/500
455/455 [==============================] - 1s 1ms/step - loss: 1.2881 - accuracy: 0.4363
Epoch 4/500
455/455 [==============================] - 1s 1ms/step - loss: 1.2798 - accuracy: 0.4366
...
Epoch 497/500
455/455 [==============================] - 1s 1ms/step - loss: 0.8607 - accuracy: 0.6202
Epoch 498/500
455/455 [==============================] - 1s 1ms/step - loss: 0.8682 - accuracy: 0.6156
Epoch 499/500
455/455 [==============================] - 1s 1ms/step - loss: 0.8671 - accuracy: 0.6136
Epoch 500/500
455/455 [==============================] - 1s 1ms/step - loss: 0.8688 - accuracy: 0.6134
```

반복횟수(Epochs)를 500회, 한 번에 읽을 데이터 개수(Batch_size)를 10개로 설정하고 학습을 진행합니다.

[코드 11-27]은 지금까지의 학습과는 달리 컴퓨터 성능에 따라 소요되는 시간이 다릅니다. 반복을 500회로 지정했기 때문에 학습을 500번 반복하면서 매번 오차(Loss)와 현재 정확도(Accuracy)를 평가하여 출력합니다. 생성된 모형은 학습 데이터에서 최초 35%의 정확도로 학습을 시작하여 최종 500번째에는 예측 정확도 61%로 학습을 완료합니다. 실습해 보면 정확도가 교재에 나온 것과 다를 수 있습니다. 하이퍼파라미터 튜닝을 통해 예측 정확도가 높게 나오는 조건을 직접 찾아보세요.

테스트 데이터로도 예측을 수행하여 정확도를 측정하겠습니다.

코드 11-28 예측 성능 평가

```
model.evaluate(test_X, test_f_Y)
```

```
61/61 [==============================] - 0s 2ms/step - loss: 1.2614 - accuracy: 0.5492
```

평가에는 evaluate( ) 함수를 사용합니다. 모형은 학습 완료 후 예측 정확도가 약 64%였으나 테스트 데이터로 검증한 결과 약 55%의 확률로 예측하는 것이 확인되었습니다. 많은 시간을 들여 학습을 수행하였지만 랜덤 포레스트를 사용했을 때보다 예측 정확도가 낮습니다.

학습 데이터의 특성과 데이터의 크기 등을 고려하여 인공지능 알고리즘을 선택해야 합니다. 특히 인공신경망은 아주 많은 양의 데이터에 효과적이기 때문에 이번 예제에는 적합하지 않을 수 있습니다. 이 예제에서는 인공신경망을 사용하여 예측 문제를 해결한 데에 의의가 있습니다.

하나 더 알기 ∨ **인공신경망의 알고리즘 유형**

인공신경망의 대표적인 형태는 실습에서 사용한 DNN(Deep Neural Network), 재귀적으로 학습하는 RNN(Recurrent Neural Network) 및 컨볼루션 계산에 기반한 CNN(Convolutional Neural Network)이 있습니다. 최근 다양한 인공신경망 모형들이 활발하게 개발되고 있지만, 기본적인 형태는 위의 3가지 중 하나를 따릅니다. 알고리즘마다 특히 자주 사용되는 분야가 있습니다. 예를 들어 RNN은 번역, 챗봇 등 자연어 처리에 자주 활용되며, CNN은 이미지 및 영상처리 분야에서 활용됩니다.

심장질환 분류

2절의 LAB에서 생성한 UCI 심장질환 학습 데이터 및 테스트 데이터와 기계학습 알고리즘을 활용하여 심장질환 여부와 정도를 분류해 봅시다.

레이블로 사용할 label 열의 자료형은 범주형이며 0부터 3까지의 정수입니다. 0은 질환 없음, 1은 경증 심장 질환, 2는 중등도 심장질환, 3은 중증 심장질환 보유를 의미합니다.

1. 심장 질환 데이터의 레이블 분포를 히스토그램으로 확인합니다.

```
import matplotlib.pyplot as plt
plt.hist(df_heart.label, bins=4)
```

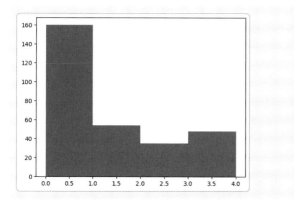

2. 심장질환 데이터의 특성 간 상관관계 및 레이블과의 관계를 히트맵으로 확인합니다.

```
import seaborn as sns
ax = sns.heatmap(df_heart.corr(), annot=True, annot_kws={"size":6})
plt.show()
```

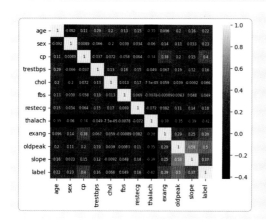

3. 랜덤 포레스트 알고리즘을 사용하여 학습과 테스트를 수행합니다. 트리 수는 100으로 설정합니다.

```
from sklearn.ensemble import RandomForestClassifier
from sklearn import metrics

model = RandomForestClassifier(n_estimators=100)
model.fit(train_X, train_Y)
pred_RF = model.predict(test_X)

print('랜덤 포레스트 알고리즘 예측 정확도:', metrics.accuracy_score(pred_RF, test_Y))
```

```
랜덤 포레스트 알고리즘 예측 정확도: 0.5666666666666667
```

요약

01 인공지능 알고리즘을 직접 개발하지 않고 배포된 알고리즘을 활용하여 분류와 예측 문제를 해결할 수 있습니다.

02 데이터의 레이블이 범주형 데이터일 때 분류 문제의 해결 방식을 적용합니다. 데이터의 레이블이 연속적인 값일 때 예측 문제의 해결 방식을 적용합니다.

03 인공지능 모형의 학습과 성능 확인을 위하여 원시 데이터를 가공하여 학습 데이터(데이터셋)를 구축합니다.

04 데이터셋은 학습 데이터와 테스트 데이터로 구성됩니다. 학습 데이터는 해결하고 싶은 문제에 맞게 데이터 특성을 정의하고 추출하여 재구성한 데이터이고, 테스트 데이터는 학습한 모형의 성능을 측정하기 위해 구성한 데이터입니다.

05 인공지능 학습 방법에는 지도학습, 비지도학습, 강화학습이 있습니다. 분류 문제를 지도학습으로 해결할 수 있습니다.

06 모형의 성능을 평가하는 지표가 여러 가지 있으며 특히 F1-score가 자주 사용됩니다. F1-score는 정밀도와 재현율을 기반으로 성능을 평가하는 지표입니다.

07 인공신경망을 활용하는 모형은 머신러닝 기반 모형에 비하여 학습이나 성능 평가에 시간과 자원이 많이 소요됩니다.

01 다음 중 분류와 예측에 대한 설명으로 **틀린** 것을 고르시오.

① 분류 문제의 결과로 데이터를 그룹으로 묶을 수 있다.

② 분류 문제의 결과 클래스가 3개 이상일 때는 기계학습으로 해결할 수 없다.

③ 레이블이 연속적인 값을 가질 때 예측 문제의 해결 방식을 적용한다.

④ 범주형 자료형의 종류에는 명목형과 순서형이 있다.

02 웹에서 제공하는 CSV 파일을 읽어와서 콤마(,)를 구분자로 하여 데이터프레임 df_test에 저장하는 코드를 완성하시오.

```
df_test = pd.   ⓐ   ('http://www.hanbit.co.kr/test.csv',   ⓑ   ',')
```

03 다음 중 특성 간의 상관관계를 계산하여 시각화하는 함수를 고르시오.

① output( )

② maps( )

③ heatmap( )

④ heats( )

04 원핫 인코딩을 수행하기 위해 사이킷런의 라이브러리를 로드하려고 한다. 빈칸에 알맞은 라이브러리를 입력하시오.

```
from sklearn.preprocessing import
```

05 다음 중 인공지능에 대한 설명으로 **틀린** 것을 고르시오.

① 인공지능 모형이 학습을 하려면 학습 데이터가 필요하다.

② 하이퍼파라미터 튜닝으로 모형의 성능을 극대화할 수 있다.

③ 데이터의 품질에 관계없이 데이터가 많을수록 모형 성능이 강화된다.

④ 테스트 데이터를 통해 모형의 성능을 평가할 수 있다.

06 데이터프레임(df_test)에서 결측치(NaN)를 찾고 결측치가 존재하는 행을 모두 제거하는 코드를 완성하시오.

```
df_test._____
```

07 다음 중 인공지능 모형 학습에 대한 설명으로 옳은 것을 고르시오.

① 모형 학습의 결과는 정확도로만 평가한다.

② 딥러닝 모형이 기계학습 모형보다 무조건 성능이 좋으므로 적극 활용해야 한다.

③ 레이블의 불균형에 따른 평가 오류는 발생하지 않는다.

④ 모형 성능 향상을 위하여 데이터 전처리는 매우 중요하다.

08 다음 중 인공신경망을 구성할 때 층을 추가하는 함수를 고르시오.

① plus( )

② add( )

③ surplus( )

④ deep( )

09 인공신경망의 출력층에 사용할 수 있는 활성화 함수를 모두 고르시오.

① relu( )

② sigmoid( )

③ softmax( )

④ lstm( )

10 다음 중 인공신경망 구성에 대한 설명으로 옳은 것을 고르시오.

① 은닉층에서는 데이터 특성 정보를 다시 입력받을 입력 은닉층이 필요하다.

② 은닉층에서 뉴런 수는 입력층보다는 작고 출력할 클래스 수보다는 크게 설정한다.

③ 출력층에서의 뉴런 개수는 분류 대상의 클래스 개수와 무관하다.

④ 입력층에서 활성화 함수는 필요 없다.

CHAPTER 12

시계열
예측

01 시계열 데이터
02 시계열 데이터의 정상성 확보
03 인공지능 시계열 예측
요약
연습문제

학습목표

• 시계열 예측을 위한 데이터의 조건을 이해합니다.

• 비정상성 데이터의 다양한 특징을 파악합니다.

• 시계열 예측에 사용되는 알고리즘을 알아봅니다.

• 시계열 예측 및 분석에 인공지능 기술을 활용할 수 있습니다.

우리는 미래의 사건에 관심이 많습니다. 누구나 복권의 당첨결과나 축구 경기에서 이기는 팀을 알고 싶어 합니다. 이번 장에서 다루는 시계열 예측은 미래의 결과를 예측하는 문제입니다. 11장에서는 많은 양의 데이터를 효과적으로 활용하여 높은 확률로 분류와 예측문제를 해결했습니다. 시간에 따라 순차적으로 수집한 데이터를 활용하면 아직 도래하지 않은 미래의 결과를 예측할 수 있습니다.

1절에서는 시계열 예측 및 분석의 기본 개념과 데이터의 시간적 특성을 학습합니다. 2절에서는 통계 기반의 시계열 알고리즘을 알아보고 파이썬에서 제공하는 라이브러리를 활용하여 시계열 예측을 실습합니다. 3절에서는 인공지능 알고리즘을 사용하여 시계열 예측을 시도하고 예측 정확도를 높여봅니다.

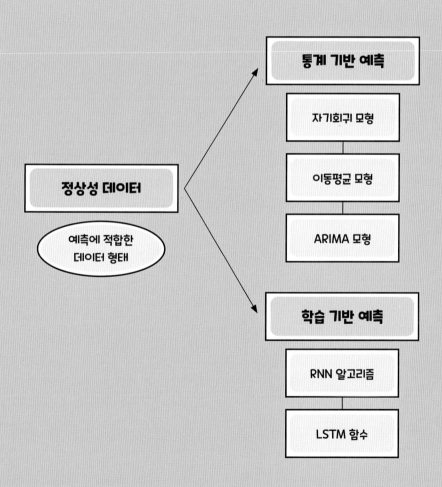

Section 01 시계열 데이터

1 시계열 예측과 정상성

시계열 예측(Time series forecasting)은 시간 순서대로 수집하거나 정렬한 순차적인(Sequential) 데이터를 활용하여 미래 시점의 상태를 예측하는 문제입니다. 시계열 예측 문제는 어떤 상품의 수요를 예측하여 생산량을 조절하거나, 경제 지표를 바탕으로 주가를 예측하는 데 적용됩니다. 특히 과거부터 현재까지의 기록을 바탕으로 정책이나 비즈니스의 목표를 수립할 수 있어 매우 중요한 데이터 분석 기법입니다. 일별 코로나19 확진자 수와 같은 자료를 가지고 앞으로의 확진자 수를 예측하고 방역 정책을 수립하는 데 활용하기도 했습니다.

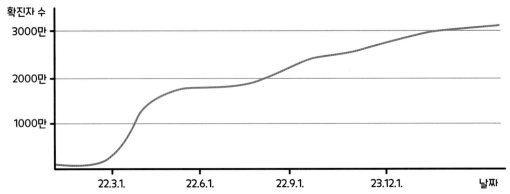

그림 12-1 **대한민국 코로나19 확진자 수**

시계열 예측을 수행하기 전에 필수적으로 점검할 사항을 살펴보고 시계열 데이터만의 특수한 성질을 알아봅시다.

시계열 예측의 특징

시계열 예측은 11장의 분류 및 예측 문제와 다른 점이 몇 가지 있습니다.

❶ 시계열 예측은 완벽할 수 없으며 변동 가능성이 있습니다. 클래스를 결정하거나 값을 예측하는 분류 및 예측문제와 달리 과거의 데이터를 바탕으로 미래의 값을 결정하기 때문입니다. 예측값 하나에 집중하기보다는 예측값의 확률 분포를 적절하게 판단해야 합니다. 즉, 예측의 불확실성을 고려해야 합니다.

❷ 시계열 예측에서는 다변량인 경우가 흔합니다. 일반적으로 다룰 요인이 많아지면 요인 간 상관 관계까지 학습해야 합니다. 따라서 상관관계 학습까지 효율적으로 처리하는 방법을 고려해야 합니다.

❸ 시계열 데이터는 데이터셋의 구성을 적절히 변형하기 어렵습니다. 실제 환경에서 사건의 결과를 시간에 따라 구성한 데이터이므로 숫자만으로 판단할 수 없는 복잡한 패턴이 섞여 있는 경우가 많기 때문입니다. 또한 과거 데이터의 양이 충분하지 않거나 이상치가 포함된 경우가 많습니다.

예를 들어 코로나 확진자 수 예측 문제를 해결해야 할 경우 2020년 이전 데이터는 존재하지 않으므로 사용할 수 없고, 코로나 발병 초기 단계에 수집된 데이터는 신뢰도가 낮아 사용하지 못할 수 있습니다. 이럴 때 데이터를 시계열 예측에 적합하게 변환해야 합니다.

또한 시계열 예측을 위해서는 데이터의 성질을 고려합니다. 데이터가 정상성을 띨 때 시계열 예측 정확도가 높기 때문에 비정상성 시계열 데이터는 정상성을 갖도록 변환한 후에 예측에 활용합니다.

데이터의 정상성

시계열 예측에서 가장 중요한 개념이 데이터의 정상성(Stationarity)과 비정상성(Non-Stationarity) 입니다. 이 개념은 시계열 데이터가 '각 시점에서 확률적으로 결정된 값의 모임'이라는 전제에서 시작합니다. 즉, 시계열 데이터 각 시점의 값은 일정한 평균과 분산의 확률 분포에 따라 생성된다는 통계적 가정입니다.

만약 데이터 생성에 관여하는 확률 분포가 시간에 따라 크게 변화한다면 평균이나 분산 등 예측에 사용할 요소들의 의미가 사라집니다. 그러므로 확률 요소들이 예측 가능한 범위에 있는지 판단할 필요가 있으며 이 과정을 데이터의 정상성과 비정상성 판별이라고 부릅니다. 비정상성 데이터는 정상성을 가지도록 변환해야 통계 기반 시계열 예측의 예측 정확도를 향상할 수 있습니다.

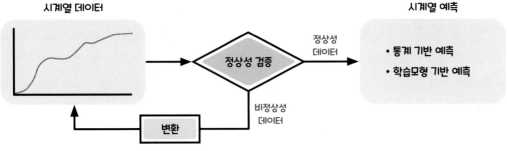

그림 12-2 **시계열 예측 수행 과정**

실제 시계열 데이터는 정상성을 보이지 않을 때가 더 많습니다. 예를 들어 주가는 완만히 등락하다가도 전염병이나 테러와 같이 예기치 못한 사건이 발생했을 때 급격히 변동합니다. 다른 예로 해수욕장 방문객 수는 매년 여름 큰 폭으로 증가하다가 겨울에 급격히 감소합니다.

대표적인 시계열 패턴

시계열 데이터에서 주로 나타나는 패턴은 3가지입니다.

❶ 추세(Trend)는 장기적으로 증가하거나 감소하는 패턴입니다. 추세가 반드시 선형적이지는 않습니다. 증가하던 추세가 감소로 전환하거나 감소하던 추세가 증가로 전환하는 경우 추세의 방향이 변화했다고 합니다. [그림 12-3]의 주가 그래프에서는 장기 하락의 추세가 나타납니다.

그림 12-3 **주가 시계열의 하락 추세**

❷ 계절성(Seasonality)은 특정한 시기나 특정 요일, 주, 월 등에 반복되는 계절성 요인에 영향을 받는 패턴입니다. 계절성은 주로 발생량이나 빈도가 일정하게 변화하는 형태로 나타납니다. 여름철 아이스크림 판매량 증가, 겨울철 감기약 판매량 증가, 블랙프라이데이 할인행사 기간 미국

에서의 전자제품 판매량 증가 등이 계절성의 예입니다. 이러한 데이터에서는 계절적 요인이 매년 일정하게 영향을 미칩니다. [그림 12-4]는 호주에서의 당뇨병 치료제 판매량 그래프입니다. 연말 긴 연휴 기간 직전의 사재기, 약 판매가의 변동 등 계절적 요인이 반복하여 나타납니다.

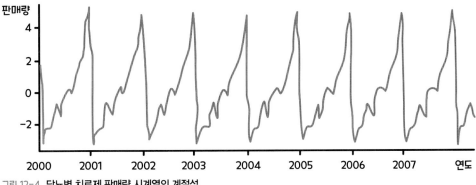

그림 12-4 **당뇨병 치료제 판매량 시계열의 계절성**

❸ 주기성(Cycle)은 정해진 양이나 정해진 빈도 없이 값의 증가나 감소가 반복되는 패턴입니다. 계절성과는 달리 특정 시기마다 발생하지는 않는 것이 특징입니다. 부동산 가격의 변동이나 경기 순환과 같이 긴 기간을 두고 데이터가 반복적인 변동을 보이는 경우입니다.

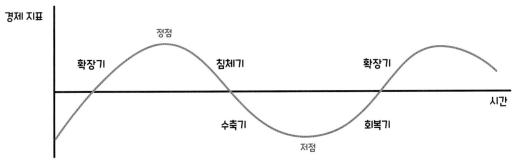

그림 12-5 **경기 순환 시계열의 주기성**

시계열 그래프와 정상성

데이터에 패턴이 하나라도 나타난다면 비정상성 데이터일 가능성이 높습니다. 다음 3가지 조건을 모두 만족하는 데이터가 정상성 데이터입니다.

❶ 그래프에 지속적인 상승 또는 하락 추세가 없다.

❷ 과거의 변동폭과 현재의 변동폭이 같다.

❸ 계절성이 없다.

[그림 12-6]은 호주의 월별 전기 생산량 시계열입니다. 시계열의 패턴은 이렇게 추세, 계절성, 주기성이 복합적으로 발생하는 것이 일반적입니다. 이렇게 패턴 여러 개가 한꺼번에 나타나는 경우 가법모형(Additive model)을 통해 분해하여 이해할 수 있습니다.

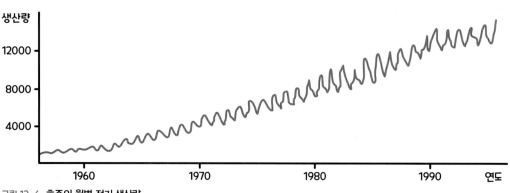

그림 12-6 **호주의 월별 전기 생산량**

그런데 x축인 시간의 범위에 따라 그래프의 모양이 달라지거나 패턴을 그래프만으로 판별하기 어려울 수 있습니다. 그러므로 시각적인 방법보다는 통계 요소 검증을 통하여 정상성을 판별하는 것이 좋습니다.

② 통계적 정상성 검증

일반적으로는 통계 기법으로 데이터의 정상성을 검증합니다. [표 12-1]에서 알 수 있듯이 시각적 판단과 통계적인 판단은 사실은 동일한 방법입니다. 따라서 통계적 판단의 세 조건을 모두 만족해야 정상성 시계열입니다. 시계열 데이터에서 서로 다른 시점의 값 사이 선형관계를 측정(자기상관)하거나 한 시점의 값이 결과에 미치는 영향을 측정(편자기상관)하여 조건을 만족하는지 판단합니다.

표 12-1 **시계열 데이터의 정상성 판단 기준**

시각적 판단	통계적 판단
그래프에 지속적인 상승 또는 하락 추세가 없음	평균이 일정
과거의 변동폭과 현재의 변동폭이 같음	분산이 시점에 독립적
계절성이 없음	공분산이 시차에 의존적이나 시점에 독립적

만약 시계열에서 추세가 보인다면 평균이 일정하지 않을 것입니다. 이때 차분(Differencing)하여 비정상성 요소를 제거합니다. 또한 분산이 일정하지 않다면 변환(Transformation)으로 데이터를 가공하여 정상성을 띠게 합니다.

전기자동차 기업 테슬라 사의 주가는 변동이 심합니다. 테슬라 사 주가 시계열의 정상성을 그래프와 ADF 검정으로 판단해 보겠습니다.

> **코드 12-1** 야후 파이낸스 주가 데이터

```
import yfinance as yf
```

yfinance 라이브러리에 야후(Yahoo) 사의 금융 데이터가 있습니다. 야후에서는 전 세계 주식의 시가, 종가, 일별 최고가 및 최저가, 거래량 등을 제공합니다. 물론 테슬라 사의 주가 데이터도 있습니다.

> **코드 12-2** 테슬라 주가 로드

```
tsla = yf.download('TSLA', start='2018-01-01', end='2022-12-31')
tsla
```

Date	Open	High	Low	Close	Adj Close	Volume
2018-01-02	20.799999	21.474001	20.733334	21.368668	21.368668	65283000
2018-01-03	21.400000	21.683332	21.036667	21.150000	21.150000	67822500
2018-01-04	20.858000	21.236668	20.378668	20.974667	20.974667	149194500
2018-01-05	21.108000	21.149332	20.799999	21.105333	21.105333	68868000
2018-01-08	21.066668	22.468000	21.033333	22.427334	22.427334	147891000
...	...	...	...	...	...	...
2022-12-23	126.370003	128.619995	121.019997	123.150002	123.150002	166989700
2022-12-27	117.500000	119.669998	108.760002	109.099998	109.099998	208643400
2022-12-28	110.349998	116.269997	108.239998	112.709999	112.709999	221070500
2022-12-29	120.389999	123.570000	117.500000	121.820000	121.820000	221923300
2022-12-30	119.949997	124.480003	119.750000	123.180000	123.180000	157777300

데이터프레임 tsla에 날짜, 시가, 일 최고가 및 최저가, 종가, 시간외 종가, 거래량 특성이 있습니다. 2018년 1월 1일부터 2022년 12월 31일까지의 테슬라 주가를 가져옵니다. 단, 휴일에는 주식 거래가 없으므로 5년의 데이터지만 1,259행뿐입니다.

그래프로 정상성 검증하기

일별 종가인 Close 열의 정상성을 판별하겠습니다.

코드 12-3   테슬라 주식 종가

```
import pandas as pd
df_tsla = pd.DataFrame(tsla['Close'])
```

Close 열에 종가가 있습니다. 이 열만 데이터프레임 df_tsla로 저장합니다.

먼저 그래프를 생성하여 정상성을 판별하겠습니다. 통계 정보를 확인하거나 검정을 진행하기 전에 그래프를 그려 데이터의 전체적인 분포를 확인하는 습관이 매우 중요합니다.

코드 12-4   테슬라 주가 시각화

```
import matplotlib.pyplot as plt
df_tsla.plot(figsize=(12.2, 6.4))
```

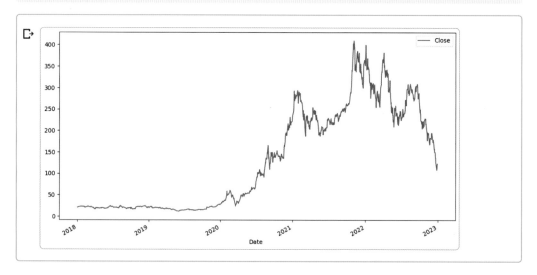

2018년부터 2022년까지의 긴 상승 추세와 2022년 이후 하락 추세가 보입니다. 또한 상승과 하락을 반복하는 주기성이 약하게 나타납니다. 그러나 그래프만으로는 정상성 데이터의 3가지 기준을 충족하는지 알아내기 어렵습니다.

ADF 검정

ADF(Augmented Dickey-Fuller) 검정은 대표적인 정상성 검증 기법입니다. 특히 추세에 민감한 비정상성을 잘 확인한다고 알려져 있습니다. 검정 모형의 통계적 이론을 이해하려면 상당히 복잡한 수학적 과정을 거쳐야 하지만, 가장 중요한 판단 기준인 p-값 확인만 진행하겠습니다.

선형 회귀분석에서 수행했던 가설 검정 과정을 다시 떠올려 보겠습니다. 기존의 가설을 귀무가설로, 입증하고자 하는 새로운 가설을 대립가설로 정한 후 유의확률(p–값)을 유의수준과 비교하여 어떤 가설을 채택할지 판단했습니다.

ADF 검정에서도 마찬가지로 p–값으로 정상성을 판단합니다. ADF 검정을 수행하면 p–값과 함께 임계값(Critical value)을 얻습니다. 데이터가 정상성을 띤다는 대립가설을 두고, p–값이 0.05 이상일 때 가설을 기각하며 0.05 이하이면 채택합니다.

코드 12-5 ADF 검정

```
from statsmodels.tsa.stattools import adfuller

print('ADF test with TSLA time-series')
ADF_result = adfuller(df_tsla.values)
#ADF 통계량
print('ADF Stats: %f' % ADF_result[0])
#p-값
print('p-value: %f' % ADF_result[1])
#임계값
print('Critical values:' )
for key, value in ADF_result[4].items():
  print('\t%s: %.4f' % (key, value))
```

```
ADF test with TSLA time-series
ADF Stats: -1.301076
p-value: 0.628680
Critical values:
        1%: -3.4356
        5%: -2.8639
        10%: -2.5680
```

ADF 검정 라이브러리인 adfuller를 불러옵니다. ADF 검정에서 p–값이 0.05 이하이거나, ADF 검정 통계량(ADF Stats)이 임계값(Critical values) 보다 작으면 정상성을 가진다고 판단할 수 있습니다.

p–값이 0.05보다 훨씬 큰 0.62여서 통계적으로 대립가설이 기각됩니다. 따라서 이 데이터가 비정상성을 가진다고 판단합니다.

ADF 통계량 역시 임계값보다 크게 나타납니다. 따라서 미래의 테슬라 주가를 예측해 보고자 시계열 예측을 수행하려면 주가 데이터가 정상성을 갖도록 변환해야 합니다.

KPSS 검정

KPSS(Kwiatkowski–Phillips–Schmidt–Shin) 검정도 시계열 데이터의 정상성 판별 방법입니다. ADF 검정과 동일하게 단위근(Unit-root) 기반 검정 방법입니다. 이 기법은 계절성에 민감한 통계량 분석에 유용합니다. 다만 다른 통계 검정과 반대로 귀무가설이 정상성, 대립가설이 비정상성이니 결과 해석에 주의합니다.

코드 12-6 **KPSS 검정**

```
from statsmodels.tsa.stattools import kpss

print('KPSS test with TSLA time-series')
KPSS_result = kpss(df_tsla.values)
#KPSS 통계량
print('KPSS Stats: %f' % KPSS_result[0])
#p-값
print('p-value: %f' % KPSS_result[1])
#임계값
print('Critical values:' )
for key, value in KPSS_result[3].items():
  print('\t%s: %.4f' % (key, value))
```

```
KPSS test with TSLA time-series
KPSS Stats: 4.913280
p-value: 0.010000
Critical values:
        10%: 0.3470
        5%: 0.4630
        2.5%: 0.5740
        1%: 0.7390
```

KPSS 검정 라이브러리인 kpss를 불러옵니다. ADF 검정과 동일하게 정상성 판단을 수행합니다. KPSS 검정 결과에서 p-값이 0.05 이하이므로 테슬라 시계열 데이터가 비정상성을 가집니다. 다시 한번 강조하지만 KPSS에서의 가설 설정은 기존 통계 검정과 반대입니다.

Q ADF와 KPSS 검정으로 모든 시계열 데이터의 정상성을 판별할 수 있나요?

A 가설검정의 결과로 데이터의 정상성을 절대적으로 판단할 수는 없습니다. 특히 시계열 예측을 위한 정상성 검정은 학계에서 논의가 계속되고 있습니다.

ADF와 KPSS 검정도 가끔 서로 다른 결론을 내기도 합니다. 따라서 일반적으로 두 가지 검정 또는 추가적인 통계 검정의 결과를 조합하여 더욱 면밀하게 정상성을 판별합니다. 두 검정 결과를 종합한 정상성 판단은 다음과 같습니다:

표 12-2 두 가지 통계 검정과 정상성 판단

p-값	KPSS p-값 > 0.05	KPSS p-값 < 0.05
ADF p-값 < 0.05	정상성 시계열	추가 통계 검정 필요
ADF p-값 > 0.05	추세를 가지는 정상성 시계열	비정상성 시계열

확인문제

1. 다음을 읽고 빈칸을 채워 문장을 완성하시오.

시계열 예측을 할 때 시계열 데이터의 ⓐ 과 ⓑ 을 먼저 확인해야 한다.

2. 시계열 예측에 대한 설명으로 <u>틀린</u> 것을 고르시오.

① 시계열 예측을 위해서는 시간을 기준으로 수집하거나 생성한 데이터가 필요하다.

② 대표적인 시계열 패턴에는 추세, 주기성, 계절성 등이 있다.

③ 시계열 예측은 일변량 변수만 활용 가능하다.

④ ADF 검정은 p-값이 0.05 이하이면 귀무가설을 기각하여 정상성으로 판정한다.

정답

1. ⓐ 정상성, ⓑ 비정상성 **2.** ③

시계열 데이터의 정상성 확보

1 비정상성 시계열 데이터 준비

이번 절에서는 비정상성을 띠는 시계열 데이터를 적절한 기법을 적용하여 정상성을 가지도록 변환합니다. 1949년부터 1960년까지의 월별 미국 비행기 탑승객 수 데이터를 사용하겠습니다. 최신 데이터셋은 아니지만 시계열의 주요한 패턴이 모두 포함되어 있어서 학습용으로 자주 활용됩니다. 이 시계열 데이터의 정상성을 먼저 판별하고, 몇 가지 기법으로 변환하는 실습을 수행하겠습니다.

코드 12-7 pydataset의 데이터셋 확인

```
!pip install pydataset
from pydataset import data
data()
```

	dataset_id	title
0	AirPassengers	Monthly Airline Passenger Numbers 1949-1960
1	BJsales	Sales Data with Leading Indicator
2	BOD	Biochemical Oxygen Demand
3	Formaldehyde	Determination of Formaldehyde
4	HairEyeColor	Hair and Eye Color of Statistics Students
...	...	...
752	VerbAgg	Verbal Aggression item responses
753	cake	Breakage Angle of Chocolate Cakes
754	cbpp	Contagious bovine pleuropneumonia
755	grouseticks	Data on red grouse ticks from Elston et al. 2001
756	sleepstudy	Reaction times in a sleep deprivation study

757 rows × 2 columns

pydataset 패키지에서는 데이터셋을 757가지나 제공합니다.

pydataset에서 0번 Airpassengers 데이터셋을 불러와 설명을 확인해 봅시다.

코드 12-8 AirPassengers 데이터셋 로드

```
air = data('AirPassengers')
data('AirPassengers', show_doc=True)
```

> AirPassengers
>
> PyDataset Documentation (adopted from R Documentation. The displayed examples are in R)
>
> ## Monthly Airline Passenger Numbers 1949-1960
>
> ### Description
>
> The classic Box & Jenkins airline data. Monthly totals of international airline passengers, 1949 to 1960.
>
> ### Usage
>
>   AirPassengers
>
> ### Format
>
> A monthly time series, in thousands.
>
> ### Source
>
> Box, G. E. P., Jenkins, G. M. and Reinsel, G. C. (1976) _Time Series Analysis, Forecasting and Control._ Third Edition. Holden-Day. Series G.
>
> ### Examples

정상적으로 가져왔다면 show_doc=True 인자 때문에 데이터셋 설명이 나타납니다. 데이터셋의 출처와 대략적인 내용을 확인할 수 있습니다.

가져온 데이터를 시각화하여 어떤 시계열 패턴이 포함되었는지 확인합니다.

```
import matplotlib.pyplot. as plt
data = air['AirPassengers']
plt.plot(data)
plt.show()
```

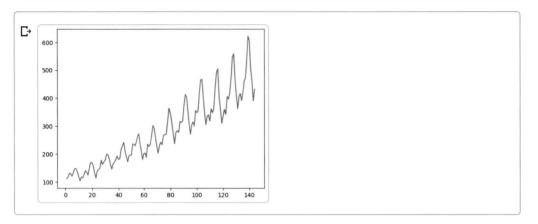

그래프의 모양만으로도 여러 패턴을 확인할 수 있습니다. 첫째, 증가와 감소를 반복하는 계절성 및 주기성 패턴이 나타납니다. 둘째, 주기마다 평균과 분산이 점차 증가하는 패턴이 있습니다. 셋째, 점차 증가하는 추세까지 확인됩니다.

시각화로 비정상성을 확인했습니다. ADF와 KPSS 검정으로도 검증해 봅시다.

코드 12-10   AirPassengers 데이터셋 ADF 검정

```
from statsmodels.tsa.stattools import adfuller

print('ADF test with AirPassengers time-series')
ADF_result = adfuller(data)
#ADF 통계량
print('ADF Stats: %f' % ADF_result[0])
#p-값
print('p-value: %f' % ADF_result[1])
#임계값
print('Critical values:' )
for key, value in ADF_result[4].items():
  print('\t%s: %.4f' % (key, value))
```

```
ADF test with AirPassengers time-series
ADF Stats: 0.815369
p-value: 0.991880
Critical values:
        1%: -3.4817
        5%: -2.8840
        10%: -2.5788
```

ADF 검정 결과 p-값이 0.99로 0.05를 한참 초과합니다. ADF 통계량도 임계값보다 훨씬 큽니다. 따라서 AirPassengers 데이터셋은 비정상성 데이터입니다.

코드 12-11 AirPassengers 데이터셋 KPSS 검정

```python
from statsmodels.tsa.stattools import kpss

print('KPSS test with AirPassengers time-series')
KPSS_result = kpss(data)
#KPSS 통계량
print('KPSS Stats: %f' % KPSS_result[0])
#p-값
print('p-value: %f' % KPSS_result[1])
#임계값
print('Critical values:' )
for key, value in KPSS_result[3].items():
  print('\t%s: %.4f' % (key, value))
```

```
KPSS test with AirPassengers time-series
KPSS Stats: 1.651312
p-value: 0.010000
Critical values:
        10%: 0.3470
        5%: 0.4630
        2.5%: 0.5740
        1%: 0.7390
```

KPSS 검정 결과도 ADF 검정 결과와 일치합니다. p-값은 0.01로 채택 수준인 0.05보다 한참 작습니다. 따라서 AirPassengers 데이터셋은 비정상성을 가진 것으로 결론 내립니다.

☑ 데이터 정상성 확보

이제 비정상성 데이터셋인 AirPassengers의 정상성을 확보해야 시계열 데이터 예측에 사용할 수 있습니다. 데이터 내용에 따라 적용할 변환 기법의 유형과 순서가 다르지만 분산 안정화(Variance stabilization), 추세 제거(De-trend by differencing), 계절성 제거(De-seasonality by differencing) 순서로 적용하겠습니다.

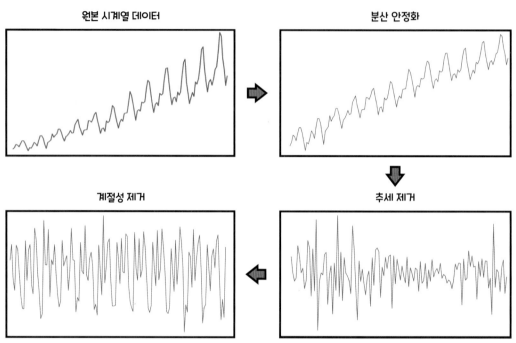

그림 12-7 시계열 데이터 처리 과정 미리보기

분산 안정화

시계열 데이터의 정상성 판별 기준 3가지 중에 두 번째 항목은 '과거의 변동폭과 현재의 변동폭이 같다'였습니다. 다른 말로는 분산이 시점에 의존하지 않아야 합니다. 그런데 AirPassengers 데이터셋은 분산이 점차 증가하므로 분산 안정화를 수행합니다.

분산 안정화(Variance stabilizing)란 분산이 고정적이지 않을 때 데이터를 멱 변환(Power Transformation)하는 방법입니다.

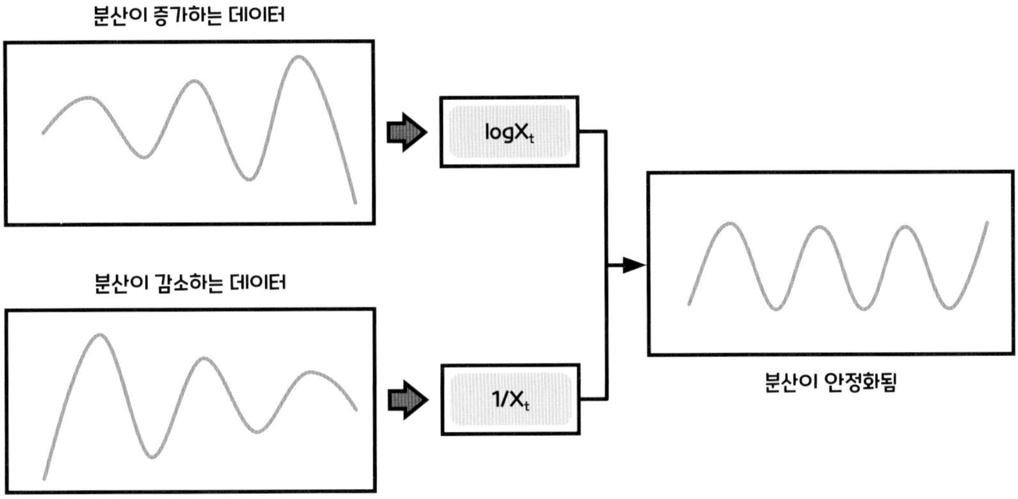

그림 12-8 **분산 안정화**

[그림 12-8]과 같이 분산이 점점 증가하는 데이터에는 로그 변환(Log transformation)을 적용하고, 분산이 점점 감소하는 데이터에는 제곱근 변환(Root transformation)을 적용합니다.

AirPassenger 데이터는 시간에 따라 분산이 증가하니 로그 변환으로 분산을 안정화합니다.

코드 12-12 로그 변환

```python
import numpy as np
df_log_air = np.log(air['AirPassengers'])
df_log_air.head()
```

```
1    4.718499
2    4.770685
3    4.882802
4    4.859812
5    4.795791
Name: AirPassengers, dtype: float64
```

넘파이의 log() 함수로 AirPassengers 열의 로그를 취합니다. 이를 데이터프레임 df_log_air에 저장합니다.

df_log_air의 처음 다섯 행을 출력해 확인합니다. 탑승객 수는 원래 수백 명이었는데 소수점을 포함한 10 이하의 숫자로 변환됩니다. 이 숫자만으로는 정말 분산이 평활화되었는지 확인하기 어려우니 다시 시각화하여 확인해 보겠습니다.

```
df_log_air.plot(figsize=(12.2, 6.4))
plt.title('Variance Stabilizing with log Transformation', fontsize=16)
plt.show()
```

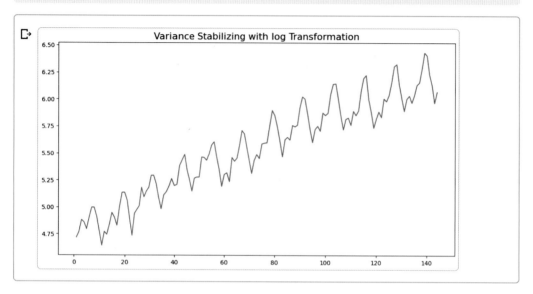

[코드 12-9]의 결과와 비교하면 주기별 변동폭이 일정하여 분산이 안정화되었습니다.

차분과 추세 제거

차분(Differencing)이란 현재 시점의 시계열 값에서 시간 t 이전의 값을 빼서 데이터를 값의 증감으로 변환하는 기법입니다. 비정상성 시계열 데이터에서 나타나는 패턴에 따라 차분 수행 횟수를 달리합니다. 한 번 수행하면 1차 차분, 그리고 n번 수행하면 n차 차분이라고 부릅니다. 일반적으로는 차분을 두 번 이내 수행하여 데이터를 변환합니다.

차분 변환을 할 때 현재 값에서 이전 값을 빼기 때문에 증감이 없으면 0으로 결측치가 된다는 점을 주의합니다.

코드 12-14 차분 변환으로 추세 제거

```
df_log_air_diff = df_log_air.diff(1).dropna()

df_log_air_diff.plot(figsize=(12.2, 6.4))
plt.title('De-trend by Differencing(1st order)', fontsize=16)
plt.show()
```

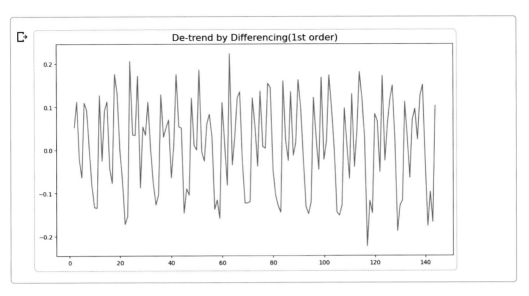

diff( ) 함수만으로 간단히 차분 변환을 할 수 있습니다. 차분 변환하여 생긴 모든 결측을 dropna( ) 함수로 제거합니다. 또한 diff( ) 함수의 인자는 차분 횟수를 지정합니다. 이 코드에서는 1차 차분 변환을 수행하였습니다.

차분 변환 결과를 시각화하여 확인합니다. 변환 전에는 전체적으로 값이 증가했으나 변환 결과 추세가 제거되었습니다.

차분 변환한 데이터에 대해 ADF 검정을 수행하여 데이터의 정상성이 확보되었는지 판별하겠습니다.

코드 12-15 차분 결과 ADF 검정

```
print('ADF test with AirPassengers time-series')
ADF_result_diff = adfuller(df_log_air_diff)

print('ADF Stats: %f' % ADF_result_diff[0])
print('p-value: %f' % ADF_result_diff[1])
print('Critical values:' )
for key, value in ADF_result_diff[4].items():
  print('\t%s: %.4f' % (key, value))
```

```
ADF test with AirPassengers time-series
ADF Stats: -2.717131
p-value: 0.071121
Critical values:
        1%: -3.4825
```

```
5%: -2.8844
10%: -2.5790
```

ADF 검정 결과 시계열 데이터의 p-값이 0.07로 유의수준 0.05와 가깝게 되었습니다.

ADF 통계량도 임계값과 가까워졌지만 아직 통계적으로 유의한 수준까지 도달하지는 못했습니다. 따라서 데이터에 아직 다른 비정상성 패턴이 있음을 추측할 수 있습니다.

차분과 계절성 제거

데이터에 남아있는 계절성을 제거하기 위하여 한 번 더 차분합니다. 추세 차분이 누적 증가나 감소의 영향을 줄이기 위해 현재 값에서 이전 값을 빼는 차분이라면, 계절 차분은 1년 중 12개 시점에서 각각 1년 전의 값을 빼는 차분입니다. 따라서 diff() 함수의 인자를 차분 계수 12로 설정합니다. 차분이 12개씩 이루어지므로 최대 12개의 결측치가 생기며, 추세 차분과 마찬가지로 결측을 제거합니다.

> **코드 12-16** 계절 차분 변환

```python
df_log_air_diff_season = df_log_air_diff.diff(12).dropna()

df_log_air_diff_season.plot(figsize=(12.2, 6.4))
plt.title('De-seasonality by Differencing(12 month)', fontsize=16)
plt.show()
```

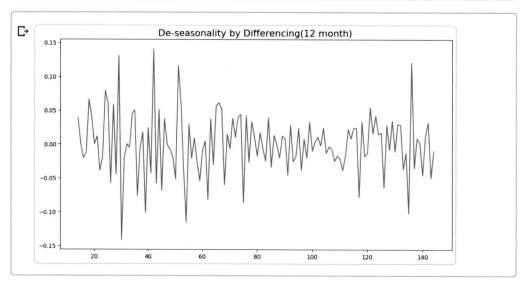

이전 로그 변환, 추세 차분과 동일하게 diff() 함수에 차분 계수 12를 입력하여 계절 차분을 수행합니다.

[코드 12-14]의 추세 제거 결과와 비교해 보면 일정 주기로 반복되던 패턴이 사라져 있습니다.

변환한 데이터에 대해 ADF 검정 및 KPSS 검정을 수행하여 시계열 분석을 수행하기 적합한지 확인합니다.

코드 12-17 최종 변환된 데이터 ADF, KPSS 검정

```
#ADF 검정
print('ADF test with AirPassengers time-series')
ADF_result_diff_season = adfuller(df_log_air_diff_season)

print('ADF Stats: %f' % ADF_result_diff_season[0])
print('p-value: %f' % ADF_result_diff_season[1])
print('Critical values:' )
for key, value in ADF_result_diff_season[4].items():
    print('\t%s: %.4f' % (key, value))


#KPSS 검정
print('KPSS test with AirPassengers time-series')
KPSS_result_diff_season = kpss(df_log_air_diff_season)
print('KPSS Stats: %f' % KPSS_result_diff_season[0])
print('p-value: %f' % KPSS_result_diff_season[1])
print('Critical values:' )
for key, value in KPSS_result_diff_season[3].items():
    print('\t%s: %.4f' % (key, value))
```

```
ADF test with AirPassengers time-series
ADF Stats: -4.443325
p-value: 0.000249
Critical values:
        1%: -3.4870
        5%: -2.8864
        10%: -2.5800

KPSS test with AirPassengers time-series
KPSS Stats: 0.073191
p-value: 0.100000
Critical values:
        10%: 0.3470
        5%: 0.4630
```

```
      2.5%: 0.5740
      1%: 0.7390
```

ADF 검정 결과 p-값이 0.000249로 0.05보다 아주 작은 값입니다. KPSS 검정 결과는 p-값이 0.1로 유의수준보다 큽니다. AirPassengers 데이터셋은 이제 시계열 예측에 적절한 데이터로 변환되었습니다.

ADF 검정과 KPSS 검정 외에도 다양한 데이터 변환 방법 및 검정 기법들이 있습니다. 이 책에서는 데이터 분석을 위한 첫걸음으로 기본적인 시계열 예측 준비 과정을 익혀보았습니다.

하나 더 알기 ∨ 비정상성 시계열 데이터 변환 순서

AirPassengers처럼 분산이 고정적이지 않으면서 추세나 계절성 패턴이 모두 나타나는 비정상성 데이터는 분산 안정화를 가장 먼저 수행합니다. 추세나 계절성을 제거하는 차분 과정에서 0 또는 음수(-)가 생기면 로그 변환에 제약이 생기기 때문입니다.

Q 비정상성 시계열 데이터는 시계열 예측이 불가한가요?

A

시계열 데이터 변환은 예측할 값의 범위를 명확하게 하고 과적합을 방지하여 예측 결과의 정확도를 높입니다.

물론 비정상성 데이터로 시계열 예측이 불가하지는 않습니다. 최근 심층신경망을 활용하는 시계열 예측 알고리즘이 개발되고 있는데, 일부는 패턴을 포함하는 시계열 데이터 원본을 그대로 사용하기도 합니다. 다만 대부분의 기계학습 및 인공지능 알고리즘은 통계 이론을 기반으로 하기 때문에 시계열 데이터를 적절하게 변환하여 정상성을 확보한다면 더욱 높은 정확도로 예측할 수 있습니다.

1. 다음 중 시계열 데이터 변환에 대한 올바른 설명을 고르시오.

   ① 시계열 데이터는 항상 정상성을 가지고 있다.

   ② 시계열 데이터의 추세성을 제거하기 위하여 로그 변환을 실시한다.

   ③ 차분 변환은 미래 시점의 예측을 위해 과거의 값을 현재 값에 더하여 계산한다.

   ④ 차분 변환으로 시계열 데이터의 계절성을 제거할 수 있다.

2. 시계열 데이터 변환에 관한 설명을 읽고 빈칸을 채워 문장을 완성하시오.

   시계열 데이터에는 여러 패턴이 나타날 수 있다. 통계적인 유의성을 확보하기 위하여 분산을 안정화하는 ⓐ 변환과, 계절성과 추세를 제거하는 ⓑ 변환을 적용한다.

3. 계절성을 포함한 데이터를 차분 변환하는 코드를 완성하시오.

   ```
   df_season = df_log.diff(          )
   ```

정답

1. ④ 2. ⓐ 로그, ⓑ 차분 3. 12

인공지능 시계열 예측

이번 절에서는 인공지능 알고리즘을 사용하는 시계열 예측을 학습하겠습니다. 전통적인 통계 기반의 시계열 예측 모형인 ARIMA(Autoregressive integrated moving average, 자기회귀누적이동평균)와 심층신경망의 일종인 RNN(Recurrent Neural Network, 순환신경망)을 사용해 봅니다.

1 통계 기반 예측

ARIMA는 자기회귀 모형과 이동평균 모형을 결합한 모형입니다.

- **자기회귀(AR) 모형:** 데이터의 과거 값들을 선형으로 조합하여 미래 값을 예측하는 모형입니다. 10장의 회귀 분석과 같이 과거의 값 전부가 현재의 값에 영향을 미칩니다.

- **이동평균(MA) 모형:** 데이터가 어떤 방향성을 가지고 증가하거나 감소할 때, 즉 데이터가 이동할 때마다 평균을 구하여 예측에 활용하는 모형입니다.

- **ARMA 모형:** AR 모형과 MA모형을 결합한 모형입니다. 현재에서 과거 특정 시점까지의 데이터 전부에다가 증가 또는 감소 추세까지 전부 반영하여 예측합니다.

AR, MA, ARMA 모형은 모두 정상성 시계열 데이터를 전제로 사용 가능합니다. 그러므로 반드시 데이터를 차분하거나 변환하여 정상성을 확보한 후에 학습 및 예측을 진행합니다. ARIMA는 AR과 MA가 결합한 점은 ARMA와 동일하지만 비정상성 데이터를 차분하여 예측하도록 지원합니다. 따라서 ARIMA를 사용할 때 사전에 데이터 변환 또는 차분을 수행할 필요는 없으며, 모형에 최적의 차분 계수 또는 변환 방법을 입력하기만 하면 됩니다.

ARIMA 모형을 이용하는 예측

ARIMA 모형의 동작과 사용법을 실습으로 알아봅시다. 1절에서 사용했던 테슬라 일별 종가 데이터로 주가를 예측하고 결과를 분석하겠습니다.

코드 12-18 테슬라 주가 데이터

```
import pandas as pd
import yfinance as yf

tsla = yf.download('TSLA', start='2021-11-01', end='2023-03-31')
df_tsla = pd.DataFrame(tsla['Close'])
df_tsla.head()
```

	Close
Date	
2021-11-01	402.863342
2021-11-02	390.666656
2021-11-03	404.619995
2021-11-04	409.970001
2021-11-05	407.363342

테슬라 주가 데이터를 가져옵니다. 다만 2021년 11월까지 급격한 상승 이후 하락 추세로 돌아선 점을 감안하여 2021년 11월부터 2023년 03월까지의 데이터만 활용하겠습니다.

종가인 Close 열을 데이터프레임 df_tsla로 저장합니다.

현재 인덱스인 Date 열의 값을 변경하려면 인덱스 지정을 해제한 다음 변경해야 합니다.

코드 12-19 인덱스 가공

```
df_tsla = df_tsla.reset_index()
df_tsla.columns = ['date', 'value']
df_tsla['date'] = pd.to_datetime(df_tsla['date'])
```

reset_index() 함수로 인덱스를 초기화합니다. 이제 데이터프레임 df_tsla의 인덱스는 0부터 시작하는 정수입니다.

데이터프레임의 각 열에 열 이름 date와 value를 부여한 다음 to_datetime() 함수를 사용하여 date 열을 파이썬의 날짜 및 시간 형식인 datetime으로 변환합니다.

학습 데이터와 테스트 데이터를 8:2로 분할하겠습니다.

```
import matplotlib.pyplot as plt

#데이터 분할하기
df_tsla_train = pd.DataFrame(df_tsla['value'][:int(0.8*len(df_tsla))])
df_tsla_test = pd.DataFrame(df_tsla['value'][int(0.8*len(df_tsla)):])
df_tsla_train['date'] = df_tsla['date'][:int(0.8*len(df_tsla))]
df_tsla_test['date'] = df_tsla['date'][int(0.8*len(df_tsla)):]
df_tsla_train.set_index('date', inplace=True)
df_tsla_test.set_index('date', inplace=True)

df_tsla_train['value'].plot(figsize=(12.2, 6.4), color='blue')
df_tsla_test['value'].plot(color='green')
plt.show()
```

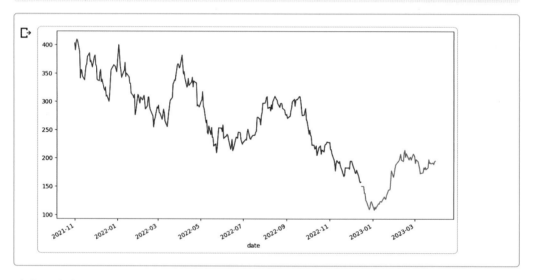

시간 순서대로 나열한 데이터에서 오래된 순으로 80%를 학습 데이터로 정합니다. 즉, 과거 데이터를 데이터프레임 df_tsla_train으로 저장합니다. 최근 순으로 20%는 테스트 데이터로 정합니다. 데이터프레임 df_tsla_test로 저장합니다.

학습 데이터 및 테스트 데이터의 date 열을 인덱스로 지정합니다.

이렇게 분할하면 예측 모형이 2021년 11월 1일부터 2022년 12월 15일까지의 데이터를 학습하고 2022년 12월 16일부터 2023년 3월 30일까지의 주가를 예측합니다. 그리고 실제 주가인 테스트 데이터와 비교하여 예측 정확도를 평가할 것입니다.

1절에서 이미 테슬라 데이터가 비정상성 데이터임을 알아냈습니다. 따라서 ARIMA 모형을 사용할 때 차분 계수를 입력하고 데이터가 정상성을 띠게 하여 예측을 진행합니다. 이때 최적의 차분 횟수와 차분 계수조차도 직접 구하지 않고 [코드 12-21]에서 소개하는 라이브러리로 알아낼 수 있습니다.

코드 12-21 차분 횟수 확인

```
!pip install pmdarima
from pmdarima.arima import ndiffs, nsdiffs
print(f"최적의 차분 횟수 (ADF): {ndiffs(df_tsla_train, test='adf')}")
print(f"최적의 차분 횟수 (KPSS): {ndiffs(df_tsla_train, test='kpss')}")
print(f"최적의 차분 횟수 (PP): {ndiffs(df_tsla_train, test='pp')}")
```

```
최적의 차분 횟수 (ADF): 1
최적의 차분 횟수 (KPSS): 1
최적의 차분 횟수 (PP): 1
```

pmdarima 라이브러리를 설치합니다. 이 라이브러리의 ndiffs() 함수와 nsdiffs() 함수는 인자로 검정 종류를 입력하면 ARIMA 모형에 적용할 최적의 차분 횟수를 찾아줍니다.

ADF 검정 수행 결과 최적의 차분 횟수가 1입니다. KPSS 검정과 필립-페론(PP) 검정 수행 결과도 마찬가지로 최적의 차분 횟수가 1입니다.

이번에는 데이터에 계절성이 존재하는지 간단히 확인해 봅니다. [코드 12-22]에 등장하는 OCSB 나 CH 알고리즘은 이 책에서 다루기에는 어렵지만 이 알고리즘으로 계절성을 판별할 수 있다는 점 만 기억하면 됩니다.

코드 12-22 계절성 확인

```
print(f"최적의 차분 계수 (OSCB): {nsdiffs(df_tsla_train, m=12, test='ocsb')}")
print(f"최적의 차분 계수 (CH): {nsdiffs(df_tsla_train, m=12, test='ch')}")
```

```
최적의 차분 계수 (OSCB): 0
최적의 차분 계수 (CH): 0
```

m=12로 지정하여 OCSB 알고리즘으로 검정한 결과 최적의 차분 계수가 0이므로 계절성이 없습니다. CH 알고리즘으로 검정한 결과도 마찬가지로 계절성이 없습니다. 따라서 테슬라 데이터에서는 계절성이 검출되지 않았습니다.

데이터의 세 가지 패턴이 제거되었음을 확인했으니 이제 ARIMA로 최적 모형을 탐색할 수 있습니다.

코드 12-23 ARIMA 모형 탐색

```
from statsmodels.tsa.arima_model import ARIMA
import pmdarima as pm


n_diffs = 1
model_fit = pm.auto_arima(
            y=df_tsla_train['value'],
            d=n_diffs,
            start_p=0, max_p=2,
            start_q=0, max_q=2,
            m=1, seasonal=False, #데이터에 계절성이 없음
            stepwise=True,
            trace=True)
print(model_fit.summary())
```

```
                            SARIMAX Results
==============================================================================
Dep. Variable:                     y   No. Observations:              284
Model:               SARIMAX(0, 1, 0)   Log Likelihood            -1097.679
Date:                Tue, 02 May 2023   AIC                        2197.357
Time:                        09:10:30   BIC                        2201.003
Sample:                             0   HQIC                       2198.819
                                - 284
Covariance Type:                  opg
==============================================================================
                 coef    std err          z      P>|z|      [0.025      0.975]
------------------------------------------------------------------------------
sigma2       136.9497      8.602     15.920      0.000     120.089     153.810
==============================================================================
Ljung-Box (L1) (Q):                   0.61   Jarque-Bera (JB):          29.69
Prob(Q):                              0.43   Prob(JB):                   0.00
Heteroskedasticity (H):               0.34   Skew:                      -0.17
Prob(H) (two-sided):                  0.00   Kurtosis:                   4.55
==============================================================================
```

편리하게도 [코드 12-21]에서 찾은 최적의 차분 횟수 n_diffs 값만 입력하면 pmdarima의 auto_arima() 함수가 자동으로 모형 생성을 반복하면서 최적의 모형을 도출합니다. ARIMA(0, 1, 0) 모형이 주어진 데이터와 가장 적합한 모형으로 판별되었습니다.

또한 실행 결과 마지막 행에서는 몇 가지 방식으로 모형을 평가한 결과를 확인할 수 있습니다. 지금 개별 검정 내용을 이해할 필요는 없지만 다른 통계 검정과 마찬가지로 결과가 통계적으로 유의수준에 포함되는지 판단하면 됩니다. 예를 들어 Ljung−Box(Q)은 p−값이 0.05보다 클 때 대립가설을 채택하는 통계량이므로 0.61은 유의한 범위입니다. 또한 비대칭도(Skew)가 0에 가까울수록, 첨도(Kurtosis)가 3에 가까울수록 최적으로 생성된 모형입니다.

코드 12-24 최적 ARIMA 모형으로 예측

```
tsla_pred= model_fit.predict(n_periods=len(df_tsla_test))
df_tsla_pred = pd.DataFrame(tsla_pred)

result = pd.DataFrame(df_tsla_test['value'].values,\
                      index=df_tsla_test.index, columns=['value'])
result
```

	value
date	
2022-12-16	157.669998
2022-12-19	157.669998
2022-12-20	157.669998
2022-12-21	157.669998
2022-12-22	157.669998
...	...
2023-03-24	157.669998
2023-03-27	157.669998
2023-03-28	157.669998
2023-03-29	157.669998
2023-03-30	157.669998

최적으로 생성된 ARIMA모형으로 2022년 12월 16일부터 마지막 날짜까지의 주가를 예측합니다.

인덱스를 초기화하고 가공하여 재지정합니다. result는 각 날짜의 예측 주가를 값으로 갖는 데이터 프레임입니다. 열이 하나이므로 시리즈라고도 할 수 있습니다. 이렇게 인덱스가 날짜형이기 때문에 날짜를 축으로 그래프를 그린다거나 특정 날짜의 데이터를 조회하는 등 활용하기 편리합니다.

그런데 이상하게도 모든 날짜에 같은 주가가 예측되었습니다. 예측한 주가를 그래프로도 확인해 보겠습니다.

```
fig, axes = plt.subplots(1, 1, figsize=(12, 4))
plt.plot(df_tsla_train, label='Train')          # 훈련 데이터
plt.plot(df_tsla_test, label='Test')            # 테스트 데이터
plt.plot(result, label='Prediction')            # 예측 데이터

plt.legend()
plt.show()
```

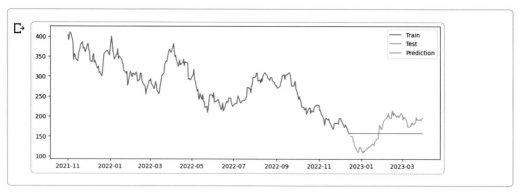

학습 데이터(df_tsla_train), 테스트 데이터(df_tsla_text)와 예측한 값(result)를 같은 축에 그립니다.

정말 result 데이터의 녹색 선이 예측 기간 내내 같은 값을 나타냅니다. 이렇게 예측한 이유는 ARIMA(0, 1, 0) 모형의 특성 때문입니다. 간단히 말하면 테슬라 주가의 변동에서 의미 있는 자기상관(AR)이나 이동평균(MA)을 찾기 어려웠기 때문에 ARIMA 모형이 임의 보행 모형(Random Walk)을 따르고 마지막 관측치를 0으로 하여 반복적인 예측을 했기 때문입니다.

어떻게 수정하면 예측을 제대로 할 수 있을까요? 우리는 복잡한 통계 이론을 모르지만 해결 방법은 아주 단순합니다. 일정 기간의 주가를 한꺼번에 예측할 수 없다면 한 번에 단 하루씩 주가를 예측하면 됩니다. 다음 날짜를 예측할 때 전날의 예측된 주가를 반영하는 방법입니다.

코드 12-26 주가를 하루씩 예측

```
def each_step_prediction():
    pred_next = model_fit.predict(n_periods=1)
    return pred_next.tolist()[0] # 리스트 형태로 반환하기

pred_steps = []
for new_inst in df_tsla_test['value']:
```

```
    pred = each_step_prediction()
    pred_steps.append(pred)
    model_fit.update(new_inst)
```

다음 날의 주가를 예측하는 each_step_prediction( ) 함수를 정의합니다. n_periods=1로 기간을
1일로 지정하여 주가를 예측하고 반환합니다.

예측이 이루어질 때마다 update( ) 함수로 모형을 업데이트합니다. 예측 결과인 pred를 다시 과거
데이터의 리스트인 pred_steps에 추가하여 다음 예측에 이용합니다.

주가를 하루씩 예측하는 방법이 효과가 있는지 예측 주가를 다시 시각화하여 확인합니다.

코드 12-27 하루씩 예측한 주가 시각화

```
fig, axes = plt.subplots(1, 1, figsize=(12, 4))
plt.plot(df_tsla_train.index, df_tsla_train['value'], label='Train')
plt.plot(df_tsla_test.index, df_tsla_test['value'], label='Test')
plt.plot(df_tsla_test.index, pred_steps, label='Prediction')

plt.legend()
plt.show()
```

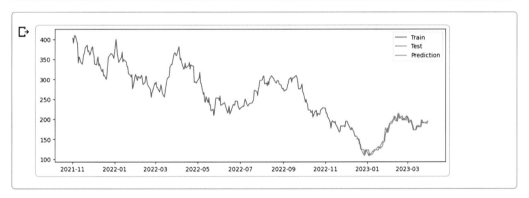

하루 주가를 예측하고 모형에 업데이트하여 다음날의 주가를 예측하는 전략이 성공했습니다.

일반적으로 데이터의 패턴을 제거하여 정상성을 확보하고 ARIMA 모형을 적절히 생성했다면 예측
값이 하나뿐인 상황은 잘 발생하지 않습니다. 다만 데이터에 자기회귀나 이동평균이 잘 나타나지
않을 때 실습처럼 한 단계씩 예측을 누적하는 방법을 사용할 수 있다는 점을 참고하세요.

② 심화분석: 인공신경망을 활용한 주가 예측

최근에는 인공신경망을 사용하는 시계열 분석 연구가 활발합니다. 시계열 분석에 다양한 신경망을 사용할 수 있으나 대표로 RNN을 테슬라 주가 예측 문제에 적용하겠습니다. 11장의 심화분석 예제와 마찬가지로 인공신경망의 수학적 배경지식을 건너뛰고 얕게 소개합니다. 이해하기 어렵다면 12장은 여기까지만 학습하고 넘어가도 좋습니다.

RNN의 특징

RNN(Recurrent Neural Network, 순환신경망)은 가장 대중적인 딥러닝 알고리즘입니다. RNN은 현재 단계의 결과를 다음 단계의 입력으로 순차적으로(Sequentially) 전달합니다. 신경망 내부는 데이터의 시변적 특성을 저장하도록 구성됩니다. 따라서 RNN은 단어 간의 관계나 문맥의 의미의 이해가 필요한 자연어 처리, 음성인식, 번역기에 폭넓게 사용됩니다.

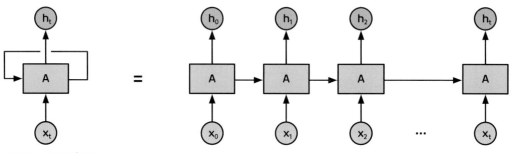

그림 12-9 **RNN의 구조**

11장에서는 인공신경망 은닉층의 활성화 함수(Activation)로 relu를 사용했으나 RNN에서는 일반적으로 LSTM(Long short-term memory)이라고 부르는 활성화 함수를 사용합니다. LSTM은 relu에 비하여 더 긴 데이터를 기억할 수 있게 설계되었습니다. 따라서 문단이나 문서 수준으로 양이 많은 순차적 데이터를 기억하고 학습할 수 있습니다.

주가 데이터도 시간을 기준으로 구성된 순차적 데이터입니다. 따라서 이전 기간에서의 주가 변동을 바탕으로 미래의 가격을 예측하는 문제에 RNN을 사용해도 됩니다.

RNN은 모형의 구성에 따라 다양한 용도로 활용할 수 있습니다. 예를 들어 one to many는 그림을 한 장 입력 받아 그림을 설명하는 문장을 여러 개 생성하는 방식으로 활용할 수 있습니다. many to many는 여러 단어로 구성된 영어 문장을 한국어로 변환하는 번역기에 활용할 수 있습니다.

주가 예측은 1절의 테슬라 예제처럼 일련의 과거 데이터를 바탕으로 일정 기간의 미래 데이터를 예측하는 방식과 1일 단위로 예측하는 방식 둘 다 사용 가능합니다. 따라서 many to one 또는 many to many를 활용할 수 있습니다. 다만 ARIMA 모형을 적용했을 때 1일 단위 예측의 성능이 더 좋았기 때문에 many to one으로 RNN을 설계하겠습니다.

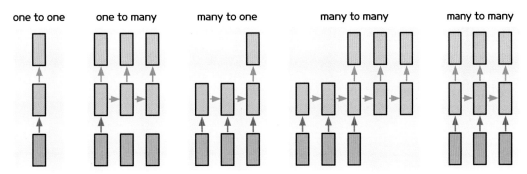

그림 12-10 **RNN의 모형 구조에 따른 활용 방법**

RNN을 활용하는 예측

이전 실습과 같은 테슬라 주가 데이터를 사용하겠습니다. 이번 RNN 실습을 잘 연습해서 yfinance 에서 제공하는 다른 기업의 주가를 예측해 보기 바랍니다.

코드 12-28 테슬라 주가 데이터 로드

```
import numpy as np
import pandas as pd
import matplotlib.pyplot as plt
import yfinance as yf
from tensorflow.keras import Sequential
from tensorflow.keras.layers import Dense, LSTM, Dropout

tsla = yf.download('TSLA', start='2021-11-01', end='2023-03-31')
df_tsla = pd.DataFrame(tsla['Close'])

df_tsla = df_tsla.reset_index()
df_tsla.columns = ['date', 'value']
df_tsla['date'] = pd.to_datetime(df_tsla['date'])
df_tsla.set_index('date', inplace=True)
```

테슬라 주가정보를 가져와 Close 열과 date 열만 데이터프레임으로 저장합니다. 인덱스가 날짜형 이 되도록 가공합니다.

데이터를 정규화하면 RNN 학습의 성능이 좋아진다고 알려져 있습니다. 따라서 주가를 0에서 1사이로 스케일링합니다.

코드 12-29 테스트 데이터 분할 및 데이터 스케일링

```
df_tsla.reset_index()
dataset_tsla = df_tsla.values

#데이터 분할하기
df_tsla_train = dataset_tsla[:int(0.8*len(dataset_tsla)), :]
df_tsla_test = dataset_tsla[int(0.8*len(dataset_tsla)):, :]

#데이터 스케일링하기
from sklearn.preprocessing import MinMaxScaler
scaler = MinMaxScaler(feature_range=(0,1))
scaled_data=scaler.fit_transform(dataset_tsla)
```

사이킷런 라이브러리의 MinMaxScaler( ) 함수로 스케일링합니다. 이 함수는 최솟값과 최댓값을 구하고, 입력한 범위 내로 스케일링해 줍니다.

학습 순서는 다음과 같습니다. 먼저 학습 데이터의 기간을 1개월로 설정합니다. 주가 데이터는 평일에만 생성되므로 1개월을 28일로 생각하여 설정하겠습니다. 다음으로 1일부터 28일까지의 데이터를 학습하여 29일의 주가를 예측하고, 2~29일치 데이터를 학습하여 30일의 주가를 예측합니다.

코드 12-30 학습 데이터 가공

```
x_train_data,y_train_data=[],[]

#28일을 기준으로 데이터 생성하기
for i in range(28,len(df_tsla_train)):
    x_train_data.append(scaled_data[i-28:i,0])
    y_train_data.append(scaled_data[i,0])

x_train_data, y_train_data = np.array(x_train_data), np.array(y_train_data)
x_train_data = np.reshape(x_train_data, (x_train_data.shape[0],\
                                    x_train_data.shape[1],1))
```

28일씩 잘라낸 데이터를 RNN 입력층에 입력하기 적합한 배열 형태로 구조를 변형합니다.

이 실습에서는 입력층 1개, 은닉층 1개, 출력층 1개로 단순한 RNN 모형을 사용합니다. 11장 심화 분석의 인공신경망 모형과 동일한 방법으로 RNN 모형을 설계하겠습니다. 다만 활성화 함수를 relu 가 아닌 LSTM으로 정의합니다. 또한 스케일링한 주가를 입력으로 넣을 수 있도록 재가공합니다.

코드 12-31 RNN 모형 설계 및 파라미터 정의

```
lstm_tsla = Sequential()

lstm_tsla.add(LSTM(units=28, return_sequences=True,\
                              input_shape=(x_train_data.shape[1],1)))
lstm_tsla.add(LSTM(units=28))
lstm_tsla.add(Dense(1))

#데이터 재가공하기
inputs_data = df_tsla[len(df_tsla) - len(df_tsla_test)-28:].values
inputs_data = inputs_data.reshape(-1,1)
inputs_data = scaler.transform(inputs_data)

#모형의 학습 방법 설정하여 학습 진행하기
lstm_tsla.compile(loss='mean_squared_error', optimizer='adam')
lstm_tsla.fit(x_train_data, y_train_data, epochs=100, batch_size=1, verbose=2)
```

```
Epoch 1/100
256/256 - 9s - loss: 0.0141 - 9s/epoch - 37ms/step
......
(중략)
......
Epoch 97/100
256/256 - 3s - loss: 0.0015 - 3/epoch - 13ms/step
Epoch 98/100
256/256 - 3s - loss: 0.0018 - 4/epoch - 15ms/step
Epoch 99/100
256/256 - 4s - loss: 0.0016 - 4/epoch - 14ms/step
Epoch 100/100
256/256 - 3s - loss: 0.0015 - 3/epoch - 13ms/step
```

모형의 파라미터를 설정합니다. 손실함수 종류(loss)와 최적화 방식(optimizer)을 지정합니다. 학습 반복횟수(epoch=100)와 인자로 한 번에 입력할 데이터 크기(batch_size=1)도 설정합니다.

코드를 실행하여 학습을 진행할수록 loss 값이 작아집니다. 학습이 잘 이루어지고 있다는 의미입니다.

Q 인공신경망을 활용할 때마다 새로 학습해야 하나요?

A 파이썬 및 Keras 라이브러리에서는 학습된 인공신경망의 저장과 로드 기능을 제공하고 있습니다. 만약 어떤 모형을 아주 잘 학습하였고 다른 데이터셋에 재사용하고 싶을 때는 다음과 같이 학습된 모형의 구조 및 파라미터를 파일로 저장할 수 있습니다. 파일 확장자는 h5라고 적으면 됩니다.

```
lstm_tsla.save('saved_model.h5')
```

코드 12-32 학습이 완료된 RNN 모형으로 주가 예측

```
X_test = []
for i in range(28, inputs_data.shape[0]):
  X_test.append(inputs_data[i-28:i,0])
X_test = np.array(X_test)

X_test = np.reshape(X_test,(X_test.shape[0],X_test.shape[1],1))
predicted_value = lstm_tsla.predict(X_test)
predicted_value = scaler.inverse_transform(predicted_value)
```

28일씩 묶어낸 데이터를 predict( ) 함수에 입력하여 주가를 예측합니다.

변수 predicted_value에 일자별로 예측한 결과를 연속하여 담습니다. 그런데 주가를 0에서 1까지 스케일링하여 예측했기 때문에 결과도 마찬가지로 스케일링되어 있습니다. scaler.inverse_ transform( ) 함수를 사용하여 결과를 스케일링 이전의 범위로 되돌립니다.

예측 결과를 시각화하여 확인하겠습니다.

코드 12-33 주가 예측 결과 시각화

```
df_tsla_train_vis = tsla[:284]
df_tsla_test_vis = tsla[284:]

df_tsla_test_vis['Predictions']=predicted_value
plt.plot(df_tsla_train_vis["Close"])
plt.plot(df_tsla_test_vis[['Close',"Predictions"]])
```

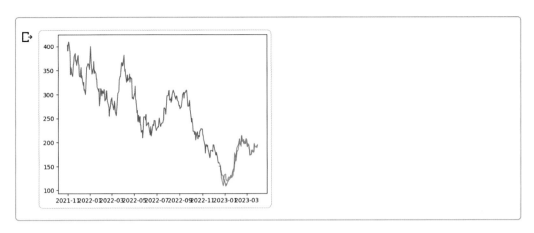

학습 데이터로 얻은 초록색 예측 주가가 주황색 테스트 데이터와 매우 유사합니다.

완벽하게 일치하는 값은 아니지만 주가가 상승하거나 하락하는 시기와 그 폭을 맞게 예측했습니다. 인공신경망은 모형의 구조, 한 번에 입력하는 데이터 양(batch_size), 반복 학습 횟수(epoch)에 따라 결과가 크게 달라지므로 최적의 학습 파라미터를 찾을 수 있도록 여러 번 반복하여 실습해 봅시다.

또한 전통적 통계 기반 모형인 ARIMA와 인공신경망을 활용하는 모형인 RNN의 결과를 비교하여 차이점을 확인하기 바랍니다.

01 시계열 데이터의 확률 분포가 일정하면 정상성 시계열 데이터입니다. 추세나 계절성, 주기성 중 하나 이상의 패턴을 가지는 시계열 데이터는 비정상성 시계열 데이터입니다.

02 파이썬 라이브러리를 적절히 활용하여 데이터의 비정상성 패턴을 검출하고 보정할 수 있습니다. 패턴을 가진 비정상성 시계열 데이터는 예측하기가 매우 어렵기 때문에 차분과 로그 변환을 통해 정상성 시계열 데이터로 가공합니다.

03 ARIMA는 자기회귀(AR)와 이동평균(MA)을 모두 반영하는 시계열 예측 모형입니다. ARIMA를 사용할 때 사전에 데이터 변환 또는 차분을 수행할 필요 없이 모형에 최적의 차분 계수 또는 변환 방법을 입력하기만 하면 됩니다.

04 ADF 검정과 KPSS 검정은 비정상성 데이터에 차분 변환이 필요한지 검정하고 최적의 차분 계수를 반환합니다.

05 RNN(순환신경망)은 현재 단계의 출력을 다음 단계의 입력으로 사용합니다. 따라서 장기간 순차 데이터를 기억합니다.

01 시계열 예측에 대한 설명 중 틀린 것을 고르시오.

① 시계열 예측을 위해서는 시간을 기준으로 수집 또는 생성된 데이터가 필요하다.

② ADF 검정은 p-값이 0.05 이상이면 귀무가설을 기각하여 정상성으로 판정한다.

③ 대표적인 시계열 데이터 패턴에는 추세, 주기성, 계절성 등이 있다.

④ AR, MA 등 통계 모형을 시계열 예측에 사용할 수 있다.

02 데이터 AirPassengers를 air라는 이름의 데이터프레임에 저장하는 코드를 완성하시오.

```
air = pd.[            ](data('AirPassengers'))
```

03 다음 중 ADF 검정을 수행하기 위한 stattools 라이브러리의 함수명을 고르시오.

① adf( )

② kpss( )

③ adfuller( )

④ tsa( )

04 계절성을 가지는 비정상성 시계열 데이터에 대하여 계절 차분을 수행하는 코드를 완성하시오.

```
df_log_air_diff_season = df_log_air_diff.diff([        ])
```

05 시계열 데이터의 정상성과 비정상성에 대한 설명 중 틀린 것을 고르시오.

① ADF 검정은 시계열 데이터의 추세를 잘 검출할 수 있다.

② KPSS 검정은 계절성 파악에 활용할 수 있다.

③ 시계열 데이터에 추세가 존재하면 무조건 변환을 수행하여야 한다.

④ pmdarima 라이브러리는 정상성 검정을 위한 다양한 함수를 제공한다.

06 데이터에서 최댓값과 최솟값의 편차가 클 때 데이터가 적절한 범위에 속하도록 스케일링해야 한다. 데이터 스케일링에 필요한 사이킷런의 라이브러리를 로드하는 코드를 완성하시오.

```
from sklearn.preprocessing import
```

07 시계열 예측에 관한 설명을 읽고 빈칸을 채워 문장을 완성하시오.

> 시계열 데이터의 정상성을 판별하는 검정 방법으로 단위근 통계를 활용하는 추세성을 잘 판단할 수 있는 ⓐ 검정과, 계절성을 잘 파악할 수 있는 ⓑ 검정이 있다.

08 다음 중 시계열 데이터 변환에 대해 올바른 설명을 모두 고르시오.

① 시계열 데이터는 항상 비정상성을 가지고 있다.

② 시계열 데이터의 추세를 로그 변환을 통해 제거할 수 있다.

③ 시계열 데이터의 계절성을 차분 변환을 통해 제거할 수 있다.

④ 시계열 데이터 예측 문제에서 데이터 전처리는 필요하지 않다.

09 다음 중 RNN에서 장기간 순차적인 데이터에 대한 기억을 유지시키고 싶을 때 사용하는 활성화 함수를 고르시오.

① softmax

② lstm

③ relu

④ sigmoid

10 다음 중 학습이 완료된 인공신경망을 활용하여 시계열 예측을 수행할 때 호출할 함수를 고르시오.

① call()

② predict()

③ reshape()

④ save()

11 시계열 데이터의 특성을 파악하기 위해 그래프 시각화를 수행하는 코드를 완성하시오.

```
import matplotlib.    ⓐ    as plt
plt.    ⓑ    (data)
plt.    ⓒ    ()
```

CHAPTER 13

데이터 분석
프로젝트

01 많이 본 뉴스 분석

02 지역별 인구 증감률 분석

학습목표

• 데이터 수집, 분석, 시각화 방법을 복습합니다.

Preview

일반적으로 데이터를 분석하는 과정은 다섯 단계입니다.

첫째, 분석 대상에 대한 문제를 정의합니다. 이때 문제는 "혼인율이 낮아지면, 출산율도 낮아질 것이다."와 같이 정량적으로 분석할 수 있어야 합니다. 둘째, 데이터를 수집합니다. 셋째, 수집한 데이터를 전처리하여 분석에 활용할 수 있는 형태로 만듭니다. 넷째로 데이터 분석을 수행합니다. 통계적인 분석, 머신러닝 및 인공지능 알고리즘 등 필요에 따라 적절한 방법론을 활용합니다. 다섯째, 분석 결과를 시각화합니다. 데이터를 시각화하면 보기 좋게 정리할 뿐 아니라 수치만으로 알기 어려운 통찰을 도출할 수 있습니다.

이번 장에서는 실생활에서 만날 수 있는 상황에 지금까지 배운 기술을 적용하여 데이터 수집, 분석, 시각화를 실습하겠습니다.

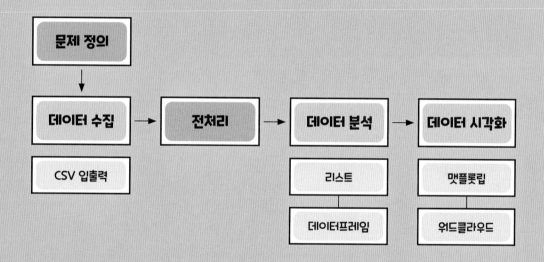

Section 01

많이 본 뉴스 분석

1 많이 본 뉴스 데이터 수집

대한민국 정책 브리핑 웹페이지 [많이 본 뉴스 50]에서 지금 노출된 기사 50개를 CSV로 저장합니다.

주소 URL	http://www.korea.kr/news/top50List.do
열 이름	순위, 기사 제목, 기사 작성일

크롤링 대상 분석

대한민국 정책 브리핑 웹페이지의 [많이 본 뉴스 50]에서 순위, 기사 제목, 기사 작성일을 크롤링하겠습니다. 4장에서는 객체의 XPath로 접근했는데 이번에는 CSS 선택자(CSS Selector)를 활용하겠습니다. CSS(Cascading Style Sheet)는 HTML 요소(Element)의 디자인이나 레이아웃과 같은 스타일을 정의합니다. CSS 선택자는 특정 요소를 선택하는 역할을 합니다.

특정 객체의 CSS 선택자를 확인하려면 개발자 도구를 열어야 합니다. 크롬 브라우저 상단의 [⋮ Chrome 맞춤설정 및 제어] 버튼을 클릭하고 [도구 더보기]-[개발자 도구]를 선택합니다.

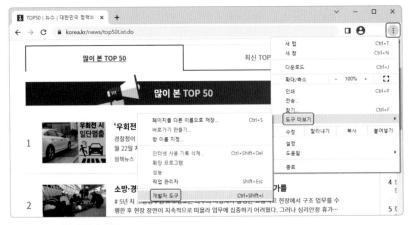

그림 13-1 크롬 개발자 도구

개발자 도구 창에서 상단의 [🔲검사할 페이지 요소 선택] 버튼을 클릭합니다. 이 기능은 단축키 Ctrl + Shift + C 로도 실행할 수 있습니다.

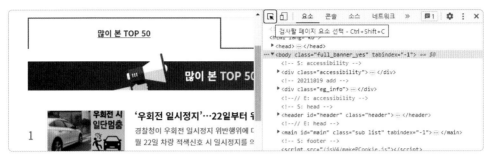

그림 13-2 검사할 페이지 요소 선택 기능

[검사할 페이지 요소 선택]은 클릭한 요소의 구조를 빠르게 확인하는 기능입니다. 기능이 활성화되어 아이콘이 파란색으로 표시된 것을 확인하고 1위 기사의 제목을 클릭합니다.

그림 13-3 1위 기사 제목

개발자 도구 창에서 1위 기사 제목 영역이 파란색으로 표시됩니다. 표시된 영역을 마우스 오른쪽 버튼으로 클릭하고 도구 메뉴에서 [복사]-[selector 복사]를 차례로 선택합니다.

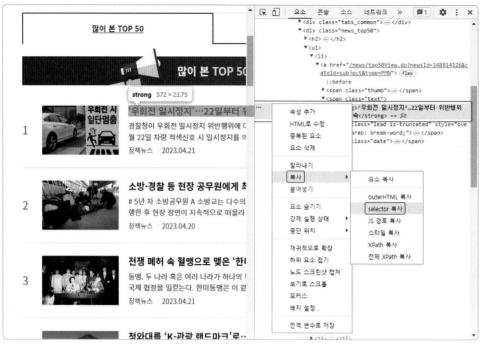

그림 13-4 **1위 기사 제목의 CSS 선택자 복사**

복사한 CSS 선택자를 메모장 프로그램에 붙여넣고 내용을 확인합니다.

```
#container > div > div > div > div.news_top50 > ul > li:nth-child(1) > a > span.text >
strong
```

2위 기사와 50위 기사 제목에 대한 CSS 선택자를 마찬가지 과정으로 확인하면 다음과 같습니다.

```
#container > div > div > div > div.news_top50 > ul > li:nth-child(2) > a > span.text >
strong
```

```
#container > div > div > div > div.news_top50 > ul > li:nth-child(50) > a > span.text >
strong
```

기사 제목의 CSS 선택자는 li:nth-child() 괄호 안의 숫자가 기사 순위와 같고 나머지는 모두 일치합니다.

다음으로 분류를 수집하겠습니다. 개발자 도구에서 1위 기사 분류 영역을 찾아 마우스 오른쪽 버튼으로 클릭하고 선택자를 복사합니다.

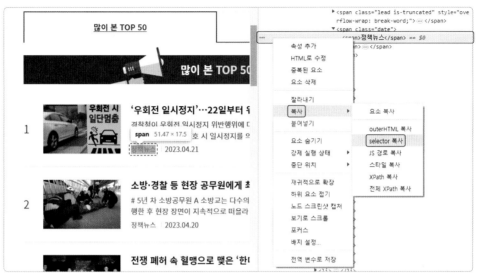

그림 13-5 **1위 기사 분류의 CSS 선택자 복사**

메모장 프로그램에서 CSS 선택자 내용을 확인합니다.

```
#container > div > div > div > div.news_top50 > ul > li:nth-child(1) > a > span.text >
span.date > span:nth-child(1)
```

2위 기사와 50위 기사 분류의 CSS 선택자를 확인합니다.

```
#container > div > div > div > div.news_top50 > ul > li:nth-child(2) > a > span.text >
span.date > span:nth-child(1)
```

```
#container > div > div > div > div.news_top50 > ul > li:nth-child(50) > a > span.text >
span.date > span:nth-child(1)
```

기사 분류의 CSS 선택자는 중간의 li:nth-child() 괄호 안의 숫자가 기사 순위와 같고 나머지는 모두 일치합니다.

기사 작성일을 수집하겠습니다. 개발자 도구에서 1위 기사의 작성일 영역을 찾아 마우스 오른쪽 버튼으로 클릭하고 선택자를 복사합니다.

그림 13-6 **1위 기사 작성일의 CSS 선택자 복사**

메모장 프로그램에서 CSS 선택자 내용을 확인합니다.

```
#container > div > div > div > div.news_top50 > ul > li:nth-child(1) > a > span.text >
span.date > span:nth-child(2)
```

2위 기사와 50위 기사 작성일의 CSS 선택자를 확인합니다.

```
#container > div > div > div > div.news_top50 > ul > li:nth-child(2) > a > span.text >
span.date > span:nth-child(2)
#container > div > div > div > div.news_top50 > ul > li:nth-child(50) > a > span.text >
span.date > span:nth-child(2)
```

작성일의 CSS 선택자는 li:nth-child( ) 괄호 안의 숫자가 기사 순위와 같고 나머지는 모두 일치합니다.

수집한 기사 제목, 분류, 작성일에 대한 CSS selector의 규칙을 정리하면 다음 표와 같습니다. 표에서 i는 1부터 50까지의 정수입니다.

표 13-1 **수집할 요소와 구조**

요소	CSS 선택자
제목	#container > div > div > div > div.news_top50 > ul > li:nth-child(i) > a > span. text > strong
분류	#container > div > div > div > div.news_top50 > ul > li:nth-child(i) > a > span. text > span.date > span:nth-child(1)
기사 작성일	#container > div > div > div > div.news_top50 > ul > li:nth-child(i) > a > span. text > span.date > span:nth-child(2)

셀레니움 환경 설정 및 크롤링

이제 구글 Colab에서 셀레니움을 사용할 수 있게 관련 패키지를 설치합니다. Colab에서 새 노트북에 코드 셀을 추가하고 [코드 13-1]을 실행합니다.

코드 13-1 **셀레니움 패키지 설치**

```
import sys

!sudo add-apt-repository ppa:saiarcot895/chromium-beta
!sudo apt remove chromium-browser
!sudo snap remove chromium
!sudo apt install chromium-browser

!pip3 install selenium
!apt-get update
!apt install chromium-chromedriver
!cp /usr/lib/chromium-browser/chromedriver /usr/bin
sys.path.insert(0,'/usr/lib/chromium-browser/chromedriver')
```

이 명령어를 실행할 때 실행 결과 셀에서 Enter 를 한 번 눌러야 설치가 계속 진행됩니다.

다음으로 셀레니움 실행 환경을 설정합니다. 가상 브라우저인 크롬 드라이버를 사용하고, 결과를 바로 표시하지 않는 headless 옵션을 설정합니다.

코드 13-2 **셀레니움 설정**

```
import time
from selenium import webdriver
from selenium.webdriver.common.by import By
```

```
from selenium.webdriver.chrome.service import Service

options = webdriver.ChromeOptions()
options.add_argument('--headless')
options.add_argument('--no-sandbox')
options.add_argument('--disable-dev-shm-usage')

webdriver_service = Service('/usr/bin/chromedriver')
driver = webdriver.Chrome(service = webdriver_service, options=options)
url = 'http://www.korea.kr/news/top50List.do'
driver.get(url)
```

[많이 본 뉴스 50]의 URL 주소를 변수 url에 담고 get( ) 함수로 객체 driver를 통해 웹페이지에 접속합니다.

여기서 중요한 것은 객체 driver입니다. 웹페이지에 접속하거나 웹페이지의 요소(Elements)에 접근할 때 driver를 통하기 때문입니다.

웹페이지의 요소에 접근하는 방법은 여러 가지입니다. 4장에서는 Xpath를 이용했고, 이번에는 CSS selector를 이용하여 객체에 접근하고 객체의 문자열을 읽어옵니다. 개발자 도구에서 코드를 마우스 오른쪽 버튼으로 클릭하고 [복사]−[selector 복사]를 선택하면 요소의 위치가 복사됩니다.

코드 13-3 크롤링한 데이터를 리스트에 저장

```
▶ columns = ['순위', '기사 제목', '분류', '기사 작성일']
  rank = []
  title = []
  journal = []
  date = []

  for i in range(1, 51):
    rank.append(i)
    title.append(driver.find_element(By.CSS_SELECTOR, '#container > div > div > div >\
            div.news_top50 > ul > li:nth-child(' + str(i) + ') > a > span.text >\
            strong').text)
    journal.append(driver.find_element(By.CSS_SELECTOR, '#container > div > div >\
            div > div.news_top50 > ul > li:nth-child(' + str(i) +') > a >\
            span.text > span.date > span:nth-child(1)').text)
    date.append(driver.find_element(By.CSS_SELECTOR, '#container > div > div > div >\
```

```
           div.news_top50 > ul > li:nth-child(' + str(i) +') > a > span.text >\
           span.date > span:nth-child(2)').text)
```

리스트 columns에 열 이름 '순위', '기사 제목', '분류', '기사 작성일'을 대입합니다.

리스트 rank, title, journal, date를 선언합니다. 여기에 각 열의 데이터를 저장하겠습니다.

for 반복문을 i가 1부터 50이 될 때까지 반복합니다.

순위 열은 반복문의 인덱스를 그대로 사용합니다.

기사 제목 열은 [표 13-1]의 규칙에 따라 순위가 i인 기사에 접근합니다. CSS selector로 접근하기 위하여 find_element() 함수의 인자로 'By.XPATH'가 아닌 By.CSS_SELECTOR를 입력합니다.

다른 열도 By.CSS_SELECTOR를 입력하여 요소에 접근하고 텍스트를 가져옵니다.

코드 13-4 리스트를 데이터프레임으로 변환

```
import pandas as pd


df = pd.DataFrame({columns[0]: rank,
                   columns[1]: title,
                   columns[2]: journal,
                   columns[3]: date}, columns=columns)
df.head()
```

	순위	기사 제목	언론사	기사 작성일
0	1	'우회전 일시정지'...22일부터 위반행위 본격 단속	정책뉴스	2023.04.21
1	2	소방·경찰 등 현장 공무원에게 최대 4일 심리안정 휴가를	정책뉴스	2023.04.20
2	3	전쟁 폐허 속 혈맹으로 맺은 '한미동맹', 70년 동맹역사의 시작은	정책뉴스	2023.04.21
3	4	청와대를 'K-관광 랜드마크'로..."내가 청와대 관광가이드다" 선포식	정책뉴스	2023.04.19
4	5	형형색색 꽃들이 반겨주는 전국 식물원 여행	정책뉴스	2023.04.21

리스트 columns를 열 이름으로 하는 데이터프레임 df를 생성합니다.

코드 13-5 데이터프레임을 CSV 파일로 저장

```
df.to_csv('top50_news.csv', index=False)
```

저장한 CSV 파일은 Colab 디렉토리에 있습니다. 디렉토리에 있는 파일은 런타임 연결을 초기화하면 사라지므로 바로 다운로드합니다.

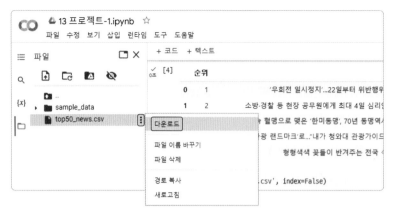

그림 13-7 **디렉토리에 생성된 CSV 파일**

② 많이 본 뉴스 워드클라우드

대한민국 정책 브리핑 웹페이지 [많이 본 뉴스 50]의 제목을 워드클라우드로 시각화하여 웹페이지 이용자들이 어떤 키워드의 기사를 많이 조회했는지 알아봅시다.

한글 폰트 설치

한글 워드클라우드를 생성하기 위해 한글 폰트를 먼저 설치합니다.

코드 13-6 **한글 폰트 설치**

```
!sudo apt-get install -y fonts-nanum
!sudo fc-cache -fv
!rm ~/.cache/matplotlib -rf
```

[코드 13-6]을 실행하고 런타임을 다시 시작해 설치한 한글 폰트를 적용합니다.

텍스트 준비

디렉토리에 'top50_news.csv' 파일이 있는 상태에서 시작하겠습니다. 현재 디렉토리가 비어 있다면 [코드 13-5] 이후 PC에 다운로드한 CSV 파일을 업로드합니다. 파일을 미처 다운로드하지 못했다면 데이터를 다시 수집하거나 부록으로 제공된 예제소스 파일을 활용하세요.

```
import csv

#CSV 파일 읽어오기
f = open('top50_news.csv', 'r')
rdr = csv.reader(f)
f.close

title = ''
for line in rdr:
  title = title + ' ' + line[1]
print(title)
```

> 기사 제목 '우회전 일시정지'……22일부터 위반행위 본격 단속 소방·경찰 등 현장 공무원에게 최대 4일 심리안정 휴가를 전쟁 폐허 속 혈맹으로 맺은 '한미동맹', 70년 ……(후략)

for 반복문을 이용하여 행별로 반복합니다. 문자열 title에 1열의 값을 추가합니다.

문자열 title에 열 이름인 '기사 제목'이 포함되었습니다. 공백을 포함하여 처음 6개의 문자를 제외하고 인덱스 6번부터 슬라이싱하여 사용하겠습니다.

문자열	기	사	∨	제	목	∨	'	우	회	전	…
인덱스	0	1	2	3	4	5	6	7	8	9	…

그림 13-8　문자열 슬라이싱

코드 13-8　문자열 슬라이싱

```
#인덱스 0~5를 제외하고 6부터 슬라이싱하기
title = title[6:]
print(title)
```

> '우회전 일시정지'……22일부터 위반행위 본격 단속 소방·경찰 등 현장 공무원에게 최대 4일 심리안정 휴가를 전쟁 폐허 속 혈맹으로 맺은 '한미동맹', 70년 ……(후략)

워드클라우드로 시각화

문자열 title에서 명사를 추출합니다. 빈도수가 높은 명사가 크게 나타나는 워드클라우드를 생성합니다.

코드 13-9 라이브러리

```
!pip install konlpy

from wordcloud import WordCloud
import matplotlib.pyplot as plt
from collections import Counter
from konlpy.tag import Okt
import numpy as np
```

코드 13-10 워드클라우드 생성

```
#문자열 분석하기
okt = Okt()
nouns = okt.nouns(title)
words = [n for n in nouns if len(n) > 1]
c = Counter(words)

#워드클라우드 생성하기
wc = WordCloud(font_path='/usr/share/fonts/truetype/nanum/NanumBarunGothic.ttf',\
               scale=2.0, colormap='Spectral')
gen = wc.generate_from_frequencies(c)
plt.figure()
plt.imshow(gen)
```

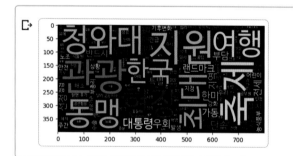

지역별 인구 증감률 분석

1 인구 증감률 분석

국가통계포털에서 2013~2022년의 행정구역(시군구)별 인구수 데이터를 다운로드하고 10년 간의
지역별 월 인구 증감률 통계를 산출하여 CSV 파일로 저장합니다.

주소 URL	http://kosis.kr
열 이름	연도.월, 시도, 전월대비 증감 인구수, 전월대비 인구 증감률

데이터 다운로드

통계청 서비스 국가통계포털(KOSIS)에서 국내·국제·북한의 주요 통계를 한 곳에 모아 제공합니다.
국내 300여 개 기관에서 작성한 경제·사회·환경 분야 1,000여 종의 국가승인통계가 수록되어 있
습니다. 또한 국제통화기금, 세계은행, 경제협력개발기구 등 국제기구에서 제공하는 최신 통계도
조회할 수 있습니다.

국가통계포털에서 하단 바로가기 메뉴 중 [인구]를 선택하여 국내 인구 통계 페이지로 이동합니다.

그림 13-9 **국가통계포털**

[인구] 통계에서 [주민등록인구현황]–[행정구역(시군구)별, 성별 인구수]를 차례로 선택합니다.

그림 13-10 **통계 주제 선택**

새 창으로 행정구역별, 성별 인구수 표가 나타납니다. 2013년부터 2022년까지의 지역별 자료가 필요하고 월별 증감률을 알고 싶습니다. 이 조건에 해당하는 데이터만 보기 위해 [조회설정] 버튼을 클릭합니다.

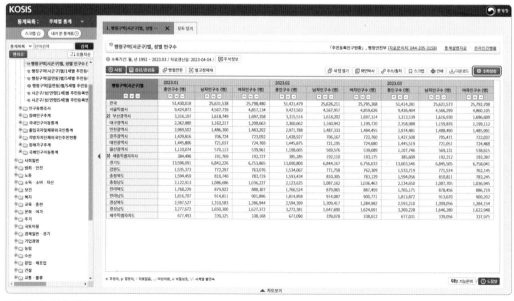

그림 13-11 **조회 설정**

화면 오른쪽에 [조회조건] 탭이 나타납니다. [항목]에서 [남자인구수]와 [여자인구수]는 체크박스를 클릭하여 선택을 비활성화합니다. [총인구수]만 선택한 채로 [행정구역(시군구별)]을 클릭합니다.

그림 13-12 항목 설정

[행정구역(시군구)별] 아래 시군구 체크박스 전체가 선택된 상태를 확인하고 [시점]을 클릭합니다.

그림 13-13 행정구역(시군구)별 설정

데이터 조회 기간을 설정합니다. 월별 또는 연별로 선택할 수 있습니다. [월]에서 시작월을 [2013.01], 종료월을 [2022.12]로 선택하고 모든 달의 체크박스가 선택된 상태를 확인합니다. [조회] 버튼을 누르면 설정한 조건에 맞는 데이터만 조회할 수 있습니다.

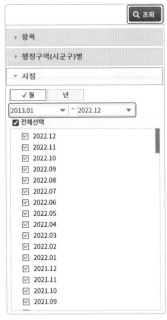

그림 13-14 **10년간 월별 데이터를 조회하도록 설정**

원하는 데이터만 남은 것을 확인하고 [다운로드] 버튼을 클릭합니다.

행정구역(시군구)별	2013.01 총인구수 (명)	2013.02 총인구수 (명)	2013.03 총인구수 (명)	2013.04 총인구수 (명)	2013.05 총인구수 (명)	2013.06 총인구수 (명)	2013.07 총인구수 (명)	2013.08 총인구수
전국	50,965,180	50,991,003	51,003,843	51,018,468	51,034,494	51,047,880	51,064,841	51,0
서울특별시	10,195,064	10,196,434	10,192,057	10,185,955	10,181,807	10,176,560	10,172,002	10,1
2) 부산광역시	3,538,191	3,539,455	3,538,285	3,537,758	3,536,426	3,534,500	3,532,994	3,5
대구광역시	2,504,945	2,505,040	2,504,623	2,504,888	2,505,083	2,503,728	2,503,604	2,50
인천광역시	2,846,899	2,850,543	2,853,489	2,856,667	2,859,335	2,861,722	2,864,951	2,8
광주광역시	1,470,061	1,470,969	1,470,979	1,471,324	1,471,801	1,471,867	1,472,357	1,4
대전광역시	1,525,888	1,527,383	1,527,857	1,528,578	1,529,085	1,529,655	1,530,226	1,5
울산광역시	1,148,130	1,148,713	1,150,215	1,150,708	1,151,340	1,151,240	1,152,765	1,1
3) 세종특별자치시	113,911	115,269	115,955	116,345	116,842	117,012	117,369	1
경기도	12,107,216	12,123,024	12,133,590	12,144,383	12,156,714	12,167,575	12,181,553	12,19
강원도	1,537,704	1,536,718	1,538,219	1,539,169	1,539,403	1,539,767	1,540,014	1,54
충청북도	1,565,670	1,565,697	1,565,972	1,566,920	1,567,548	1,568,860	1,569,348	1,56
충청남도	2,029,769	2,031,839	2,033,019	2,034,946	2,036,661	2,038,322	2,039,668	2,0
전라북도	1,872,500	1,872,311	1,871,818	1,871,979	1,871,592	1,871,545	1,871,570	1,8
전라남도	1,907,945	1,907,027	1,906,887	1,906,477	1,906,335	1,906,575	1,906,028	1,90
경상북도	2,698,263	2,696,802	2,696,554	2,696,341	2,696,447	2,696,833	2,696,446	2,69
경상남도	3,318,979	3,318,548	3,318,175	3,318,877	3,320,074	3,322,702	3,324,324	3,3
제주특별자치도	584,045	585,231	586,149	587,153	588,001	588,618	589,622	5

그림 13-15 **데이터 다운로드(1)**

[파일형태]는 [CSV]를 선택하여 다운로드합니다.

그림 13-16 **데이터 다운로드(2)**

지역별 인구 데이터 로드하기

다운로드한 파일의 파일명을 '행정구역_시군구_별__성별_인구수.csv'로 변경하고 Colab에 업로드합니다. 탐색기에서 파일을 드래그해도 되고 업로드 버튼을 클릭해 [열기] 창을 열어 업로드할 수도 있습니다. Colab 디렉토리는 임시 저장공간이라서 런타임이 종료되면 디렉토리의 파일은 사라지니 원본을 삭제하지 않도록 주의합니다.

그림 13-17 **Colab 디렉토리에 파일 업로드**

판다스 라이브러리의 read_csv( ) 함수를 사용하여 CSV 파일을 읽어오겠습니다.

코드 13-11 **CSV 데이터 읽기**

```
import pandas as pd
df = pd.read_csv('행정구역_시군구_별__성별_인구수.csv', encoding = 'cp949')
```

CSV 파일을 데이터프레임 형식으로 읽어옵니다.

현재 CSV 파일 인코딩이 'cp949'로 설정되어 있습니다. 따라서 이 파일을 읽기 위해 판다스의 read_csv( ) 함수를 사용할 때 encoding 옵션 'cp949'를 추가합니다.

지역별 월 증감 인구수 계산

지역 인구수의 증감은 지역 경제에 영향을 줍니다. 예를 들어 인구가 증가하여 지역의 인구 밀도가 높아지면 주택이나 상가 매매 가격과 임대료가 상승할 것입니다. 장기적으로는 마트, 백화점, 교통 망 등 지역 주민의 생활환경이 변화할 수 있습니다. 반대로 인구가 감소하면 생산 인구가 감소하여 지역 경제 규모가 축소되고 성장 잠재력이 악화될 수 있습니다. 이러한 영향을 종합하여 국가 경제 의 변화까지 가늠할 수 있을 것입니다.

지역별 월 증감 인구수를 계산해 보겠습니다.

코드 13-12 **지역별 월 증감 인구수**

```
columns = list(df.columns)
del columns[1]
popDiff = []

for i in range(2, len(df)):
  row = [df.loc[i][0]]
  for j in range(2, len(df.loc[i])):
    pop = int(df.loc[i][j]) - int(df.loc[i][j - 1])
    row.append(pop)
  popDiff.append(row)

dfPopDiff = pd.DataFrame(popDiff, columns=columns)
dfPopDiff.to_csv('populationDiff.csv', encoding='cp949')
```

데이터프레임 df는 2013년 1월부터 2022년 12월까지 총 120개월의 데이터입니다. 그런데 증감률 은 직전 월이 있어야 계산 가능하므로 2013년 1월의 증감률은 없습니다. 따라서 del 명령어로 인덱 스 1번 열인 '2013년 1월'을 삭제합니다. 참고로 첫 번째 열이자 인덱스 0번인 열에는 서울특별시, 부산광역시 등 지역 이름이 있습니다.

이중 반복문으로 데이터프레임의 행과 열을 순환하여 데이터에 접근합니다. 바깥쪽 for 반복문은 인덱스 2번 행부터 마지막 행까지 순환합니다. 참고로 0번과 1번 행에는 '연월' 등 문자열이 있습 니다.

안쪽 for 문은 2번 열부터 마지막 열까지 순환합니다. 2013년 2월의 값에서 2013년 1월의 값을 뺀 수치를 row 리스트에 추가합니다.

안쪽 for문이 모두 순환하면 계산 결과를 리스트 popDiff에 추가합니다.

popDiff 리스트를 데이터프레임 dfPopDiff으로 변환합니다.

데이터프레임 dfPopDiff를 CSV로 변환하여 'populationDiff.csv' 파일로 디렉토리에 저장합니다. 그리고 디렉토리에 저장된 CSV 파일을 다음에도 사용할 수 있도록 다운로드해 둡니다.

지역별 월 인구 증감률 계산

원래 인구가 100만 명인 지역에서 1,000명이 빠져나가면 인구가 0.1% 감소합니다. 그런데 인구가 만 명인 지역에서 같은 1,000명이 빠져나가면 인구가 무려 10%나 감소합니다. 그러므로 인구 증감수를 단순 비교할 수 없습니다. 대신 직전 월 인구수 대비 증감 인구수, 즉 증감률을 구하는 것이 합리적입니다. 증감률은 '(현재 월 인구수 − 직전 월 인구수) / 직전 월 인구수 ＊ 100.0'으로 계산합니다.

코드 13-13 **지역별 월 인구 증감률**

```
columns = list(df.columns)
del columns[1]


popIncreaseRate = []


for i in range(2, len(df)):
  row = [df.loc[i][0]]
  for j in range(2 , len(df.loc[i])):
    pop = float((int(df.loc[i][j])-int(df.loc[i][j-1]))/int(df.loc[i][j-1])) * 100.0
    row.append(pop)
  popIncreaseRate.append(row)

dfPopIncreaseRate = pd.DataFrame(popIncreaseRate, columns=columns)
dfPopIncreaseRate.to_csv('populationIncreaseRate.csv', encoding='cp949', index=False)
```

나눗셈 연산을 할 때 자료형을 float로 변환해야 엉뚱한 값이 나오지 않습니다.

popIncreaseRate 리스트를 데이터프레임 dfPopIncreaseRate으로 변환합니다.

데이터프레임을 'populationIncreaseRate.csv' 파일로 디렉토리에 저장합니다. 그리고 디렉토리에 저장된 CSV 파일을 다음에도 사용할 수 있도록 다운로드해 둡니다.

2 지역별 증감 인구수 그래프

2022년 1월부터 6월까지 지역별 월 증감 인구수를 막대 그래프로 시각화합시다.

x축	202201, 202202, 202203, 202204, 202205, 202206
y축	증감 인구수
그래프 종류	지역별 막대 그래프

데이터 준비하기

지역별 월 증감 인구수를 [코드 13-12]에서 'populationDiff.csv' 파일로 저장하였습니다. 이 파일을 읽어서 지역별 증감 인구수 그래프를 그리겠습니다.

코드 13-14 CSV 데이터 읽기

```python
import pandas as pd
df = pd.read_csv('populationDiff.csv', encoding='cp949')

popDiff = []
for i in range(0, len(df)):
  popDiff.append(list(df.loc[i]))
```

CSV 파일을 데이터프레임 형식으로 읽어와 df에 저장합니다.

데이터프레임 df의 내용을 리스트 popDiff에 옮겨 저장합니다.

코드 13-15 축과 데이터 준비

```python
#x축에 표시할 값
x_values = []
for i in range(1, 7):
  yyyymm = '20220' + str(i)
  x_values.append(yyyymm)

#월 증감 인구수를 지역별 변수 y에 대입하기
y_seoul = popDiff[0][108:114]
y_bs = popDiff[1][108:114]
y_dg = popDiff[2][108:114]
y_ic = popDiff[3][108:114]
y_gj = popDiff[4][108:114]
y_dj = popDiff[5][108:114]
```

```
y_us = popDiff[6][108:114]
y_sj = popDiff[7][108:114]
y_gg = popDiff[8][108:114]
y_gw = popDiff[9][108:114]
y_cb = popDiff[10][108:114]
y_cn = popDiff[11][108:114]
y_jb = popDiff[12][108:114]
y_jn = popDiff[13][108:114]
y_gb = popDiff[14][108:114]
y_gn = popDiff[15][108:114]
y_jj = popDiff[16][108:114]
```

x축에는 2022년 1월부터 2022년 6월까지 월을 표시합니다. 리스트 x_values에 문자열 202201, 202202, ..., 202206을 대입하겠습니다.

2022년 1월부터 6월까지의 데이터는 인덱스 108번 열부터 113번 열까지입니다. 그래서 변수 y_seoul에 popDiff[0][108:114]를 대입합니다.

막대 그래프 생성하기

맵플롯립의 파이플롯으로 막대 그래프를 그립니다.

코드 13-16 막대 그래프 그리기

```
import matplotlib.pyplot as plt
import numpy as np

plt.figure(figsize=(12,8))
ax = plt.subplot()
bar_width = 0.05

x = np.arange(6)
ax.set_xticks(x)
ax.set_xticklabels(x_values)

p1 = plt.bar(x, y_seoul, bar_width)
p2 = plt.bar(x + bar_width, y_bs, bar_width)
p3 = plt.bar(x + bar_width*2, y_dg, bar_width)
p4 = plt.bar(x + bar_width*3, y_ic, bar_width)
p5 = plt.bar(x + bar_width*4, y_gj, bar_width)
p6 = plt.bar(x + bar_width*5, y_dj, bar_width)
```

```
p7 = plt.bar(x + bar_width*6, y_us, bar_width)
p8 = plt.bar(x + bar_width*7, y_sj, bar_width)
p9 = plt.bar(x + bar_width*8, y_gg, bar_width)
p10 = plt.bar(x + bar_width*9, y_gw, bar_width)
p11 = plt.bar(x + bar_width*10, y_cb, bar_width)
p12 = plt.bar(x + bar_width*11, y_cn, bar_width)
p13 = plt.bar(x + bar_width*12, y_jb, bar_width)
p14 = plt.bar(x + bar_width*13, y_jn, bar_width)
p15 = plt.bar(x + bar_width*14, y_gb, bar_width)
p16 = plt.bar(x + bar_width*15, y_gn, bar_width)
p17 = plt.bar(x + bar_width*16, y_jj, bar_width)

plt.legend(['Seoul', 'Busan', 'Daegu', 'Incheon', 'Gwangju', 'Daejeon', 'Ulsan',
            'Sejong', 'Gyeonggi', 'Gangwon', 'Chungbuk', 'Chungnam', 'Jeonbuk',
            'Jeonnam', 'Gyeongbuk', 'Gyeongnam', 'Jeju'], loc=(1.0, 0))
plt.show()
```

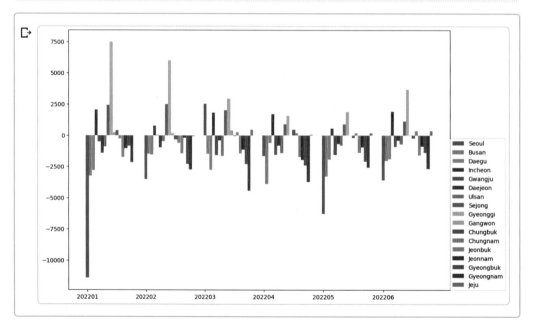

가로 길이가 12이고 세로 길이가 8인 틀을 생성합니다. 이 틀 안에 그래프가 그려집니다.

객체 ax에 막대 그래프 여러 개를 그릴 것입니다.

bar_width는 막대 하나의 폭입니다.

x축을 여섯으로 나누어 [코드 13-15]에서 생성한 x축 값을 표시합니다.

막대 그래프를 생성합니다. plt.bar()의 첫 번째 인자는 막대의 x 위치입니다. 두 번째 인자는 데이터이고 세 번째 인자는 막대의 폭입니다.

y축이 증감 인구수이므로 막대가 0보다 위에 있으면 직전 월보다 인구가 증가했다는 의미입니다.

그래프를 해석한 내용은 다음과 같습니다.

첫째, 경기도와 인천광역시 인구는 매월 증가했습니다. 반면 서울특별시 인구는 2022년 2월을 제외하고는 모두 감소하였습니다.

둘째, 2022년 1월부터 6월까지 인구가 가장 많이 감소한 지역은 서울특별시이고, 경상남도가 그 다음으로 많이 감소했습니다.

셋째, 지역 전체를 살펴보면 인구가 증가한 지역보다 감소한 지역이 더 많습니다.

[코드 13-16]의 그래프는 x값 하나에 막대 수가 많아 한눈에 파악하기는 어렵습니다. 수도권과 지방 또는 특별시 및 광역시와 나머지 등 지역 성격에 따라 구분하여 시각화하면 가독성을 보다 높일 수 있을 것입니다. 그리고 기간을 달리하거나 연간 증감 인구수를 계산하여 시각화해 보면 교재와 조금 다른 해석을 할 수 있을 것입니다.

찾아보기

ㄱ ㄴ

가변형 문자열 170
가중치 263
강화학습 400
개발자 도구 134
객체 049
객체지향 049, 080
거듭제곱 051
결정계수 373
결측치 269, 300
계절성 444
고급 언어 028
공공데이터포털 094
과적합 428
관계 연산자 053
구글 024
구글 Colab 035
구글 드라이브 038
귀무가설 374
기본키 151
깊은 복사 214
꺾은선 그래프 248
나머지 051
나이브 베이즈 401
내부조인 177
내장함수 047
넘파이 030
네트워크X 259
네트워크 그래프 260
노드 260
노트북 036
논리값 053
논리값 인덱싱 212
논리 연산 022
논리 연산자 054

ㄷ

다중 그래프 252
다중분류 401
다차원 배열 197
대립가설 374
대입 연산자 046

ㄷ ㅁ 대화형 인터프리터 032
데이터 046
데이터 가공 399
데이터 과학자 020
데이터베이스 150
데이터셋 399
데이터 스케일링 310
데이터프레임 200
덴스 429
도구 메뉴 036
도메인 151
도움말 047
독립변수 370
동적인 페이지 126
들여쓰기 059
디렉토리 102
딕셔너리 075
딥러닝 023
딥마인드 023
따옴표 052

ㄹ ㅁ

라이브러리 029
랜덤 포레스트 401
랭크 197
런타임 038, 250
레이블 400
로지스틱 회귀분석 381
리소스 035
리스트 073
마스킹 212
마커 249
마크업 098
막대 그래프 256
매개변수 081
맷플롯립 246
머신러닝 023
메타 024
멤버 연산자 055
모듈화 029
모양 197
모형 399

문자 068
문자열 068

반복문 062
반환 082, 101
방향성 그래프 262
배열 196
범례 252
범주형 408
베이즈 확률론 023
벡터 197
변수 046
변수명 049
별칭 176
보조기억장치 048
복소수형 067
부속질의 179
분류 398
분산 안정화 456
분산처리시스템 025
불투명도 253
브로드캐스팅 214
블록 059
비정상성 443
비정형 데이터 021
비주얼 스튜디오 033
비지도학습 400
빅데이터 021
빅카인즈 282

사분범위 255
사이킷런 378
사칙연산 051
산술 연산자 051
산점도 253
상관계수 346
상관관계 분석 346
상등 연산자 053
상수 050

상자 그래프 255
상한값 325
서버 153
선 260
선형 상관관계 348
선형 회귀모형 371
선형 회귀분석 370
설명력 373
세트 072
셀 036, 106
셀레니움 125
소셜미디어 020
소수 083
소스 코드 134
속성 151
수염 255
수정된 결정계수 373
슈퍼 인공지능 024
스마트 팩토리 024
스칼라 197
스케일 310
스키마 170
스택오버플로우 029
스탯츠모델스 378
스피어만 상관분석 348
슬라이스 198
슬라이싱 074, 198
시계열 예측 442
시리즈 200
시본 246
신뢰도 287
실수형 067
실시간 정보제공서비스 025
심층신경망 023
심층신뢰신경망 023

아나콘다 196
아마존 024
알파고 023
암흑기 022
앨런 튜링 022

찾아보기

얕은 복사 214
업로드 099
엑셀 프로그램 094
연결 038
연관규칙 287
연산 046
연산자 051
연속형 408
열 151, 201
열 이름 201
예측 398
오즈비 382
외래키 170
왼쪽 외부조인 178
우선순위 052, 056
운영체제 048
워드클라우드 258
워크북 106
워크시트 106
원시 데이터 399
원핫 인코딩 432
웹 브라우저 035, 125
웹페이지 125
유니버설 함수 213
유의수준 374
은닉층 429
이상치 255, 306
이진법 022
이진분류 401
인공신경망 429
인공지능 022
인덱스 071
인덱싱 074, 198
인코딩 096
일반 인공지능 024
임계값 449
입력 081
입력층 429

자동화 툴 124
자료구조 070

자료형 067
자바 028
자연어 처리 276
작은따옴표 052
잔차 372
재현율 418
저급 언어 028
전문가 시스템 023
정규분포곡선 310
정규표현식 287
정규화 311
정렬 075
정밀도 418
정보 150
정보 폭발 025
정보 홍수 025
정상성 443
정수 못 051
정수형 067
정형 데이터 021
제1사분위수 255
제3사분위수 255
조건 058, 062
조건문 058
조인 177
좁은 인공지능 024
종속변수 370
주기성 445
주기억장치 048
주석 036, 047
주소 048
중앙처리장치 048
중첩 061
지도학습 400
지멘스 024
지지도 287
진리표 054

차분 458
차원 196
추세 444

축 198
출력 047, 081
출력층 429
컴파일 431
케라스 라이브러리 429
켄달 상관분석 348
코드 셀 036
코딩 027
콜렉션 070
크롤러 131
크롤링 131
크롬 드라이버 132
클라우드 컴퓨팅 025
클래스 049, 401
키 075

ㅌ

탐색 창 036
테스트 데이터 400
테이블 151
텍스트 셀 036
텐서 197
토큰화 282
통계적 가설검정 374
튜플 070, 151
특성 309, 398
특성 스케일링 310

ㅍ

파라미터 399
파이썬 027
파이썬 공식 홈페이지 030
파이 차트 257
파이참 033
파이플롯 248
판다스 030
퍼셉트론 022
퍼지 이론 023
페이팔 025
편차 373
포맷 스타일 249

표준화 310
프로그래밍 언어 027
프로그램 027
피어슨 상관분석 348

ㅎ

하이퍼파라미터 427
하한값 325
학습 024, 399
학습 데이터 024, 399
할당 047
함수 080
행 069, 100, 151, 201
행렬 197
행 인덱스 201
향상도 287
호환성 029
확장 문자 069
활성화 함수 431
히스토그램 254
히트맵 424

A

Accuracy 434
add( ) 430
add_edge( ) 261
add_node( ) 261
ADF Stats 449
ADF 검정 448
adj.R^2 373
alpha 253
and 054
andom.randn( ) 212
ANSI 096
append( ) 074
apriori( ) 288
apyori 라이브러리 288
ARMA 모형 464
AS 176
ascending 227
axis( ) 251

찾아보기

B C

Boolean value 053
Character 068
click( ) 129
close( ) 101
compile( ) 432
Complex 067
copy( ) 214
copy_worksheet( ) 112
corr( ) 350
count 225
COUNT( ) 176
Counter 278
cp949 099
CREATE 170
create_sheet( ) 110
CSV 094
csv 라이브러리 099
Cycle 445

D

DBMS 150
DEFAULT 171
degree( ) 262
DELETE 182
Dense( ) 430
describe( ) 225, 232
Dictionary 075
diff( ) 459
Differencing 458
DISTINCT 174
draw( ) 260
dropna( ) 302
DROP TABLE 173
dtype 207

E F G

elif 060
else 060
evaluate( ) 434
EXCEPT 180

F1-score

F1-score 418
False 053
Feature 309
files 라이브러리 099
fillna( ) 270
find_element( ) 128
find_elements( ) 136
flatten( ) 209
Floating 067
for 063
freq 225
FROM 173
generate_from_frequencies( ) 279
get( ) 127
GPU 023
GROUP BY 176

H I

head( ) 225
hist( ) 254
IBM왓슨 024
IDE 033
if 058
iloc 228
import 099
in 056
in_degree 262
info( ) 269
Input 081
insert( ) 074
Integer 067
INTERSECT 180
IQR 255
isin( ) 230
IS NOT NULL 180
IS NULL 180

J K L

JSON 098
K-NN 402
KoNLPy 276

KPSS 검정 450
Kurtosis 469
label 252
legend( ) 252
len( ) 071
LG 유플러스 024
line 069
Line chart 248
Loss 434

M N

Matplotlib 030
Matrix 197
metrics 409
Multi graph 252
MySQL 151
MySQL 워크벤치 153
ndarray 197
ndiffs( ) 467
NLTK 030
node_size 262
Normalization 311
not 054
not in 056
NOT NULL 171
nouns( ) 286
NULL 171
NumPy 030

O P

ols( ) 378
open( ) 099
openpyxl 라이브러리 107
or 054
OR 382
out_degree 262
Outlier 306
Output 081
pagerank( ) 289
page_source 140
Pandas 030

pip 108
plot( ) 248
pmdarima 라이브러리 467
predict( ) 426
print( ) 047
p-값 374

Q R

Q1 255
Q3 255
quantile( ) 325
R^2 373
remove_edge( ) 261
remove_node( ) 261
rename( ) 237, 270
replace( ) 236
reset_index( ) 235
resize( ) 209
return 082
reverse( ) 075
RNN 472

S

SAS 094
save( ) 114
Scalar 197
scatter( ) 253
SciPy 030
Seasonality 444
SELECT 173
send_keys( ) 129
Series( ) 221
Set 072
sheetnames 108
show( ) 249
Skew 469
sort( ) 075, 216
SPSS 094
SQL 152
SSV 095
Standardization 310

stratify **408**
str.contains() **231**
String **068**
subplot() **252**

T

tail() **225**
Tensor **197**
text() **257**
to_datetime() **272, 320**
top **225**
transpose() **210**
Trend **444**
True **053**
TSV **095**
Tuple **070**
type() **068**

U

UnicodeDecodeError **286**
UNION **180**
unique **225**
UNIQUE **171**
UPDATE **181**
URL **127**
USE **170**
utf-8 **099**

V W

Vector **197**
WHERE **173**
while **062**
with_labels **260**
WordCloud **278**
Workbook() **109**
writer() **101**
writerow() **102**

X Y Z

XML **098**
XPath **128, 134**
yfinance 라이브러리 **447**
Z 점수 **310**

기호

ε **371**
μ **310**
σ **310**
_ **048**
. **071, 097, 198**
; **169, 414**
: **059, 198**
! **054**
' ' **068**
" " **068, 097**
() **071**
[] **056, 071, 072, 074, 100, 198**
{} **072, 075**
* **051, 173, 233**
** **051**
/ **051**
// **051**
\ **069**
047
% **051**
+= **063**
< **053**
<= **053**
!= **053**
= **046**
== **053**
> **053**
>= **053**